高职高专汽车专业系列教材

汽车维护与保养
(第 2 版)

范爱民　张晓雷　主　编

清华大学出版社
北　京

内 容 简 介

本书按照汽车维修企业的实际工作需要编写，系统地阐述了汽车 4S 店所有售后服务业务中与汽车维护、保养相关的基础知识，详细介绍了各维护与保养作业的具体项目、内容、操作步骤、注意事项、使用材料及训练方法。本书突出对实践及动手能力的培养，通过学习，学生可掌握汽车的基本维护与保养技术，能够独立完成基本维护与保养项目操作。

本书图文并茂，可操作性强，可作为高等职业技术院校、高等专科院校汽车检测与维修技术专业及相关专业的教学用书，也可作为汽车相关领域专业技术人员的参考用书及培训用书。

本书封面贴有清华大学出版社防伪标签，无标签者不得销售。
版权所有，侵权必究。举报：010-62782989，beiqinquan@tup.tsinghua.edu.cn。

图书在版编目(CIP)数据

汽车维护与保养/范爱民，张晓雷主编. —2 版. —北京：清华大学出版社，2015（2022.1重印）
(高职高专汽车专业系列教材)
ISBN 978-7-302-40490-3

Ⅰ.①汽… Ⅱ.①范… ②张… Ⅲ.①汽车—车辆修理—高等职业教育—教材 ②汽车—车辆保养—高等职业教育—教材 Ⅳ.①U472

中国版本图书馆 CIP 数据核字(2015)第 136825 号

责任编辑：桑任松
封面设计：刘孝琼
责任校对：周剑云
责任印制：曹婉颖

出版发行：清华大学出版社
网　　址：http://www.tup.com.cn, http://www.wqbook.com
地　　址：北京清华大学学研大厦 A 座　　邮　编：100084
社 总 机：010-62770175　　邮　购：010-62786544
投稿与读者服务：010-62776969，c-service@tup.tsinghua.edu.cn
质量反馈：010-62772015，zhiliang@tup.tsinghua.edu.cn
课件下载：http://www.tup.com.cn, 010-62791865

印 装 者：北京富博印刷有限公司
经　　销：全国新华书店
开　　本：185mm×260mm　　印　张：23.25　　字　数：561 千字
版　　次：2010 年 8 月第 1 版　2015 年 7 月第 2 版　　印　次：2022 年 1 月第 8 次印刷
定　　价：49.00 元

产品编号：062572-02

前　　言

根据调查，现代汽车维修和汽车4S店作业中有70%～80%的工作属于常规的维护、保养作业，我国现行的汽车维修原则也是"定期检测、强制维护、视情修理、预防为主"，因此掌握车辆的维护、保养技术显得尤为重要，这也是高职院校汽车专业学生成功就业、融入企业必备的知识。

在教育部职业技术教学改革的要求与推动下，以工作过程为导向的课程开发思想已逐渐成为职业教育领域的广泛共识，为此，我们在学习和借鉴国内外职业教育课程改革成功经验的基础上，结合专业课程体系与学生技能要求，确定选题编写《汽车维护与保养》(第2版)这一教材。本书内容循序渐进，针对职业院校学生的特点，以工作过程为导向，注重理论与实践教学有机地结合，以任务驱动引导知识点的学习，强化学生对知识和技能的理解和掌握。

本书的编写内容符合高职高专学生的实际情况，采取项目和任务驱动形式的教学方法，让学生在自主地、逐步地解决实际问题的过程中享受成功的喜悦，增强自信心；在项目和任务的设计上充分考虑到实用性，符合市场技术潮流，以"工作过程"理念建立架构，精心设计了若干个典型的任务。学生可以在教师指导下，通过完成这些典型任务来学习有关知识和技能。

本书共分十个项目，由顺德职业技术学院范爱民、张晓雷任主编，参加编写的还有广东白云职业技术学院的于仕斌、顺德职业技术学院的丘利芳、罗子聪等。编写分工具体如下：项目一、项目二、项目六由范爱民编写；项目三由丘利芳编写；项目四由于仕斌编写；项目五、项目七、项目八和项目九由成伟华、罗子聪共同编写。

在编写本书的过程中，我们借鉴和参考了大量国内外汽车厂家的技术资料和相关出版物，在此向相关人员致以诚挚谢意！

由于编者水平有限，书中难免出现错误，敬请读者批评指正。

编　者

目　　录

项目一　新车交付检验 1
  学习任务一　验证与恢复新车的工作
           状态 2
    一、相关知识 2
    二、项目实施 7
    三、知识拓展 8
  学习任务二　新车交付的车辆功能检验 17
    一、相关知识 17
    二、项目实施 22
    三、知识拓展 25
  学习任务三　新车的日常维护与走合期的
           维护与保养 26
    一、相关知识 26
    二、项目实施 30
    三、知识拓展 35
  小结 36
  习题及实操题 36

项目二　车辆维护接待 39
    一、相关知识 40
    二、项目实施 59
    三、知识拓展 62
  小结 70
  习题及实操题 70

项目三　车辆油液的维护与保养 73
  学习任务一　发动机机油泄漏的检查
           及机油的更换 74
    一、相关知识 74
    二、项目实施 82
    三、知识拓展 83
  学习任务二　手动变速器油泄漏的检查
           及变速器油的更换 84
    一、相关知识 84
    二、项目实施 89

  学习任务三　自动变速器油泄漏的检查
           及变速器油的更换 90
    一、相关知识 90
    二、项目实施 95
    三、知识拓展 96
  学习任务四　制动系统泄漏的检查
           及制动液的更换 97
    一、相关知识 97
    二、项目实施 101
    三、知识拓展 102
  学习任务五　冷却系统泄漏的检查
           及冷却液的更换 103
    一、相关知识 103
    二、项目实施 107
    三、知识拓展 107
  学习任务六　动力转向传动液泄漏的
           检查和更换 108
    一、相关知识 108
    二、项目实施 111
    三、知识拓展 112
  小结 113
  习题及实操题 114

项目四　车轮的维护与保养 115
    一、相关知识 116
    二、项目实施 120
    三、知识拓展 124
  小结 128
  习题及实操题 128

项目五　燃料供给系统的维护与保养 131
    一、相关知识 132
    二、项目实施 141
    三、知识拓展 142
  小结 143

习题及实操题 143

项目六　汽车电器的维护与保养 145

学习任务一　车身电器的维护与保养 146
一、相关知识 146
二、项目实施 159

学习任务二　交流发电机、启动机的维护与保养 164
一、相关知识 164
二、项目实施 170

学习任务三　蓄电池的维护与保养 173
一、相关知识 173
二、项目实施 179

学习任务四　汽车空调系统的维护与保养 180
一、相关知识 180
二、项目实施 183
三、知识拓展 187

小结 191
习题及实操题 191

项目七　汽车底盘的维护与保养 193

学习任务一　汽车传动系统的维护与保养 194
一、相关知识 194
二、项目实施 198
三、知识拓展 199

学习任务二　汽车行驶系统的维护与保养 205
一、相关知识 206
二、项目实施 210

学习任务三　汽车转向系统的维护与保养 211
一、相关知识 211
二、项目实施 215

学习任务四　汽车制动系统的维护与保养 216
一、相关知识 216
二、项目实施 229

三、知识拓展 233
小结 236
习题及实操题 236

项目八　整车维护与保养 237
一、相关知识 238
二、项目实施 246
三、知识拓展 255

小结 256
习题及实操题 257

项目九　常用工、量具设备的使用 259
一、相关知识 260
二、项目实施 280
三、知识拓展 280

小结 283
习题及实操题 284

项目十　汽车维护与保养实训任务工单 285

实训项目一　接车检查任务工单 286
实训项目二　汽车维护与保养任务工单（在顶起位置 1 的检查） 288
任务 1 工单　预检工作(车辆防护) 291
任务 2 工单　检查机油和油液 292
任务 3 工单　灯光检查(驾驶员座椅) 299
任务 4 工单　挡风玻璃喷洗器及刮雨器/喇叭检查 303
任务 5 工单　制动系统检查 305
任务 6 工单　离合器的检查调整 309
任务 7 工单　方向盘自由间隙的检查 312

实训项目三　汽车维护与保养外部检查 314
任务工单　汽车外部检查 314

实训项目四　汽车维护与保养任务工单（在顶起位置 2/3 的检查）.... 318
任务 1 工单　球节的检查方法和流程(位置 2) 318

任务 2 工单　底架的检查方法
　　　　　　　　和流程..........................319
　　任务 3 工单　螺母和螺栓检查方法
　　　　　　　　和流程..........................325
实训项目五　汽车维护与保养任务工单
　　　　　　(在顶起位置 4-6 的检查).....328
　　任务 1 工单　车轮轴承检查...............329
　　任务 2 工单　盘式制动器的检查
　　　　　　　　与维修..........................332

　　任务 3 工单　鼓式制动器的检查.....337
实训项目六　汽车维护与保养任务工单
　　　　　　(在顶起位置 6 的作业
　　　　　　内容)..................................342
　　任务 1 工单　制动液更换..................343
　　任务 2 工单　发动机油的加注及综合
　　　　　　　　检查方法和流程..........345
　　附表：定期保养检查调整记录表..............356

参考文献..363

项目一　新车交付检验

　　新车交付检验是指在新车交付用户之前实施交车前的检验,以保证车辆处于最佳状态,令用户在提车后即可使用该车。本项目包含三个学习任务,即验证与恢复新车的工作状态;新车交付的车辆功能检验;新车的日常维护与走合期的维护与保养。

　　通过本项目的学习,要求掌握从新车《维修手册》《驾驶员手册》《新车说明书》等资料获取车辆主要基本信息的方法,能正确识别车辆铭牌,掌握车辆识别码的意义,帮助客户了解车辆主要尺寸参数和性能参数;掌握新车的验证方法,能恢复新车正常工作状态;能对新车检验车辆的功能,确保车辆处于最佳状态;掌握新车的日常维护与保养方法;掌握新车走合期的维护与保养方法;能根据维护计划,选择正确的维护工具、设备对汽车发动机、底盘及车身进行润滑保养。

学习任务一 验证与恢复新车的工作状态

【学习目标】

- 能通过车辆《维修手册》《驾驶员手册》《新车说明书》等资料获取车辆的主要基本信息。
- 能帮助客户正确识别车辆铭牌、车辆识别代号，帮助客户了解车辆主要尺寸参数和性能参数。
- 掌握新车的验证方法。
- 能恢复新车正常工作状态。

【能力要求】

- 能识别车辆铭牌。
- 能对即将交付客户的新车正确验证其状态，恢复车辆的正常状态，确保车辆处于最佳状态。
- 能正确填写交车检验单。

一、相关知识

新车交车检验(Problem Definite Statement，PDS)的意义是在新车交付用户之前实施交车前的检验，以保证车辆处于最佳状态，令用户在提车后即可使用该车。

(一)车辆铭牌的识别

车辆铭牌是标明车辆基本特征的标牌。其主要内容包括车型型号、发动机排量、发动机功率、车辆识别代号、总质量、载重量或载客人数、出厂编号、制造年月、制造国及厂名等。车辆必须装置产品铭牌，其位置一般置于车辆前部易于观察的地方，客车铭牌置于车内前乘客门的上方，如图1-1所示。

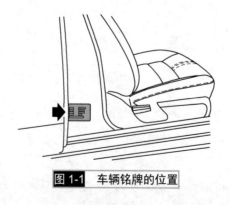

图1-1 车辆铭牌的位置

车辆识别代号(Vehicle Identification Number，VIN)是为识别车辆而指定的一组由字码组成的代号，这个代号是由制造厂按照一定的规则，依据本厂的实际情况而制定的。

制定车辆识别代号的基本目的是识别每一辆车，它被用于统计和计算机检索等应用中。车辆识别代号具有对车辆的唯一识别性，因此又有人将其称为"汽车身份证"。车辆识别代号中含有车辆的制造厂家、生产年代、车型、车身形式、发动机及其他装备的信息。车辆识别代号与汽车产品型号有着不同的基本目的和用途，它不会取代汽车产品型号，也不能取代汽车产品型号。

1．车辆识别代号的组成

VIN 是正确识别汽车必不可少的信息参数，它由 17 位数字和字母组合而成，故又被称为"汽车 17 位编码"。通过 VIN，人们可以识别汽车的产地、制造厂商、种类形式、品牌、系列、装载质量、轴距、驱动方式、生产日期、出厂日期，车身及驾驶室的种类、结构、形式，发动机的种类、型号及排量，变速器的种类、型号，以及汽车生产出厂顺序号码等。VIN 一般由 4 部分组成，如图 1-2 所示。

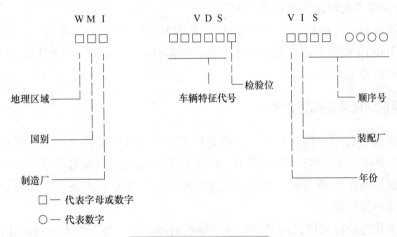

图 1-2 车辆识别代号组成

(1) 世界制造厂识别代号(WMI)。由第 1~3 位 3 个字码组成，是为识别世界上每一个制造厂而指定给该制造厂的一个代号。其中第 1 位和第 2 位字码组成的双字码块，由国际标准化组织(ISO)的国际代理机构——美国汽车工程学会(SAE)预先分配给世界各个地区和国家，如日本为 JA~JZ 及 J0~J9；美国为 1A~1Z 及 10~19，4A~4Z 及 40~49，5A~5Z 及 50~59；中国为 LA~LZ 及 L0~L9。而第 2 位、第 3 位字码组成的双字码块，则由 SAE 授权的国家机构指定给制造厂家。

第 1 位字码是标明一个地理区域的字母或数字；第 2 位字码是标明一个特定地区内的一个国家的字母或数字；第 3 位字码是标明某个特定的制造厂的字母或数字。第 1、2、3 位字码的组合能保证制造厂识别标志的唯一性。对于年产量大于 500 辆的制造厂，世界制造厂识别代号由 3 位字码组成；对于年产量小于 500 辆的制造厂，世界制造厂识别代号的第 3 位字码为数字 9。此时，车辆指示部分的第 3、4、5 位字码将与第一部分的 3 位字码一起作为世界制造厂识别代号。

(2) 车辆说明部分(VDS)。由第 4～8 位 5 个字码组成,用以说明和反映车辆的一般特征,如品牌、种类、系列、车身类型、底盘类型、发动机类型、约束系统、制动系统和额定总质量等。这 5 个字码是由各企业自行规定的,但是不允许空位或缺位,如果制造厂不用其中的一位或几位字码位置,则应在该位置填入制造厂选定的字母或数字占位。

(3) 检验位。VIN 的第 9 位中应填入一个用来表示 VIN 书写准确性的"检验数字"(一个数字或一个字母 X)。美国车辆制造厂的 VIN 在第 9 位都有检验位,这是美国联邦法规规定的。与身份证号码中的校验位一样,校验位的目的是校验 VIN 编码的正确性,通过它就可以核定整个 VIN 正确与否。它是其他 16 位字码对应数值乘以其所占位置权数的和除以 11 所得的余数,当余数为 0～9 时,余数就是检验数字;当余数是 10 时,使用字母"X"作为检验数字。

(4) 车辆指示部分(VIS)。由第 10～17 位 8 个字码组成,是表示车辆个性特征的。

每辆车都必须具有车辆识别代号,并标记在车辆上。此外,车辆在销售时,随车文件中要对车辆识别代号的标注位置和方式加以说明(非完整车辆还应对车辆识别代号内容进行解释),以便使用者发现、了解和利用它。

对于车辆识别代号的标记方式等要求,《车辆识别代号(VIN)管理规则》和(GB 7258—2004/XG3—2008)《机动车运行安全技术条件》中都有规定,但又不尽相同,故应综合考虑,同时满足二者的要求。

2. 车辆识别代号的标记方式

车辆识别代号有两种标记方式:一种是标记在车辆主要部件上;另一种是将标记永久性地固定在车辆主要部件的一块标牌上。两者择其一或均采用亦可。通常,可将其打印在车架上,不仅能满足上述要求,还能满足《机动车运行安全技术条件》的要求,也可省略打印整车型号和出厂编号。

车辆识别代号的标记位置应尽量位于车辆的前半部分,易于看到且能防止磨损。《车辆识别代号(VIN)管理规则》中对车辆识别代号的位置规定得更为具体,即 9 人座或 9 人座以下的车辆和最大总质量不大于 3.5t 的载货汽车的车辆识别代号,应位于仪表板上,在白天日光照射下,观察者不需移动任意部件,即可从车外分辨出车辆识别代号。一般情况如下。

(1) 除挂车和摩托车外,标牌应固定在门铰链柱、门锁柱或与门锁柱接合的门边之一的柱子上,接近于驾驶员座位的地方。如果没有这样的地方可利用,则应固定在仪表板的左侧。如果那里也不能利用,则应固定在车门内侧靠近驾驶员座位的地方。

(2) 标牌的位置应当是除了外面的车门外,不移动车辆的任何零件就可以容易读出的地方。

(3) 我国轿车的 VIN 大多可以在仪表板左侧、风窗玻璃下面找到,如图 1-3 所示。

项目一 新车交付检验

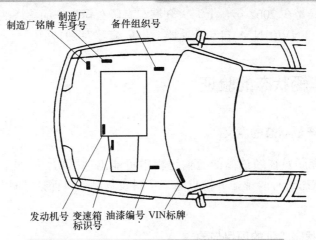

图 1-3　汽车 VIN、发动机号等在车上的标注位置

3. 车辆识别代号的应用

车辆识别代号的具体应用如下。

(1) 车辆管理：登记注册、信息化管理。
(2) 车辆检测：年检和排放检测。
(3) 车辆防盗：识别车辆和零、部件，盗抢数据库。
(4) 车辆维修：诊断、计算机匹配、配件订购、客户关系管理。
(5) 二手车交易：查询车辆历史信息。
(6) 汽车召回：年代、车型、批次和数量。
(7) 车辆保险：保险登记、理赔，浮动费率的信息查询。

4. 应用举例

以某上海大众桑塔纳 2000 型轿车为例，其 VIN 为 LSVHJ133022221761，下面了解一下 VIN 的编码规则，如图 1-4 所示。

WMI			VDS						VIS							
L	S	V	H	J	1	3	3	0	2	2	2	2	1	7	6	1
1	2	3	4	5	6	7	8	9	10	11	12	13	14	15	16	17

图 1-4　某上海大众桑塔纳 2000 型轿车的 VIN 及其位置

该 VIN 的含义是在 2002 年，上海大众汽车有限公司生产的桑塔纳 2000 型轿车，该车配备 AYJ 发动机，FNV(01N.A)自动变速器，出厂编号为 221761。

(二)新车车辆状态的验证

1. 验证新车车辆状态的意义

车辆在由制造厂发往经销商的运输过程中可能出现损伤，因此，在车辆到达经销商处时应对车辆的状态进行验证，并检点随车资料及物品，以保证车辆状态正常、资料物品齐全。

2. 新车车辆状态验证的项目与要求

1) 运输状况的验证

厂家将新车运至经销商处后，首先由销售助理验证车辆运输状况，经验收人员验收后，再编写入库编码，将车辆运输状况及入库编码记录在车辆入库检验单上。车辆运输状况主要包括发车地点、运输车号、司机姓名、司机联系电话、装运车辆数量、运输公司等。

2) 车辆明细资料的查对及随车物品的检点

车辆明细资料的查对及随车物品的检点由验收人员负责完成。车辆明细资料主要包括车辆品牌、车型、规格、颜色、发动机号码、车架号等信息。随车物品包括车辆手续资料和随车工具。车辆手续资料包括货物进口证明书(进口车)、进口车辆随车检验单(进口车)、车辆安全性能检验证书、拓印(车辆铭牌、发动机号、车架号等的拓印)、运单、新车点检单等。随车工具一般包括车主手册、保修手册、备胎、钥匙、工具包、点烟器等。

验收人员对以上项目进行仔细查对与检点，确定有无、是否正确，并在新车入库检验单中标记，对发现的问题进行记录，并提出处理意见。

(三)恢复新车正常的工作状态

1. 恢复新车正常工作状态的意义

为了防止车辆在运输中出现问题，汽车在离开厂家前会将运输中容易损坏的汽车零、部件另行包装，还会对一些需要保护的部位加装保护装置等。因此，在进行 PDS 时，车辆必须恢复正常的工作状态，发挥汽车的正常功能，避免用户在使用中出现意外事故。

2. 恢复新车正常工作状态的主要工作内容

恢复新车正常工作状态的主要工作内容如下。
(1) 安装熔丝及短路销。
(2) 安装汽车厂提供的零、部件。
(3) 从制动器盘上拆下防锈罩。
(4) 安装橡胶车身塞。

(5) 取下前弹簧隔圈。
(6) 取下紧急拖车环。
(7) 调整轮胎空气压力。
(8) 除去不必要的标志、标签、贴纸及保护盖等。
(9) 取掉车身防护膜。

 二、项目实施

(一)项目实施环境

(1) 各种车型的新汽车。
(2) 常用手动工具、检测仪器、举升机。

(二)项目实施步骤

1. 车辆铭牌的核对

在车辆上找到其车辆铭牌并进行核对,内容包括核对铭牌上的排气量、出厂年月、车架号、发动机号等。合格证上的号码必须要与车上的发动机号、车架号一致。

2. 车辆状态的验证

(1) 运输状况的验证。
(2) 车辆明细资料的查对及随车物品的检点。

3. 恢复新车正常工作状态的操作步骤及要求

第一步:安装熔丝及短路销。
为了防止在运输中有电流通过,厂家已将顶灯熔丝、收音机熔丝或短路销拆下放在继电器盒内,因此,应首先将顶灯熔丝、收音机熔丝或短路销安装到相应位置。
(1) 安装继电器盒。
(2) 安装熔丝或短路销。
第二步:安装汽车厂提供的零、部件。
厂家会对外后视镜等汽车外部凸出部分的零、部件单独包装,以防运输途中损坏。安装零、部件一般包括以下内容。
(1) 安装外后视镜。
(2) 安装备用轮的固定架托座。
(3) 安装气管。
(4) 安装前阻扰流板盖。

(5) 安装轮帽和盖。

第三步：从制动器盘上拆下防锈罩。

取下装在盘式制动器上的防锈罩。注意，取下时一定要用手进行，切忌使用螺钉旋具或其他工具，以防损坏车轮或制动盘。

如果制动器上装有防尘罩，一般在前窗上贴有一警告标志。

(1) 拆卸防锈罩。

(2) 取下警告标志。

第四步：安装橡胶车身塞。

将橡胶车身塞装在车身上相应部件的孔上。注意，橡胶车身塞一般在杂物箱中。

第五步：取下前弹簧隔圈。

用千斤顶或举升机将车辆吊起，从前悬架上取下前弹簧隔圈。注意，没有装前弹簧隔圈的车辆无须进行此项工作。

第六步：取下紧急拖车环。

从保险杠上取下紧急拖车环，然后在紧急拖车环的孔上加盖。注意，紧急拖车环孔盖在杂物箱中，取下的紧急拖车环放在工具袋中。没有装紧急拖车环的车辆不进行此项工作。

(1) 取下紧急拖车环。

(2) 安装紧急拖车环孔盖。

(3) 将取下的紧急拖车环放入工具袋。

第七步：调整轮胎空气压力。

调整轮胎(包括备胎)的空气压力至正常值。注意，出厂时轮胎气压值通常高一些，以防运输中轮胎变形，因此交用户前一般要调低至正常值。

第八步：除去不必要的标志、标签、贴纸及保护盖等。

交用户前取下相应保护盖，除去标签、标志、贴纸等。注意，勿用刀等尖锐物体拆除保护盖，以免损坏装饰条及座椅。

(1) 除去标签。

(2) 取下保护盖。

第九步：取掉车身防护膜。

先冲洗汽车，除去运输过程中积下的砂石、尘土；再剥离车身上的保护膜；最后检查车身在油漆表面上是否有黏性残留物或凸出物。

注意

只能用手剥离保护膜，但为了防止刮坏油漆或压凹车身，勿将肘部或手放在车上。

(1) 剥离保护膜。

(2) 检查车身面板。

三、知识拓展

车辆识别代号的内容与构成比较复杂，现以知识拓展的方式给出我国这方面的国家标准,以方便大家学习。

我国国家标准 GB 16735—2004《道路车辆　车辆识别代号(VIN)》的内容与构成如下。

前　言

本标准全部内容为强制性。

本标准参照了 ISO 3779:1983《道路车辆　车辆识别代号(VIN)内容与构成》(英文版)、ISO 4030:1983《道路车辆　车辆识别代号(VIN)位置与固定》(英文版)和美国联邦法典第 49 卷 CFR49 §565《车辆识别代号　内容要求》、CFR49 §568《按两阶段或多阶段制造的车辆》、CFR49 §571.115《车辆识别代号　基本要求》的技术内容,同时根据我国车辆制造厂的车辆识别代号实际使用状况,对技术要求和管理要求进行了补充和删改。

本标准代替 GB/T 16735—1997《道路车辆　车辆识别代号(VIN)位置与固定》和 GB/T 16736—1997《道路车辆　车辆识别代号(VIN)内容与构成》,本标准与 GB/T 16735—1997、GB/T 16736—1997 相比主要变化如下。

——本标准为强制性国家标准;

——原标准的规范性引用文件一章中引用了国际标准,在本标准的规范性引用文件一章中引用了相对应的我国标准;

——在本版的第 3、4、5、6 章中,在保留原版本技术要求的同时,参照 CFR49 §565《车辆识别代号内容要求》增加了对 VIN 的具体技术要求;

——在本版的第 7 章中,增加了对车辆识别代号的管理要求;

——增加了附录 A、附录 B。

本标准的附录 A 为规范性附录,附录 B 为资料性附录。

本标准由中国汽车工业协会提出。

本标准由全国汽车标准化技术委员会归口。

本标准起草单位:中国汽车技术研究中心。

本标准参加起草单位:南京依维柯汽车有限公司、西安西沃客车有限公司、浙江钱江摩托股份有限公司、金城集团有限公司、一汽集团技术中心、东风汽车工程研究院、北汽福田汽车股份有限公司。

本标准主要起草人:朱彤、耿磊、赵喆、张炜、林先进、周广法、苏玉萍、鲍东辉、袁军成。

本标准所代替标准的历次版本发布情况为:

——GB/T 16735—1997、GB/T 16736—1997。

GB 16735—2004 道路车辆　车辆识别代号(VIN)

Road vehicle—Vehicle identification number (VIN)

1. 范围

本标准规定了车辆识别代号的内容与构成,以便在世界范围内建立一个统一的道路车辆识别代号体系。本标准同时还给出了车辆识别代号在车辆上的位置与固定要求。

本标准适用于 GB/T 3730.1—2001 和 GB/T 5359.1—1996 所规定的汽车、挂车、摩托车和轻便摩托车以及其他需要标示 VIN 的车辆。

2. 规范性引用文件

下列文件中的条款通过本标准的引用而成为本标准的条款。凡是注日期的引用文件，其随后所有的修改单(不包括勘误的内容)或修订版均不适用于本标准，然而，鼓励根据本标准达成协议的各方研究是否可使用这些文件的最新版本。凡是不注日期的引用文件，其最新版本适用于本标准。

GB/T 3730.1—2001 　汽车和挂车类型的术语和定义(ISO 3833:1999，MOD)
GB/T 5359.1—1996 　摩托车和轻便摩托车术语　车辆类型(neq ISO 3833:1977)
GB 16737—2004 　道路车辆　世界制造厂识别代号(WMI)(ISO 3780:1983，MOD)
GB/T 18410—2001 　车辆识别代号条码标签

3. 术语和定义

下列术语和定义适用于本标准。

3.1　车辆识别代号 Vehicle Identification Number (VIN)
为了识别某一辆车，由车辆制造厂为该车辆指定的一组字码。

3.2　世界制造厂识别代号 World Manufacturer Identifier (WMI)
车辆识别代号(VIN)的第一部分，用以标志车辆的制造厂。当此代号被指定给某个车辆制造厂时，就能作为该厂的识别标志，世界制造厂识别代号在与车辆识别代号的其余部分一起使用时，足以保证 30 年之内在世界范围内制造的所有车辆的车辆识别代号具有唯一性。

3.3　车辆说明部分 Vehicle Descriptor Section(VDS)
车辆识别代号的第二部分，用以说明车辆的一般特征信息。

3.4　车辆指示部分 Vehicle Indicator Section(VIS)
车辆识别代号的最后部分，车辆制造厂为区别不同车辆而指定的一组代码。这组代码连同 VDS 部分一起，足以保证每个车辆制造厂在 30 年之内生产的每辆车辆的车辆识别代号具有唯一性。

3.5　完整车辆 Completed Vehicle
除了增添易于安装的部件(如后视镜或轮胎与车轮总成)或进行小的精整作业(如补漆)外，不需要进行制造作业就能成为具有预期功能的车辆。

3.6　非完整车辆 Incomplete Vehicle
至少包括车架、动力装置、转向装置、悬架系统和制动系统的车辆。车辆装配到这种程度，除了增添易于安装的部件(如后视镜或轮胎与车轮总成)或进行小的精整作业(如补漆)外，还需要进行制造作业才能成为具有预期功能的车辆。

3.7　车辆制造厂 Manufacturer
负责某种车辆经过装配工序而成为即可使用的产品的个人、厂商或公司。

3.8　非完整车辆制造厂 Incomplete Vehicle Manufacturer
把一些部件装配起来制成非完整车辆的车辆制造厂，这些部件没有一件能单独构成一辆非完整车辆。

3.9　最后阶段制造厂 Final-stage Manufacturer

在非完整车辆上进行制造作业使之成为完整车辆，或在完整车辆上继续进行制造作业的车辆制造厂。

3.10　中间阶段制造厂 Intermediate Manufacturer

在非完整车辆上进行制造作业的车辆制造厂，它既不是非完整车辆制造厂，又不是最后阶段制造厂。

3.11　年份 Year

制造车辆的历法年份或车辆制造厂决定的车型年份。

3.12　车型年份 Model Year

由车辆制造厂为某个单独车型指定，可以不考虑车辆实际制造的历法年份，只要实际周期不超过两个历法年，可以和历法年份不一致。

3.13　分隔符 Divider

一种用以分隔车辆识别代号的各个部分或用以规定车辆识别代号的界线(开始和终止)的符号、字码和实际界线。分隔符不能与阿拉伯数字或罗马字母混淆。

4. 车辆识别代号的内容与构成

4.1　车辆识别代号的基本构成

车辆识别代号由世界制造厂识别代号(WMI)、车辆说明部分(VDS)、车辆指示部分(VIS)三部分组成，共17位字码。

对完整车辆和/或非完整车辆年产量大于或等于500辆的车辆制造厂，车辆识别代号的第一部分为世界制造厂识别代号；第二部分为车辆说明部分；第三部分为车辆指示部分。

对完整车辆和/或非完整车辆年产量小于500辆的车辆制造厂，车辆识别代号的第一部分为世界制造厂识别代号；第二部分为车辆说明部分；第三部分的第三、四、五位与第一部分的三位字码一起构成世界制造厂识别代号，其余五位为车辆指示部分。

4.2　世界制造厂识别代号

世界制造厂识别代号是车辆识别代号的第一部分，WMI应符合GB 16737—2004的规定。

4.3　车辆说明部分

4.3.1　车辆说明部分是车辆识别代号的第二部分，由六位字码组成(即VIN的第四～九位)。如果车辆制造厂不使用其中的一位或几位字码，应在该位置填入车辆制造厂选定的字母或数字占位。

4.3.2　VDS第一～五位(即VIN的第四～八位)应对车型特征进行描述，其代码及顺序由车辆制造厂决定。

4.3.2.1　VDS可从以下方面对车型特征进行描述(具体描述方法参见附录B)。

——车辆类型。

——车辆结构特征(如车身类型、驾驶室类型、货厢类型、驱动类型、轴数及布置方式等)。

——车辆装置特征(如约束系统类型、发动机特征、变速器类型、悬架类型、制动形式等)。

——车辆技术特性参数(如车辆最大总质量、车辆长度、轴距、座位数等)。

4.3.2.2 对于以下不同类型的车辆,在 VDS 中描述的车型特征应包括表 1 中规定的内容。

表 1 车型特征

类 型	车型特征
乘用车	车身类型、发动机特征[a]
载货车(含牵引车)	车身类型、车辆最大总质量、发动机特征[a]
客车	车辆长度、发动机特征[a]
挂车	车身类型、车辆最大总质量
摩托车和轻便摩托车	车辆类型、发动机特征[a]
非完整车辆	车身类型[b]、车辆最大总质量[b]、发动机特征[c]

[a] 发动机特征至少应包括对燃油类型、排量和/或功率的描述。
[b] 用于制造成为货车的非完整车辆的描述项目。
[c] 用于制造成为客车的非完整车辆的描述项目,此时发动机特征至少应包括对燃油类型、发动机布置形式、排量和/或功率的描述。

4.3.3 VDS 的最后一位(即 VIN 的第九位字码)为检验位。检验位可为"0~9"中任一数字或字母"X",用以核对车辆识别代号记录的准确性,检验位应按照附录 A 的规定计算。

4.4 车辆指示部分(VIS)

4.4.1 车辆指示部分是车辆识别代号的第三部分,由八位字码组成(即 VIN 的第十~十七位)。

4.4.2 VIS 的第一位字码(即 VIN 的第十位)应代表年份。年份代码按表 2 的规定使用(30 年循环一次)。

表 2 年份代码

年 份	代 码	年 份	代 码	年 份	代 码	年 份	代 码
2001	1	2011	B	2021	M	2031	1
2002	2	2012	C	2022	N	2032	2
2003	3	2013	D	2023	P	2033	3
2004	4	2014	E	2024	R	2034	4
2005	5	2015	F	2025	S	2035	5
2006	6	2016	G	2026	T	2036	6
2007	7	2017	H	2027	V	2037	7
2008	8	2018	J	2028	W	2038	8
2009	9	2019	K	2029	X	2039	9
2010	A	2020	L	2030	Y	2040	A

4.4.3 VIS 的第二位字码(即 VIN 的第十一位)应代表装配厂。

4.4.4 如果车辆制造厂生产的完整车辆和/或非完整车辆年产量大于等于 500 辆,此部分的第三~八位字码(即 VIN 的第十二~十七位)用来表示生产顺序号。如果车辆制造厂生产的完整车辆和/或非完整车辆年产量小于 500 辆,则此部分的第三、四、五位字码(即 VIN

的第十二~十四位)应与第一部分的三位字码一同表示一个车辆制造厂,第六、七、八位字码(即 VIN 的第十五~十七位)用来表示生产顺序号。

4.5 字码

在车辆识别代号中仅能采用下列阿拉伯数字和大写的英文字母。

1 2 3 4 5 6 7 8 9 0

A B C D E F G H J K L M N P R S T U V W X Y Z

(字母 I、O 及 Q 不能使用)

4.6 分隔符

分隔符的选用由车辆制造厂自行处理,但不得使用车辆识别代号所用的任何字码(见4.5),或可能与车辆识别代号中的字码混淆的任何字码,如☆、★。

5. 车辆识别代号的固定方式与标示位置

5.1 车辆识别代号的固定方式

为了固定 VIN,车辆制造厂可以以下两种固定方式中进行选择。

5.1.1 车辆识别代号可直接打刻在车架上,对于无车架车身而言,可以直接打刻在不易拆除或更换的车辆结构件上。

5.1.2 车辆识别代号还可打印在标牌上,但此标牌应同样是永久固定在 5.1.1 所述的车辆结构件上。

5.2 车辆识别代号的标示位置

5.2.1 每一辆车辆都必须具有唯一的车辆识别代号,并标示于车辆的指定位置。

5.2.2 车辆识别代号应尽量标示在车辆右侧的前半部分、易于看到且能防止磨损或替换的车辆结构件上(玻璃除外),如受结构限制,亦可放在便于接近和观察的其他位置。

5.2.3 车辆识别代号还应标示在产品标牌上(两轮摩托车和轻便摩托车可除外)。

5.2.4 M_1、N_1 类车辆的车辆识别代号还应永久地标示在仪表板上靠近风窗立柱的位置,在白天不需移动任何部件从车外能够分辨出车辆识别代号。

5.2.5 车辆制造厂至少应在一种随车文件中标示车辆识别代号。

5.3 车辆识别代号的标示要求

5.3.1 车辆识别代号的字码高度:若直接打刻在车辆结构件上,则字高应不小于 7mm,深度应不小于 0.3mm;对于摩托车和轻便摩托车,若直接打刻在车辆结构件上,则字高应不小于 5mm,深度应不小于 0.2mm;其他情况字高应不小于 4mm。

5.3.2 车辆识别代号的字码在任何情况下都应是字迹清楚、坚固耐久和不易替换的。

5.3.3 车辆识别代号可采用人工可读码形式或机器可读的条码形式进行标示。若采用条码,应符合 GB/T 18410—2001 的要求。

5.3.4 车辆识别代号标示在车辆或标牌上时,应尽量标示在一行,此时可不使用分隔符。特殊情况下,由于技术原因必须标示在两行时,两行之间不应有空行,每行的开始与终止处应选用一个分隔符。

5.3.5 车辆识别代号在文件上标示时应标示在一行,不允许有空格,不允许使用分隔符。

6. 车辆制造厂的标示责任

6.1 每个完整车辆和/或非完整车辆制造厂应负责按本标准规定的标示位置和标示形式在每辆车上标示车辆识别代号,并应在随车文件中对车辆识别代号的标示位置、标示方式加以说明。

6.2 中间阶段制造厂和最后阶段制造厂进行改装产品生产时,应保留完整车辆或非完整车辆原有的车辆识别代号,将该车辆识别代号完整地标示在自己改装的部件或产品标牌上,不得更改,并应在随车文件中对车辆识别代号的标示位置、标示方式加以说明。

6.2.1 如果最后阶段制造厂在非完整车辆上进行制造作业,改装后的车身部件使原车的车辆识别代号不易被观察到,最后阶段制造厂应负责按照符合本标准规定的标示位置和标示形式将原车的车辆识别代号标示出来。

6.2.2 如果最后阶段制造厂在无完整驾驶室的非完整车辆上进行制造作业,且改装后的车辆属于 M_1、N_1 类车辆,最后阶段制造厂应负责按照符合本标准对 M_1、N_1 类车辆规定的标示位置和标示形式将原车的车辆识别代号标示出来。

7. 车辆识别代号编制规则

7.1 车辆制造厂应按照本标准的规定制定本企业的车辆识别代号编制规则,车辆识别代号编制规则应包括对车辆识别代号各位字码的编码规则、车辆识别代号的标示位置及标示方式等内容的详细规定。

7.2 车辆制造厂的车辆识别代号编制规则应提交经国家汽车主管部门授权的备案机构审核和备案。

7.3 车辆制造厂应按照通过审核和备案的车辆识别代号编制规则为每一个车辆产品标示车辆识别代号。

7.4 在中华人民共和国境内车辆制造厂生产的出口车辆,可按照车辆进口地的规定编制车辆识别代号。

7.5 进口车辆制造商应符合 7.1、7.2、7.3 的规定。

附 录 A
(规范性附录)
检验位计算方法

VIN 的第九位字码(即 VDS 部分的第六位)为检验位,检验位可以是 0~9 中任一个数字或字母"X"。车辆制造厂在确定了 VIN 的其他十六位代码后,应通过以下方法计算得出检验位。

a) 车辆识别代号中的数字和字母对应值如表 A.1、表 A.2 所示。

表 A.1 VIN 中的数字对应值

VIN 中的数字	0	1	2	3	4	5	6	7	8	9
对应值	0	1	2	3	4	5	6	7	8	9

表A.2 VIN中的字母对应值

VIN中的字母	A	B	C	D	E	F	G	H	J	K	L	M	N	P	R	S	T	U	V	W	X	Y	Z
对应值	1	2	3	4	5	6	7	8	1	2	3	4	5	7	9	2	3	4	5	6	7	8	9

b) 按表A.3给车辆识别代号中的每一位指定一个加权系数。

表A.3 给VIN中的每一位指定加权系数

VIN中的位置	1	2	3	4	5	6	7	8	9	10	11	12	13	14	15	16	17
加权系数	8	7	6	5	4	3	2	10	*	9	8	7	6	5	4	3	2

c) 将检验位之外的十六位每一位的加权系数乘以此位数字或字母的对应值,再将各乘积相加,求得的和被11除。

d) 除得的余数即为检验位;如果余数是10,检验位应为字母X。

示例:通过表A.4所示的示例说明检验位的确定过程。

表A.4 示例及说明

VIN中的位置	1	2	3	4	5	6	7	8	9	10	11	12	13	14	15	16	17
VIN代号	L	F	W	A	D	R	J	F		1	1	0	0	2	3	4	6
对应值	3	6	6	1	4	9	1	6		1	1	0	0	2	3	4	6
加权系数	8	7	6	5	4	3	2	10	*	9	8	7	6	5	4	3	2
乘积总和	24+42+36+5+16+27+2+60+9+8+0+0+10+12+12+12=275																	
余数	275/11=25 余 0																	

经上述计算,确定此VIN代号中的检验位字码为0,则该车辆完整的VIN代号为LFWADRJF011002346。

附 录 B

(资料性附录)

车型特征描述

车辆制造厂对车型特征进行描述时可参照本附录的相关说明。

B.1 车辆类型

车辆类型按照GB/T 3730.1—2001和GB/T 5359.1—1996进行分类,参见表B.1。

表B.1 车辆类型分类

乘用车	普通乘用车、活顶乘用车、高级乘用车、小型乘用车、敞篷车、仓背乘用车、旅行车、短头乘用车、越野乘用车、多用途乘用车、专用乘用车(旅居车、防弹车、救护车、殡仪车)等
载货车(含牵引车)	半挂牵引车、普通货车、多用途货车、越野货车、专用作业车、专用货车等

续表

客车	小型客车、城市客车、长途客车、旅游客车、卧铺客车、铰接客车、无轨电车、越野客车、专用客车等
挂车	牵引杆挂车、半挂车、中置轴挂车
摩托车及轻便摩托车	两轮轻便摩托车、两轮轻便踏板摩托车、普通正三轮轻便摩托车、专用正三轮轻便摩托车、两轮普通摩托车、两轮踏板摩托车、两轮公路越野车、两轮越野摩托车、两轮场地(跑道)赛车、两轮公路赛车、两轮越野赛车、两轮拉力赛车、特种两轮摩托车、普通边三轮摩托车、边三轮赛车、特种边三轮摩托车、普通正三轮摩托车、专用正三轮摩托车、四轮全场地摩托车、两轮电动摩托车等
非完整车辆	驾驶室_底盘(二类底盘)、无驾驶室_底盘(三类底盘)

B.2 车辆结构特征

B.2.1 车身类型

可对车身外形、驾驶室类型、货厢类型、承载方式等进行描述,车身外形可分为长头、平头、短头、双层、N 厢 N 门等,驾驶室类型可分为平头驾驶室、长头驾驶室、翻转式驾驶室、单排座驾驶室、双排座驾驶室、带卧铺驾驶室等,货厢类型可分为平板式、栏板式、厢式、罐式、仓栅式、自卸式、集装箱式、车辆运输式、特种结构类等,承载方式可分为承载式车身、半承载式车身、非承载式车身等。

B.2.2 驱动类型

可对驱动方式和驱动形式进行描述,驱动方式可分为前驱、后驱、全驱等,驱动形式可分为 4×2、4×4、6×2、6×4、6×6、8×4 等。

B.3 车辆装置特征

B.3.1 发动机特征

对于汽车,可对发动机类型、发动机排量(L)或功率(kW)、缸数、燃油类型、供油方式、发动机排列方式和布置形式等特征进行描述。

对于摩托车及轻便摩托车,可对发动机类型、缸数、冲程数、发动机排列方式和布置形式、冷却方式等特征进行描述。

B.3.2 约束系统类型

可对车辆是否具有安全带、安全气囊(驾驶员侧安全气囊、乘员侧安全气囊、侧面安全气囊)等特征进行描述。

B.3.3 变速器类型

可对变速器类型、挡数等特征进行描述。

B.3.4 悬架类型

悬架类型可按照相关标准的规定进行分类。

B.3.5 制动形式

对于汽车,制动形式可按照 GB/T 5620—2002 的规定进行分类。

B.3.6 传动方式/启动方式

传动方式可分为链传动、带传动、轴传动、电传动、液力传动等;启动方式可分为人工启动、电机启动等。

B.4　车辆技术特性参数

车辆技术特性参数包括尺寸参数、质量参数等。

学习任务二　新车交付的车辆功能检验

【学习目标】

- 掌握随车资料的检查内容。
- 能够对交付用户前的车辆进行功能检验。
- 能通过查阅相关维修技术资料等方式获取车辆安全配置信息。

【能力要求】

- 能通过与客户交流、查阅相关维修技术资料等方式获取车辆信息。
- 能对即将交付客户的新车检验车辆的功能,确保车辆处于最佳状态。
- 能与客户主动交流沟通,具有较强的语言交流与沟通能力。

一、相关知识

为了使即将交付给顾客的新车状况及性能良好,保证各部件和机械运转正常并使顾客满意,应认真、细致地验收将要交付的新车,及早发现隐藏的质量缺陷,避免日后返修带来的麻烦。

(一)随车资料的检查

(1) 购车发票:购车发票是购车时最重要的证明,同时也是汽车上户时的凭证之一,所以在购车时务必向经销商索要购车发票,并要确认其有效性。

(2) 车辆合格证:合格证是汽车另一个重要的凭证,也是汽车上户时必备的证件。只有具有合格证的汽车才符合国家对机动车装备质量及有关标准的要求。

(3) 三包服务卡:根据有关规定,汽车在一定时间和行驶里程内,若因制造质量问题导致故障或损坏,凭三包服务卡可以享受厂家的无偿服务。不过像灯泡、橡胶等汽车易损件不包括在内。

(4) 车辆使用说明书:用户必须按照车辆使用说明书的要求合理使用车辆。若不按使用说明书的要求使用而造成车辆损害,厂家不负责三包。使用说明书同时注明了车辆的主要技术参数和维护调校所必需的技术数据,是修车时的参照文本。

(5) 其他文件或附件:有些车辆发动机有单独的使用说明书,有些车辆的某些选装设备有专门的要求或规定,这时消费者都要向经销商索要有关凭证。

(6) 铭牌:核对铭牌上的排气量、出厂年月、车架号、发动机号等内容,合格证上的号码必须要与车上的发动机号、车架号一致。

对于上述各项单据、凭证、资料，必须认真检查，如果发现有任何的遗漏、错误，都必须要求销售商立刻解决，否则将影响客户上牌照及日后的保修等内容。

(二)启动前的车外检查

(1) 车身平整度：检查车身钢板、保险杠的平整度，不应该出现不正常的凹陷、凸起。车体防擦条及装饰线应平直，过渡圆滑，接口处缝隙一致。

(2) 车身漆面：仔细查看各处漆面，尤其是一些容易在运输过程中被刮层的部位。车表面颜色应该协调、均匀、饱满、平整和光滑，无针孔、麻点、皱皮、鼓泡、流痕和划痕等现象，异色边界应分色清晰，同时还应该确认没有经过补漆。

(3) 车窗玻璃：检查玻璃有无损伤和划痕，重点检查前风窗玻璃的视觉效果。前风窗玻璃必须具有良好的透光性，不能出现气泡、折射率异常的区域。

(4) 车身装配：检查发动机盖、后备厢盖、车门、油箱盖、前照灯、尾灯等处的缝隙是否均匀，邻近位置的车身是否处于同一平面，有无错位等现象。检查各处开启、关闭时是否顺畅，声音是否正常，可以适当多开关几次。此时，一并检查各处密封条是否完好、均匀、平整，各门把手或开关是否方便、可靠。

(5) 轮胎部分：检查备胎与其他四个轮胎的规格和花纹等是否相同。查看轮胎是否完好，有无磨损、裂痕、起泡现象。查看轮毂是否干净、完美，没有凹陷、划痕。还应该询问或者实测胎压，保证轮胎处于正常胎压且四轮气压一致。轮胎气压符合要求时，在车前观看车身、保险杠等对称部位离地高度应一致。此时，还应该从侧面推、拉轮胎上侧，感觉不松旷。如果是盘式制动器，还应该检查制动盘是否完好，不应有明显磨损和污物。

(6) 后备厢：检查后备厢空间是否干净、内侧衬板是否平整。如果是遥控开启，应该多检查一下开启是否顺利和上锁后是否可靠。一般都会把灭火器、随车工具、备胎放在后备厢内，通常有衬板进行隔离，应该注意检查，看看是否齐全、固定是否可靠。在后备厢内安装多碟CD换碟机的还应该检查换碟机，最好放上几张光盘，以便测试音响效果。

(7) 发动机室：打开发动机盖，查看发动机及附件有无油污、灰尘，尤其是缸盖与缸体接合处、机油滤清器接口处、空调压缩机、转向助力泵、传动轴等接合缝隙处有无渗漏。检查各种液面(冷却液、发动机机油、制动液、转向助力液、电解液、制冷剂、玻璃水等)是否处于最高和最低刻度之间的正常值范围内。检查蓄电池线是否已经进行可靠固定，不能松动，否则将影响电路的可靠性。

(8) 底盘部分：检查汽车有无(冷却液、润滑液、制动液、电解液及制冷液、油路)泄漏现象。此时，一并检查机器各部位是否有漏油现象。如果发生泄漏，从车辆长时间停放的地面上、底盘上的一些管路和凸起处可以看到渗漏、油渍的痕迹。如果条件允许，还应检查底盘是否有刮碰伤痕，管路是否有明显不合理的地方。

(三)启动前的车内检查

(1) 洁净程度：检查车内各处的洁净程度，车内应该没有任何脏东西，同时应该检查所有饰面是否含有破损的地方，如仪表板、座椅、车顶、车地面等。

(2) 座椅：座椅表面应清洁、完好，乘坐时应该基本舒适，不应该感觉到座椅内有异物而影响乘坐。如果座椅可以进行多方向调节，应该进行调整测试，必须能够达到各个方向的限位点，且调整过程能够保持平顺、无异响。如果座椅可以放倒一定角度，应该进行角度方面的调整测试。如果头枕可调，也应该调整检查。

(3) 仪表板：检查仪表板各部分是否完整、按键是否可靠(车还没有点火，基本上可以随便按)，表面是否整洁，不应该有划痕和污迹。带有遮阳板、化妆镜的可以一并检查。对于车内其他按键，也一并在点火前进行初步检查，如中控门锁、窗、后排空调开关、转向盘上的转向灯光开关等。

(4) 储物空间：检查车内每一个储物空间的整洁度和开启、锁闭的可靠性。目前车内储物空间很多，尽量不要遗漏，如仪表板部分的多个储物盒，以及车门、座椅下面和后面、前后中央扶手等处。

(5) 安全带：仔细检查每一条安全带拉开、自动回收、锁止的可靠性，应该平稳顺畅。模拟并检查安全带在发生作用时的可靠性，就是用手特别迅速地拉动安全带。如果是高低可调的安全带，还应该进行调整测试。

以上各部分主要为车内的部分检查。因为目前轿车更多地采用了电动调节方式，所以很多功能在没有点火前无法测试(如电动调节座椅、车窗、后视镜)。同时，绝大部分轿车已经开始采用电子节气门、转向助力、辅助制动，在点火前这些助力都没有打开，所以如果遇到打不动方向等问题时，不要使用蛮力。在点火前对各个按键进行按键测试，主要是考虑绝大部分车在点火前按键还没有起作用，不用担心按错键而影响到功能。在汽车点火后，不要随便乱动不知用途的按键，务必在熟读说明书后再对这些功能键进行功能试验。

(四)启动后的静止检查

(1) 发动机怠速：发动机点火应该短暂且顺利，启动后发动机转速应平稳、无抖动和杂音。质量较好的车应该只能听到很小的噪声，且噪声不应该刺耳，同时应该感觉不到从转向盘、挡位等地方传到车内的抖动。启动一小段时间后，发动机转速表应该维持在一定数值范围内(800~1 200r/min)，指针应该很稳定。过一段时间以后，还应该检查冷却液温度表(70~90℃)、机油温度表等显示是否正常。

(2) 仪表板：检查仪表板是否清楚，各指示灯及转速、速度、油表、冷却液温度表、里程表、时钟、电压表等是否正常。有一些自检灯只在启动时闪几下，启动时请留意。通常有 ABS、制动、车门开启提示、机油警示、制动片过薄警示、冷却液温度异常、油温异常、未系安全带、灯光、转向等多个指示灯，而其中大部分在车辆正常行驶时应该是不亮的，当有红色警示灯亮时就应该多检查其原因。

(3) 转向盘：检查转向盘是否转动自如，自由行程是否过大，回轮后位置是否正确。如果是多向可调转向盘，还应该测试调节是否方便，是否在各个位置都能够很好地控制转向。

(4) 变速器：变速器换挡应轻便灵活，挡位准确，不跳挡、不乱挡、无异响，连续换挡时应该流畅(应该是原地测试挡位，请不要松开离合器踏板或制动踏板)。

(5) 制动/离合器/加速踏板：制动/离合器踏板应该脚感舒适、软硬适中，且自由行程应该适当，在整个行程中应该平稳顺畅、无异响异动。保持空挡或驻车挡时轻踩加速踏板，发动机应该给予响应，转速应该随之稳定地变动。驻车制动器行程应该适中，且效果可靠。制动踏板踩到最大力，保持一分钟，踏板不能有缓慢下移现象。

(6) 后视镜/车窗/天窗：应该对后视镜、车窗、天窗进行逐一检查，在开启、闭合的过程中应该自如、平稳、顺畅，不应该有明显的噪声。后视镜应该视野合理、成像清晰，两侧后视镜及中央后视镜经过调整后应该能够基本覆盖身后视野。车窗应该洁净、平整，视线清晰。带有天窗的，应该对天窗的滑动/开启/倾斜等进行检查。如果车窗/天窗带有一键式或防夹功能的，应该在保证安全的条件下进行必要的测试。各项调整功能，尤其是电动调节功能必须都能够调整到最大限位，带有后视镜折叠功能(电动或者手动)的需要测试折叠的可靠性。如果是带有记忆功能的高级轿车，还应该对记忆功能进行测试。

(7) 灯光：依次检查各项灯光，有示宽灯、近光灯、远光灯、雾灯、转向灯、制动灯、倒车灯、高位制动灯、仪表板照明、车门灯、阅读灯、化妆镜灯、储物箱照明灯、后备厢照明灯等，灯光应该明亮、稳定，开关应当可靠。对称安装的灯的类型、规格、充色及照射高度应一致；变换远近灯光，亮度及照射位置应正确，不偏离、散光；各种灯的安装及光度应符合厂家出厂说明要求。

(8) 刮水器系统：检查各挡位(慢速、间歇、快速、自动感应、多级可调)速度是否合理(绝对不要在无水情况下使用刮水器)，喷水系统是否工作正常。刮水器扫过玻璃时，应该基本上没有刮玻璃的噪声，且扫水方面没有明显的遗漏。

(9) 空调：空调系统出风正常，调整冷热后应该能够在一定时间内吹出冷/热风。调整风口应该可以顺利关闭、开启或者转向指定角度，带风口开度调节的应该同时测试开度。调整风的循环模式，如内外循环、除霜模式、出风模式等，应该立刻给予响应，各风口的风量相应做出变更。出风口不应该吹出过多污物和异味，且在风量不是很大时，不应该有明显的风声。如果是自动空调，可以感觉一下温控功能是否可靠、准确。如果带有电辅助加热后视镜、后挡风、座椅的，还应该进行通断及效果测试。

(10) 音响/影音系统：检查卡带/收音机/CD运转时的效果，注意静电噪声、接收灵敏度、抗干扰能力(可以将手机放在旁边，然后拨号)、音质、挑碟、换碟等方面是否正常、可靠。对于多音响系统，应该留意每个音响是否都能够正常发声，并通过调节音响的高低音、左右声道、前后音场、混音模式等做进一步检查。如果是带有影视系统、导航系统的车型，还应该对这些系统进行逐一测试。

以上各部分为怠速情况下可以检查的主要项目，当然也有一些更加细节的地方此处没有描述，如点烟器工作是否正常、可靠，喇叭声音是否正常等。为了确保可靠，建议仔细检查以上各个项目，因为它们大部分与行驶的安全性、舒适性有关。

(五)行驶中的检查

(1) 起步：起步过程中应该平稳，无抖动现象，发动机、变速器等处没有异响。

(2) 加速：加速时(新车不要急加速)发动机转速过渡应平稳，且无突爆声、断火、回火和放炮现象，仪表板相应的指针应反应灵敏。在加速过程中，换挡时应该基本上处于平稳加速状态。

(3) 正常行驶：以不同车速(30km/h、60km/h、90km/h)行驶过程中整车均应平稳，车内无明显噪声。稳定于某一时速时，发动机应无异常响声，仪表板相应指针应平稳，无明显波动。

(4) 转向：行驶中转向机构应操纵灵活，做 O 形行驶，检查转弯半径，当车轮转到极限位置时，不应与其他部位有干涉现象；做 S 形行驶，检查转弯的灵活性。行驶中路遇凹凸不平或碾过石子时，轮胎产生跳动后应有自动回位的效能。以 20～30km/h 的速度直行时，手暂时离开转向盘，不应该出现跑偏、侧滑等现象。

(5) 制动：低速制动时应该平稳，车身无点头现象。高速制动时应该灵敏、迅速、有力，不跑偏、不侧滑，制动距离符合出厂规定。对于新车不宜紧急制动，所以不建议对 ABS 系统进行测试。可以在有一定坡度的地面上，检查驻车装置(主要是驻车制动器)是否有效、可靠。

(6) 滑行：速度为 30km/h 时摘挡，滑行距离应在 160m 以上(滑行距离同汽车的装配工艺、自重、轮胎、路况等有关)。一般滑行距离越长，说明车的各种内部摩擦损耗越小，行驶过程中越省油。

(7) 泊车：停车入位时要充分感受后视镜、倒车雷达等的效果，转向系统应该灵敏。

(六)行驶后的检查

(1) 尾气：观察车后排气管出口排出的废气，应无烟(环境气温低时的蒸汽除外)、无味(将手放在排气口附近片刻，然后观看手上有无油迹，闻一闻是否有气味)。

(2) 锁车：熄火后，散热风扇可能还会继续运转一段时间，其他部分应该已经停止运转。拔出钥匙后所有电器应该处于可靠断电状态，且转向盘方向被锁住。

(3) 轮胎：检查轮胎是否出现异常磨损现象，温度是否过高。小心、快速地点触制动盘、鼓，看看是否烫手(请注意避免被烫伤)。

(4) 泄漏：待发动机基本冷却后，打开发动机盖复查是否有松动、漏油、漏水、漏电等问题，还应该检查汽车底部前后避震器、制动泵、变速器、传动轴等处有无漏油现象。

(七)最后复查

(1) 基本配置：按汽车配置表逐项确认，看有无缺少配置，或者相同配置的情况下，有无搞错对应的型号。

(2) 随车附件：检查随车工具(扳手、千斤顶等)、脚垫、坐垫(有些车型可能不附带这些物品)等是否齐全。

(3) 防盗系统：针对原车防盗的功能，进行非破坏性的非法进入、振动等方面的测试，检查防盗系统是否可靠。

(4) 遥控功能：如带有遥控的，还应该检测遥控是否正常、可靠，并检查遥控的灵敏度。

(5) 钥匙：检查每把钥匙对每一把车锁(正副驾驶侧、后备厢、油箱盖等)的开启和锁止的可靠性。

二、项目实施

(一)项目实施环境

(1) 各种车型的新车。
(2) 常用手动工具、检测仪器、举升机、轮胎空气压力表、数字式万用表、保护套及维修工具等。

(二)项目实施步骤

其内容包括检验前的准备工作、随车资料检查、外部检查、内部检查、发动机室检查、底部检查、路试检查、最终检查等方面。

1. 准备工作

第一步：准备好轮胎空气压力表、万用表等检测仪表及检测照明灯。
第二步：安装驾驶室座椅护套、转向盘护套及驾驶室脚垫。
第三步：准备好工具箱、扭力扳手、梅花扳手、套筒、橡胶软管及正版DVD等。

2. 新车交付功能检验的操作步骤及要求

第一步：随车资料检查。
(1) 检查是否有购车发票，发票开具是否正确。
(2) 检查是否有车辆合格证。
(3) 检查是否有三包服务卡。
(4) 检查是否有车辆使用说明书。
(5) 检查是否有其他文件或附件。
(6) 核对车辆铭牌是否正确。

第二步：外部检查。
(1) 清洗车辆。用手洗方式清洗车身和室内，清洁时注意不要划伤车身座椅。
(2) 检查车身表面。环绕汽车一周，仔细查看油漆颜色，看全车颜色是否一致。检查车身表面有无划痕、掉漆、开裂、起泡或锈蚀；用手摸一摸有无修补痕迹。
(3) 检查车门、后备厢或行李箱盖和油箱门的状况。检查车门、车窗是否完整，前后风窗玻璃有无损伤。检查车门把手开、关门是否灵活、安全、可靠，门窗密封条是否损坏，车门打开后在某个限制位是否有轻微晃动现象。检查手动(或电动、液压)车窗玻璃操纵机构工作是否正常。检查自动车窗升降功能是否正常、稳定。要多次尝试各车窗下降时是否会冲底。

(4) 检查备胎气压/状况。检查备胎与四个轮胎的气嘴帽是否都在。检查备胎气压及固定情况。检查备胎与其他四个轮胎的规格是否相同。

(5) 检查标志与装饰。检查各标志、装饰条是否完好,安装是否牢靠。

(6) 检查车外灯光。查看所有车灯(前照灯、左右转向灯、紧急警告灯、制动灯、倒车灯、示宽灯、雾灯、内室灯及灯具外壳等)是否正常。特别注意倒车灯是否会常亮。加长时间测试转向灯,看是否有时候一直亮着却不闪。检查室内各照明灯是否正常。

(7) 检查千斤顶及随车工具的固定情况。

第三步:内部检查。

(1) 检查座椅和座椅安全带。打开车门,检查车内座椅是否完整,座椅前、后是否可以调整;椅套是否整洁,沙发是不是真皮沙发;地面是否清洁、密封良好;安全带是否有效。

(2) 检查车内灯。检查车厢灯、阅读灯、化妆镜灯、门灯等是否正常。

(3) 检查各开关是否正常。

(4) 检查内、外后视镜。检查内、外后视镜是否完好,调节是否有效。

(5) 检查转向盘。用手晃动转向盘,上下不应有间隙,左右自由行程不应过大,表面手感要好,同时测试转向盘的前后调节是否好用。检查角度及高度可调转向盘的动作是否正常有效。

(6) 检查喇叭。按一按喇叭按钮开关,检查喇叭是否响,而且应该是双响的(某些车型不具备此功能)。

(7) 检查刮水器。坐进驾驶室,接通电源开关,检查前后刮水器、喷水清洁器工作是否正常,刮水器刮得是否干净。

(8) 检查后窗除雾器及点烟器。

第四步:发动机室检查。

(1) 检查蓄电池状况。检查蓄电池端子的紧固情况。检查电解液及充电情况。

(2) 检查机油及工作液位。检查发动机机油、自动变速器油(冷态)、散热器冷却液、风窗清洗液、制动液、离合器液、动力转向液、燃油等的液位是否正常。

(3) 检查汽车有无泄漏冷却液、润滑油、制动液、电解液及制冷剂等。

(4) 检查传动带张力。

(5) 检查发动机配线的连接。

(6) 检查发动机箱软管的连接。

第五步:底部检查。

(1) 检查制动系统软管和线路。

(2) 检查燃油系统软管和线路。

(3) 检查手动变速器油位,检查是否漏油。

(4) 检查传动轴防尘罩状况。

(5) 检查动力转向系统线路。

(6) 检查齿条-齿轮护罩情况。

(7) 检查全部转向系统紧固件。

(8) 检查轮胎状况/气压。检查调整轮胎气压，检查轮胎规格。检查一下防盗螺栓的接头，如果不配套则应更换。轮胎应无磨损、无刮痕，牙痕无镶嵌碎石头。

(9) 检查车轮螺母扭力，拧紧车轮螺母。

(10) 检查减震器状况。用手按压汽车前、后、左、右四个角，松手后跳动不多于两次，表示减震器性能良好。

第六步：路试检查。

(1) 检查组合仪表工作状况。启动发动机，在冷启动时注意转速表指针的变化。正常情况下指针应在 1 500r/min 左右，然后正常平顺地滑落至 750r/min 左右。然后观察各种仪表及报警装置工作是否正常，冷却液温度和机油压力是否正常。

(2) 检查制动踏板、离合器踏板的高度及自由行程。坐好后，手放在转向盘上，左脚踩离合器踏板，应感觉轻松自如，并有一小段自由行程；右脚踩下制动踏板不放，其应保持一定高度，若其缓慢下移，则表示制动系统有泄漏现象。

(3) 检查正常工作温度下发动机工作情况。要通过对发动机的声音和反应进行检查，首先听怠速的声音，应该是平稳而且连续的，不应该有金属敲击声和其他异响；下车观察排气管排烟是否正常，将手伸到排气口感觉一下排气是否连续，正常的应该使掌心有点潮湿但不应有机油味；然后听一听慢加油的发动机声音是否连续和有无异响；最后听急加速的声音和发动机对节气门的反应是否准确和迅速，还要注意慢收油和快收油时发动机的反应是否干净，不应有滞后或者高速哨音，放松加速踏板时怠速是否稳定。原地静止时，要注意发动机转速达到 3 500r/min 时是否会有不同的轰鸣声。

(4) 检查汽车的行驶性能及操纵性。试车时遇上下立交桥可感觉一下加速和动力情况；通过加、减挡位，轻打转向盘，感觉转向系统是否满意；正常行驶时方向应不跑偏，能自动维持直线行驶，转弯后可以基本自行回正(90%)；车辆掉头，左右转向打到极限时车轮应无异响。

(5) 检查离合器、变速器的工作情况。特别是高速挡位在 2 000r/min 时，入挡应该非常轻松而且准确。

(6) 检查行车及驻车制动器的工作情况。高速制动应该反应强烈且不跑偏，一般制动应该柔和而准确。

(7) 检查转向机构的工作情况。可以在行驶中检查转向系统是否反应准确和灵敏度的高低，用最小的转向半径掉头，听听是否有摩擦的声音，并检查左右的转向角，助力转向打到最大转向角后应该回一点，避免长时间打开助力泵最大角造成助力泵烧毁。

(8) 检查暖风及空调工作情况。

(9) 检查音响系统工作情况。

(10) 检查自动变速器液位(热态检查)。

(11) 寻找异常噪声与振动。空挡点火后，加大节气门开度使发动机转速达到满刻度的 2/3，在外听声音是否有杂音及共振。

第七步：最终检查。

(1) 拆除多余的标签，清洗车辆。

(2) 清点随车的工具和附件是否齐全。

(3) 检查交付客户的所有相关资料是否齐全。清点查验发票、出厂证、保险单、保修单、说明书、使用手册，保修手册等是否齐全、正确。

 三、知识拓展

随着人们生活水平的提高，汽车正在走进千家万户。驾驶私家车的人越来越多，许多首次购车的消费者都有汽车保养方面的困惑，对于首次保养究竟该怎么养，哪些部位需要重点"保护"等事情都不太清楚。为此，本节以知识拓展方式介绍了一些新车需要重点养护的部位，可以说汽车的保养之路从买回家就开始了。

1. 重点保养之一：汽车的"皮肤"——漆面

皮肤是我们日常保养中很重要的部分，汽车也一样，新车漆面虽无老化问题，但从出厂到运输至停车场，车表漆就已经接触了空气，受到风沙的侵袭，及时正确的养护，能使爱车永葆青春。

养护方法：给新爱车"洗澡"绝不能马虎，如清洗不当，会损伤外层的亮油部分，就会导致爱车的皮肤"黯淡无光"了。最好选用中性温和的洗净剂，把车漆表面的沙粒、污物清除干净。有些污物是肉眼看不出来的，像漆、树胶等化学成分的污染，必须用专用去污剂一点点地擦拭。最后在轮胎、保险杠、轮眉等部位涂上相应的保护剂，以防老化。

2. 重点保养之二：汽车的"心脏"——发动机

在驾驶新车时，可以将发动机保持在空转状态，听一听是否有异样声音或者振动。因为汽车发动机运转的问题久拖"不治"，会加速磨损、增高耗油率、缩短寿命，最终导致大修。

养护方法：保护汽车"心脏"的最好方法，就是在新车磨合期间，尽量避免紧急加速或者减速，以便尽量减轻汽车发动机传动系统装置的负荷。有些比较认真和谨慎的新车主在汽车行驶 1 000km 后，就主动把汽车送去维修和保养，这时的保养通常是免费的，而且还可以及时避免许多潜在的毛病。如此一举两得的好事千万别错过。

3. 重点保养之三：汽车的"眼睛"——车灯

新手驾车最要紧的就是心明眼亮，如果您的爱车"眼神"不好，不仅会影响到行车的舒适性，还直接关系到行车的安全性。所以，及时维护车外灯具对驾驶者至关重要。

养护方法：通常在得到提醒之前，车主很难意识到前照灯、尾灯、转向灯或驻车灯是否在正常工作。首先，要进行前照灯光照方向的校准，为了确保驾驶者行车的安全，前照灯必须能够为行驶车辆提供良好的前向照明；其次，要仔细检验其他灯系，如转向灯、车牌照明灯、示宽灯、倒车灯及制动灯等。

4. 重点保养之四：汽车的"足部"——轮胎

新买的汽车需要磨合，目的是使机体各部件适应环境的能力得以调整提升。汽车磨合

的优劣,会对汽车寿命、安全性和经济性产生重要影响,在这个过程中,轮胎的保养十分重要。

养护方法:新车进行磨合时,胎压应该是正常值,不正常的胎压会对新车产生一定的不良影响,而且很危险。测量胎压如果不凭借气压表,车主是很难准确目测的,一定要到4S店或者正规的轮胎店接受服务。

学习任务三　新车的日常维护与走合期的维护与保养

【学习目标】

- 掌握新车的日常维护与保养方法。
- 掌握新车走合期的维护与保养方法。
- 能正确执行对车辆外观(表面破损、内外饰件缺损、悬架倾斜、"四漏现象"等)的检查任务。
- 能根据维护计划,选择正确的维护工具、设备对汽车发动机、底盘及车身进行润滑保养。

【能力要求】

- 能正确进行新车的日常维护与保养。
- 能正确进行新车走合期的维护与保养。
- 能制订初步的维护方案,并与客户沟通,取得客户认可,最终确定维护方案。

一、相关知识

为保证汽车的使用寿命,必须经常对汽车进行日常维护;新车、大修车以及装用大修发动机的汽车必须进行走合磨合,在走合期结束时进行一次走合维护,其作业项目按汽车生产厂家的要求进行。

走合期间,汽车磨合状况的好坏直接关系着汽车寿命的长短。除了必须按生产厂家的规定驾驶汽车外,做好走合期的维护工作,会更有利于汽车机件的磨合。

(一)日常的维护与保养

1. 出车前的维护与保养内容

1) 汽车外部的日常维护与保养内容

(1) 检查轮胎的技术状况。

(2) 检查、紧固车轮螺栓。

(3) 检查整车外观、油漆和腐蚀情况。

(4) 检查整车各种液体的泄漏情况。

(5) 检查风窗玻璃刮水片。

(6) 检查车门和发动机盖技术状况。

(7) 检查风窗玻璃和倒车镜。

2) 汽车内部的日常维护与保养内容

(1) 检查转向盘的状态。

(2) 检查加速踏板。

(3) 检查离合器踏板。

(4) 检查制动踏板。

(5) 检查驻车制动装置。

(6) 检查车灯。

(7) 检查仪表板报警信号灯和警告蜂鸣器。

(8) 检查喇叭。

(9) 检查风窗玻璃刮水器和车窗洗涤器。

(10) 检查风窗玻璃除霜器。

(11) 检查后视镜和遮阳板。

(12) 检查座椅和安全带。

(13) 检查自动变速器的停车挡(P 挡)。

3) 发动机室内的日常维护与保养内容

(1) 检查发动机机油液位。

(2) 检查冷却液液位。

(3) 检查散热器和软管。

(4) 检查、补充风窗玻璃洗涤器液。

(5) 检查动力转向油的液位。

(6) 检查制动器和离合器总泵的储液罐液位。

(7) 检查蓄电池。

(8) 检查调整发动机风扇传动带。

(9) 检查自动变速器液面高度。

(10) 检查排气系统。

4) 发动机启动后的仪表板显示情况检查

(1) 检查发动机不同转速下的工作情况。

(2) 观察各仪表信号、报警装置的工作情况。

5) 车辆起步后的检查

低速慢行检查底盘工作情况,以 20km/h 以下的速度开出车辆,检查底盘各部,发现故障及时排除。检查转向盘有无异常摆动、自然偏向一边或操纵沉重等现象。检查制动器的作用是否正常,有无左右制动效果不良的现象。

2. 行驶中的检查

1) 行驶中的检查与观察

在行驶中，应密切注意各仪表的显示，注意发动机和底盘的工作状况。

2) 途中停车时的检查

停车时，应逐一检查轮毂轴承、轮胎、制动鼓、变速器和驱动桥等部位，看其温度是否正常。检查中如果发现温度过高时，应停车自然冷却。

3) 检查底盘各部的固定情况

底盘各总成应固定可靠，无异常响声。如果出现异响，应及时查明原因并予以排除。检查轮胎是否缺气、漏气，轮胎固定螺栓应齐全、紧固、可靠。检查转向系统的各球头销，应连接可靠、锁止良好。检查制动系统效能有无变化，各连接销应锁止可靠。检查时，上述部件如出现异常应立即修复，不准带故障继续行驶。

4) 检查全车有无漏油、漏水、漏气和漏电现象

应时常注意全车有无漏油、漏水、漏气和漏电现象。

3. 回场后的维护与保养

如果在停车前发动机曾在重负荷下工作，不要使发动机立即熄火，应以怠速运转一段时间后再熄火。在收车后或途中宿营时，除执行行车中的检查内容外，还需进行下列项目。

1) 清洁全车内部

(1) 冲洗车辆时必须停止发动机的转动。

(2) 清洗风窗玻璃要在湿的状态下进行，不要使用硬器物刮玻璃上的污物，以防损伤玻璃、影响视线。

(3) 驾驶室内顶棚衬里应定期用软毛刷以中性的清洗液洗涤，再用干净柔软布块拭干。

2) 检查和补充油液、紧固螺栓并排除故障

(1) 检查和补充燃油、机油、冷却液和润滑脂。按要求补充燃油、机油、冷却液、制动液、离合器传动液和动力转向油。

(2) 检查和紧固发动机、底盘和车厢各部的连接螺栓，并检查其安全锁止装置。

(3) 检查各部有无损伤、漏气、漏油、漏水和漏电现象，及时调整和解决存在的问题。

(4) 处理好发动机的防冻问题，在严寒季节未使用防冻液时应完全放净冷却水(要保证确实全部放出，以防冻坏缸体)。

(5) 检查轮胎情况。检查轮胎气压，不足时及时补充轮胎气压，清除轮胎上的杂物。

(二)走合期的维护与保养

新车走合期结束后的维护，一般由生产厂家免费提供服务。汽车走合期的里程为1 500～3 000km(部分进口汽车将首次维护里程定为7 500～10 000km)，维护内容主要是清洁、润滑、紧固等。

1. 走合前的维护与保养

走合前维护是为了防止汽车出现事故和损伤，保证汽车顺利地完成走合期的磨合。其主要作业内容如下。

(1) 清洁。清洁全车，检查全车各部位的连接情况，全车外露的螺栓、螺母必须紧固。

(2) 检查、添加燃油和润滑油料。驾驶新车前，应将各润滑部位按规定加注足够的润滑脂。使用规定标号的汽油或柴油，若不得已改变燃油标号时，需对供油系统和点火系统做相应调整。

(3) 检查、补充冷却液，排除"四漏"现象。检查、补充散热器内的冷却液，并检查、排除全车的漏油、漏气、漏水和漏电现象。

(4) 检查底盘的技术状况。检查变速器各挡能否正确变换；检查转向机构各部位有无松旷和发卡现象；检查和调整轮胎气压。发现变速器或转向系统等存在故障时，应及时将车进厂维修。

(5) 电气系统的检查。检查电气设备、灯光和仪表工作是否正常，并检查蓄电池电解液密度及液面高度。

(6) 检查制动效能。检查制动系统的性能，试车检查汽车的制动距离，检查是否有跑偏和制动拖滞现象。若不符合要求，应查明原因，及时排除。

2. 走合中的维护与保养

走合中维护是在汽车行驶约500km时进行的，主要是对汽车各部分技术状况开始发生变化的部分进行一次及时的维护，以恢复其良好的技术状况，保证下阶段走合顺利进行。其主要作业内容如下。

(1) 润滑。充分润滑全车的各个润滑点。在最初行驶30～40km时，应检查变速器、驱动桥、轮毂和传动轴等处是否发热或有异响。若发热或者有异响应查明原因，予以调整或修理。

(2) 检查。检查制动效能和各连接处制动管路的密封程度，必要时加以调整和紧固，认真做好总成和机件的检查、调整工作。

(3) 紧固。新车行驶150km后，需检查一次全车外部螺栓、螺母紧固情况；行驶500km时，应将前、后轮毂螺母紧固一次。有些国产汽车需要对缸盖螺栓进行紧固。在紧固时，应按规定顺序由中部开始，依次向两边对角线交叉进行或螺旋线方向进行。

汽车在走合行驶过程中，要注意观察各总成的温度情况，并要随时检查和排除"四漏"(漏油、漏水、漏气、漏电)。

3. 走合后的维护与保养

汽车走合期结束后，应及时将汽车送到厂家指定的维修站进行走合后的维护。这次汽车走合维护的目的，一方面是对汽车进行全面的检查、紧固、调整和润滑作业，使汽车达到良好的行驶状态；另一方面也是生产厂家对汽车售后服务的身份认定。汽车走合后维护的主要作业内容如下。

(1) 更换润滑油，更换滤清器滤芯。

(2) 检查、补充发动机冷却液。
(3) 检查、调整发动机传动带松紧度。
(4) 检查、校正点火正时。
(5) 检查、调整发动机尾气排放。
(6) 检查、调整制动系统。
(7) 检查、调整离合器踏板自由行程。
(8) 检查、紧固悬架和转向机构。
(9) 检查整车各部分的泄漏情况并进行排除。
(10) 润滑各部分铰链。
(11) 检查轮胎技术状况。
(12) 检查、调整电气系统的技术状态。

二、项目实施

(一)项目实施环境

(1) 各种车型的新车。
(2) 常用手动工具、轮胎空气压力表、点火正时枪、数字式万用表、保护套及维修工具等。

(二)项目实施步骤

其内容包括维护前的准备工作、外部检查、发动机室内检查、车辆底部检查、路试检查、走合后检查等方面。

1. 准备工作

第一步：准备好轮胎空气压力表、万用表等检测仪表及检测照明灯。
第二步：安装驾驶室座椅护套、转向盘护套及驾驶室脚垫。
第三步：准备好工具箱、扭力扳手、梅花扳手、套筒、橡胶软管及点火正时枪等。

2. 日常检查的内容

(1) 检查发动机润滑油(简称机油)的油面高度及质量。
(2) 检查变速器油量。
(3) 检查制动液液面高度。
(4) 检查助力转向器油液面高度。
(5) 检查冷却液液面高度。

(6) 检查风窗玻璃清洗液液面高度。
(7) 检查蓄电池的工作状况。
(8) 检查轮胎气压及磨损状况。
(9) 检查传动带工作状况。
(10) 检查空气滤芯的使用情况。
(11) 检查仪表指示状况等。
(12) 检查油液管路连接状况。

3．日常检查方法

日常检查方法如表 1-1 所示。

表 1-1 日常检查方法

序 号	检查项目	检查内容	检查方法
1	机油	(1)检查机油量是否合适。 (2)查看机油的颜色是否有异常。 每天出车前都应该注意机油的检查	(1)通常的做法是：打开发动机罩，拔出机油尺，把油尺上的机油擦拭干净，然后将机油尺再次插到底，重新拔出后查看油面是否在机油尺的上限和下限之间，如果油面显示低于下限，要及时添加机油或者到就近的维修站检查原因。 (2)检查机油时还要关注机油中是否混入其他杂质。根据使用地区的环境的不同，要适时地到维修站进行机油的更换，以保证发动机的正常运转
2	变速器油	(1)液面高度。 (2)油液质量	(1)一般日本车型有检查自动变速器油液面高度的油标尺，检查方法与机油的检查方法相似。拔出变速器油标尺观察油面是否在上下限之间、靠近上限，否则要及时进行处理。 (2)有些车型采用的自动变速器(如 ZF 公司产品)没有检查自动变速器油液面高度的油标尺，如要检查，需回维修厂进行
3	制动液	(1)液面高度。 (2)油液质量	(1)查看液面是否在制动液补偿罐的上限与下限之间。 (2)检查制动液是否过脏。 (3)如果在制动液不足的状态下使用，制动液压部件内可能会进入空气，影响制动效果，甚至引发重大事故
4	助力转向器油	(1)液面高度。 (2)油液质量	(1)在发动机停机的情况下检查助力转向器油液面是否处于上限和下限之间。 (2)启动发动机，检查在运转的情况下液面是否在上限和下限之间。 (3)检查油中是否有气泡以及是否过脏，如果出现气泡或者有其他的杂质，将会影响转向的质量

续表

序 号	检查项目	检查内容	检查方法
5	冷却液	(1)液面高度。 (2)油液质量	(1)检查冷却液，要在冷却液凉的时候，查看冷却液补偿罐情况。补偿罐是半透明的话，要查看冷却液面是否在上限与下限之间。 (2)发动机烫的时候，切忌打开水箱盖。如果需要打开，必须垫上厚的毛巾。因为蒸汽或热水容易喷出，很危险。 (3)冷却液明显减少的时候，有可能是散热器等部位漏冷却液，要及时添加冷却液，然后到维修站进行检查
6	玻璃清洗液	液面高度	玻璃清洗液储液罐的液量，可以通过罐侧面或者水位计来查看。查看液面是否在上限和下限之间，若清洗液较少，要适当补充清洗液
7	蓄电池	(1)电解液的高度。 (2)电池电量	(1)湿式电池要定期检查电解液的高度，如低于下限，应及时添加补充液。 (2)干式电池也称免维护蓄电池，使用寿命在2～3。平时要注意观察蓄电池的检查窗，呈现蓝色或者绿色时，表示使用情况正常；当出现红色时，表明需要适当充电；当观察窗变黑了，表明蓄电池已经不能使用，需要更换。日常一定要注意对蓄电池的检查，如果蓄电池无法工作，将导致发动机无法正常启动。 (3)检查的过程中还要注意对蓄电池两极桩头的检查，看是否有松动和腐蚀的状况。桩头的腐蚀也会造成启动困难，出现这种情况时要及时进行清理
8	轮胎	轮胎气压	(1)检查轮胎气压要在轮胎冷却的状态下进行。 (2)轮胎气压值在驾驶员侧车门上有明确标识。 要严格按照标准充气，气压不符合标准会导致轮胎异常磨损，影响轮胎的正常使用以及使用寿命。要注意的是，当车辆满载或者跑长途的时候，要适当将四个轮胎的气压调高10～20kPa
		磨损状况	(1)检查轮胎表面是否有龟裂及损伤。 (2)检查轮胎的侧面及搭铁部分的一圈是否有明显的损伤，是否有因老化而产生的裂纹。 (3)检查是否有钉子、石头等异物夹塞。轮胎夹杂异物会使受力不均匀，影响轮胎使用寿命。 要注意的是，即使没有明显的损伤，在轮胎使用超过60 000km或者使用两年后，建议也要更换轮胎，以保证车辆的正常使用

续表

序 号	检查项目	检查内容	检查方法
9	传动带	工作状况	(1)检查传动带有无老化裂纹。 (2)工作中是否有异响。一般出现异响是因为传动带的松紧度调节不当，或者传动带过度老化引起的，建议马上到维修站调整或更换
10	空气滤芯	使用情况	(1)空气滤芯在使用一段时间后，要检查其是否灰尘过多或者有异物。 (2)必要时可以使用高压空气进行清理作业，或者进行更换处理。 (3)建议每 5 000km 清理一次。 (4)每运行 20 000km 要更换空气滤芯
11	仪表	一般来说，仪表灯有指示灯和警告灯两类。指示灯为绿色，警告灯分黄色和红色两类。要检查仪表灯的点亮情况	(1)绿色指示灯表示汽车某项功能开启，并不指示其工作状态是否正常。 (2)黄色指示灯表示汽车相应部位存在故障，应尽快检查、维修。 (3)红色指示灯表示相应部位存在危及人身或车辆使用安全的故障，必须马上处理。 (4)打开点火开关，在发动机启动前，全部警告灯将点亮，汽车电脑对各电控部分进行自检。自检正常后，指示灯熄灭。发动机启动后，未松开手刹前，手刹指示灯点亮。汽车运行过程中，不能有任何警告灯点亮
12	油液管路连接状况	打开发动机罩，检查各种气路、油路的管路连接情况，连接应该没有松脱和泄漏	目测检查，如果出现了管路连接松脱和泄漏的状况，应该立即到维修站检查解决

4. 仪表指示作用

仪表指示作用如表 1-2 所示。

表 1-2 仪表指示作用

序 号	图 示	名 称	正常指示	故障类型
1	(黄色)	防抱死制动系统警告灯	启动发动机时警告灯会亮起，数秒后此灯将自动熄灭	出现故障时警告灯点亮。 (1)自动防抱死系统关闭。 (2)常规制动系统正常工作。 (3)会导致紧急制动效果下降、方向失控等现象。 (4)应尽快到专业汽车维修站进行检查和维修

续表

序号	图示	名称	正常指示	故障类型
2	 (红色)	SRS气囊警告灯	点火钥匙处于ON状态时，此警告灯会点亮，并在数秒后自动熄灭	当SRS气囊系统出现故障时，此警告灯会点亮
3	 (黄色)	发动机警告灯	点火钥匙处于ON状态时，此警告灯会点亮，并在数秒后自动熄灭	发动机电控系统在异常状态时，此警告灯会点亮。发动机警告灯点亮后，应尽快到专业汽车维修站进行检查和维修
4	 (红色)	手刹(驻车制动)指示灯	手刹被拉起时点亮。手刹被放下时，熄灭	该指示灯用来显示车辆手刹的状态，汽车行驶时应处于熄灭状态。有的车型若行驶中未放下手刹会伴随有警告音
5	 (红色)	充电警告灯	发动机未运转时，该灯点亮。发动机启动后熄灭	在发动机运转中，充电系统有异常情况(如发电机不发电)发生时，充电警告灯点亮。警告灯点亮后仍持续驾驶，会出现电力不足的情况，甚至蓄电池会有耗尽的可能
6	 (红色)	机油压力警告灯	发动机未运转时，该灯点亮。发动机启动后熄灭	在发动机运转中，机油压力有异常情况发生时，机油压力警告灯点亮。机油压力警告灯点亮后仍持续驾驶，会对发动机造成损害
7	(黄色)	低燃油位警告灯	熄灭 提示 (1)低燃油位警告灯点亮时，汽车一般还可以行驶50km左右 (2)因汽油泵是靠汽油进行冷却，因此，经常在低油位工作，会对汽油泵的使用寿命造成较大影响。 (3)应提醒客户，不要等亮灯后再加油	发动机运转时，低燃油位警告灯会在机油油位低于低油位线时点亮。在坡道或急转弯的道路状况下行驶，警告灯有提前点亮的可能
8	 (红色)	车门非紧锁状态警告灯	所有车门完全关闭时熄灭	当车门处于开启状态或非紧锁状态时，此警告灯点亮。此警告灯点亮时，请勿驾驶汽车
9	 (红色)	安全带警告灯	熄灭	发动机转动时，当驾驶席或副驾驶席上的安全带未扣紧时，安全带警告灯将点亮，这时请立即扣紧座位安全带

三、知识拓展

1. 汽车维护的目的与意义

汽车在使用过程中，由于各零、部件发生摩擦、振动、冲击以及环境的影响，汽车各总成、机构及零件会逐渐产生不同程度的自然松动、磨损和机械损伤。因此，随着汽车行驶里程的增加，其技术状况会逐渐变差，若不采取必要的措施，必然使汽车的动力性、经济性及可靠性下降，严重时会引起事故，出现预想不到的损坏。

汽车维护是指为维持汽车完好技术状况或工作能力而进行的作业。实践证明，对汽车进行可靠的维护作业，是延长其使用寿命，防止零、部件早期损坏，减少运行故障的最佳措施。

汽车维护的意义就是针对上述客观情况，在以预防为主的思想指导下，结合汽车各部总成、机构、零件发生自然松动和磨损的规律，通过合理的维护使汽车的技术状况或工作能力得以维持，使用寿命得以充分延长。汽车维护的目的在于保持车辆外观整洁，延长零、部件的使用寿命，减少不应有的损坏，及时发现和消除故障隐患，同时实现下述功能。

(1) 确保汽车经常处于良好的技术状况，随时可以出车，提高车辆完好率。

(2) 在正常的使用条件下，确保汽车在运行中不至于因中途损坏而停歇，同时保证行车安全。

(3) 确保汽车各部件总成的技术状况尽可能保持均衡，延长大修间隔里程。

(4) 确保将汽车运行中燃料、润滑材料、专用液及轮胎的消耗费用降到最低。

(5) 减少车辆的噪声与排放污染物对环境的污染。

2. 我国的汽车维护制度

汽车在运行中，由于受摩擦、振动、冲击及自然条件等各种运行条件的影响，各部件和零件会产生不同程度的松动、变形、磨损、疲劳、腐蚀、老化和损伤。随着行驶里程的增加，运行状况逐渐变差，故障增多，汽车动力性、安全性、经济性下降，甚至出现意外事故。为此，我国建立了"定期检查、强制维护、视情修理、预防为主"的汽车维修制度。

依据其作业周期和性质的不同，汽车维护可分为定期维护和非定期维护两种。汽车定期维护分为日常维护、一级维护、二级维护。汽车非定期维护分为走合期维护、换季维护。

3. 汽车定期维护周期及其确定

GB/T 18344—2001《汽车维护、检测、诊断技术规范》中明确规定：汽车日常维护的周期为出车前、行车中和收车后。汽车一、二级维护周期的确定，应以汽车行驶里程为基本依据；对于不便于用行驶里程统计的汽车，可用时间间隔确定周期。定期维护间隔里程应依据车辆使用说明书的有关规定，结合汽车使用条件的不同，由各地省级交通主管部门确定；按使用时间间隔确定维护周期的车辆可依据汽车使用强度和条件的不同，参照汽车一、二级维护行驶里程周期确定。

汽车一、二级维护周期主要依据车辆使用说明书的有关规定，结合汽车使用条件和汽车使用强度等因素来确定。

　　1) 车辆使用说明书中的有关规定

　　在每一辆汽车的随车文件中，车辆使用说明书都是一份必不可少的使用技术资料。其中对该车型的强制维护的分级、周期及各级维护的作业内容都有明确规定，并要求车辆在使用过程中应按照要求严格执行，尤其是初驶过程中应到制造厂指定的特约维修站进行车辆维护。

　　2) 发动机润滑油的更换周期与维护周期

　　确定汽车发动机润滑油的合理更换周期，也是确定整车维护周期的重要参照依据。因为润滑油更换合理与否，将直接影响发动机，乃至整车的使用寿命和油品的使用经济性。我国汽车用户对发动机润滑油更换的原则主要是以汽车制造厂推荐的换油周期为标准。

　　3) 汽车使用条件与维护周期

　　汽车使用条件包括汽车运行地区的地理环境、气候、风沙条件，汽车运行强度和燃料、润滑材料的品质等。应根据汽车使用条件的不同，结合汽车使用说明书的要求，确定汽车一、二级维护的周期。

小结

　　本项目讲述了新车的验证与恢复新车功能的方法、新车功能检验的基本步骤与要求、新车的日常维护与走合期的维护方法与内容，要求能够根据检验情况正确判别车辆功能；能向客户简要介绍车辆型号、铭牌代码、主要参数及使用注意事项；能对即将交付客户的新车正确验证其状态，恢复车辆的正常状态，检验车辆的功能，确保车辆处于最佳状态；能正确填写新车交车检验单；掌握新车的日常维护与走合期的维护方法。

习题及实操题

一、填空题

1. 轿车的主要标志有_____、_____、_____、_____、_____、_____等。
2. 新车交付车辆功能检验包括_____、_____、_____、_____、_____、_____和最后复查等步骤。
3. 恢复新车正常工作状态的主要工作内容有_____、_____、_____、_____等。
4. 汽车走合期维护的主要内容包括_____、_____、_____。

二、判断题

1. 同一品种不同型号的变速器的零、部件可以进行互换。　　　　　　　　　（　　）
2. 备件目录中未注明组织号的零件为通用零件。　　　　　　　　　　　　　（　　）
3. 在车辆需要进行油漆修补时，油漆编号是选用油漆的重要依据。　　　　　（　　）

三、选择题

1. VIN 为国际上通用的车辆识别代号,VIN 由(　　)个字符组成。
   A. 15　　　　B. 17　　　　C. 16　　　　D. 20

2. VIN 为国际上通用的车辆识别代号,在车辆上(　　)个位置贴有该号码。
   A. 3　　　　 B. 4　　　　 C. 2　　　　 D. 1

3. 汽车油漆编号由 5 个字符组成,打印在发动机室内(　　)前轮罩上。
   A. 左　　　　B. 右　　　　C. 上　　　　D. 下

项目二　车辆维护接待

【学习目标】

- 能够利用沟通技巧与客户交流。
- 能够正确使用各种维修单据。
- 能够掌握汽车维护接待流程。
- 能够正确执行对维护车辆的问诊及车辆检查。
- 能正确使用解码器读取故障代码。
- 掌握维修后交车的操作步骤。

【能力要求】

- 能够运用接待客户的一般礼仪规范。
- 能够操作客户接待管理软件对客户车辆进行管理。
- 能够掌握接待流程，对维护车辆进行问诊、估价、派工及交车。
- 能够通过对维护车辆的内、外部检查推荐适用的维护方案。
- 能按工作流程要求准确记录检测信息。

一、相关知识

(一)车辆维护业务接待员礼仪规范

车辆维护业务接待员是企业与客户之间的桥梁,业务接待的水平是衡量汽车维修企业好坏的直接标准,影响客户对企业的信任度。车辆维护业务接待员代表企业的形象、影响企业的收益、反映企业技术管理的整体素质,是汽车维修企业经营管理中一个重要的岗位。

1. 车辆维护业务接待员应具备的条件

根据各汽车4S店的调查现状和汽车工业的发展水平来看,一个合格的汽车维护业务接待员必须具备下列条件。

(1) 具有汽车维修专业大专以上文化程度,或者取得中级维修工技术证书,以及具有在维修岗位5年以上的工作经验。

(2) 品貌端正、口齿伶俐,会说普通话,有时还要求会讲当地方言,具有较强的语言表达能力和随机应变能力。

(3) 熟悉汽车维修、汽车材料、汽车配件知识及汽车保险知识,并有一定的实践经验。

(4) 接受过业务接待技巧的专业培训。

(5) 熟悉汽车维修价格结算的工艺流程、工时单价和工时定额,具有初步的维修企业财务知识。

(6) 有驾驶证,会使用企业内的维修软件。

(7) 接受过专业培训,经主管部门考核合格,熟悉国家和汽车维修行业的有关价格、法律、法规和政策。

(8) 具有高度的责任心、良好的职业道德和心理素质。

2. 车辆维护业务接待员的礼仪规范

1) 仪表端庄、整洁

(1) 按季节统一着装,要求整洁、得体、大方。

(2) 衬衫平整干净,领子与袖口不脏。

(3) 穿西服应佩戴领带,并注意西服与领带颜色相配。领带不得肮脏、破损或歪斜松弛。

(4) 胸卡佩戴在左胸位置,卡面整洁、清晰。

(5) 穿西服可以不扣纽扣,如果扣,正确的扣法是只扣上边一粒,下边则不扣。

(6) 胸部口袋只是装饰,不能装东西,如遇隆重场合,仅可装作为胸饰的小花等。其他口袋也不可装许多东西,如果外观鼓鼓囊囊很不雅观。

(7) 穿深色皮鞋,每日擦亮,不穿破损、带钉和异形的鞋。

(8) 工作期间不宜穿大衣或过分臃肿的服装。

(9) 女性业务接待员服装淡雅得体,不可过分华丽。

2) 仪容洁净、自然

(1) 头发干净整齐,让所有的客户都有一个好印象。作为服务中心的一员应当有合适的发型。头发要经常清洗,保持清洁,发型普通,不染发。男性业务接待员不留长发,女性业务接待员不留披肩发。

(2) 面部清洁。男性业务接待员应经常剃胡须。女性业务接待员要化淡妆,不能浓妆艳抹,不用香味浓烈的香水。

(3) 指甲不能太长,要注意经常修剪。女性业务接待员不留长指甲,不做美甲,不涂有色指甲油。

(4) 口腔保持清洁,上班前不喝酒、不吃有异味的食品。

3) 基本举止规范

(1) 握手。主动热情地将手伸向客户,表达诚意,但对女客户不可主动先伸手,更不可双手握。

(2) 微笑。对客户在任何情况下都要保持微笑。

(3) 打招呼。主动与客户打招呼,目光注视客户。

(4) 安全距离。与客户保持 1m 左右的距离。

(5) 作介绍。先介绍主人,后介绍客人。

(6) 指点方向。紧闭五指,指示方向,不可只伸一个或两个手指。

(7) 引路。在客人的左侧为其示意前进方向。

(8) 送客。在客人的右侧为其示意前进方向。

(9) 交换名片。双手接客户名片,仔细收藏好,不可随意放在桌上;递送名片要双手送出,同时自报姓名。

4) 一般礼仪要求

(1) 客户来到,应面带微笑,主动热情地问候招呼:"小姐(先生),您好,我能为您做些什么?"务必使客户感到业务接待员是乐于助人的。

(2) 对待客户应一视同仁,依次接待,认真问询,做到办理前一个,接待第二个,招呼后一个。在办理前一个时要对第二个说"谢谢您的光临,请稍等",招呼后一个时要说"对不起,让您久等了",使所有客户感到不受冷落。

(3) 接待客户时,应双目平视对方脸部三角区,专心倾听,以示尊重和诚意。对有急事而来意表达不清的客户,应劝其先安定情绪后再说。此时可说:"请您慢慢讲,我在仔细听。"对长话慢讲、语无伦次的客户,应耐心、仔细听清其要求后再回答。对口音重、说话难懂的客户,一定要弄清其所讲的内容与要求,不能凭主观推测和理解,更不能敷衍了事将客户拒之门外。

(4) 答复客户的问询,要做到百问不厌,有问必答,用词用语得当,简明扼要,不能说"也许、可能、好像是、大概是"之类模棱两可或是含混不清的话。对一些难以回答的问题,不要不懂装懂,随意回答,也不能草率地说"我不知道",更不能不耐烦地说"你问我,我问谁"等。应该实事求是地说:"抱歉得很,这个问题现在无法解答,让我了解清楚后再告诉您,请您留下联系电话。"

(5) 客户较多时,应先问先答,急问快答,不先接待熟悉的客户,依次接待,注意客户表情,避免怠慢,使不同的客户都能得到应有的接待和满意的答复。

(6) 在验看客户的证件资料时,要注意使用礼貌用语,验看完后要及时交还,并表示谢意,说:"××小姐(先生),让您久等了,请您收好,谢谢。"

(7) 对有意见的客户要面带微笑，以真诚的态度认真倾听，不得与客户争辩或反驳，而要真诚地表示歉意，妥善处理。对个别有意为难、过分挑剔的客户，仍应坚持以诚相待，注意服务态度，要热情、耐心、周到，动之以情，晓之以理。

(8) 及时做好客户资料的存档工作，以便查阅、检索和对客户进行有针对性的服务。

(9) 坚持服务电话跟踪，及时与客户电话跟踪询问，以体现对客户的尊重。

5) 接听电话时的礼仪要求

(1) 接打电话时，要坐端正，不要嚼口香糖、吃东西或喝水等，否则客户会感觉到你是在敷衍了事，不尊重他。

(2) 接打电话前，要准备好笔和记录本，方便通话时记下要点。

(3) 电话来时，听到铃声响三声之内要接听。开始通话须说"您好"，并自报××维修服务中心、部门及职务。要认真细心听对方讲话，同时在记录本上记下要点。未听清时，及时告诉对方。结束通话须礼貌道别，待对方挂断电话，自己再放下话筒。

(4) 接打电话时，语音要贴切、自然，吐字清晰，语速适当。

(5) 客户来电话查询，应热情帮助解决问题，如不能马上回答，应与来电话的客户讲明等候时间，以免让客户久等，引起误会。

(二)车辆维护业务接待

客户到达维修站后，业务接待员应通过与客户沟通，弄清楚客户的维护要求，针对车辆进行内、外部检查并确认维护项目，再利用维修管理系统软件，掌握客户车辆档案，根据车辆状况及车间负荷对本次维护进行估价及估计交车时间，并且制作估价单、派工单，取得客户同意后进行车间派工。

在车辆维护过程中，业务接待员应监控工作进程以确保在承诺交车的时间内交车。维护过程中若发现追加维修项目应及时通知客户，取得客户同意后，再次派工。维修项目完成以后，业务接待员再次检查车辆问题是否得到全面解决，检查车辆清洁，做好交车前的准备，然后通知客户提车。

1. 车辆维护业务接待的基本流程

汽车维修是汽车维修企业围绕客户及汽车所展开的各项技术服务工作，其中汽车是企业间接的服务对象，客户才是企业直接的服务对象。因而汽车维修企业的业务管理必须充分体现以人为本的特点，围绕客户这一中心展开各项服务活动。汽车维修企业的生产与运作就是使汽车维修企业的服务流程更具合理性、科学性和经济性，体现服务流程的高效性，以充分适应企业本身的特点，挖掘企业发展的潜力，最大限度地满足客户的需求。因而服务流程是一个涉及运作流程设计、客户关系、信息资源、计划管理和市场开发的系统工程。

现代汽车维修企业一般采用以客户为中心的服务运作流程，其步骤如下。

(1) 预约——倾听客户描述，详细记录。

(2) 预约准备——全面准备，通知有关人员(配件、车间等)。

(3) 维修接待——检查车辆，详细记录，制作任务委托书，估价。

(4) 维修——正确地进行所承诺的维修工作。

(5) 质量检验——检查维修工作质量。
(6) 交车——解释维修工作和发票，陪同客户结账，送走客户。
(7) 跟踪服务——听取客户意见，进行满意度调查。

还可以进一步细分为以下具体步骤。
(1) 预约：倾听客户描述，详细记录。
(2) 预约准备：全面准备，通知有关人员(配件、车间等)。
(3) 维修接待：接待客户，预检，制作任务委托书，估价。
(4) 派工。
(5) 完成任务委托书。
(6) 检查质量。
(7) 业务接待接车，确认故障是否清除。
(8) 打印预览发票。
(9) 结算。
(10) 满意度调查。

汽车维修服务的运作流程如图 2-1 所示。

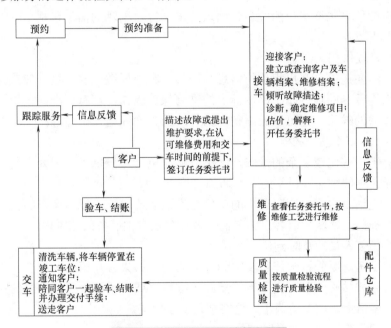

图 2-1 汽车维修服务的运作流程

2．预约环节

1) 预约登记

在一个繁忙的维修服务中心里，接电话的人通常是业务接待员的助手或者是信息员。之所以不采用业务接待员接听电话的方法，是因为在繁忙的维修中心，业务接待员通常会很忙，要接待很多的客户，无空余的时间接电话。但是，如果维修中心的人员配置没有问题，或者说不是太繁忙的话，也可以由业务接待员来接电话。

接电话的人员首先要在预约登记表上记录有关客户和车辆的详细信息及所要进行的工作。若有专用计算机记录客户详细的信息，可直接将信息输入保存；若是老客户，则可直接调出客户档案及车辆的相关资料进行预约。

2) 安排预约时间

为客户预约安排时间，通常以间隔 15min 来进行预约。例如，第一个客户如果预约在 9 点钟的话，那就得给业务接待员 15min 的接待时间，持续到 9 点 15 分；第二个客户就应该安排在 9 点 15 分；第三个安排在 9 点半，以此类推。但第四个不应该安排在 9 点 45 分，而应安排在 10 点钟。原因是必须要留有 15min 的应急时间。因为假如在接待第一个客户时，由于某种原因拖长了 5min，第二个客户就会被延迟 5min，第三个也会依次被延迟，如果有了 15min 的机动时间，第四个客户就不会受影响。

经过调查研究，人们在排队时，最有耐心的等候时间是 8min。因此，如果有 15min 的机动应急时间，将不会影响到第四个客户。也许有人认为这 15min 无关紧要，但是往往就是这不起眼的 15min 能够避免客户的拥挤现象。

3) 完成客户委托书的前一部分

接下来，要完成客户委托书的前一部分。通常，委托书最初的部分要记下客户与车辆的信息。客户的信息包括客户的姓名、地址、电话等，车辆的信息包括车辆的牌照、车架号、行驶的里程数等。

4) 向客户提供相关信息

在预约时，要提供给客户相关的信息。例如，客户要做保养，这时应该提供的信息是收费多少。因为保养的项目属于比较标准的维修保养操作，都有标准的报价。如果是更换制动片这类普通的维修，也可以做出初步报价，因为你知道一个标准的工时费，还知道需要的零件是什么，价钱是多少。

但是，对于一些比较复杂的维修，就不能够在电话里报价了。因为它需要诊断，需要知道要使用什么零件，这跟正常的、普通的维修不一样。

此外，在电话里也可以判断客户的车辆是不是需要保险。根据客户的资料，再参考原制造厂提供的资料，就能知道客户的车辆是否包含在专项服务的范围内。

5) 确认相关人员的及时到位

接下来就要考虑维修技师能否及时到位的问题，如果客户第二天早上九点来，就要知道那时有没有维修技师上班。因为专门搞此类维修，或者说比较熟练的维修技师，可能会被耽搁在其他事情上，或者请假了，这些都是要了解的。

6) 确认相关零、部件的及时到位

下面要确认零、部件是否能够及时到位。因为即使客户只是要做一个正常的保养，也要和零件部门确认所需要的机油滤清器、机油等配件是否到位。如果没有，就要及时通知客户更改预约时间。

7) 接待前的准备工作

接受了客户的要求后，假设第二天上午九点客户要来进行车辆的维修或保养，那么在当天下班以前，就应该做好相关的准备工作。

(1) 写出欢迎牌。可以调出客户的档案、车辆的维修记录及客户的信息单，根据维修预约的记录，准备好对客户的欢迎牌。

现在很多维修服务中心都有欢迎牌，上面写有客户的姓名、车牌号和预约时间。可以在第二天上班前，把写好的欢迎牌摆在显眼的等候地方。这样，到来的客户看到欢迎牌上写着自己的名字，他(她)会觉得自己受到了尊重。但有时客户可能不喜欢自己的名字写在欢迎牌上，这时就要另想他法，或者写车牌号，或者写车的品牌等。

(2) 通知备件部门。要通知备件部门准备好第二天所需要的备件，并提前把这些备件摆在待领区。这样，车来到以后维修技师、维修工人不需要等待就可以直接到待领区，把零件拿出来，开始工作。

(3) 及时与客户取得联系。应该在下班前打电话给预约的客户，提醒他不要忘了第二天上午的预约。对没有如期赴约的客户，必须打电话给他，询问他能不能赶到。如果不能，是不是需要重新安排预约。

3．业务接待

在整个服务流程中，业务接待这个环节是业务接待员与客户直接接触的一个环节，也是至关重要的环节。在这个环节里，客户将直接感受到服务的质量，并且会影响客户对企业服务质量和维修质量的评价，进而影响客户的满意度和忠诚度。因此，高效、快捷、周到地接待客户，专业、快速、准确地诊断故障，给出合理的维修价格和准确的时间估算，会使客户感觉到业务接待员专业、优质的服务，从而增强客户的信任感。

接待的客户可分为预约客户和未预约客户。接待预约客户时，应取出已准备好的任务委托书和客户档案，陪同客户进入维修区。这样，客户会感到业务接待员对他的预约十分重视，会对接待这一环节表示满意。接待未预约客户时，应仔细询问并按接待规范进行登记。

1) 对客户表示欢迎

客户车辆进入维修服务中心入口处时，门卫要主动为客户打开维修服务中心大门，向客户敬礼或行注目礼表示欢迎，并引导客户到指定的停车区。当维修服务中心入口处有交通堵塞或交通不便时，门卫应主动进行交通疏导，让客户车辆方便进入。

在预约时间到来以前，业务接待员要准备好相关资料等待客户到来。对预约的客户或者非预约的客户，甚至突然进来的客户，都要表示欢迎，不要让非预约的客户觉得不被重视。

业务接待员应主动向客户递交名片和维修服务中心的有关服务信息资料。

2) 了解客户需求

客户到来之后，要认真了解客户的需求，了解客户到这里来的目的，想做什么样的保养，想做什么样的维修，这些都要首先弄明白。

3) 对车辆进行预检

在做预检时，要当着客户的面，罩上座位套、转向盘套和脚垫，然后把车开到预检台上，跟客户一起做预检，初步进行故障诊断，步骤如下。

(1) 细心聆听客户对故障的描述。

(2) 深入地向客户探问以求了解更多的情况。

(3) 与客户研讨，要明白客户要做某一维修项目的原因。

(4) 环车检查，初步找出故障来源，科学检测诊断，准确找出故障所在。

(5) 与客户商妥后，确定维修项目。
(6) 尽量满足客户报修以外的其他合理要求。
(7) 根据试车检测情况及时向客户提出建议。
(8) 遇到难以解决的问题时，应与技术主管商讨，找出解决问题的方法。

对将要进行的工作，要注意以下几点。

(1) 让客户选择解决方案。例如，客户说车漏油，当你把车举升起来后，看见车的确漏油，这时就要告诉客户有几种解决方案，让客户选择采用哪种方案。

(2) 检查配件库有无库存。检查配件库里有没有库存，提出预估的价格，告诉客户大概需要多少钱、多少时间，然后和客户商定交车的时间。当然，交车的时间应该考虑车间的工作量。

(3) 出现新问题时的做法。如果在预检时，把车顶起来后，发现它的排气管坏了，或者说发现减震器坏了，从而导致车漏油。这时因为客户没有看到，就要向客户建议，告诉他应该做哪些维修。

注意

如果客户不接受维修建议，要把它记录在委托书上，并做说明。特别是涉及安全的维修项目时，业务接待员对客户提了建议，但客户没有接受，要将详细情况登记下来，以免以后产生不必要的法律纠纷。

4) 开具任务委托书
(1) 取得车辆的基本资料(型号、年份、VIN 等)。
(2) 车况、证件的交接。
(3) 随车工具及物品的保管。
(4) 与客户商定材料、配件提供方式。
(5) 开具任务委托书时，要注意与维修技师沟通有关维修工作。
(6) 任务委托书开具后要交给客户过目、签字。

任务委托书是客户委托维修企业进行车辆维修的合同文本，也称为维修合同。任务委托书的主要内容有客户信息、车辆信息、维修企业信息、维修作业任务信息、附加信息和客户签字。客户信息包括客户名称、联系方式等；车辆信息包括牌照号、车型、颜色、底盘号、发动机号、上牌日期、行驶里程数等；维修企业信息包括企业名称、电话，以便客户联系；维修作业任务信息包括进厂时间、预计完工时间、维修项目、工时费、预计配件材料费；附加信息是指客户是否自带配件、是否带走旧件等，这些都需要同客户做准确的约定；客户签字意味着对维修项目、有关费用、时间的认可。

任务委托书一般至少两联，其中一联交付客户，可作为客户提车时的凭证，以证明客户曾经将该车交付维修企业维修，客户结算、提车时收回；另一联供维修企业内部使用，也可兼做维修车间内部派工以及维修技师领取配件材料的依据。如果维修企业使用三联任务委托书，那么其中一联交给客户之外，企业自用的两联可分别用于维修车间派工以及维修技师领料使用。具体采用两联还是三联，则由维修企业根据自身实际情况确定。

进厂车辆如果只是进行一般的维护，可以直接同客户签订任务委托书。进厂车辆如果要进行故障维修，业务接待员应对客户车辆进行技术性检查和初步故障诊断，验证故障现象是否同预约中描述的相同，必要时和客户一起试车亲自验证。然后根据故障现象判定故障原因，必要时还要请技术人员进行仪器检测和会诊，拟订维修方案，估算维修工时费和材料费，预计完工时间，打印好任务委托书，请客户签字。

业务接待员同客户签订任务委托书时，应当向客户解释清楚任务委托书的内容，特别是维修项目、估算维修工时费、材料费和预计完工时间。

5) 修竣时间与收费

(1) 工时估价应按照企业规定的不同车型、不同维修项目的统一工时定额和工时费报价。

(2) 零、配件应按销售价格报价，特殊订货的配件，价格应适当加乘一定的系数后报价。

(3) 客户自购件，应向客户解释正厂件与副厂件的质量差异和价格差异。

(4) 对一般维修项目可向客户直接报价，个别维修项目的收费应向客户做必要的解释。

(5) 检查客户的保修单和保养单。

(6) 估计客户可以取回车辆的时间。

(7) 若客户对取车时间有疑问，要做出适当回应。

(8) 与维修技师商讨有关维修事宜。

(9) 估计维修总费用。

(10) 在安排维修时间表时要考虑维修车间的工作量。

(11) 要查清楚配件部门有没有所需的零、配件。

(12) 计算更换零、配件的费用和工时费。

6) 推销增加的服务

(1) 在维修中反馈的追加项目和零件的更换应及时与客户取得联系。

(2) 向客户建议额外的维修服务，应解释服务的性质、价格及益处。

4．预检故障诊断技巧

1) 环车检查

环车检查时，向客户确认有无贵重物品或遗留物。如有，应当场交还客户。

环车检查的位置图及其内容如图2-2所示。

环车检查注意事项如下。

(1) 杂物箱是客户的私密空间，在打开之前一定要先征求客户的同意。

(2) 检查过程中如果发现有部位损伤，立即向客户指出损伤部位，并估算一下修补费用。如果发现有损伤部位须向客户指出损伤部位，并建议修复损伤部位，估算费用。征得客户同意后，请客户签字确认。

2) 仔细倾听与问诊

汽车故障诊断都是由倾听与问诊开始，这也是诊断的第一步。仔细倾听与问诊客户对车辆故障的描述，并在工作单上做好记录。

客户来到维修中心之后，会告诉你车辆有故障。这时要确认故障症状，就必须运用有效的询问技巧。

(1) 根据客户叙述提问题。客户只是站在他的角度来说明车辆有什么问题，如果完全按照客户的描述进行记录，往往写出来的故障症状是不准确的。这时就要运用有效的提问技巧，询问客户关于故障的情况，这样才能够把故障情况准确地记录在委托书上，才不会误导维修技师的判断。

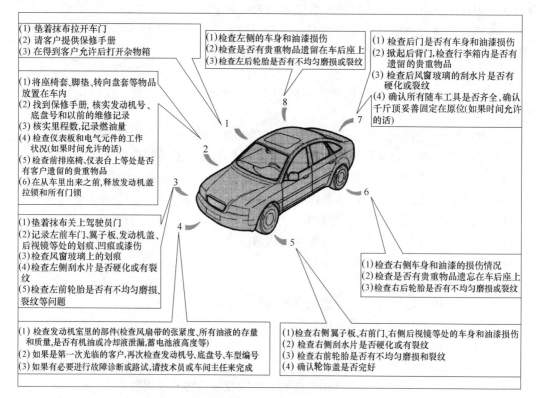

图 2-2 环车检查内容

当客户叙述故障症状时，往往会从以下角度进行。

① 听到什么噪声。噪声一般是由机械故障引起的。

② 闻到什么气味。常见的是由于高温灼烧所致。

③ 看到了什么。也就是视觉的感受。

④ 驾驶的感受。比如，客户觉得车开起来好像跟以前不一样了，以前动力比较强劲，现在动力好像变小了。

⑤ 发动机性能。比如，车辆跑起来提速快不快、怠速稳不稳定、功率够不够等，都是发动机性能的问题。

客户一般会从这五个角度来对故障做出描述，接待问诊时就可以利用上述五种故障症状向客户提问，帮助客户把故障症状描述清楚。

【案例一】

① 例如，当客户说到噪声时，就可以问他这个噪声听起来像什么。客户可能会说就像玩具火车走的那种声音，或者说像老鼠的叽叽声等。当他说明以后，可以把发动机启动起来，听一下，这样很快就可以把问题判断出来。

② 再如，询问客户气味闻起来像什么。如果客户说闻起来有点甜甜的味道，那么就可以初步判断是发动机冷却液泄漏，因为发动机冷却液闻起来有甜的味道；如果说闻起来像蜡烛烧焦的气味，这时就可以判断是不是漏机油了，因为机油漏出来滴到发动机上，由

于发动机的温度高，它燃烧起来就有这样的味道；如果说闻起来像烧开水的时候，水被烧完了锅被烧焦的味道，这时就可以判断是发动机过热了。

③ 还可以询问客户看见了什么。如果他说发现地上漏了一摊油，这时就要问他看见的油是什么颜色。如果是黑色的，就可以判断那是机油；如果是红色的，就可以判断可能是自动变速器油；如果是绿色的，那可能是冷却液泄漏；如果是透明的，则通常是空调制冷剂。

④ 还可以了解客户驾驶过程中有什么感觉。比如客户说开车时，每当速度到 70km/h 左右时，一踩制动踏板，整个踏板就开始抖动，这时就可以初步判断可能是前制动碟翘起或者后面的制动毂失圆；如果客户说一踩制动踏板就感觉脚有抖动，可以问他有没有感觉转向盘也在抖动；如果客户说驾驶时，总觉得到了 100km/h 左右，整个转向盘就抖，这时通常就会怀疑是轮胎平衡不好；如果客户说跑到一定时速时，车身抖动，而且连门窗也抖动，这对于后轮驱动的车来说，很有可能是万向节坏了。

⑤ 还可以询问发动机或车辆运行时的状况如何。发动机在运行或急加速时，到底有没有回火？在车辆运行时，是不是会觉得车总是好像要偏向一边？诸如此类的问题都可以问。当客户描述了车辆的问题，再加以详细提问后，就能初步判断故障在哪里了。

(2) 使用描述性问题。在询问时，可以使用一些描述性的问题。和前面的问题不一样，描述性问题的目的是要让客户多说话。

【案例二】

① 当客户说他的车有异常感觉时，要问他当时在什么样的路面上行驶。

② 如果客户的车走到一定时速就会振动，这时可以问他，前轮胎行驶的里程数是多少，上一次的车轮换位是在什么时候。

③ 如果客户说车辆轮胎的花纹坏了，按常理，轮胎花纹跟气压有关，这时就要问他有多长时间没有检查轮胎的气压了，有没有规定自己多长时间检查一下轮胎的气压。

④ 如果客户说有噪声，可以问他噪声的来源。因为噪声有很多，有从发动机室出来的，有从车底下出来的，左边、右边还是左前、右前、左后、右后，这些都是发声源。

当客户说发动机有噪声时，就要问他是从什么时候开始有的。比如说"是从前天开始有的"，或者说"新车买来时就有了"，或者说"上个月已经开始有了"，这些都是非常重要的信息，可以提供给维修技师去判断故障。还要问客户，这个噪声有多响，是一种很小的声音还是一种很大的声音。

(3) 使用封闭式问题。通常，当客户告诉你一些情况，你需要对此加以确认时，可以使用一些封闭式问题。

【案例三】

① 如果客户抱怨他的车发生抖动，这可能与转向操作有关，这时问他一个封闭式的问题：除了抖动之外，车辆还有其他转向操作上的问题吗？

② 要确认一下客户平时所走的路段是什么样的，对他的车辆有什么样的影响。

③ 要了解车辆以前是不是曾经在坑洼的路段走过，导致冲击以后的车底盘的部件受到损伤。这时要使用的依然是封闭式的问题，如：转向盘抖动的同时，车身是否也在抖动，前照灯是否有时显得昏暗。

④ 客户投诉或者抱怨他的车跑偏时，要问他是不是做过车轮定位。

⑤ 在加速时，发动机是否熄火？这是有关发动机性能的提问。

⑥ 对于制动系统，有时还会询问：制动时车辆是不是跑偏，是向左还是向右跑偏。

这些都是需要向客户问清楚的，并且要在委托书上写清楚，否则，维修技师就不知道该如何判断。

3) 认真检验

听完了客户对故障的描述之后，还不能对这些现象轻易下诊断结论。因为绝大多数客户并不是专业人士，对于汽车本身的认识处于很粗浅的阶段，有时很难说清楚是哪个系统出了故障，或者客户所说的故障对于某种车型来说并不一定是故障。这就需要业务接待员从专业的角度对车辆进行检验，检验看是否就像客户所说的那样，是否有新发现。所以不应该为了图省事就不进行检验。如果全部照搬车主的叙述直接制定工作单而不进行核实，就有可能使下一步的维修工作陷入误区。因此，检验往往是诊断出故障的关键。

【案例四】

一辆长安福特蒙迪欧行驶在上坡路段时自动变速器有打滑现象，于是客户开车到维修服务中心保修。

通过向客户了解情况，得知该车在平坦路面行驶没有问题。但就是在上坡行驶时发动机转速有时会出现突然升高的现象。客户从别人那里得知此现象可能是变速器打滑造成的。

进一步确诊该故障，此时最好请求车间主管陪同进行试车确认。根据客户所说，找了一处相似路况的路段进行试车。在上坡行驶时的确有发动机转速升高的现象出现，但车间主管判断该故障并非变速器打滑所引起的，而是因为车辆在上坡路段行驶时发动机输出动力不足，造成自动变速器自动降挡增矩，降了挡的发动机转速自然随之升高。

由于故障诊断准确，维修时针对造成发动机动力不足的原因，更换了火花塞，对汽油滤清器及喷油器进行了清洗，发动机动力得到明显的改善。交车时，陪同车主进行试车，该故障不再出现，车主满意地将车开走。

假如该故障不通过试车确认，而直接按照客户的个人判断制定了变速器打滑故障的维修单，那将会把维修技师带入误区。

4) 准确判断

有了问诊和检验作为基础，接下来就是要根据前两步来对故障进行诊断，开具维修委托单。大部分车主并非汽车专业人士，而作为专业人士的业务接待员要将车主的口头描述转化为专业文字，制定好维修委托单，以便车间的维修人员进行专业化维修作业，就要防止因为文字问题、记录不准确而出现误诊或错诊。这就要求业务接待员具有较系统的汽车维修理论知识和一定的维修经验。

【案例五】

一辆丰田雷克萨斯 LS400 轿车在制动时制动踏板有弹脚的感觉，很不舒服，客户开车到维修服务中心修理。此时有经验的业务接待员会告诉他这是 ABS 系统(防抱死制动系统)在作用，是正常现象。但该客户半信半疑，并说以前开的丰田轿车没有这种现象。通过问询得知客户以前开的是中国规格的丰田皇冠 3.0 轿车，该车配置是不带 ABS 系统的，所以在进行紧急制动时没有弹脚的感觉。为了彻底打消客户的疑虑，业务接待员陪同客户亲自试车，进行现场解释，客户满意离去。

业务接待员知道客户描述的故障并不是真正的故障，所以更不能欺骗客户，而要抱着专业诚信的态度给客户进行解释，给客户留下良好的信誉，取得客户的信任。

5．维修项目估价

一般车辆接待、预检完后，客户在签订维修任务委托书时都要求了解维修的价格，此时需要对车辆维修项目进行估价。汽车维修与保养的收费内容主要包括工时费用、材料费用和其他费用三项。

在实际工作中要灵活掌握维修项目估价方法，在估价过程中既要维护企业的利益，又要顾及客户要求，做出合理的维修估价，使客户有一个明白消费的感觉。

进行维修项目估价时，应明确维修配件是由企业还是由客户提供、用原厂件还是非原厂件，并应向客户说明。凡客户自购配件或坚持要求关键部位用非原厂件的，企业应表明技术质量的差距，并在任务委托书上写明，由客户签字确认。以下是各收费项目的计算方法。

1) 汽车维修工时费

汽车维修工时费是指汽车维修所付出的劳务费用，即完成一定的维修作业项目而消耗的人工作业时间所折算的费用。

为了使汽车维修企业能够规范、统一、客观、合理地计算和收取汽车维修工时费，我国规定汽车维修工时费按统一规定的工时单价与统一规定的定额工时相乘的乘积进行计算。即汽车维修工时费的计算公式为

$$工时费 = 工时单价 \times 定额工时$$

汽车维修工时单价是统一规定的完成某种汽车维修作业项目每一小时的收费标准。

汽车维修工时单价的类别一般根据汽车维修作业项目的不同，划分为汽车大修(包括发动机、车架、变速器、前桥、后桥、车身等总成大修)、汽车维护(包括一级维护、二级维护)和专项维修(包括小修)三种，各类维修作业项目规定不同的工时单价标准。汽车维修工时单价一般由各省交通行业主管部门和物价管理部门统一制定并向社会公布执行。

汽车维修定额工时是统一规定的完成某种维修作业项目所需要的工时限额，通常也称为工时定额。汽车维修工时定额一般也是由各省交通行业主管部门和物价管理部门统一制定并向社会公布执行。

汽车维修工时定额是汽车维修企业计算和收取汽车维修工时费的最高限额。汽车维修企业在收取汽车维修工时费时，必须严格按照统一规定的维修工时定额标准进行计算。

汽车维修工时定额也根据汽车维修作业项目的不同，规定不同类别的工时定额标准，一般主要分为以下几类。

(1) 汽车大修工时定额。一般根据车辆类别和参数，如客车按座位数、货车按吨位、轿车按型号等参数，规定不同的工时定额标准。

(2) 汽车总成大修工时定额。一般根据车辆类别和参数，如客车按座位数、货车按吨位、轿车按型号等参数，规定其各主要总成的工时定额标准。

(3) 汽车维护工时定额。一般根据车辆类别、型号、参数等，分别规定其一级维护、二级维护的工时定额标准。各级汽车维护工时定额是指按国家或当地交通行业主管部门规定的汽车维护作业项目的全部工时限额，一般不包括汽车维护作业范围以外的附加维修作

业项目的工时。

(4) 汽车小修工时定额。一般根据车辆类别、型号、参数等,规定具体的汽车小修作业项目的工时定额标准。

汽车维修工时定额除了用于计算汽车维修工时费以外,在汽车维修企业内部还可用作维修作业派工、维修工作量考核等的依据。

2) 汽车维修材料费

汽车维修材料费是指汽车维修过程中合理消耗的材料的费用,一般分为配件费用、辅助材料费用和油料费用三类。

(1) 配件费用。配件费用包括外购配件费用、自制配件费用和修旧配件费用三种。

外购配件费用,即使用汽车维修企业购进的汽车配件的费用。按实际购进的价格收费。

自制配件费用,指使用汽车维修企业自己制造加工的汽车配件的费用。属于国家(或省)统一定价的,按统一价格收费;无统一定价的,按实际加工成本价收费;对个别加工成本较高的配件,可与客户协商定价。

修旧配件费用,指使用汽车维修企业加工修复的备用旧汽车配件的费用。

(2) 辅助材料费用。汽车维修辅助材料是指汽车维修过程中消耗的棉纱、砂布、锯条、密封纸垫、开口销、通用螺栓、螺母、垫圈、胶带等低值易耗品。汽车维修过程中此类材料的消耗不易单独核算费用,因此交通行业主管部门和物价管理部门统一规定了汽车维修辅助材料费用定额,作为汽车维修辅助材料费用的收费标准。汽车维修企业应依据汽车维修辅助材料费用定额收取汽车维修辅助材料费用。

汽车维修辅助材料费用定额一般按汽车维修作业的不同类别和车辆的不同型号规定不同的费用定额标准。

(3) 油料费用。油料费用是指汽车维修过程中消耗的机油、齿轮油、润滑脂、汽油、柴油、制动液、清洗剂等油品的费用。对汽车维修过程中各种油料的消耗,交通行业主管部门和物价管理部门一般也规定统一的油料消耗定额。各种油料的费用应依据规定的油料消耗定额与油料的现行市场价格进行计算和收取。

汽车维修过程中各种油料的消耗定额,一般也按照汽车维修作业的不同类别和车辆的不同型号规定不同的消耗定额标准。

3) 其他费用

其他费用就是指上述费用以外的、汽车维修过程中按规定允许发生的费用,主要包括材料管理费、外协加工费等。

(1) 材料管理费。材料管理费是指在汽车维修过程中使用维修企业的外购汽车配件时,在其购进价格的基础上加收的一部分费用。材料管理费的实质是对汽车维修企业外购汽车配件过程中所发生的采购费用、运输费用、保管费用以及材料损耗等费用的补偿。

在汽车维修过程中,使用维修企业的外购汽车配件时,允许汽车维修企业按规定收取一定比例的材料管理费。材料管理费的计算方法是以汽车维修过程中所消耗的外购配件费用为基数乘以规定的材料管理费率,即

材料管理费=汽车维修过程中所消耗的外购配件费用×材料管理费率

材料管理费率由交通行业主管部门和物价管理部门统一规定,一般为7%～8%。但是在汽车维修过程中使用的辅助材料和油料,以及使用维修企业的自制配件和修旧配件,都不

允许加收材料管理费。

(2) 外协加工费。外协加工是指在汽车维修过程中，由于承修企业的设备与技术条件所限不能进行的加工项目，由承修企业组织到厂外进行的加工。

外协加工项目如果属于客户报修的维修类别规定的作业范围之外的项目，其外协加工费用规定的作业范围之内，承修企业应按相应的标准工时定额收取工时费用，不得再向客户加收外协加工费。

4) 汽车维修总费用的计算

汽车维修总费用就是工时费、材料费和其他费用三项费用之和，即

$$维修总费用=工时费+材料费+其他费用$$

6．维修后的质量检查

1) 必要时组织进行试车

在维修后进行质量检查时，必要时业务接待员要安排试车，试完以后，把车放在交车区内。如果试车情况良好，应写出试车报告；如果试车的结果有问题，应通知有关车间的负责人和维修技师进行补救。

2) 更新工作控制牌

有时，维修补救行动会导致交车的时间延迟，因此要更新工作控制牌，并及时通知客户。

3) 对全车进行检查

业务接待员在通知客户取车前，要进行最后一道检查，即应该做的工作是不是已经做完，更换下来的零件放在何处，所有应该更换的零件都更换了没有，车里面是不是已经打扫干净，车身是不是已经洗干净，这些都是业务接待员最后要做的检查工作。

4) 在维修单上签名

最后，业务接待员要在维修单上签名，然后标上质量检查完毕的标志。

7．结账与交车

交车是车辆维护业务接待员与客户接触的很重要的环节。在这个环节中，业务接待员要注意如何使客户满意。

1) 核算结账清单

在通知客户交车以后，业务接待员要审验维修任务委托书，确认无误，做好相应记录，并将任务委托书送交收银台进行核算。收款员检查任务委托书、材料单和其他凭证(如外部维修加工单等)是否齐全，检查出库的材料是否与任务委托书要求的维修范围一致，并将确定项目进行核对、核算。

2) 带领客户验车

当客户来取车时，业务接待员应亲自带领客户查看一下维修完毕的车辆，向客户详细地解释工作的完成情况，比如做了哪些工作，其中哪些是免费的等，还要说明已经对车辆进行了全面的质量检查。

要向客户指出车辆依然存在的问题。指出这辆车以后还有什么问题必须修理，只是现在不是很紧急，可以留到下一次进行修理，下一次的保养时间应该是什么时候。所以在这时也是业务接待员与客户产生另外一个新预约的时机。因此，每一次同客户接触时，都要

尽量做到与客户有一个新的预约。

3) 带领客户审验维修项目

带领客户按照任务委托书审验维修项目，确认所有要求已满足。在审验维修项目的过程中，应积极向客户解释维修的过程，此时可带上损坏的零件来帮助进行说明，能对客户的信任产生积极的影响，也可以避免客户认为企业提供的服务过于昂贵。

4) 结账、交车

最后，必须引导客户到收银台。要感谢客户对自己工作的关照，并且告诉收银台的工作人员，如果客户有什么问题，直接带客户来见自己。结账完毕后，带领客户到交车区交车。

8. 跟踪回访

在客户取车后的三个工作日内，要给客户打个追踪电话，以了解客户对本次维修服务是否满意。通常，在一个繁忙的维修中心里面，这个工作是由信息员来做的。但是，也有些维修服务中心是让业务接待员来进行跟踪回访的。

(1) 跟踪回访的目的，如图 2-3 所示。

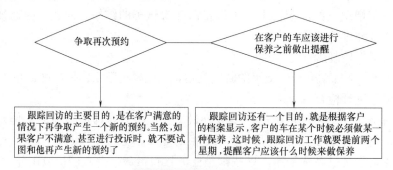

图 2-3　跟踪回访的目的

(2) 注意客户资料的记录，如图 2-4 所示。

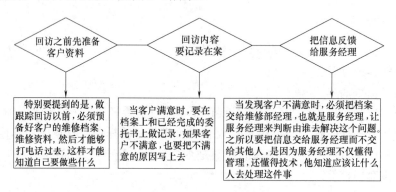

图 2-4　跟踪回访记录

(三)4S 特约维修店的维护服务流程

为了提高汽车 4S 店服务水平、工作效率、工作质量和经济效益，汽车 4S 店都有一套相对完善的工作流程，下面以我国一汽大众汽车 4S 店为例介绍其汽车维护服务流程。图 2-5

是一汽大众汽车 4S 店汽车维护服务流程总图。

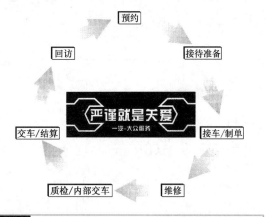

图 2-5 一汽大众汽车 4S 店汽车维护服务流程总图

(1) 预约工作流程，如图 2-6 所示。

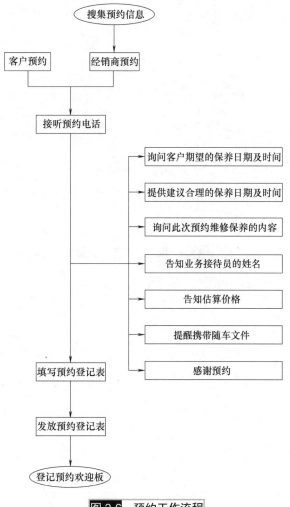

图 2-6 预约工作流程

(2) 接待准备工作流程，如图 2-7 所示。

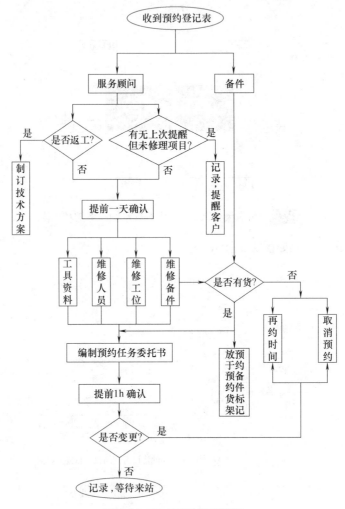

图 2-7 接待准备工作流程

(3) 接车/制单工程流程，如图 2-8 所示。

项目二　车辆维护接待

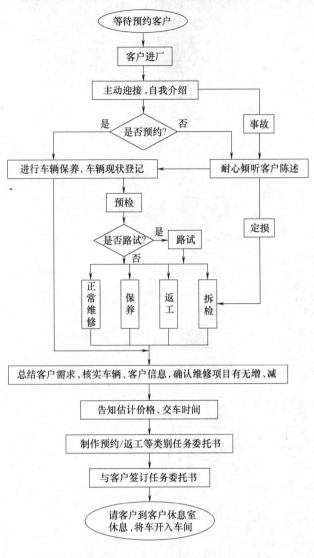

图 2-8　接车/制单工作流程

(4) 维修工作流程，如图 2-9 所示。

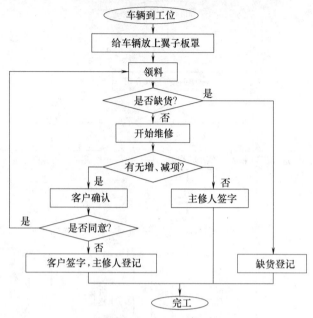

图 2-9 维修工作流程

(5) 质检/内部交车工作流程，如图 2-10 所示。

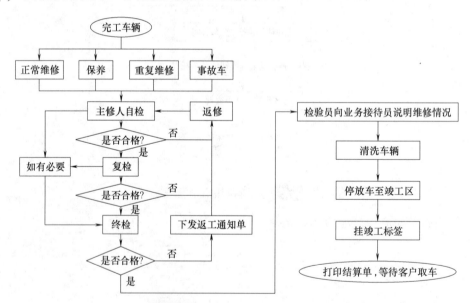

图 2-10 质检/内部交车工作流程

(6) 交车/结算工作流程，如图 2-11 所示。

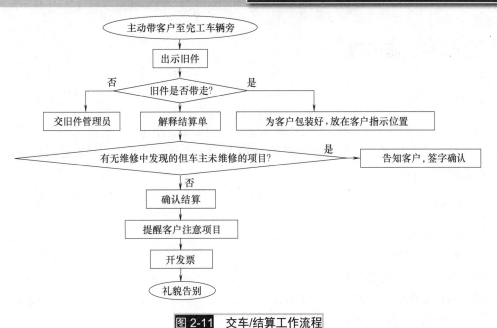

图 2-11　交车/结算工作流程

(7) 回访工作流程，如图 2-12 所示。

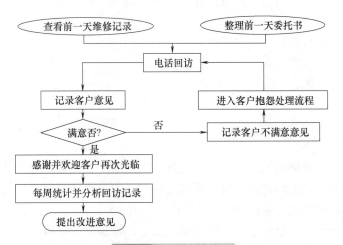

图 2-12　回访工作流程

二、项目实施

(一)项目实施环境

(1) 需维护的车辆。

(2) 维修任务委托书、常用手动工具、检测仪器、举升机、轮胎空气压力表、数字式万用表、保护套及维修工具等。

(二)项目实施步骤

1．任务引入

客户某先生来4S店要求对其威驰轿车做40 000km定期保养。他没有预约，只是为了使汽车继续符合保修条件。目前行驶里程为39 800km。保养过程中发现右前减震器漏油，需要追加时间与费用。

2．实施步骤

第一步：接待。
(1) 引导用户停车。
(2) 迅速开车门迎接客户。
(3) 初次见面的客户应首先自我介绍。
(4) 询问客户姓名，是否已做了预约。
说明：对于预约客户，根据派工单记载，与用户核对故障和价格、维修派工；对于快修客户，询问调度工位，指引用户直接开进快修区。
第二步：问诊预检。
(1) 获取客户车辆信息。
(2) 确认客户的维护要求。
(3) 验证车辆问题。
(4) 车辆保护。
(5) 检查车辆内饰及功能。
(6) 环车外观检查。
(7) 根据车况和维修历史对车辆进行检查，以判断是否还需要进行其他维修。
(8) 判断要进行的工作是否在保修范围之内，并向客户解释发现的问题。
第三步：开具维修任务委托书。
(1) 在任务委托书上记录车辆外观和车上设备、物品、油量等情况。
(2) 整理客户要求并根据故障原因制定维修项目。
(3) 仔细、认真、完整地填写任务委托书。
(4) 向客户解释维修任务委托书的内容和所需做的工作。
(5) 请客户在委托书上签字确认，签字后交给客户委托书的副本。
第四步：估价。
(1) 估计维修费用和承诺交车时间。
(2) 向客户解释估计维修费用和承诺交车时间，并提供书面材料。
(3) 将维修价目表上的固定价格展示给客户。
第五步：派工。
(1) 制作派工单。
(2) 向客户解释派工单上的内容并签字。

(3) 向车间主管派工。
(4) 监控工作进程,以保证车辆在约定的时间内交车。
(5) 如果约定的交车时间有变动或有附加维修/费用,请立即和客户取得联系并征得客户同意。
(6) 根据和客户联系的结果更新派工单。

第六步:结账、交车。
(1) 检查派工单以确保所有项目都已得到解决。
(2) 核对维修费用。
(3) 检查车内清洁。
(4) 确保完成所有的书面工作并通知客户提车。
(5) 向客户详细说明完成的工作和费用。
(6) 向客户证明车辆问题得以解决。
(7) 询问旧件处理方式。
(8) 指引客户结账。
(9) 提醒下一次定期维护时间。
(10) 欢送客户。

3. 工作标准

1) 车辆保护

当着客户的面,安装保护罩(座椅套、地板罩、转向盘罩)。

2) 检查车辆

接待客户时检查车辆的目的如下。
- 使维修厂免受不应有的赔偿(如已存在的划伤以及丢失的个人财产)。
- 确定客户没有察觉的维修需要(如车身划伤或压痕、轮胎异常磨损、刮水器刮片磨损)。

3) 保修判定过程

保修是指在遇到不合格材料或制造质量问题时,为保护客户利益而在规定的期间内和规定的行驶里程内免费为客户提供修理车辆和提供零件。
- 是否是由事故引起的,而不是由材料缺陷或制造质量引起的失效。由于错误的使用方法、自行改装、恶劣环境条件使用、保养不足或不正确而造成的车辆损坏不在保修范围之内。
- 是否属于召回行动或特殊维修行动的修理。
- 车辆使用的时间和里程是否在保修期内。
- 是否属于代理商提供的特殊保修项目。

4) 承诺交车时间

确定可能的交付时期和时间时应考虑以下方面。
- 工作次序。
- 维修厂负荷。
- 需要的修理时间。

- 是否需要转包。
- 客户决定的交车日期和时间。

三、知识拓展

随着汽车所有者身份的变化,带来了客户需求的多样性。汽车维修企业为满足客户需求,树立企业形象,提高企业的竞争力,纷纷在企业内开展宾馆式服务,设置车辆维护业务接待这一岗位。经过几年的发展,业务接待已逐步成为汽车维修企业经营管理中的一个重要岗位。维修业务接待的好坏已作为衡量汽车维修企业好坏的直接标准,汽车制造厂也将维修业务接待作为企业营销战略的一个重要组成部分。

汽车维修企业的服务对象群体与20世纪90年代以前相比发生了质的变化。这些拥有汽车的车主,他们不仅要求维修质量优良,而且还需要热情接待、费用合理等优质的服务。如果一个企业虽然维修质量优良,但没有一个良好的客户休息环境和优秀的业务接待,客户到企业修车时,又经常遇到一件或几件不满意的事,感觉到对自身不重视,如回答自己提出的问题不专业、故障判断没有针对性、维修环境差、设备精度不高、管理乱、维修人员工作责任心不强、经理或技术经理什么都不管、忙乱无序、服务质量与维修收费的比例不合理等,则势必会引起客户的不满,甚至抱怨。客户主观上会对企业做出"不正规、档次低、服务差、条件差、维修质量不怎么样"的结论,从而在客户心中留下"恶感",在以后的质量保证期内,即使一点小的故障也会引起客户的雷霆震怒,除在周围朋友中损坏企业的形象外,还会向行业管理部门投诉,使得企业不仅得不到新的客户群,还会逐步流失老的客户群。这就是现实中二类维修企业"客户少、回头客少、业务少"的"三少"现象的原因之一,也是很多4S店价格虽高,但仍然顾客盈门的原因之一。因此,可以这么说,随着汽车售后服务市场的进一步发展,业务接待不是万能的,但没有业务接待却是万万不能的。

(1) 汽车维修业务接待岗位的设立,充分体现了汽车维修企业的经营管理规范化程度。

(2) 汽车维修业务接待可带动协调各个管理环节,有利于提高工作效率。

(3) 汽车维修业务接待可作为企业与客户之间的桥梁,协调双方利益,增加双方的信任度,从而凝聚广大客户,提高企业的经济效益和社会效益。

(一)汽车维修业务接待的作用

客户来修车,第一步踏入的是4S店的接待大厅,大厅的环境决定着客户对企业的第一印象。因此从企业本身来说,设置业务接待大厅要从全盘考虑,布置要结合所修的主导车型进行个性化设计,力求具有较强的舒适性、较好的亲和力,力显庄重性和技术性。要加强业务接待人员素养培训,提高接待人员的服务水平和素质,使客户信任企业,使客户愿意在4S店修车,从而将客户变为企业的"回头客"。图2-13所示为顾客满意与特约店收益的关系。

J. D. POWER公司在调查中发现,一个不满意的顾客会影响十三个人不来买公司的产品，而四个不满意的顾客中只有一个会对公司抱怨，其余三个除了会影响别人不买公司的产品外，只会选择默默离开，因此每当一个客户来抱怨时就要思考他代表的是四个顾客对同一件事的抱怨，而且可能有五十二个人会因为这样而不买公司的产品。因此，公司处理的不是单一顾客的案件，而是如何处理让这个顾客满意，以减少影响另外十三个顾客的冲击，并且在经过彻底改善后，使其他三位可能也会不满意的潜在顾客达到满意。

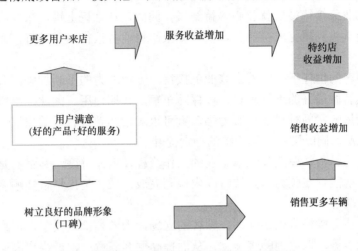

图 2-13　顾客满意与特约店收益的关系

从很多企业的成功经验来看，只有在汽车维修业务接待这个"第一窗口"彻底改善服务，才能降低不满意事件的发生。维修业务接待员这个岗位正是由此而产生的，它对汽车维修企业的发展有着至关重要的作用，具体表现为以下几个方面。

1. 代表企业的形象

汽车维修企业的特征主要是由企业精神、企业效率、企业信誉及经营环境等组成。良好的企业形象会在公众中产生深刻的认同感和信任感，进而转化为巨大的经济效益。维修业务接待员在客户中的形象就是企业特征的直接反映，是企业的"窗口"代表，其言谈举止、待人接物、服务水平等直接关系到企业形象。

2. 影响企业的收益

维修业务接待员要对承修车辆在维修前进行估价，对在维修过程中所发生的费用进行统计核实，并向客户解释相关费用的收取标准，听取客户的意见并向上级部门反映，在双方完全认同的条件下收取相关费用。其维修估价的合理性、收费结算过程的流畅性、发生费用结算纠纷处理的灵活性，都直接影响着企业的信誉、企业的收入和企业的效益。

3. 反映企业技术管理的整体素质

维修业务接待员在接车、估价等过程中所表现出的解决问题和处理问题的能力，直接体现了企业技术水平的高低。在从接车到交车的全过程中，其工作的条理性、周密性和灵活性直接体现了企业服务和管理水平的高低。

4．沟通维修企业与车主之间的桥梁

维修业务接待员有许多不同的名称，如接待专员、服务顾问、维修顾问、诊断顾问等。这个角色之所以重要，在于他是顾客进厂接触到的第一人，如果服务好、顾客信赖度高，也可能是顾客在服务厂唯一接触的人。因为顾客的时间有限、专业知识不足，所以很容易将爱车交给维修业务接待员后就放心等待结果。因此，从理论上讲，来厂维修的客户是由维修业务接待员从头到尾完成接待工作的。如果维修业务接待员服务好，则顾客对企业的信赖度就高。

另外，在顾客的信任下，随着维修业务接待员专业能力的不断加强，其所扮演的角色就是如何建议顾客做最好的维修项目，以保障车辆的长期使用。因此，维修业务接待员的专业性为顾客所依赖，同时只要说服力强，就可以对顾客做最合适的建议，这既是维修企业重要的业绩来源，同时又有助于业绩的稳定提升。

维修业务接待员需掌握汽车维修企业的工作流程及工作进度，其目的是确认顾客的车辆维修进度，了解能否在顾客认知的时间内顺利完成，或者是提早告知顾客车辆的状况，使车主能有心理准备。

最后，维修业务接待员还必须站在顾客的立场，为顾客检查爱车，使顾客从进厂到交车能接受完整的服务，以达到顾客满意，从而提高顾客满意度，最终提高顾客对汽车品牌的忠诚度和对汽车维修企业的忠诚度。

(二)汽车维修业务接待员的素质要求

1．品格素质要求

(1) 忍耐与宽容是优秀接待人员的一种美德。忍耐与宽容既是一种美德，也是面对无理客户的法宝。面对客户要包容和理解。良好的服务就是让客户满意。真正的客户服务是根据客户的喜好提供满意的服务，不同客户的性格、人生观、价值观不同，要根据不同顾客的需求和喜好提供服务。在工作中要像对待朋友那样对待客户，要有很强的包容心，包容客户的一切，树立"客户就是上帝"这一现代服务理念。

(2) 不轻易承诺，说了就要做到。通常很多企业对业务接待员都有这样的要求。因此业务接待员不要轻易地承诺，随便答应客户的要求，这样极易使工作陷入被动境地。业务接待员必须要注重自己的诺言，一旦答应客户，就应竭力做到。

(3) 勇于承担责任。业务接待员需要经常承担各种各样的责任和失误。工作中出现问题和失误时，同事之间不应相互推卸责任，而要勇于承担责任，积极主动解决问题，以消除客户的不满和抱怨。

(4) 拥有博爱之心，真诚对待每一个人。这里的"博爱之心"是指"人人为我，我为人人"的那种思想境界，热爱客户就像热爱自己一样。

(5) 谦虚是做好客户服务工作的要素之一。拥有一颗谦虚之心是人类的美德。对业务接待员而言，谦虚这一点很重要。一个业务接待员拥有较强的专业知识，靠专业知识和技能提供服务，面对相对外行的客户极易产生自满心理，这是客户服务的大忌。在客户面前

炫耀自己的专业知识和揭客户的短处，这是不礼貌的行为，更无法提供让客户满意的服务。业务接待员在拥有了较高的服务技巧和专业知识后，更应谦虚谨慎。

(6) 强烈的集体荣誉感。客户服务强调的是团队精神，企业的业务接待员，需要互相帮助，必须要有团队精神。人们常说一支足球队特别有团结精神，特别有凝聚力，这是指什么？是指每一个球员在赛场上不是为自己踢球，所做的一切都是为了全队获胜。而业务接待员也是一样，所做的一切，不是为表现自己，而是为了能把整个企业客户服务工作做好。这里谈到的就是团队集体荣誉感，强烈的集体荣誉感也是对业务接待员品格方面的要求。

2．技能素质要求

(1) 良好的语言表达能力。良好的语言表达能力是实现与客户沟通的必要技能和技巧。

(2) 丰富的行业知识及经验。丰富的行业知识及经验是解决客户问题的必备武器，不管做哪个行业都需要具备专业知识和经验。不仅能跟客户沟通、赔礼道歉，而且要成为产品的专家，能够回答客户提出的问题。如果业务接待员不能成为业内人士，不是专业人才，有些问题可能就解决不了，就没有办法帮助客户解决实际问题。

(3) 熟练的专业技能。熟练的专业技能是客户服务人员的必修课。每个业务接待员都需要学习多方面的专业技能。

(4) 优雅的形体语言表达技巧。掌握优雅的形体语言表达技巧，能体现出业务接待员的专业素质。优雅的形体语言表达技巧指的是气质，内在的气质会通过外在形象表露出来。举手投足、说话方式、笑容等都能体现出业务接待员是否够专业。

(5) 思维敏捷，具备对客户心理活动的洞察力。这是做好客户服务工作的关键所在。所以，业务接待员需要具备这方面的技巧，这也是对业务接待员技能素质的起码要求。

(6) 具备良好的人际关系沟通能力。如果业务接待员具备良好的人际关系沟通能力，那么他与客户之间的交往会变得更顺畅。

(7) 具备专业的客户服务电话接听技巧。专业的客户服务电话接听技巧是业务接待员的另一项重要技能，业务接待员必须掌握接听客户电话和对客户提问的技巧。

(8) 良好的倾听能力。良好的倾听能力是实现客户沟通的必要保障。与客户交谈时应"说三分，听七分"，学会倾听，善于倾听，应借助目光、体态与客户产生互动。只有互动式的倾听才能真正实现与客户的有效沟通。

3．综合素质要求

(1) "客户至上"的服务观念。"客户至上"的服务观念要始终贯穿于客户服务工作的始终，因此，需要具备一种"客户至上"的、整体的服务观念。

(2) 工作的独立处理能力。优秀的业务接待员必须能独当一面，具备工作的独立处理能力。一般来说，企业都要求业务接待员能够独当一面，也就是说，能自己妥善处理客户服务中的棘手问题。

(3) 各种问题的分析解决能力。优秀的业务接待员不但需要能做好客户服务工作，还要善于思考，提出工作的合理化建议，有分析解决问题的能力，能够帮助客户去分析解决一些实际问题。

(4) 人际关系的协调能力。优秀的业务接待员不但要能做好客户服务工作，还要善于协调与同事之间的关系，以达到提高工作效率的目的。人际关系的协调能力是指在客户服务部门中，协调好与员工、同事间的关系，若同事之间关系紧张，会直接影响到客户服务的工作效果。

(三)汽车维修业务接待员的职业道德规范

汽车维修业务接待员职业道德规范是在汽车维修职业道德的指导下，结合业务接待员工作的特性形成的，一般可归纳为真诚待客、服务周到、收费合理、保证质量。

1. 真诚待客

真诚待客是指要主动、热情、耐心对待来厂修理的车主或驾驶员，认真聆听和记录客户的述说，耐心、诚实、科学地回答客户提出的每一个问题，理解客户的要求，最大限度地满足客户的期望并与之达成共识。

客户到企业来修车、选购零配件或是咨询有关事宜，归纳起来无非有两个要求。一是对物质的要求，希望能得到满意的商品；二是对精神的要求，希望他的到来能被重视，能得到热情的接待。如果业务接待员是按"真诚待客"的要求接待客户，那么他对客户表现出来的欢迎、尊重，以及关注都会打动客户，他的谈吐举止及热情服务会给客户留下既深刻又美好的印象。客户在精神上得到满足，从而对业务接待员产生好感，进一步对企业产生好感与信任。真诚待客做得好，将会给客户在下一步与企业要进行的经营活动开个好头。

对待新客户是这样，对待老客户更要维护好其与企业已形成的良好关系，不要因为已经熟识了而怠慢老客户。由于企业里每个员工出色的工作，企业给老客户留下了良好的印象，使他们在心理上认为双方是熟人，更应该得到热情周到的服务、快速优质的修理和更便宜的价格。如果业务接待员冷淡了老客户，老客户会马上做出反应，认为企业对待客户的态度前后不一致，认为企业在利用客户。这时客户不但会更换修理企业，而且还会向一些客户宣传不利于企业形象的言论。因此，对待老客户也要热情周到，真诚待客。无论是新客户还是老客户，都要同等对待，做到前后一致、亲疏一致。

2. 服务周到

服务周到是指在维修的全过程中向客户提供全方位的优质服务。汽车维修业务接待员在维修前应该认真倾听客户对车故障的描述，初步诊断出汽车故障，对维修内容、估算费用和竣工时间进行详细说明，并得到客户的认同，还要向客户提供有关汽车保养等方面的建议和其他有关信息。在维修过程中要及时与车间沟通，确保修理项目合理，避免重复收费和无故增加一些不必要的修理项目。需要增加维修项目时，要耐心、详细地向客户说明，同时要征得客户认可。要随时了解维修进度，督促维修车间按时完工，如发现不能按时完工，要及早通知客户，说明原因，取得客户的谅解。结算前要向客户详细说明维修内容及维修费用的组成，并征得客户认可。交车时要简要介绍修车过程中的一些特殊情况，车子现在的状况及使用中应注意的问题等。在维修后应该建立健全汽车维修技术档案，并及时回访。

回访客户时要诚恳,对客户提出的所有问题要认真调查。对企业的问题要承担,对一些疑问要耐心解释,必要时要勇于承担责任,不推诿和敷衍,对客户的发现和建议要表示感谢。要处理好质量投诉,处理客户投诉时要做好"双面人",切勿当着客户的面责怪工人或是当着工人的面责怪客户。

3．收费合理

收费合理是指汽车维修企业在承接汽车维修业务时,要做到价格公道,付出多少劳务,就收取多少费用,严格按照交通行政管理部门制定的、备案的或企业公布的汽车维修工时定额和收费标准核定企业的维修价格。不乱报工时,不高估冒算,不将小修当大修,不采取不正当的经营手段招揽业务。收费合理还体现在严格按照工作单上登记的维护、修理项目内容进行收费,不能为了达到多收费的目的擅自改变修理范围和内容,更不能偷工减料,以次充好。这种行为是一种自毁信誉、自砸牌子的短期行为。

4．保证质量

保证质量主要是指保证修车的质量。修车过程中各道工序要严格按照技术要求和操作规程进行生产。使用的原材料及零配件的规格、性能要符合规定的标准。要按规定的程序严格进行检验与测试,使汽车故障完全排除,原来丧失的功能得以恢复,让车辆使用寿命得以延长等。

汽车维修质量是修车客户最关心的问题。修车质量好,客户满意度就高,保证质量是实现客户利益的重中之重,也是企业继续在市场竞争中取得优势的保证。

(四)汽车维修业务接待员的职责

在 GB/T 16739—2004《汽车整车维修企业开业条件》国家标准中,汽车维修业务接待员被作为一个必须具备的岗位提出,以期提高汽车维修行业的整体服务水平。业务接待员的主要职责有以下几个方面。

(1) 保持接待区整齐、清洁。

(2) 快速向前,热情地接待客户,了解客户的需求及期望。

(3) 接收车辆,初步诊断车辆的问题,评估维修内容,提供给车主汽车的专业知识及更换意见,与车主意见达成一致。

(4) 估计维修费用或征求有关人员意见,并耐心向客户说明收费项目及其依据,得到客户认同后开出维修单。

(5) 掌握维修进度,增加维修项目或延迟交车时及时联络客户,取得客户的同意和理解。

(6) 确认车辆的问题是否完成。

(7) 妥善保管客户车辆资料。

(8) 建立客户档案。

(9) 协助车主完成结账程序并目送车主离开。

(10) 宣传本企业，推销新技术、新产品，解答客户提出的有关问题。
(11) 听取客户的意见和建议，及时向上级汇报。
(12) 不断学习新知识、新政策，努力提高自身业务水平。

(五)汽车维修业务接待员的职业准则

职业准则是从事一定职业的人在工作中必须遵守的规则，通常包括准点准时、言而有信、以客户为中心、以同事为客户、理解第一、忍让为先、微笑服务等。

1. 准点准时

做到准时是一个基本的礼节问题，它代表着对其他人的尊重。为做到准时，必须遵守以下规则。

(1) 制定一份作息时间表。严格按照规定时间来控制自己何时起床，何时赶班车，下班后何时看电视节目，何时阅读报纸等。

(2) 制定一份工作时间安排表。严格按照规定时间完成各项具体工作，如何时完成统计报表，何时整理新客户资料，何时向经理汇报工作等。

(3) 日常工作中要有条有理。一切先后有序，按部就班，井井有条，清晰地反映出你的时间观念。

(4) 与客户或同事会面，首先要做到准时，一般来说要提前 10～15min 到达。

(5) 当出现不准时情况时，一是要查明原因，如与客户会面迟到的原因是交通堵塞、行驶线路搞错等；二是要找出纠正办法，如调整时间、改变行驶路线等。

2. 言而有信

与客户打交道，最重要的一点就是必须遵守诺言。如果对客户的许诺不能兑现，通常两次以后，客户就会离开另谋他厂。

为了养成言而有信的职业习惯，通常应该注意以下几个方面。

(1) 没有把握的事不得随意应承。

(2) 即便是有把握的事，也要经过周密地、反复地考虑，才能说"可以"。

(3) 在没有弄清楚客户所需要的信息的情况下，不能随意答应客户的要求。

(4) 当时不能回答的问题，不能说"这事我没办法帮助您"，应晚些时候再给客户一个肯定的答复。

(5) 对已许诺过的客户，应把其姓名、许诺的事项等记录在备忘录上，便于随时查看落实情况，以免遗忘。

除上述几个方面外，在承诺时还应留有充足的余地，不能让热心或利益冲昏了头脑。一旦做出许诺，就在客户中建立了一种期望。如果无法满足客户的需求，可能就会引起客户的不满。通常在许诺时应注意"只答应客户有把握的事，而不是客户希望做到的事"。为了做到承诺留有余地，通常要注意以下几个方面。

(1) 对没有把握的事，不要一口应承，应说："这件事我没有十分把握，但我一定会尽力，争取把这件事办好。"

(2) 对有把握的事，也不要把话说死，要留有余地，应说："我看这件事问题不大，我想会解决好的。"

(3) 对于没有把握的事，也不能说"这事难办，您找别人吧"，要留有余地，主动为客户想办法、出主意，表现出对客户的关心和真诚。应该说："我可以通过采购员和某个厂家帮助解决您的问题，一旦有了结果，我会马上通知您，您看这么办可以吗？"

3．以客户为中心

由于业务接待员的工作具有重复性，有时会感到厌烦，很容易把客户看作是对工作的干扰，这很容易导致客户的抱怨。要改变这种态度，就要树立以客户为中心的理念，把客户看作工作中不可缺少的一部分。为了切实做到以客户为中心，要养成为客户做些分外的、力所能及的服务的习惯。为客户所做的分外服务对企业接待员来说可能是举手之劳，但对客户来说却是解决了他的难处。关键时的一点微小服务可能给客户留下深刻的印象，无形中会增加客户对企业的信任感。

4．以同事为客户

以同事为客户将会提高维修企业内部交际的整体素质，提高内部人员工作的主动性、积极性和协作互助的精神，扩大企业经营能力。对业务员个人来说，把同事看作客户，有利于业务范围扩大，有利于工作开展得更加顺利。对维修企业来讲，加大了对外部客户服务的合力。

例如，一位客户咨询的信息业务接待员不清楚，那么可以与同事联系沟通。若平时相处得很好，他就会很负责地告诉你有关信息。这种间接服务就在于平时是否将同事作为客户对待，同事有没有从自己这儿得到周到、热情的服务。只有平时将同事作为客户对待了，同事才会将自己也作为客户对待，二者是相互的。

5．理解第一

一个人无论服务技能多么娴熟，都难免有使客户产生不悦的情况。在这种情况下，要养成对客户表示理解的习惯。当遇到客户充满不悦时，尽管自己不同意他的观点，但也要对客户表示理解。可以使用以下的用语来表示对客户的理解："我理解您为什么那样想"，"我了解您的想法"，"您说的我都听到了"，"出了这种事，真对不起"等。

6．忍让为先

在工作中，无论工作多么出色，也难免遇到大发雷霆、吹毛求疵的客户。当这种情况出现时，一定要记住，必须遵守忍让为先的原则，要以高度的涵养妥善处理好与这类客户的关系。切记，在客户怒气冲天时，不可运用过激的语言与其针锋相对；否则，不但问题得不到解决，而且会越来越糟糕，最后变得难以收拾。

7. 微笑服务

微笑服务是情感服务，是业务接待中最基本的服务手段。微笑会使人产生亲切、热情、平易近人的感觉，具有沟通感情、传递信息的作用。业务接待员必须养成微笑服务的习惯。在与客户面对面的情况下要做到微笑服务，接听电话时更要采用微笑服务。微笑会改变你的口形，使声波更流畅，声音更动听，更容易被客户接受。接听电话时客户虽然见不到人，但凭友好、温和的语气，会十分准确地感觉到接待员在微笑着跟他通电话。大多数客户在评价一个业务接待员服务质量好坏时，常常以微笑服务做得怎么样来衡量。

小结

本项目讲述了汽车维护业务接待的流程、业务接待的基本步骤与要求、预检故障诊断技巧、维修项目估价方法及维修后的质量检查，要求掌握业务接待员接待客户的一般礼仪规范；能够操作客户接待管理软件，对客户车辆进行管理；能够掌握接待流程，对维护车辆进行问诊、估价、派工及交车；能够通过对维护车辆的内、外部检查，推荐适用的维护方案；能按工作流程要求准确记录检测信息。

习题及实操题

一、填空题

1. 对照预检单/派工单，首先应对_____、_____的状况进行检查，并请用户确认。
2. 在接待客户时遇疑难问题应立刻请求_____的帮助，利用技术资料和 PROXIA 诊断仪进行故障诊断。
3. 接车员在遇到客户没有预约的情况下，初步了解用户来站的目的后，应持_____请用户一同进行环车检查。
4. 技术专家在_____分钟内未能判断车辆故障原因，需联系本地区技术专家组成员或联系技术援助室按技术援助流程处理。
5. 用户车辆发生故障后，在检查过程中，应通过_____与_____的问题引导用户准确描述故障现象以迅速判断故障原因。
6. 质检完成后，派车员根据派工单和领料单录入_____和_____并计算费用。
7. 用户开车到达服务站后，接车员应主动_____并引导用户将车停放到待修区。
8. 对于定期保养的用户，请用户出示_____，根据保养卡向用户解释保养的操作及检测项目和价格，并以专业的知识为用户提供建议。
9. 预约过程中，应询问用户的基本信息，如_____、_____、_____、_____、_____等，并在预约记录本上记录。

二、问答题

1. 汽车售后服务的主要特征是什么？
2. 我国汽车售后服务主要的经营模式是什么？
3. 汽车维修业务接待员的职责是什么？
4. 汽车维修业务接待员的职业准则是什么？

项目三　车辆油液的维护与保养

　　汽车油液是汽车运动性能的脉搏，是车辆不可缺少的柔性因素。油液的品质、压力、性能直接影响车辆的技术状况。汽车使用寿命的长短，在很大程度上取决于对汽车油液的正确使用和维护。因此，汽车油液泄漏的检查与油液的维护是汽车保养的重要内容。本项目内容包含六个学习任务，分别为发动机机油泄漏的检查及机油的更换；手动变速器油泄漏的检查及变速器油的更换；自动变速器油泄漏的检查及变速器油的更换；制动系统泄漏的检查及制动液的更换；冷却系统泄漏的检查及冷却液的更换；动力转向传动液泄漏的检查和更换。

　　通过本项目的学习，要求能掌握车辆油液泄漏的检查；能进行发动机机油的检查与更换，掌握发动机机油的分类、选用原则以及选用注意事项；能进行变速器齿轮油的检查与更换，掌握变速器齿轮油的分类与选用；能进行制动液的检查与更换，掌握制动液的分类与选用；能进行发动机冷却液的检查与更换，掌握发动机冷却液的分类与选用；能进行动力转向传动液泄漏的检查与更换，掌握动力转向传动液的分类与选用。

学习任务一　发动机机油泄漏的检查及机油的更换

【学习目标】

- 掌握发动机机油泄漏的检查方法。
- 掌握机油滤清器的检查与更换。
- 掌握发动机机油的分类、选用原则及选用注意事项。

【能力要求】

- 能进行发动机机油泄漏的检查与排除。
- 能进行发动机机油的选用与质量检查。
- 能进行发动机机油的检查与更换。
- 能进行机油滤清器的检查与更换。

一、相关知识

(一)发动机机油的分类

我国发动机机油的牌号是按机油的使用性能和黏度等级的两种分类方法来划分的，是参照美国石油协会(API)和美国汽车工程师学会(SAE)相应的分类标准来制定的。

1. SAE 黏度等级分类

1991 年，美国汽车工程师学会(SAE)制定了黏度分类法，即发动机机油的牌号是根据在某一特定温度下的黏度来编制的。目前我国机油的黏度分类已采用国际上广泛使用的 SAE 黏度分类法。按 SAE 黏度分类法，我国机油的黏度等级分为 0W、5W、10W、15W、20W、25W 和 10、20、30、40、50、60 等级别，带有"W"字样的机油是指冬季用机油，无"W"字样的机油是指夏季用机油，标有 15W/40 等字样的机油是冬、夏通用机油，国外称为复合油，国内则称为多级机油。机油的标号越大，黏度指标就越高。

2. API 使用性能分类

机油牌号除了按黏度等级分类外，还可按质量等级分类。1947 年，API 制定了质量分级法，即发动机机油的牌号根据在发动机试验评定中所表现出的抗磨性、清净分散性、黏温性以及抗氧化安定性等使用性能指标来编制的。它采用简单的代码来描述发动机机油的工作能力。从"SA"一直到"SL"，字母越靠后，质量等级越高。每递增一个字母，机油的性能都会优于前一种，机油中会有更多用来保护发动机的添加剂。目前，国际上大多数国家均采用美国的 API 质量分级法，我国也不例外。

按质量分级法，目前我国汽油机油分为 SC、SD、SE、SF、SG、SH 和 SL 七个质量等级,柴油机油分为 CC、CD、CD-Ⅱ、CE 和 CF-4 五个质量等级。等级越高,油品品质越好。汽油机油中 SD 级以上的机油是国产高级车用机油。汽油机油和柴油机油原则上不能相互代用,特别是汽油机油不能用于柴油机油。但是,标有 SE/CC 字样的机油,则为汽、柴油机两用机油,其标号的含义是指该机油用于汽油机时符合 SE 质量等级,用于柴油机时符合 CC 质量等级。

(二)发动机机油的选用

机油被看作是发动机的血液,选用和更换得正确与否直接影响到发动机的使用寿命。根据发动机种类不同、新旧程度不同、使用条件不同,所选用的机油牌号也不同,机油牌号选用得正确与否也决定了汽车润滑和补给作业的成败。因此,作为汽车专业维护人员,必须要综合考虑机油的黏度等级和质量等级这两大选用依据,掌握好换油时机和换油品牌。

汽油发动机润滑油工作条件的苛刻程度与汽车生产年份有关。生产(或经技术改造)年份靠后的汽车,其发动机润滑油工作条件通常要比生产年份靠前的汽车更苛刻,应选用使用等级较高的发动机润滑油。如解放 CA1091 要求用 SD 级油。1989 年以前中外合资生产的轿车(如上海桑塔纳、北京切诺基、广州标致等),改进型 492Q 发动机,以及同时期进口轿车,大多要求使用 SE 或 SF 级油;1989 年后生产的进口轿车及中外合资生产的改进型轿车(用电喷燃油系统),则要求使用 SG 或 SH 级油。在国外,汽车生产年份决定发动机有无排气净化装置及净化装置的类型。净化装置一般会使发动机润滑油工作条件恶化,可按净化装置的类型选用适当级别的发动机润滑油。如有废气催化转化器的汽油发动机必须选用 SF 级以上的发动机润滑油;有废气再循环系统(EGR 系统)的要选用 SE 级发动机润滑油;有闭式曲轴箱通风装置(PCV 阀)的要求选用 SD 级发动机润滑油;没有净化装置的则可选用 SC 级发动机润滑油。

目前市场上供应的机油品牌既有国产的又有进口的,品种较多。如国产长城、南海、飞天、海牌和七星等,进口的有壳牌、美孚、嘉实多、雪铁戈、埃索、埃尔夫、艾德隆及 BP 等。在选用机油时应注意以下事项。

(1) 汽油机油不能用于柴油机,由于柴油机的负荷比汽油机的负荷高,所以不能用专用的汽油机油代替柴油机油,以免加速柴油机的磨损。汽油机可选用优质柴油机油,但汽油机油和柴油机油原则上应区别使用,只有在汽车制造厂有代用说明或标明是汽油机和柴油机的通用油时,才可代用或在标明的黏度和使用级别范围内通用。

(2) 应尽量使用黏度小的机油。在保证发动机润滑可靠的前提下,机油黏度尽可能小些,使其快速循环,及时供应,以充分发挥机油的润滑、清洁和冷却等作用。黏度大的机油除在南方夏季使用外,仅适用于一些严重磨损的发动机。因黏度太大的机油,会使发动机运转阻力增大,油耗增加。但选用黏度太低的机油,会使机油压力过低,润滑油膜变薄,造成密封效果变差。所以应根据车况和季节来正确选用机油。

(3) 应尽量使用多级机油。多级机油的黏温性好,使用时间长,可四季通用,便于管理。使用多级机油时,油色容易变黑,机油压力也比普通机油小些,这属正常现象,不影响使用。

(4) 应优先选用国产品牌机油，国产长城、南海、飞天等品牌机油质优价廉(仅为进口机油价格的 50%～60%)，而且符合国际高级润滑油的各项指标，因此可优先选用。

(5) 应坚持经济适用的原则。在选择机油的使用级别时，高级机油可以用在要求较低的发动机上，但过多降级使用不经济。切勿将使用级别较低的机油加在要求较高的发动机上使用，否则会加速发动机的磨损而造成过早损坏。

(6) 注意机油的混用及代用问题。单级机油和多级机油不要混用，不同牌号机油必要时可临时混用，但不要长期混用。不要将机床用的润滑油或其他非发动机用润滑油加在汽车发动机上使用，因其不含任何添加剂，会引起发动机的过早磨损或损坏。

(7) 注意保持合适的油面。加注机油时，应注意油量，油量过少，油面就会过低，会引起供油不足并加速机油变质；油量过多，油面就会过高，使机油从活塞和汽缸壁的间隙中窜入燃烧室燃烧，使积炭增多。

(8) 换油时机应正确得当，确保机油的使用经济有效。在具备油品检测、鉴定等技术条件的情况下，应尽量实行按质换油，以降低用油成本；没有条件时，可按车辆使用说明书规定的换油里程换油。例如，捷达轿车用 SF 级机油，在一般地区换油里程为 8 000～10 000km(或一年)。越高级别的机油，更换的间隔里程就越长。

(9) 注意换油的操作步骤和要领。为延长机油的使用期限，在换油时要放净旧机油，并清洗润滑系统；应保持曲轴箱通风装置(PCV)工作良好；添加新油时，应注意不要让杂质和水分混入；换油同时还应更换滤芯。

(三)发动机机油的数量、质量与泄漏检查

1．机油数量的检查

检查之前应将车停放在平坦的地面上。将启动开关钥匙拧至 OFF 挡位置，驻车制动杆放到制动位置，变速杆放到空挡位置。打开发动机盖，抽出机油尺，用抹布擦净机油尺上的油迹再将其插入油孔，而后拔出查看，油位在上下刻线之间即为合适的油量。如果超出上刻线(换油后可能出现的情况)，应放出机油；如果低于下刻线，应从加油口处添加机油，并检查是否有渗漏现象，注意补充机油后应严格清洁且再次检查油位。

具体检查步骤如下。

(1) 将汽车停在平地上，关闭点火钥匙，打开发动机盖。

(2) 抽出机油尺，用干净的抹布抹干净油尺。

(3) 再把机油尺插入油口导管(注意要将油尺插到底)，然后抽出机油尺，查看油面高度。油面高度的检查，如果低于下刻线，检查是否泄漏，如图 3-1 所示。

图 3-1　机油油面的检查

2. 机油质量的检查

机油质量很重要，变质的机油起不到润滑作用，致使运动机件容易磨损，造成零件过早损坏。检查的方法有下面几点。

1) 机油外观及气味检查

抽出机油尺取几滴机油，直接用眼睛观看，可以大致分清机油的情况。

(1) 如果机油比较清澈，表示污染不严重。但要注意，掺有浮游性添加剂的机油使用中，机油会很快变成暗黑色，这是添加剂的作用，属正常现象，不能误认为机油已经变质。

(2) 如果机油显示雾状，油色混浊或浮化，表示机油被水严重污染。

(3) 如果机油呈灰色，闻之有燃油气味，表示机油被燃油稀释。

(4) 如果机油放置一段时间后，上层油色变淡，表示机油添加剂已失去作用。

(5) 如果用手捻搓机油，感觉有细颗粒搓手，表示机油里已含有较多的杂质。

2) 油滴斑点的检验

在发动机运转或刚停机后，直接从发动机取样，将机油尺滴下的第三或第四滴油滴在专用滤纸上。滤纸应平放，背部不与其他物体接触，即展示一个油斑痕迹，如图3-2所示。

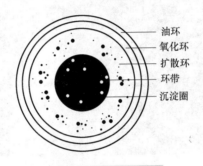

图 3-2　机油斑点检验

把滴定好的滤纸斑点图与标准滤纸斑点图谱对比分析，即可对在用润滑油品质做出判断。滤纸斑点图及对比分析标准滤纸斑点图谱分六级。每级斑点图特征和分析、判断方法如下。

(1) 1级滤纸斑点图的核心区和扩散环，光亮无色或颜色很浅，无明显沉积环。说明是新润滑油或使用时间很短的润滑油，尚无污染，可继续使用。

(2) 2级滤纸斑点图的沉积环与扩散环界限分明，扩散环很宽，油环明亮。说明润滑油使用时间不长，污染程度很轻，清净分散性良好，可继续使用。

(3) 3级滤纸斑点图沉积环黯黑，扩散环较宽，油环明亮。说明润滑油使用时间较久，污染程度较重，但清净分散性尚好，可继续使用。

(4) 4级滤纸斑点图沉积环深黑，扩散环开始缩小，油环浅黄。说明润滑油使用时间很长，污染严重，沉积物增多，清净分散性下降，尚可继续使用。

(5) 5级滤纸斑点图沉积环深黑，甚至呈油泥状，不易干，扩散环狭窄，油环扩大且呈黄色。说明润滑油的污染已很严重，清净分散性已很差，清净分散剂消耗将尽，不能继续使用，必须换用新机油。

(6) 6级滤纸斑点图只剩极黑的沉积环与棕黄色油环，扩散环已完全消失。说明润滑油的污染已十分严重，污染杂质完全凝聚在沉积环内，清净分散剂耗尽，清净分散性消失，早已超过了换油期，应及时更换润滑油。

滤纸斑点分析法比较简单、快速，适合现场作业，并能给人直观印象。但是，它只能粗略地分析在用润滑油品质，无法实现定量分析。

3) 爆裂试验

把薄金属片或金属筒加热到 11℃ 以上，然后把机油滴在上面，观察其是否产生爆裂。若不爆裂，说明机油纯净；如果有爆裂现象，说明机油中含有水分。此法能检验出机油含 0.1% 以上的水分。

3．机油泄漏的检查

升起汽车，检查下面泄漏情况，检查方法如下。

(1) 放油螺栓处泄漏的检查与机油滤清器位置的泄漏检查，如图 3-3 所示。

图 3-3　放油螺栓与机油滤清器位置的泄漏检查

(2) 曲轴前、后油封座处的泄漏检查，如图 3-4 所示。

图 3-4　曲轴前、后油封座处的泄漏检查

(3) 机油油底壳密封的泄漏检查，如图 3-5 所示。

图 3-5　机油油底壳密封的泄漏检查

(四)发动机机油和机油滤清器的更换

1. 机油的更换

如果机油老化、变质或者机油行驶间隔超过了 5 000km 或 6 个月以上，须更换机油。如果汽车长期在较大负荷条件下工作，更换机油的间隔里程就要适当缩短。另外，如果汽车在一年中的行驶里程达不到上述下限时，每年须更换一次机油。使用质量较高的机油，换油间隔可根据机油生产厂家的建议适当延长。更换机油时，应启动发动机使之运转到正常的转速，然后将发动机熄火，在热车状态下放出机油和滤清器内的旧机油，等机油放干净后，应将放油螺塞上吸附的铁屑清除干净后再拧紧(要特别注意：放完机油后，放油螺塞一定要拧紧，否则在汽车行驶颠簸中会松动掉出，致使机油瞬间泄漏掉，造成发动机"抱瓦烧轴"的恶性故障)。如果有条件的话，更换机油时，最好使用真空吸油设备，该装置能够将旧机油吸出得更加干净、彻底。当放出的机油较脏时，应清洗润滑油道里的机油。操作方法是向发动机内加标准容量 60%～80% 的清洗油(稀机油或掺入煤油的机油)，拆下全部火花塞。运转曲轴 2～3min，然后放干净清洗油，加入标准的新机油，最后检查机油的油面高度。如果有条件可以到修理厂进行机油油道的免拆清洗，这样的清洗会更彻底、更干净。

2. 机油滤清器的更换

机油滤清器是用来过滤机油中的金属碎屑和各种杂质，以免进入润滑系统的油道里面。机油滤清器经过一段时间使用之后，滤芯上会沉积油泥和金属碎屑等杂质，造成滤清器堵塞，影响润滑系统正常供油，造成润滑不良，此种情况应立即更换机油滤清器。汽车厂家一般都规定了机油滤清器更换的间隔里程和时间，在一般情况下，应与机油一同更换，见表 3-1。轿车的机油滤清器大都是整体式的，滤芯一般不能拆卸，如果损坏就需整体更换。

表 3-1　常见汽车机油滤清器的更换里程表　　　　　　　　　　　　单位：km

车　型	更换里程	车　型	更换里程
上海桑塔纳	7 500	奔驰	10 000(或 2 年)
一汽奥迪	15 000(或 1 年)	帕萨特	7 500
一汽红旗	15 000	宝来	5 000
一汽捷达	7 500	别克	5 000
神龙富康	7 500	赛欧	5 000
天津夏利	10 000	广州本田	5 000

3．机油和机油滤清器更换的操作方法

（1）将车辆停至平面上，用车轮挡块挡住车轮，放上翼子板布，发动机预热至正常工作温度，如图 3-6 所示。

图 3-6　车辆准备——发动机预热

（2）发动机熄火，拉紧驻车制动器。打开发动机盖，松开机油加注口盖，以便排放发动机油，如图 3-7 所示。

图 3-7　松开发动机机油加注口盖

(3) 取下车轮挡块，按举升机安全操作规程将汽车举升到适当高度，如图 3-8 所示。

图 3-8　举升汽车

(4) 用扳手拧松油底壳放油螺栓，如图 3-9 所示，放出油底壳里面的机油，并用专用容器接住，拧下机油放油螺栓时注意不要被烫伤，不要让机油溅出专用容器，等机油排放干净后装上放油螺栓与垫片。

图 3-9　拆卸油底壳放油螺栓

(5) 更换机油滤清器。选用专用扳手，如图 3-10 所示，旋松机油滤清器。

图 3-10　拆装机油滤清器专用扳手

(6) 换上新的机油滤清器，在新的机油滤清器密封圈上抹上一层干净的机油，使之拧上后产生最佳的密封效果，如图 3-11 所示。

图 3-11　在机油滤清器密封圈上涂机油

(7) 用手轻缓地拧动机油滤清器使其就位，然后旋紧，直到垫片接触底座。

(8) 使用专用工具再次拧紧 3/4 圈。注意不要用机油滤清器扳手过度力矩拧，否则，会因用力过大而损坏螺纹和机油滤清器。

机油滤清器安装完毕后，放下汽车，加注新机油，注意加机油时慢慢添加。一般发动机排量和机油成正比：例如，1.2～1.6L 的发动机更换机油和机油滤清器后需添加 2.8～3.5L 的机油；1.8～3.0L 的发动机更换机油和机油滤清器后需添加 3.5～4.0L 的机油等。加好新机油后启动发动机，从怠速到中速运转 5min，升起汽车观察机油滤清器与机体接合处有无渗漏，放油螺塞有无泄漏(如有渗漏，应拆检机油滤清器油封胶圈和放油螺塞，排除漏油现象)。

二、项目实施

(一)项目实施环境

(1) 实训汽车、新的机油和机油滤清器。
(2) 干净棉纱和手套。
(3) 常用手动工具、专业拆装工具、举升机。

(二)项目实施步骤

(1) 根据车型选择合适的发动机机油类型。
(2) 将车辆停至低位，将发动机预热至正常工作温度后熄火。
(3) 打开发动机盖，松开机油加注口盖。

(4) 举升汽车，按照要求进行发动机泄漏的检查，重点检查油底壳的接触面、油封、放油螺塞、机油滤清器等处是否漏油。

(5) 排放旧机油，更换新垫片。

(6) 拆卸旧机油滤清器，更换新件。

(7) 加注新机油，注意不要加注过量。

(8) 启动发动机预热运转 5min 后熄火，经过 5min 后再次检查发动机机油液位，若不足，继续从机油加注口添加，确保液位处于规定的范围内。

根据实际操作过程填表 3-2。

表 3-2 发动机机油的检查与维护

序 号	项 目	结 果
1	发动机型号	
2	更换机油型号	
3	机油渗漏部位	
4	更换机油数量	
5	机油滤清器型号	
6	机油放油螺塞规定力矩	
7	判断发动机机油的质量	
8	不慎将机油加注量过多应怎么办	

三、知识拓展

汽车发动机使用注意事项如下。

(1) 在发动机润滑油黏度级的选择上，许多人有偏高的倾向，错误地认为高黏度润滑油有利于保证润滑及减少磨损，而实际上并不是这样。高黏度润滑油的低温启动性和泵送性差，启动后供油慢，磨损大，摩擦功率损失大，燃料消耗增加，此外，还有循环速度慢，冷却和洗涤作用差的弊端。因此应当在保证活塞环密封良好，机件磨损正常的条件下，选用适当黏度的润滑油。只有在发动机严重磨损，或运行条件特别恶劣的情况下，才允许使用比该地区气温所要求的黏度级提高一级的润滑油。

(2) 在选择发动机润滑油的使用级时，高级别发动机润滑油可以在要求较低级别的发动机上使用，但过度降级使用在经济上不合算；切勿把使用级别较低的发动机润滑油应用在要求较高的发动机中，否则会造成发动机早期磨损和损坏。

(3) 要保持曲轴箱油面正常。油面过低会加速润滑油变质，甚至因缺油引起机件烧坏；油面过高，润滑油会从汽缸和活塞的间隙中窜进燃烧室造成烧机油，使燃烧室中积炭增多。

(4) 保证曲轴箱通风良好。通风装置单向阀(PCV 阀)易沉积油泥而堵塞，造成曲轴箱内压力过高，油气和废气逆向流入空气滤清器，污染滤芯，同时增加对曲轴箱内润滑油的污染。

(5) 保持空气滤清器和机油滤清器清洁，并及时更换滤芯；保持润滑油清洁。

(6) 应对在用润滑油的质量进行监测，尽可能实行按质换油。换油时一定要在热车时进行，油温高时，油不仅容易从放油孔流出，并且油中的悬浮物分散，易随润滑油一起排出发动机。加入新油后应发动数分钟，停机 3min 后，再检查油面。在无分析手段，不能实行按质换油时，可用按期换油的方法作为过渡。国产轿车换油里程一般为 8 000～10 000km，货车换油里程一般为 12 000～15 000km。

学习任务二　手动变速器油泄漏的检查及变速器油的更换

【学习目标】

- 掌握手动变速器齿轮油泄漏的检查方法。
- 掌握手动变速器齿轮油的分类、选用原则及选用注意事项。
- 掌握手动变速器齿轮油的更换方法。

【能力要求】

- 能进行手动变速器齿轮油泄漏的检查与排除。
- 能进行手动变速器齿轮油的选用与质量检查。
- 能进行手动变速器齿轮油的检查与更换。

一、相关知识

(一)手动变速器齿轮油的分类

齿轮油一般是按 SAE(美国汽车工程师学会)分类法和 API(美国石油协会)分类法进行分类，具体分为国外和国内两种。

1．国外汽车齿轮油的分类

一类是按 SAE 分类法划分为 70W、75W、80W、85W、90、140、250 这 7 个黏度级。带"W"字样的为冬季用齿轮油，它是根据齿轮油黏度达到 150Pa·s 的最高温度和 100℃时的最小运动黏度两项指标划分的。不带"W"字样的为夏季用齿轮油，它是根据 100℃时的运动粘度范围划分的。另外，还有多级齿轮油，如 80W/90、85W/90 等。

另一类是按 API 分类法及工作条件的苛刻程度划分为 GL-1、GL-2、GL-3、GL-4、GL-5、GL-6 这 6 个使用级别。近年来，随着汽车技术的不断发展，许多汽车制造商对汽车齿轮油的要求超过这些技术规范。因此，SAE 和 ASIM(美国材料试验协会)建议用新的等级表示，即 MT-1 和 PG-2。其中 MT-1 是机械变速器用油，它的质量高于 GL-4，改善了热氧化稳定性、清洁性、抗磨性及与密封材料的配对性。PG-2 质量要求比 GL-5 高，用于驱动桥润滑。

2．国内汽车齿轮油的分类

(1)　国内汽车齿轮油的分类方法也有两种，一种是按黏度分类，其分类标准参照 SAE 黏度分类(SAE J306)执行，具体见表 3-3。

表 3-3　我国汽车齿轮油的黏度分类

黏度牌号	达到 150Pa·s 的最高温度/℃	100℃时运动黏度/(mm²/s)	
		最低	最高
70W	-55	4.1	—
75W	-40	4.1	—
80W	-26	7.0	—
85W	-12	11.0	—
90	—	13.5	24.0
140	—	24.0	41.0
250	—	41.0	—

(2) 另一种是按使用性能分类，见表 3-4。

表 3-4　我国汽车齿轮油使用级别与 API 分类对应关系

我国汽车用齿轮油	API 分类号
普通车辆齿轮油	GL-3
中负荷车辆齿轮油	GL-4
重负荷车辆齿轮油	GL-5

(3) 目前国内车辆齿轮油 3 类产品标准(GL-4 为企业标准)中已有 17 种(带"●"部分)的标号系列产品，见表 3-5。

表 3-5　车用齿轮油质量级别和黏度级别对应组合 17 个标号

质量级别＼黏度级别	75W	80W/90	85W/90	85W/140	90	140
普通车辆齿轮油(GL-3)		●	●	●	●	●
中负荷车辆齿轮油(GL-4)	●	●	●	●	●	●
重负荷车辆齿轮油(GL-5)	●	●	●	●	●	●

(二)齿轮油的选用

齿轮油的选用通常按照汽车使用说明书的规定，选择与该车型相适应的齿轮油的黏度级及使用级标号，还可参照下列原则选用齿轮油。

1．根据当地季节气温选择齿轮油的黏度级别

齿轮油的黏度级别有 75W、80W、85W、90、140 和 250 号等标号，分别适用于最低气温为-40℃、-30℃、-20℃、-10℃、10℃和 20℃的地区，应对照当地季节最低气温适当选用齿轮油的黏度级别。

近年来，由于进口品牌的齿轮油在国内大量生产并销售，国内市场上出售的齿轮油基本上都使用国际标准的标号，即 SAE 黏度分级标号和 API 质量分级标号。按照国际标准为汽车选用齿轮油就可以满足汽车使用齿轮油的各项技术要求。旧牌号国产齿轮油与 SAE 规

格、API 规格所对应的关系及使用范围，详见表 3-6。

表 3-6 国产齿轮油与进口齿轮油的对应关系

国产齿轮油	使用范围	相对应的 SAE 规格（按黏度分类）	相对应的 API 规格（按质量分级）
20 号普通齿轮油	冬季使用于一般汽车的齿轮传动装置上	SAE90	GL-2
30 号普通齿轮油	长江以南地区全年；长江以北地区，夏季使用于一般汽车的齿轮传动装置	SAE140	GL-2
22 号渣油型双曲线齿轮油	冬季使用于具有准双曲面齿轮传动装置的汽车上	SAE90	GL-3
28 号渣油型双曲线齿轮油	夏季使用于具有准双曲面齿轮传动装置的汽车上	SAE140	GL-3
18 号馏分型双曲线齿轮油	用于气温在-10～+30℃的地区，具有准双曲面齿轮传动装置的汽车上	SAE90	GL-4
26 号馏分型双曲线齿轮油	用于气温在 32℃ 以上的地区，具有准双曲面齿轮传动装置的汽车上	SAE140	GL-4
13 号馏分型双曲线齿轮油	用于气温在-35～+10℃的严寒地区，具有准双曲面齿轮传动装置的汽车上	SAE85W	GL-5

2．根据齿轮类型和工况选择齿轮油的使用性能级别

对于一般工作条件下的螺旋锥齿轮主减速器(驱动桥)、变速器和转向器等总成可选用普通车辆齿轮油；对准双曲面圆弧齿轮主减速器，必须根据工作条件选用中负荷车辆齿轮油或重负荷车辆齿轮油。具体选择方法见表 3-7。

表 3-7 汽车齿轮油的选择

使用性能级别选择		对应黏度级别(或牌号)的选择	
性能级别	齿轮类型、工作条件和示例	黏度级别	使用气温范围
普通车用齿轮油(GL-3)	工作条件缓和的螺旋锥齿轮主减速器和变速器、转向器(解放 CA1091 后桥、变速器等)	90	-10℃以上地区全年通用
		80W/90	-30℃以上地区全年通用
		85W/90	-20℃以上地区全年通用
中负荷车用齿轮油(GL-4)	工作条件一般(齿间压力在 3 000MPa 以下，齿间滑移速度在 8mm/s 以下的准双曲面齿轮主减速器(东风 EQ1090)或要求使用 GL-4 齿轮油的进口汽车	90(旧 18 号)	-10℃以上地区全年通用
		旧 7 号严寒区双曲线齿轮油	-43℃以上严寒区冬季
		85W/90	-20℃以上地区全年通用
重负荷车用齿轮油(GL-5)	工作条件苛刻的准双曲面齿轮主减速器(丰田皇冠等进口轿车)或要求使用 GL-5 齿轮油的进口汽车	90	10℃以上地区全年通用
		140(旧 26 号)	重负荷、炎热夏季
		85W/90	-20℃以上地区全年通用

3. 齿轮油选用注意事项

(1) 不能混淆齿轮油和发动机润滑油的 SAE 黏度级别。在润滑油黏度级别分类标准中，为避免相互混淆，把高的分级标号用在齿轮油上，而把低的分级标号用在发动机润滑油上。但旧牌号的齿轮油分级号较低，此时应注意，齿轮油和发动机润滑油的黏度级别并无联系，不同型号不能互用。切不可将齿轮油当成机油使用，否则发动机将会发生黏缸、抱瓦等严重机械故障。

(2) 应分清齿轮油的种类和使用级别。准双曲面齿轮啮合齿轮间的挤压力非常大，普通齿轮油无法保持足够的润滑油膜，如果在其间使用了普通齿轮油，准双曲面齿轮将很快损坏，所以绝不能用普通齿轮油代替准双面齿轮油，也不可随意用准双曲面齿轮油代替普通齿轮油；否则，会造成各啮合齿轮的腐蚀性磨损和带来不必要的经济损失。应根据齿轮传动的特点及齿轮工作的苛刻条件，选择使用级别合适的齿轮油。

(3) 不能错误地认为齿轮油的黏度级别越高其润滑性能就越好。若使用黏度标号太高的齿轮油，则会出现供油不及时，润滑不可靠，运动阻力加大，油耗激增，特别是对高速轿车影响更大，所以应尽可能选用合适的多黏度级齿轮油。

(4) 用油量要适当，油面高度应合适。用油量应适当，不要过多也不要过少。过多不仅增加搅油阻力和燃料消耗，而且齿轮油容易经后桥壳窜入制动鼓(如果密封不良)，造成制动失灵；过少会使润滑不良，温度过高，加速齿轮磨损。齿轮油油面高度一般与变速器、驱动桥壳上的观察螺塞孔下缘平齐即可。应经常检查各齿轮油箱是否渗漏，并保持各油封、衬垫完好无损。

(5) 要按时换油，合理用油，应按规定换油指标换用新油，无油质分析手段时，可按规定期限换油。汽车制造厂推荐的换油期一般为 30 000～48 000km。换油时，应趁热放出旧油，并将齿轮和齿轮箱清洗干净后方可加入新油。加新油时，应防止水分和杂质混入。齿轮油的使用寿命较长，如果使用单黏度级齿轮油，则在换季维护时根据季节气温换用合适的黏度标号即可。

(6) 齿轮油使用禁忌。在使用中，严禁向齿轮油中加入柴油等进行稀释，也不要因影响冬季起步而烘烤后桥、变速器等总成，以免齿轮油严重氧化变质。如果出现这种情况，应换用低黏度的多级齿轮油。

(三)手动变速器油的数量及渗漏检查

1. 检查变速器的油位

(1) 从变速器上拆卸齿轮油加注螺塞，如图 3-12 所示。
(2) 将手指插入塞孔，并且检查油与手指接触的位置是否在规定范围内，如图 3-13 所示。如果低于油位，检查是否有齿轮油渗漏。

　　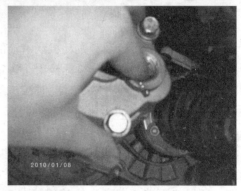

图 3-12　齿轮油加注螺塞位置　　　　　图 3-13　齿轮油加注塞孔检查油位

2．变速器渗漏的检查

（1）变速器放油螺塞和加油螺塞位置的检查，同时检查加注的变速器油是否过多，如图 3-14 所示。

图 3-14　变速器放油螺塞和加油螺塞位置检查

（2）变速器前后油封处是否泄漏，油封是否有损坏，如图 3-15 所示。

图 3-15　变速器油封处的检查

(3) 变速器前后端盖接触面是否泄漏,手动变速器壳体有无破裂,如图3-16所示。

图 3-16　变速器壳体的检查

(4) 检查里程表齿轮的安装部位是否松脱或密封圈破损。
(5) 检查手动变速器上盖通气孔是否堵塞,导致手动变速器高速运转时产生的热量和压力无法排出。

(四)齿轮油的更换

(1) 当汽车行驶 30 000～48 000km 或者时间到达两年时应更换齿轮油。先将加油螺塞和放油螺塞拧下,待齿轮油完全流净后装回放油螺塞。
(2) 从加油口处用专用齿轮油加注器加入新齿轮油。
(3) 检查液面高度(加油到加注口有油漏出即可)。

二、项目实施

(一)项目实施环境

(1) 实训汽车、新的适合该车的齿轮油。
(2) 干净棉纱和手套。
(3) 常用手动工具、专业拆装工具、举升机。

(二)项目实施步骤

(1) 根据车型选择合适的发动机齿轮油类型。
(2) 将车辆停至低位,将发动机预热至正常工作温度后熄火。
(3) 举升汽车,按照要求进行变速器泄漏的检查,重点检查油底壳的接触面、油封、放油螺塞等处是否漏油。

(4) 排放旧齿轮油，更换新放油螺塞垫片，拧紧放油螺塞。

(5) 加注新齿轮油，注意不要加注过量。

(6) 拧紧加油螺塞，放下汽车到地面。

(7) 启动发动机，预热至正常油温后，踩下离合器踏板来回换挡。路试无换挡异响，再次检查油面高度，正常后即可。若不足，继续从机油加注口添加，确保液位处于规定的范围内。

根据实操过程填表3-8。

表3-8 手动变速器齿轮油的检查与更换

序号	项目	结果
1	变速器型号	
2	更换齿轮油型号	
3	齿轮油渗漏部位	
4	更换齿轮油数量	
5	齿轮油加油螺塞规定力矩	
6	齿轮油放油螺塞规定力矩	
7	判断齿轮油的质量	
8	不慎将齿轮油加注过多应怎么办	

学习任务三 自动变速器油泄漏的检查及变速器油的更换

【学习目标】

- 掌握自动变速器齿轮油泄漏的检查方法。
- 掌握自动变速器齿轮油的分类、选用原则及选用注意事项。
- 掌握自动变速器齿轮油的更换方法。

【能力要求】

- 能进行自动变速器齿轮油泄漏的检查与排除。
- 能进行自动变速器齿轮油的选用与质量检查。
- 能进行自动变速器齿轮油的检查与更换。

一、相关知识

(一)自动变速器油的分类

液力传动油又称自动变速器油(Automatic Transmission Fluid，ATF)，是指专门用于自动变速器(AT)和无级变速器(CVT)等集润滑、液力传递、液压控制功能于一身的特殊油液。

(1) 国外自动变速器油的分类多采用美国 ASTM 和 API 共同提出的 PTF(Power Transmission Fluid)使用分类法，将 PTF 分为 PTF-1、PTF-2 和 PTF-3 三类。其规格及适用范围如表 3-9 所示。

表 3-9 自动变速器油使用分类

分 类	符合的规格	适用范围
PTF-1	通用汽车公司使用的 GM DEXRON Ⅱ 液力传动油 福特汽车公司使用的 FORD M2C33-F 液力传动油 克莱斯勒使用的 CHRYSLER MS-4228 液力传动油	轿车和轻型货车液力传动油
PTF-2	通用汽车公司使用的 GM Track、Coach、阿里森 AllisonC-2、C-3	重型货车和越野汽车液力传动油
PTF-3	约翰迪尔使用的(John Deem) J-20A 液力传动油 福特使用的 M2C⌀1A 液力传动油 玛赛·费格森使用的(Massey Ferguson) M-1135 液力传动油	农业和建筑机械液力传动油

(2) 国产自动变速器油的分类按 100℃ 运动黏度将液力传动油分为 6 号和 8 号两种。其与国外液力传动油的基本对应关系如表 3-10 所示。

表 3-10 自动变速器油的分类标准

国外分类	国内分类	应用范围
PTF-1	8	轿车、轻型货车液力传动油
PTF-2	6	越野汽车、载货汽车和工程机械
PTF-3		农业和建筑野外机械

(二)自动变速器油的选择与使用

1. 自动变速器油的选择

(1) 自动变速器油的选择按车辆使用说明书的规定，选用适当品种的液力传动油。轿车和轻型货车应选用 8 号油，进口轿车要求用 GMA 型、A-A 型或 DEXRON 型自动变速器油的可用 8 号油代替。重型货车、工程机械的液力传动系统则应选用 6 号油。目前，市场上自动变速器油的型号很多，各国的自动变速器油规定也不同。由于变速器油的不同，其摩擦系数就不同，所以在选用时，一般应按汽车使用说明书的规定要求选用。

(2) 我国一般使用兰州、上海炼油厂生产的液力传动油，按其 100℃ 运动黏度分为 6 号、8 号两种规格，其 6 号液力传动油用于内燃机车或载货汽车的液力变矩器，而轿车和轻型客车上的液力自动变速器，一般使用 8 号液力传动油。8 号液力传动油可以替代国外的同类产品。而世界各国普遍使用的是美国生产的自动变速器油，主要有通用公司生产的 DEXRON、DEXRON Ⅰ、DEXRON Ⅱ 型和福特公司生产的 E、F 型。我国的部分国产汽车和进口汽车多用美国通用公司生产的 DEXRON II 型和福特公司生产的 F 型自动变速器油。自动变速器油的型号不同，其摩擦系数也不同。既不能错用，也不能混用。如果规定使用 DEXRON II 型自动变速器油而错用了福特 F 型自动变速器油，会使自动变速器发生换挡冲击和制动器与离合器突然啮合的现象；反之，规定用福特 F 型自动变速器油而错用了 DEXRON II 型自动变速器油，则会出现自动变速器的离合器、制动器打滑，加速摩擦片的早期损坏，使其寿命下降。

2．自动变速器油的使用注意事项

（1）注意保持自动变速器油的正常工作温度。油温过高：易变稀、变质，油压降低，使自动变速器打滑；油温过低，油压变高，时滞过长，使自动变速器换挡不及时。

（2）应经常检查自动变速器油的液面高度。自动变速器油的液面高度检查，分为冷态检查(不行车、不换挡)和热态检查(行车后或停车换挡)两种。检查时要求车辆停在平地上，发动机达到正常工作温度后进行。此时油平面应分别在自动变速器油标尺的冷态上、下两刻线或热态上、下两刻线之间，不足时及时添加。若油面过低，则油压不足而打滑；若油面过高，产生气泡，则同样打滑。

（3）按车辆使用说明书的规定更换自动变速器油。通常每行驶 10 000km 应检查油面一次，每行驶 30 000km 应更换油液。

（4）注意观察自动变速器油的品质情况。在检查油面和换油时，在手指上蘸少许油液，检查油质、颜色、气味和杂质等情况，确认自动变速器油是否因打滑或过热等原因变质。现在常用的 GM 系列 DEXRON II 自动变速器油一般染成红色，油质清澈纯净，如颜色变黑、有烧焦味且含有杂质等时，则予以更换。

(三)自动变速器油的数量、质量与泄漏的检查

自动变速器型号不同，油面高度的检查条件和方法油尺的刻度标准也有所不同。检查的条件一般为：自动变速器处于热状态(油温为 70~80℃)，汽车停放在水平路面上并拉紧驻车制动器，发动机怠速运转。踩下制动踏板，将自动变速器的换挡操纵手柄在各挡位轮换停留短暂时间，使油液充满液力变矩器和所有执行元件，然后将发动机熄火，将换挡操作手柄放至停车挡(P)位置。此时抽出油尺，用干净的抹布擦净后重新插入，再拔出检查油面高度应达到油尺上规定的上限刻度附近为准。需要注意的是，油尺上的冷态范围(COLD)用于常温下检测，只能作为参考，而热态范围(HOT)才是标准的。如果超出或低于允许的刻度范围，则需排出或添加部分油液。需要说明的是，一些进口高级轿车和大众公司部分车型的自动变速器没有油尺，检查自动变速器的油量和油温时需要使用专用工具进行检查，应到专修厂家进行。具体检查与更换步骤如下。

1．自动变速器油油位的检查

（1）将车辆停至低位平面内，启动发动机，使发动机怠速运转，按照从 P→L 的顺序转换换挡杆，各挡位分别停留 2s 左右，再从 L 位换到 P 位，如图 3-17 所示。

图 3-17　自动变速器换挡杆位置

(2) 使自动变速器油到规定油温后(油液温度 75℃±5℃)检查油尺。把油尺拔出来清干净后再插回油孔，插到底后取出来，读数是否在规定范围的油位内。

(3) 当油位较低时，检查油温并且在补充油之前检查是否有油渗漏。

2．自动变速器油渗漏的检查

将车辆升至高位，检查下列部位是否有渗漏。
(1) 检查放油螺塞的位置，如图 3-18 所示。
(2) 检查油底壳密封垫位置，如图 3-19 所示。

图 3-18　自动变速器排放塞的渗漏检查　　图 3-19　自动变速器油底壳位置的渗漏检查

(3) 变速器前后油封及前后端盖的渗漏的检查，如图 3-20 所示。
(4) 检查差速器、油压伺服器密封圈位置是否有渗漏。
(5) 检查管道和软管接头。检查油冷却软管是否损坏，检查油冷却软管是否有裂纹、隆起或者损坏，如图 3-21 所示。

图 3-20 自动变速器壳体的密封位置

图 3-21 自动变速器油管密封位置

3. 自动变速器油质量的检查

自动变速器油通常被染成红色，区别于发动机机油。在进行 ATF 的油质检查时，可以用有吸附性的白纸擦拭油尺，检查 ATF 的颜色和气味及有无杂质。未被污染的 ATF 呈粉红或红色，无气味，也无任何颗粒沉淀或气泡悬浮，如图 3-22 所示。

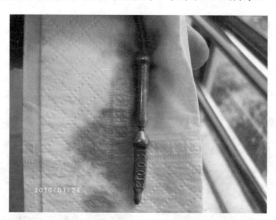

图 3-22 自动变速器油液颜色的检查

（1）如果 ATF 呈深褐色、黑色或有焦臭味，表明过热或没有及时换油。此时应更换 ATF 和滤清器，并检查变速器。

（2）如果 ATF 呈乳白色，表明发动机的冷却液通过散热器进入了变速器冷却器。此时应彻底冲洗、换油，并检查冷却器。

（3）如果 ATF 中混有黑色颗粒状物，表明已烧片，此时需检查变速器，再彻底清洗。

（4）如果 ATF 中混有银白色的金属微粒，表明阀体、轴承或行星排严重磨损，此时需检查此类部件。

（5）如果油尺上带有气泡，则表明空气渗入了高压油路。此时应换油并检查故障。

（6）如果油尺上黏附有难以擦净的胶状物，则表明 ATF 已过热氧化，应更换 ATF 和滤清器。具体情况可参考表 3-11。

表 3-11　自动变速器油外观检查反映的问题

外　观	所反映的情况或问题
清澈带红色	正常
已变色(呈深暗红色或褐色)	带箍或离合器损坏,通常由于过热,如长时间低速重载行驶或换油不及时引起
颜色清淡气泡多	油平面太高,内部空气泄漏
油中有固体残渣	带箍、离合器或轴承有缺损,造成带箍材料或金属屑黏在油尺上
油尺上有胶状物(似油膏)	变速器过热

(四)自动变速器油的更换

自动变速器油的更换步骤如下。

(1) 放油前,先将自动变速器预热到工作温度,以便降低油的黏度,确保油内杂质全部沉淀物随油一起排出来。

(2) 升起汽车放油时,拆下自动变速器油底壳上的放油螺塞,将油底壳内的油液放净。

(3) 视情况拆下油底壳,彻底清洗油底壳和过滤器滤网及磁铁上的铁屑。

(4) 如有必要,换掉滤油芯,然后再将油底壳和放油螺塞装好。

(5) 放下汽车加油时,先从自动变速器加油口注入规定牌号的自动变速器油至规定的油面高度。

加入的是新油,温度较低,油面高度应在油尺刻度线的下限附近;然后启动发动机,在发动机怠速运转情况下,移动换挡操纵手柄,经所有挡位后回到停车挡(P)位置,升起汽车检查有无渗漏;然后放下汽车,让汽车行驶至发动机和自动变速器达到正常工作温度,并且无换挡冲击后停在平路上,再次检查热状态时油面高度是否在油尺刻度线的上限附近,并调整油面高度。如油面低,应继续加油至规定油面高度。

如果加油时不慎使油面高于规定的高度,这时不应勉强使用,而应拧开放油螺塞进行放油。需要说明的是,一些轿车,特别是一些进口轿车的自动变速器,没有放油螺塞。这样的自动变速器油多了的话最好从加油管往外吸出来。

二、项目实施

(一)项目实施环境

(1) 实训汽车、新的适合该车的齿轮油。
(2) 干净棉纱和手套。
(3) 常用手动工具、专业拆装工具、举升机。

(二)项目实施步骤

(1) 根据车型选择合适的自动变速器油类型。

(2) 将车辆停至低位,将发动机预热至正常工作温度后熄火。

(3) 举升汽车,按照要求进行自动变速器泄漏的检查,重点检查油底壳的接触面、油封、排放塞等处是否漏油。

(4) 排放旧变速器油,更换新排放塞垫片,拧紧排放塞。

(5) 加注新变速器油,注意不要加注过量。

(6) 放下汽车到地面。

(7) 启动发动机,预热至正常油温后,踩下制动器来回换挡。路试无换挡异响,再次检查油面高度,正常后即可。若不足,继续从加注口添加,确保油位处于规定的范围内。

根据实操过程填表3-12。

表3-12 自动变速器油的检查与更换

序 号	项 目	结 果
1	变速器型号	
2	更换变速器油型号	
3	变速器油渗漏部位	
4	更换变速器油数量	
5	变速器油排放塞规定力矩	
6	变速器软管损坏情况	
7	判断变速器油的质量	
8	不慎将变速器油加注量过多应怎办	

三、知识拓展

对自动变速器液力传动油性能的主要要求如下。

(1) 适当的黏度和良好的黏温性。液力传动油的黏度对变矩器的效率影响极大,通常黏度越小,效率越高。但是,黏度过小,会造成泄漏增加,特别是变矩器在高温工作时,其铝制的阀体膨胀最大,若采用黏度过小的液力传动油,就会引起换挡不正常;黏度过大,不仅使变矩器效率下降,而且会造成低温启动困难。此外,不同地区季节变化和启动前后温度的变化,都会使油的黏度发生变化。液力传动油温度变化范围为-25～170℃,因此要有很高的黏温性,黏度指数达170左右,这就要在油中加入黏度指数改进剂。由于液力传动油在流动中不断受到剪切,造成黏度损失,所以还要求经耐久性试验,并规定试验后最低黏度。

(2) 良好的热氧化安定性。热氧化安定性是使用中的一个极重要的问题,因液力传动油使用温度高，如果热氧化安定性不好，容易形成油泥、漆膜等沉积物，影响自动变速器的性能，甚至堵塞滤油器，发生摩擦片打滑、控制系统失灵等故障。液力传动油中都加有性能良好的抗氧化剂。

(3) 良好的抗起泡性。液力传动油在高速流动中产生泡沫，将影响自动控制系统的准确性、变矩器的性能和破坏正常润滑条件，造成离合器打滑、烧坏等故障。为了防止泡沫产生，油中要加入抗泡沫添加剂，其作用是降低油品表面张力，使气泡迅速从油中溢出。

(4) 良好的抗磨性。这是为了满足自动变速器中许多行星齿轮润滑的需要，它和离合器及自动变速器的使用寿命、特性有关。所以，要求液力传动油通过负荷承载能力试验。为了提高其抗磨性，油中通常加有抗磨添加剂。

此外，还有与橡胶密封材料的作用小、防锈、防腐性能好等要求。

学习任务四 制动系统泄漏的检查及制动液的更换

【学习目标】

- 掌握液压制动系统泄漏的检查方法。
- 掌握制动液的分类、选用原则及选用注意事项。
- 掌握制动液的更换方法。

【能力要求】

- 能进行液压制动系统泄漏的检查与排除。
- 能进行制动液的选用与质量检查。
- 能进行制动系统制动液的检查与更换。

一、相关知识

(一)制动液的分类

1. 国外制动液的分类标准

常用的进口制动液有 DOT-3、DOT-4 和 DOT-5 三种。DOT 是美国交通部 U. S. Department of Transportation 的英文缩写，其数字越大级别越高。DOT-3、DOT-4 与 DOT-5 的不同之处主要在于沸点不同，DOT-5 比 DOT-4 更耐高温，DOT-4 比 DOT-3 更耐高温。DOT-3 和 DOT-4 级制动液是非矿物油系，是以聚二醇为基础和乙二醇及乙二醇衍生物为主的醇醚型合成制动液，再加润滑剂、稀释剂、防锈剂和橡胶抑制剂等调和而成，也是各国汽车所用最普遍的一种制动液。这种常用的制动液吸湿性较强，使用一段时间以后会吸收相当多的水分。制动液中水分越多，沸点越低，制动时越易沸腾。为了保证行车安全，制动液应定期更换(一般 2 年需更换一次)。由于制动液会吸收水分，所以放置多年已开封的制动液不能再用。

2．国产制动液的品种、牌号和规格

国产制动液依据其平衡回流沸点，可分为 JG0、JG1、JG2、JG3、JG4、JG5 这 6 个质量等级，序号越大平衡回流沸点越高，高温抗气阻性越好，行车制动安全性越高。目前国内制动液按原料不同分类，有合成型、醇型和矿油型 3 种。按原石油部标准生产的合成型制动液有 4603、4603-1 和 4604 等牌号。4603 和 4603-1 号合成制动液适用于各类载货汽车的制动系统，4604 则适合于高级轿车和各种汽车的制动系统。醇型汽车制动液分为 1 号和 3 号两个牌号，它是以乙醇或丁醇及蓖麻油为原料，其抗阻性和低温流动性达不到要求，行车安全性差，故已被淘汰。矿油型制动液有良好的润滑性，无腐蚀性，但对天然橡胶有溶胀作用。

(二)制动液的选用

制动液是汽车制动传递力的媒体，其选用制动液的质量直接关系着制动性能的好坏和行车安全，制动液的选用是汽车养护的重要工作。做好制动油的选用对行车安全有着重要的意义。目前常用的进口制动液有 DOT-3、DOT-4 和 DOT-5 3 种以及国内制动液的合成型、醇型和矿油型等，品种较多。在选用制动液时应注意以下事项。

(1) 不能混合使用制动液。各种制动液绝对不能混用，否则会因分层而失去制动作用。

(2) 应保持制动液的清洁。加注或更换制动液时要注意清洁，制动液须经过过滤，不允许细微杂质混入制动系统。

(3) 应防止制动液的吸潮。存放制动液的容器要密封好，防止水分混入和吸收水分使沸点降低；更换下来和未密封好的制动液不能继续使用。

(4) 应定期更换制动液。由于醇醚类制动液有一定吸水性，因此在一般情况下，制动液应在使用一两年后或者三四万公里进行更换，以防制动液吸潮后影响制动性能(更换制动液最好在每年雨季过后进行)。

(5) 注意检查制动液的温度。在山区下长坡连续使用液压制动，或在高温地区长期频繁制动时，制动蹄片温度可达 350～400℃，使制动液温度随之升高达 150～170℃，此时已超过一般合成制动液的潮湿沸点。因此，要注意检查制动温度，以防因气阻发生制动失效造成交通事故。

(6) 注意对液压制动系统的保护。防止矿物油混入使用醇型和合成型制动液的制动系统。使用矿物油制动液，制动系统应换用耐油橡胶件；使用醇型制动液前，应检查是否有沉淀，如有沉淀应过滤后再使用。

(三)制动液数量及泄漏的检查

制动液是汽车制动传递力的媒体，其数量和质量直接关系着制动性能的好坏和行车安全，制动液的检查与更换作业是汽车养护的重要工作。做好制动液的检查与更换对行车安全有着重要的意义。

1. 制动液液位检查

检查制动总泵储液罐中的液位是否在最高线(MAX)和最低线(MIN)之间。如发现制动液量显著减少时，检查制动片是否过度磨损。应注意查找渗漏部位，发现后必须及时修复，避免制动失效。具体检查步骤如下。

(1) 将汽车放在平路上，打开发动机盖。

(2) 检查储液罐中的液位是否在最高线(MAX)和最低线(MIN)之间，如图3-23所示。

图3-23　制动液液位的检查

(3) 如果制动液液位下降了一点点，检查制动衬片或者制动器摩擦片。拆下四个车轮，检查制动片。

(4) 如果制动液液位明显偏低，则需要检查制动系统是否渗漏。

2. 制动液渗漏检查

(1) 检查制动总泵是否有渗漏，如图3-24所示。

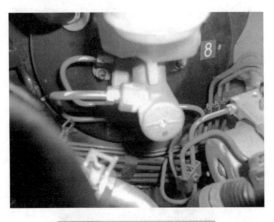

图3-24　制动总泵的泄漏检查

(2) 发动机室的制动管路检查，如图3-24所示。

(3) 检查制动各分管路是否有制动液渗漏，如图3-25所示。

图 3-25　制动油管的位置检查

(4) 检查制动软管和管道是否有裂纹和老化。

(5) 检查各制动分泵是否有渗漏。

(四)制动液的更换和制动系统的排空

通常,制动液的更换和排空是同时进行的,需要两人配合进行。具体操作步骤如下。

(1) 技师 A 升起汽车(以方便往储液罐加油高度为适),并拆下四个轮胎。

(2) 换油时,技师 B 启动发动机并保持其怠速运转(非真空助力式的制动系统,无须启动发动机),拧下制动液储液罐的加油口盖。

(3) 在车轮制动器分泵放气螺钉外端套上一根透明塑料管,将管的另一端放入装制动液的容器内。

(4) 技师 B 快速连续踩下制动踏板数次(每次踩到底且放到最高位置)后,如图 3-26 所示,让技师 A 拧松制动分泵上的放油螺塞,待油出来后迅速拧紧放气螺钉,如图 3-27 所示。

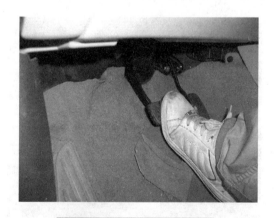

图 3-26　制动踏板高度的检查

(5) 如此来回几次,直到透明管内无气泡为止(注意储液罐里的油一定要保持在最低刻度以上)。

(6) 按"由远及近"的原则依次对其他分泵进行放气。在排气时应注意一边排除空气，一边检查和补充制动液，直到空气完全排放干净为止，再将储液罐的制动液补充到规定位置。

(7) 排空完毕后清干净油迹，试车正常后检查有无渗漏及检查制动液的高度。

图 3-27　制动分泵及排空螺塞的位置

二、项目实施

(一)项目实施环境

(1) 实训汽车，新的制动液。
(2) 干净棉纱和手套。
(3) 常用手动工具、专业拆装工具、举升机。

(二)项目实施步骤

(1) 根据车型选择合适类型的制动液。
(2) 将车辆停至低位。
(3) 打开发动机盖，松开制动液加注口盖。
(4) 举升汽车，按照要求进行制动泄漏的检查，重点检查油管之间的接触面，即四个分泵与油管的接触面、总泵与油管的接触面。
(5) 排放旧制动液，添加新的合适的制动液。
(6) 启动发动机，连续踩下制动踏板 3~5 次，检查制动踏板的高度及制动油壶的油液高度。若制动太低，检查是否排空不好或者是否有泄漏的地方；若制动液不足，继续从制动液加注口添加，确保液位处于规定的范围内。

根据实操过程填表 3-13。

表 3-13　制动液的检查与维护

序　号	项　目	结　果
1	制动液的型号	
2	制动液渗漏部位	
3	更换制动液数量	
4	制动液排放螺钉的规定力矩	
5	怎样判断制动液的质量	

三、知识拓展

什么是制动液的平衡回流沸点？

现代高速汽车制动强度大，制动过程中产生的摩擦热会使制动系统的温度升高，有时达 150℃以上。如果制动液沸点太低，受热时蒸发的蒸汽可使制动系统的管路中产生气阻，导致制动失灵。制动系统发生气阻时的制动液温度为气阻点温度，通常比其沸点低 2～3℃。为保证制动安全可靠，要求制动液有较高的沸点。

由于多数制动液不是单体化学物，没有固定的沸点，所以用平衡回流沸点作为高温蒸发性能指标。后来发现，制动液吸收周围水汽后会使其沸点(称为湿平衡回流沸点或湿沸点)显著下降。例如，一种原来平衡回流沸点(干沸点)为 193℃的制动液，吸湿后含水量达 2.0%时，沸点将下降到 150℃。所以，现代高级制动液均把湿沸点作为第二个重要的控制指标，有了这个指标，可以更好地反映制动液使用后实际抗高温气阻的性能。

1) 平衡回流沸点(干沸点)

(1) 平衡回流沸点的概念：在冷凝回流系统内与大气平衡条件下试样沸腾的温度，称为平衡回流沸点。平衡回流沸点的缩写为 ERBP(Equilbrium Reflux Boiling Point)。

(2) 平衡回流沸点测定法：制动液的平衡回流沸点温度测定按照 SH/T 0430—92《制动液平衡回流沸点试验法》的规定进行。方法概要是：取 60mL 试样，在 100mL 的烧瓶内与大气压平衡，并在一定回流速度条件下沸腾。经计算，用校正到标准大气压的温度作为制动液的平衡回流沸点温度。

2) 平衡回流沸点(湿沸点)

(1) 平衡回流沸点的概念：在制动液的试样中，按照一定的方法增湿，增湿后所测得的平衡回流沸点，称为湿平衡回流沸点。湿平衡回流沸点的缩写为 WERBP(Wet Equilbrium Reflux Boiling Point)。

(2) 平衡回流沸点测定法：制动液的湿平衡回流沸点温度测定按照 GB 10830《机动车制动液使用技术条件》的规定进行。方法概要是：取 60mL 的试样置于测定平衡回流沸点特制烧瓶中，加入 2.1mL 的蒸馏水，混合均匀，按照 SH/T 0430—92《制动液平衡回流沸点测定法》测定其平衡回流沸点温度。

学习任务五 冷却系统泄漏的检查及冷却液的更换

【学习目标】

- 掌握发动机冷却系统泄漏的检查方法。
- 掌握发动机冷却液的分类、选用原则及选用注意事项。
- 掌握发动机冷却液的更换方法。

【能力要求】

- 能进行发动机冷却系统泄漏的检查与排除。
- 能进行冷却液的选用与质量检查。
- 能进行发动机冷却液的检查与更换。

（一）冷却液的分类

现代汽车所用冷却液是指在原来防冻液的基础上再加防沸剂、防锈剂和防垢剂等添加剂，从而具有防结冰、防沸腾、防锈蚀和防水垢等综合作用的冷却媒介，适用于全国全年各种车辆使用。因过去主要用于防结冰，故许多地方仍称其为防冻液。应注意区分现代冷却液或过去单纯防冻液之间的区别，不能认为冷却液就是防冻液，它只是用于北方地区车辆冬季冷却的错误认识。目前，国产常用的冷却液有以下几个品种。

1．乙二醇-水型冷却液

乙二醇是一种无色微黏的液体，沸点是197.4℃，冰点是-11.5℃，能与水以任意比例混合。混合后由于改变了冷却液的蒸汽压，冰点显著降低。其降低的程度在一定范围内随醇含量的增加而减少。当乙二醇的含量为68%时，冰点可降低到-68℃，超过这个限量时，冰点反而要上升。乙二醇冷却液在使用中易生成酸性物质，对金属有腐蚀性。因此，应加入适量的磷酸氢二钠等以防腐蚀。乙二醇有毒，但由于其沸点高，不易产生蒸汽被人吸入体内而引起中毒。乙二醇的吸水性强，储存的容器应密封，以防吸水后溢出。由于水的沸点比乙二醇低，使用中蒸发的是水，故缺冷却液时，只要加入纯净软水就行了。这种冷却液使用后，经过沉淀、过滤、加水调整浓度，补加防腐剂后，还可继续使用，一般可用3～5年。

2．酒精-水型冷却液

酒精的沸点是78.3℃，冰点是-114℃。酒精与水可以任意比例混合，组成不同冰点的冷却液。酒精的含量越多，冰点越低。酒精是易燃物，当冷却液中的酒精含量达到40%以上时，就容易产生酒精蒸汽而着火。因此，冷却液中的酒精含量不宜超过40%，冰点限制在-30℃左右。酒精-水型冷却液具有流动性好、散热快、取材方便、配制简单等优点。它的缺点是沸点低、蒸发快且容易着火。酒精蒸发后，冷却液成分改变，冰点升高，所以在高原地区行驶的汽车不宜使用酒精-水型冷却液。

3．甘油-水型冷却液

甘油-水型冷却液，不易挥发和着火，对金属腐蚀性也小，但甘油降低冰点的效率低，配制同一冰点的冷却液时，它比乙二醇、酒精的用量大。因此，这种冷却液用得较少。

(二)冷却液的选用

根据环境温度和车型的不同来选用不同规格的冷却液，具体分为以下几种。

1．根据环境温度选择冷却液的冰点

冷却液的冰点是冷却液最重要的指标之一，是冷却液能否防冻的重要条件。一般情况下，冷却液的冰点应选择比当地冬季最低气温低10~15℃，如当地最低气温为-30℃，则冷却液的冰点应选择在-45℃左右。北京油脂化工厂生产的3号冷却液，或者青岛日用化工厂生产的FG-40冷却液等可供选择。如果选择乙二醇母液，则还可配制成体积分数为59%，冰点为-50℃，密度为$1.0786\times10^3 kg/m^3$的乙二醇冷却液。

2．根据车型不同选择冷却液

一般情况下，进口车辆、国内引进生产车辆及高、中档车辆全年应选用永久性冷却液(2~3年)。普通车辆冬季可直接使用防冻液，夏季换用软水即可。

3．按照车辆多少和集中程度选择冷却液

车辆较多又相对集中的单位和部门，可以选用小包装冷却液母液，这种冷却液母液性能稳定。由于采用小包装，便于运输和储存，同时又可按照不同环境、使用条件不同的工作要求进行灵活的调制，达到节约和实用的目的。车辆少或分散的情况下，冬季可直接使用实用型的防冻液。

4．应兼顾防锈、防腐及除垢能力来选择冷却液

冷却液除了具有防结冰的重要作用外，防锈蚀也很关键。所以宜选用加有防腐剂、缓蚀剂、防垢剂和清洗剂等添加剂的产品。

5．选用与橡胶密封件和橡胶水管相匹配的冷却液

冷却液对橡胶密封件及橡胶水管应无溶胀和侵蚀等副作用。过去汽车冷却液一直用水，因为水既经济、散热效果也好，但冬季使用会结冰冻坏发动机；另外，长期使用水做冷却液会产生水垢，影响散热，造成发动机温度过高。而防冻液可以完全避免上述不足，且好品牌的防冻液不但没有腐蚀作用，而且其沸点可高达200℃，既可避免"开锅"，减少防冻

液损耗，又能提高散热效果(温差增加所致)。因此，水冷却液已被防冻液所取代。知道冷却液的选用后，还应对冷却液的使用注意以下事项。

(1) 冷却液及其添加剂均为有毒物质，切勿直接接触皮肤且要放置于安全场所。

(2) 冷却液的使用浓度(体积分数)一般不要超出 40%～60%的范围。

(3) 除乙二醇-水型冷却液外，其他品种的冷却液不宜使用，应严格按有关规定处理废弃的冷却液。

(4) 凡更换缸盖、缸垫和散热器时，必须更换冷却液。

(5) 发动机"开锅"时，冷却系统处于高温、高压状态，因此，"开锅"时切勿打开散热器盖，以防烫伤。

(6) 必须在发动机处于冷态时添加冷却液，以免高温机体水套遇冷炸裂，而损坏发动机水套。

(7) 在冬季紧急情况下，若全部加入了纯净的软用水，则必须尽快按规定添加冷却液添加剂，使冷却液浓度恢复到正常状态，以防水套结冰。

(三)冷却液的数量、质量及泄漏的检查

1．冷却液数量的检查

(1) 把汽车放在平路上，关掉点火钥匙，拉紧驻车制动器，打开发动机盖。

(2) 仔细检查副水箱的冷却液是否在最低与最高位置之间，如图 3-28 所示。

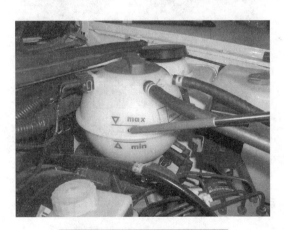

图 3-28　冷却液高度位置的检查

(3) 如果冷却液低于最低线，则检查是否有泄漏的地方。

2．冷却液泄漏的检查

(1) 打开水箱盖。注意打开水箱盖前先卸压(先把水箱盖打开第一级，等卸完压后再完全拧开水箱盖子)，如图 3-29 所示。

图 3-29　冷却液水箱盖的检查

(2) 观察水箱里的冷却液的颜色和数量。如果冷却液太少或者有乳白色的物质，用手动加压器对水箱加压。

(3) 过 10min 后观察加压表指针有没有下降。同时检查各水管有无爆裂或者老化，各接口处是否有冷却液渗漏，水箱是否有冷却液泄漏，发动机 V 形垫处是否有水迹，水泵密封垫是否有水泄漏等，如图 3-30 所示。

图 3-30　冷却液水管的泄漏检查

(4) 检查散热器盖橡胶密封垫是否卸压。

(四)冷却液的更换

发现冷却液里面有杂质或者冷却液过期后需对冷却液进行清洗和更换。清洗时放一定量的清洗剂到水箱里，然后运转发动机几分钟后进行下面的操作。

(1) 等发动机温度降低后，拧开冷却液储液罐盖。

(2) 把水箱盖拧开第一挡，对水箱进行卸压。卸完压后打开水箱盖。

(3) 把汽车升起来，打开水箱的放水开关。同时在车下面放一个收集盘，把冷却液全部放出来后，关闭放水开关。

(4) 放下汽车，从水箱口加冷却液。一直加到水箱口有水流出为止，观察水箱口还有没有气泡，一直到没有气泡出来后启动发动机，打开空调热风开关，调到最大风量，然后继续从加水口处加冷却液进行排空，直到无气泡冒出为止。

(5) 把发动机的转速固定在2 000r/min，往水箱加满冷却液后盖紧水箱盖。同时往副水箱加冷却液到高、低刻度线中间位置即可。

至此，冷却液更换完毕，放下汽车路试，检查冷却液温度是否偏高，检查冷却液数量，正常后交车。

二、项目实施

(一)项目实施环境

(1) 实训汽车，新的冷却液。
(2) 干净棉纱和手套。
(3) 常用手动工具、专业拆装工具、举升机。

(二)项目实施步骤

(1) 根据车型选择合适的冷却液类型。
(2) 将车辆停至低位，将发动机预热至正常工作温度后熄火。
(3) 打开发动机盖，按要求松开水箱盖。
(4) 举升汽车，按照要求进行冷却液泄漏的检查。
(5) 排放旧冷却液。
(6) 添加新冷却液进行排空，注意排空要干净；否则液位灯会报警。
(7) 路试后检查液位灯有无报警，液位是否达到标准位置，正常后才可交车。

根据实操过程填表3-14。

表3-14 冷却液的检查与维护

序号	项目	结果
1	冷却液型号	
2	冷却液渗漏部位	
3	更换冷却液数量	
4	判断冷却液的质量	

三、知识拓展

发动机冷却液维护与保养注意事项如下。

(1) 加注冷却液前应对发动机冷却系统进行清洗，最简单的方法是打开散热器放水阀，用自来水从加注口冲洗。

(2) 冲洗后，加注冷却液，并检查冷却液的使用浓度(在散热器加水口就可以)。

(3) 乙二醇-水冷却液在使用中蒸发的一般是水，使乙二醇的浓度越来越大，应及时添加适量的水。但时间长了(如每年入冬前)应检查冷却液的使用浓度，如使用浓度变小，就说明乙二醇含量不足，冰点越来越高，应及时加入防冻剂(或浓缩型冷却液)。

(4) 在使用乙二醇型冷却液时，应注意乙二醇有毒，切勿用口吸。

(5) 冷却液在使用一定时间后，应更换。因为在使用过程中要消耗冷却液中的添加剂，一般规定1~2年更换一次或按照冷却液使用说明执行。

(6) 不同牌号冷却液不可混用。

(7) 乙二醇型冷却液价格较高，应注意节约使用；注意随时消除渗漏现象。有的地区车辆夏季不用时可换下密封保存，在避免污染的条件下，到冬季可再次使用。

(8) 使用、保管冷却液时，应保持清洁；特别注意防止石油产品混入，以免在受热后产生泡沫。

学习任务六　动力转向传动液泄漏的检查和更换

【学习目标】

- 掌握动力转向系统泄漏的检查方法。
- 掌握动力转向传动液的分类、选用原则及选用注意事项。
- 掌握动力转向传动液的检查与更换。

【能力要求】

- 能进行动力转向系统泄漏的检查。
- 能进行动力转向传动油液的选用与质量检查。
- 能进行动力转向传动油液的检查与更换。

一、相关知识

(一)动力转向传动液的分类

现代汽车的动力转向系统使用的基本上是液压系统，不同车型的动力转向系统的精密程度和使用要求有所差异，因此，厂家对液压油的选择和换油周期的规定也有所不同。如国内过去一些中、低档车的动力转向系统一般用22号汽轮机油或46号液压油，低温寒带地区则选用YH-10号航空液压油、6号或8号液力传动油。现在新型或高档车型多选用ATF液力传动油或合成液力传动油，这些油品的实际使用性能和寿命都比过去的油品有了很大的提高。动力转向液的选择和更换，用户一般还是应根据汽车厂商的车辆保养手册中的规定进行。

(二)动力转向传动液的选用

转向液的选用一般是根据不同的车型选择转向液，目前国内汽车大都选用 ATF 液力传动油或合成液力传动油。所以选用转向液时可以通用，一般是根据汽车原来使用的油液来选择。选用时注意以下事项。

(1) 油液品质应符合规定。液压动力转向系统所使用的油液牌号，应符合原厂规定。油液应具备良好的黏温特性、耐磨性、抗氧化性和润滑性等性能，并无杂质和沉淀物等。无原厂规定牌号的油液时，可用 13 号机械油或 8 号液力传动油代替，但两种油液不可混用。

(2) 定期检查转向油罐的液面高度。结合维护周期检查转向油罐液面高度是否在规定刻线之间，不足时应添加，添加的油液要经过滤清，品种要与原油液相同。

(3) 应适时换油。因液压动力转向系统的油液是在高温高压下工作的，易变质，所以要定期更换，一般一年更换一次，或按原厂规定进行更换。换油时，将前轴顶起，发动机以怠速运转，拆下转向器下部的放油螺塞，左、右打转向盘至极限位置数次，待原来旧油液排完时立即停熄发动机并旋上放油螺塞，然后按规定加满新油即可。

(4) 应及时排除系统内的空气。在转向系统加油时或转向系统混入空气时，需要将空气排出。排气的方法是先将油液加注到油罐规定的液面高度，然后启动发动机，在怠速状态下左、右打转向盘到极限位置(在极限位置停留不得超过 10s，以防油泵发热而被烧坏)，反复几次，并不断往油罐补充油液。同时，松开系统中的放气螺钉，直到油液充满整个系统，放气口没有气泡冒出，油罐内油面不再下降为止，然后拧紧放气螺钉即可。

(5) 切勿将动力转向油当成制动液来使用。因动力转向液压油和制动液的流动性、沸点等均不同，所以，在维修车辆时要特别注意切勿将动力转向油当成制动液来使用，否则会导致制动失灵。另外，转向时不可将方向"打死"，否则易烧坏转向助力泵等。

(三)动力转向传动液的数量、质量及泄漏的检查

1. 动力转向传动液数量的检查

将汽车停在平路上，关掉点火钥匙，打开发动机盖，打开油壶加油盖，检查转向器油应在上下刻线之间。如果低于下刻线，应检查是否泄漏。

(1) 检查油壶外表是否有油迹，油壶是否爆裂，同时检查油液液位，如图 3-31 所示。
(2) 检查油壶进出油管是否漏油，如图 3-32 所示。
(3) 检查转向油泵是否渗漏，如图 3-33 所示。
(4) 检查其余各管是否渗漏，如图 3-34 所示。

图 3-31 转向油液位高度的检查

图 3-32 转向油壶油管的泄漏检查

图 3-33 转向油泵的泄漏检查

图 3-34 其余各管的泄漏检查

2. 检查转向传动液的质量

正常的油液颜色应是粉红色或是黄色透明体。如果油液颜色呈黑色，则需更换转向器油。大多数汽车是以使用里程和时间来决定转向器油的质量。

如北京奔驰戴克Jeep4700定时定程养护计划规定：每72 000km或36个月做一次动力转向系统清洗/维护；每48 000km或24个月更换动力转向液。

某些厂家针对某特定车型的动力转向系统规定：每60 000km检查一次转向液面，必要时加注转向液。

还有的车型规定：每行驶40 000～45 000km需清洗保养一次动力转向系统。若遇转向困难，系统渗漏，则在更换动力转向机有关配件后，还须清洗保养一次动力转向系统。

(四)动力转向传动液的更换及排空

1. 动力转向传动液的更换

拆下出油软管,打开加油盖,在油管下放一油盘。启动发动机,左右转动转向盘到尽头数次,直到油管没有油出来为止(注意:不要转动太久,以免在没油的状态下损坏转向器)。

2. 动力转向传动液的排空

装上油管,清干净油迹后,往油壶加与车相符合的转向油,慢慢转动转向盘到左右尽头,直到转动无异响后,油罐内油面不再下降为止。加够转向油至上下刻线间。盖好油壶盖,至此排空完成。

二、项目实施

(一)项目实施环境

(1) 实训汽车,新的动力转向传动液。
(2) 干净棉纱和手套。
(3) 常用手动工具、专业拆装工具、举升机。

(二)项目实施步骤

(1) 根据车型选择合适的动力转向传动液类型。
(2) 将车辆停至低位,将发动机预热至正常工作温度后熄火。
(3) 打开发动机盖,按要求松开动力转向传动液壶盖。
(4) 举升汽车,按照要求进行动力转向传动液泄漏的检查。
(5) 排放旧动力转向传动液。
(6) 添加新动力转向传动液进行排空,注意排空要干净。
(7) 路试后检查转向有无异响,液位是否达到标准位置。正常后才可交车。

根据实操过程填表 3-15。

表 3-15 动力转向液的检查与维护

序 号	项 目	结 果
1	动力转向传动液型号	
2	动力转向传动液渗漏部位	
3	更换动力转向传动液数量	
4	怎样判断动力转向传动液的质量	

三、知识拓展

润滑脂是将稠化剂分散于液体润滑剂中所组成的一种稳定的固体或半固体产品,它具有其他润滑剂所不能代替的特点,在汽车、拖拉机和工程机械上的许多部位,都使用润滑脂作为润滑材料。

1. 润滑脂的特点

润滑脂与润滑油相比,具有以下特点:在金属表面有良好的黏附性,不易流失;在不易密封的部位使用,可简化润滑系统的结构;抗碾压,在高负荷和冲击负荷下仍有良好的润滑能力;润滑周期长,不需要经常补充,可以降低维护费用;具有更好的密封和防护作用;使用温度范围较宽。所以,在不宜用液体润滑剂的部位,如轮毂轴承、各拉闩、球节、发电机、水泵、离合器轴承和心动轴花键等部位,均使用润滑脂。但润滑脂有黏附性大、运转时阻力大、功率损失大、流动性差、冷却和清洗作用差、固体杂质混入后不易清除以及加脂、换脂比较困难等缺点,所以使用润滑脂的部位受到限制。

2. 汽车常用润滑脂

汽车常用润滑脂品种有钙基润滑脂、钠基润滑脂、汽车通用锂基润滑脂、极压复合锂基润滑脂、石墨钙基润滑脂、工业凡士林等品种。

(1) 钙基润滑脂:钙基润滑脂是由动、植物脂肪与石灰制成的钙皂稠化矿物润滑油,其胶溶剂是水。按锥入度分为1、2、3、4这4个牌号。可用在汽车、拖拉机以及冶金和纺织等机械设备中。使用温度范围为-10~60℃。最高使用温度低,这是由于其耐热性差,钙皂的水化物在100℃左右便水解,致使润滑脂超过100℃时丧失稠度,滴点在80~95℃;此外,还有使用寿命短的缺点。但它有抗水性好的优点,遇水不易乳化,容易黏附于金属表面,胶体稳定性好。它是20世纪30年代的老产品,长期以来使用钙基润滑脂润滑汽车轮毂轴承、底盘拉杆球节、水泵轴承和分电器凸轮等。

(2) 钠基润滑脂:钠基润滑脂是以动、植物脂肪酸钠皂稠化矿物润滑油制得的,耐高温,但不耐水的普通润滑脂,有2号和3号两个稠度牌号。由于钠皂熔点很高,脂的滴点可达160℃。耐热性好,可在120℃下较长时间工作,并有较好的承压抗磨性能,可适应较大的负荷;但钠皂遇水易乳化变质,即抗水性差,不能用于潮湿环境或与水接触的部件。

(3) 汽车通用锂基润滑脂:汽车通用锂基润滑脂是以天然脂肪酸锂皂稠化低凝点润滑油并加抗氧、防锈剂制得的,它具有良好的机械安定性、胶体安定性、防锈性、氧化安定性和抗水性,适用于-30~120℃的工作环境下,如汽车轮毂轴承、底盘、水泵和发电机等各摩擦部位的润滑。锥入度范围265~295,稠度牌号为2号,滴点达180℃。进口汽车和国产新车普遍推荐使用这种润滑脂。

(4) 极压复合锂基润滑脂:极压复合锂基润滑脂与汽车通用锂基润滑脂的区别是有更高的极压抗磨性,可适用于-20~160℃高负荷机械设备的齿轮和轴承润滑,有1、2和3号3个稠度牌号,部分高性能进甲汽车推荐使用极压复合锂基润滑脂。其规格按 GB 7631.8—1990 的规定,其代号为 L-XBEHB1、L-XBEHB2 和 L-XBEHB3。

(5) 石墨钙基润滑脂：石墨钙基润滑脂是由动、植物油钙皂稠化 68 号机械油制得的，其中含有 10%的鳞片石墨，具有良好的抗水性和抗碾压性能，适合于重负荷、低转速和粗糙的机械部位润滑。汽车钢板弹簧、起重机齿轮转盘及半拖挂货车的转盘等承压部位使用石墨钙基润滑脂。

(6) 工业凡士林：工业凡士林不含皂分，是由石油脂、地蜡、石蜡等固体烃稠化高黏度润滑油制成的，属非皂基脂中固体烃基脂。有一定的防锈性，不溶于水、不乳化，有一定的润滑性和较好的黏附性。工业凡士林适用于仓储的金属物品和工厂生产出来的金属零件和机器的防锈。为保护蓄电池接线柱，应在其上涂工业凡士林(应在接线后涂)。

3．汽车润滑脂的选用

汽车润滑脂的选用包括润滑脂的品种和稠度级号的选用，考虑的主要因素有温度、转速、负荷和工作环境。

润滑脂的品种应根据工作温度、工作环境、负荷和转速进行操作温度范围、水污染和极压性等条件选择，也可按汽车使用说明书要求选用。

汽车上，对需要润滑的部位多用锂基脂；对受冲击载荷及极压条件下工作的钢板弹簧用石墨钙基脂；对工作温度过高或过低的部位应选特殊润滑脂(如高温润滑脂、低温润滑脂等)；为保护蓄电池接线柱，可用工业凡士林。

4．汽车润滑脂的使用注意事项

(1) 轮毂轴承是使用润滑脂的主要部位。在我国南方地区宜全年使用 2 号脂，北方地区一般冬季用 1 号脂，夏季用 2 号脂。有人习惯于常年使用 3 号脂，该润滑脂稠度太大，会增加轮毂轴承转动阻力，因此并不合适，3 号脂只宜在热带地区的重负荷车辆上使用。

(2) 轮毂轴承润滑脂使用到严重断油、分层或软化流失前必须更换，一般在二级维护时换润滑脂。换润滑脂时要合理充填，要求在轴承内填满润滑脂；轮毂内腔则仅薄薄地涂一层润滑脂防锈即可，不宜填满润滑脂，否则会导致轴承散热困难，甚至可能因润滑脂流到制动蹄片上，造成制动失灵。

(3) 石墨钙基润滑脂因其中有鳞片状石墨(固体)不能用于高速轴承，否则会导致轴承损坏；而像汽车钢板弹簧等负荷大、滑动速度低的部位，则必须使用石墨钙基润滑脂。

(4) 各种稠化剂制成的润滑脂不能互相掺混，否则可能因破坏其胶体结构而失去原有的性能。

(5) 润滑脂一旦混入杂质便难以除去，在保存、分装和使用过程中，严格防止灰、砂和水等外界杂质污染，注润滑脂工具必须干燥清洁；尽可能减少润滑脂与空气接触。

(6) 作业场所要清洁，轴承各注润滑脂口在加润滑脂前必须擦洗干净；作业完毕，盛润滑脂容器和加注器管口应立即加盖或封帽。

小结

本项目讲述了汽车发动机、变速器、制动系统、冷却系统、动力转向系统泄漏的检查方法，介绍了发动机机油、变速器齿轮油、制动液、防冻冷却液、动力转向油液的分类、选用原则及选用注意事项。要求学生能进行汽车发动机机油及机油滤清器的检查、选用与更换；能进行变速器油的检查、选用与更换；能进行冷却液的检查、选用与更换；能进行制动液的检查、选用与更换；能进行动力转向系统油液的检查、选用与更换。

习题及实操题

一、填空题

1. 夏季山区行车时，应选用耐温性好的_____或_____。
2. 对汽车横拉杆球头进行润滑时，一般采用_____。
3. 发动机润滑系统有三种润滑方式：_____、_____和_____。
4. 汽车上_____主要用于润滑汽车各部轴承、衬套和钢板弹簧。
5. 制动液一般在使用_____年后应进行更换。

二、判断题

1. 齿轮油可用于润滑汽车发动机。（ ）
2. 发动机润滑油只起润滑作用。（ ）
3. 每3 000km或每3个月(按较早的)就应更换机油和机油滤芯。（ ）
4. 汽车齿轮润滑油一般略成黑色。（ ）
5. 汽车发动机润滑油一般呈黑色。（ ）
6. 变速器油可用于发动机润滑。（ ）
7. 变速器一般采用直齿轮，差速器采用双曲线齿轮，在润滑时可以采用同一种齿轮油。（ ）
8. 钙钠基润滑脂适合于低温下使用。（ ）
9. 发动机机油在更换过程中，必须是先把以前的机油全部放掉，才能添加新的机油。（ ）
10. 根据车况选用机油，车况较好的发动机，配合间隙较小，可选用黏度较小的机油，车况较差的发动机，配合间隙较大，可选用黏度较大的机油。（ ）

三、问答题

1. 国际上广泛采用的机油分类法有哪两类？
2. 发动机机油选用有何注意事项？
3. 如何鉴别自动变速器油质量的好坏？
4. 简述自动变速器的换油过程。
5. 简述冷却液更换的步骤。
6. 使用发动机冷却防冻液应注意哪些事项？

项目四　车轮的维护与保养

【学习目标】

- 掌握车轮轮胎表面磨损的检查方法。
- 掌握车轮气压的检查方法。
- 掌握车轮轮胎换位的方法。
- 掌握车轮的选用方法。
- 掌握轮胎平衡的检查方法。

【能力要求】

- 能进行车轮磨损的检查。
- 能进行轮胎气压的检查。
- 能正确进行车轮轮胎的换位。
- 能进行轮胎平衡的检查。

一、相关知识

(一)车轮的维护与保养

1. 合理选用、搭配轮胎

(1) 选用、搭配轮胎要因车而异。同车、同轴不要混装不同规格、不同品牌的轮胎。如果将两种不同规格的轮胎装在同一轴上,就会造成转向过度或不足,容易导致侧滑,轻者影响汽车的操纵灵活性,重者会造成车祸。

(2) 应尽量避免同车混装不同品牌的轮胎。因为不同品牌的轮胎即使有许多参数相同,但其轮胎花纹、轮胎质量等也有很大区别,从而不能保证行车安全。轮胎规格必须与轮辋规格相配,同一车轴应搭配规格、花纹及层级相同的轮胎;轮胎花纹应根据道路条件选择;搭配有方向花纹的轮胎时,花纹字尖端的指向应与车轮前进旋转方向一致。

在优先考虑选用原厂轮胎的同时,车主也可以根据自身需求,换装汽车制造厂商所认定的配套轮胎。

2. 轮胎表面与磨损的检查

(1) 检查轮胎表面的裂纹或者损坏情况。检查轮胎胎面和胎侧是否有裂纹、割痕或者其他损坏。

(2) 检查嵌入的金属微粒或者异物。检查轮胎的胎面和胎侧是否嵌入金属微粒、石子或者其他异物。

(3) 检查胎面深度。使用轮胎深度规测量轮胎的胎面深度,同时也可以通过观察轮胎表面的胎面磨耗指示标记检查胎面深度。如图4-1所示,轮胎胎面上一般有嵌入花纹底处的磨损极限标记(通常有8条,宽度为12.5mm),位于相应部位的轮胎侧面,印有"Δ"或"TWI"记号,标记一旦露出或接近露出,即应及时更换新胎。

图4-1 轮胎的磨损标记

(4) 检查异常磨损。检查轮胎的整个外围是否有不均匀磨损和阶段磨损。如果汽车车轮气压不正确,特别是前轮定位严重失准,就会造成轮胎异常磨损,如图 4-2 所示。异常磨损原因可对照表 4-1 进行检查。

表 4-1　常见轮胎磨损部位及原因

磨损部位	原　因
两肩快速磨损	气压不足或换位不够
中间快速磨损	气压过高或换位不够
单边磨损	前轮过度外倾
羽毛状边形磨损	前束不当
台面有秃斑	轮胎不平衡或轮胎歪斜
扁形磨损	悬架校准不好

(5) 检查轮辋。检查轮辋是否损坏、腐蚀、变形和跳动。

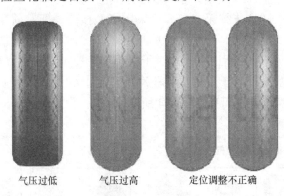

气压过低　　气压过高　　定位调整不正确

图 4-2　轮胎异常磨损

3．轮胎气压的检查

1) 轮胎气压的检查

轮胎的胎压因车而异。通常厂商会将"建议"的胎压值印在驾驶座门边或汽油箱盖上,只要在冷车状态时将轮胎气压打至该数值即可,如图 4-3 所示。由于车辆在行驶一段时间后,胎压会因温度与压力的变化而升高,所以,若要长途或重载行驶时,千万不要以轮胎上刻印的最大承受胎压值为基准。建议将胎压值降低一些为好,否则高温时可能会有爆胎的危险。

(a) 用轮胎压力表检查轮胎气压　　　　(b) 贴在车门柱内侧的轮胎气压表

图 4-3　轮胎气压测量及表示位置

轮胎气压是每天出车前的必查内容。个别车主在检查轮胎气压时，往往使用眼看、脚踏或者敲击的办法，这些都是不科学的，应该用轮胎气压表进行准确测量，轿车轮胎气压一般为 0.2～0.5MPa。

试验证明，如果轮胎气压提高 25%，其使用寿命将降低 15%～20%；如果轮胎气压降低 25%，其寿命将缩短 30%左右。胎压过高，会使轮胎的弹性降低，轮胎发硬，特别是在炎热的夏季，极易造成爆胎。胎压过低，会增加油耗，影响车速。

2）轮胎漏气的检查

检查气压后，通过在轮胎气门周围涂肥皂水来检查是否漏气。

4．轮胎换位

车辆经过一段时间的使用后，由于轮胎的安装位置和受力情况不同，磨损情况会有所不同，在行驶一定的里程后，有必要将轮胎进行换位。建议每隔 1.4 万公里进行一次换位。

若四条轮胎新旧一样且花纹无方向，可采用交叉换位，即左前和右后互换，右前和左后互换的方法；若花纹有方向，可采用前后互换，即右前和右后互换，左前和左后互换的方法，如图 4-4 所示。若轮胎新旧不一，对于采用前轮驱动的车辆，建议将较新胎装前轮，较旧胎装后轮，左右互换；对于采用后轮驱动的车辆，建议将较新胎装后轮，较旧胎装前轮，左右互换。具体换位方法可参考图 4-4 所示。

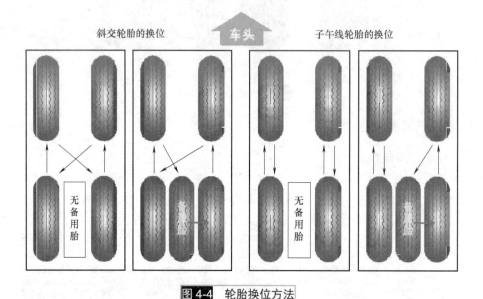

图 4-4　轮胎换位方法

(二)车轮动平衡检查与调整

1．汽车车轮动平衡的作用

汽车的车轮是由轮胎、轮毂和平衡块组成的一个整体。由于制造的原因，这个整体各部分的重量分布不可能非常均匀。当汽车车轮高速旋转起来后，就会形成动不平衡状态，导致车辆在行驶中出现车轮抖动、转向盘振动的现象。为避免这种现象或是消除已经发生的这种现象，就要在动态情况下通过增加配重的方法，校正车轮各边缘部分的平衡。这个校正的过程就是人们常说的车轮动平衡。

一般在对车辆进行轮胎换位前，建议做一次轮胎动平衡。轮胎动平衡可以只做两个前轮，后轮可以不做，有条件时可以四个轮子同时做动平衡。

2．动平衡机的工作流程

汽车车轮动平衡机的类型很多，但其原理大体一致，一般工作流程如下。

1) 测试前的准备

检查并清除轮胎上的灰尘、泥土，看胎面是否夹有金属、石块等异物；检查轮胎气压是否符合规定值；检查轮辋定位面和安装孔有无变形；检查胎内有无异物；取下原有平衡块。

2) 安装轮胎

车轮安装的夹紧方式有中心孔定位和螺栓孔定位两种。中心孔定位有正定位、反定位及做大中型轮胎时配附加法兰等方式，可根据实际情况任意选择一种。螺栓孔定位是用固定车轮的螺栓孔定位，此方式适用于无中心孔车轮、中心孔变形的车轮以及大型车轮的平衡操作。缺点是车轮装夹不方便；理论上该定位方式最科学，但其精度受各种因素制约，如机械误差、装配误差及操作误差等。

3) 启动设备，输入轮胎使用尺寸

打开电源开关，检查指示与控制装置的面板是否指示正确。用卡尺测量轮辋宽度、轮辋直径(也可由胎侧读出)，用平衡机上的标尺测量轮辋边缘至机箱的距离，再用键盘或选择器旋钮将测量数据直接输入指示与控制装置中。为了适应不同计量制式，平衡机上的所有标尺一般都同时标有英制和公制刻度。

4) 选择平衡方式

根据加平衡块位置及方式的不同，可选择不同的平衡方式。连续按平衡方式选择键，显示窗内可显示不同的平衡方式。每次开机自动进入动态，无须做选择。

5) 轮胎动平衡检测

放下车轮防护罩，按下启动键，车轮旋转，平衡测试开始，微机自动采集数据。车轮自动停转或听到指示声音，按下停止键并操纵制动装置使车轮停转后，从指示装置读取车轮内、外不平衡量和不平衡位置。

6) 安装平衡块

抬起车轮防护罩，用手慢慢转动车轮。当指示装置发出指示(音响、指示灯亮、制动、显示点阵或显示检测数据等)时停止转动。在轮辋的内侧或外侧的上部(时钟12点位置)加装指示装置显示的该侧平衡块质量，内、外侧要分别进行加装，平衡块装卡要牢固。

安装平衡块后有可能产生新的不平衡，应重新进行平衡试验，直至不平衡量小于5 g，指示装置显示"00"或"OK"时才能满意。当不平衡量相差10 g左右时，如能沿轮辋边缘左右移动平衡块一定角度，将可获得满意的效果。

3．平衡块的使用

车轮动平衡机的平衡块也称配重块。平衡块是用铅合金做成的，目前通常使用的有两种形式：一种为卡夹式平衡块，它用于大多数轮辋；另一种是粘贴式平衡块，针对铝镁合金轮辋。标准的平衡块有两种系列。重量以克(g)或盎司(oz)为单位。以 oz 为基础单位的，分 9 档，最小为 14.29g(0.5oz)，最大为 170.1g(6oz)，间隔为 14.29g(0.5oz)。以 g 为基础单位的，分 14 档，最小为 5g，最大为 80g。60g 以上，以 10g 分为一档。

平衡块必须细心加以固定，采用带夹子的平衡块平衡时，用平衡锤轻轻钉在轮辋边缘，以不甩掉为宜，平衡结束后，放于地面上敲紧，切勿在主轴上用力敲打，以免损坏传感器。采用卡夹式的平衡块时，夹子的圆周必须与轮辋边缘相匹配；在使用粘贴式平衡块时，黏结处必须无油脂，并且干燥，以使平衡块能黏结牢固。

二、项目实施

(一)项目实施环境

(1) 实训车辆。
(2) 常用工具、轮胎气压表。
(3) 专用工具、车轮动平衡机。
(4) 配件材料。

(二)项目实施步骤

1．轮胎的维护与保养

1) 轮胎表面的检查

使用两柱式举升机将汽车升至中位。身体直立，双手平举，与车轴高度一致。使用气动扳手，按照交叉顺序拆卸车轮螺母。然后拆卸车轮，如图 4-5 所示。注意：在使用气动扳手前一定要确定旋向正确。

图 4-5　轮胎的拆卸

(1) 检查轮胎表面的裂纹或者损坏情况。检查轮胎胎面和胎侧是否有裂纹、割痕或者其他损坏。

(2) 检查嵌入的金属微粒或者异物。检查轮胎的胎面和胎侧是否嵌入金属微粒、石子或者其他异物。

(3) 检查胎面深度。使用轮胎深度规测量轮胎的胎面深度，同时也可以通过观察轮胎表面的胎面磨耗指示标记检查胎面深度。

(4) 检查异常磨损。检查轮胎的整个外围是否有不均匀磨损和阶段磨损。

2) 检查轮胎气压

使用气压表检查轮胎气压。若气压不足，可先使用压缩空气充至规定气压以上，再放气至规定气压。

3) 检查漏气

检查气压后，通过在气门周围涂肥皂水来检查是否漏气。

4) 检查轮辋

检查轮辋是否损坏、腐蚀、变形和跳动，如图4-6所示。

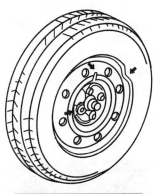

图4-6 轮胎轮辋的检查

5) 轮胎换位

根据车辆类型，按照规定要求进行轮胎换位。

6) 车轮安装

使用轮胎扳手，按照交叉顺序以较小的力矩安装车轮螺栓，如图4-7所示。将车辆降至低位，使轮胎触及地面，使用定力矩扳手按照交叉顺序将螺母上紧至规定的力矩，如图4-8所示。

图4-7 以较小力矩安装车轮螺栓

图4-8 以规定力矩拧紧螺栓

2．车轮的就车平衡

(1) 用千斤顶顶起车前部，使前轮能自由转动。

(2) 将检测器置于待测前轮下摆臂下方，并使检测器的启动滚轮与轮胎接触。

(3) 用粉笔在轮胎上做一记号。

(4) 打开检测器的启动开关，置于第1挡位，使车轮转动。

(5) 把检测器开到第2挡，将检测器推靠到轮胎上，车轮转动时，频闪效应使轮胎上的标记均匀地出现，表盘上的指针从零到最大值，再回到零位。

(6) 记下表针处于最大指示值时轮胎标记出现的位置。

(7) 使车轮朝相反方向转动，用与上面相同的方法记下表针最大值时轮胎上标记所处的位置。

(8) 根据检测器指示的不平衡量，在两次测得位置的中点安放配重。

3．轮胎动平衡检查

1) 普通轮辋轮胎的车轮动平衡

车轮动平衡的检查在车轮动平衡机上进行，以国产 CB-959 型车轮动平衡机为例，如图 4-9 所示，其工作流程如下。

图 4-9　国产 CB-959 型车轮动平衡机

(1) 打开动平衡机的电源开关。将红色按钮打到"ON"的位置(见图 4-9)。

(2) 安装轮胎，如图 4-10 所示。

图 4-10　安装轮胎到平衡机

(3) 按动平衡机上的 A 键，测出 A 的数值，输入计算机，如图 4-11、图 4-12 所示。

图 4-11　按动平衡机上的 A 键

图 4-12　测出 A 的数值

(4) 按 L 键，测出 L 的数值，输入计算机，如图 4-13 所示。

图 4-13　测出 L 的数值并输入计算机

(5) 从轮胎上面读出 D 的数值(即轮胎直径)，输入计算机，如图 4-14 所示。

图 4-14　从轮胎上面读出 D 的数值(即轮胎直径)并输入计算机

(6) 按 START 键，压电传感器检测到不平衡，产生离心力，并转变成电信号让计算机对信号进行分析,得出不平衡量的大小及相位,通过显示系统显示出来。

(7) 根据提示数据,选择相应的平衡块,并加装至相对应的轮胎位置,再次按 START 键,直到检测出来的数值显示为零为止,如图 4-15 所示。

图 4-15　车轮平衡块的选择

2) 特殊形状轮辋轮胎的平衡方式

根据加平衡块位置及方式的不同,可选择不同的平衡方式。连续按 F 键,在平衡方式显示窗内(如控制面板),可显示不同的平衡方式,如图 4-16 所示。特殊形状轮辋平衡<A1.U>平衡方式,这种功能适用于非常特殊的轮辋使用,<A1.U>方式也不能保证足够的平衡度。按<A1.U>键选择"S"平衡方式(对应的指示灯亮),按"S"平衡方式输入轮辋数据,平衡操作同小汽车轮胎平衡。

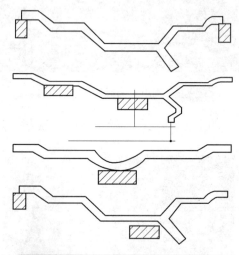

图 4-16　特殊形状轮辋平衡方式的选择

三、知识拓展

1. 轮胎的规格

(1) 轮胎规格常用一组数字和英文字母表示。例如,165/70 R14 表示胎宽 165mm,高宽比 70%，轮辋直径 14in(1in=2.54cm)。中间的字母或符号有特殊含义："x" 表示高压胎，"R""Z" 表示子午胎，"-" 表示低压胎。注意：轿车和载货汽车、有内胎和无内胎轮胎的规格表示方法不同。

(2) 轮胎规格最新表示方法及有关文字的含义如下：

① 轮胎断面宽度：是指两个胎侧之间的宽度(以 in 为单位)。

② 扁平率(即高宽比)：是指轮胎断面高度相对于轮胎断面宽度所占的百分比，扁平率越小，轮胎越扁平，轮胎的舒适及制动性能越高。

③ 轮胎的结构：如 "R" 或 "Z" 表示该轮胎为子午线结构，也就是说它的帘布层是呈子午线状排布在胎体内的。

④ 载重(负荷)指数：是指轮胎的最高载重量。不同的载重指数代表不同的最高载重量[通常以 lb(1lb=0.45kg)或 kgf 为单位]。如 185/70R13 86T 中的 86 代表其轮胎负荷能力为530kgf。

⑤ 速度代号(级别)：是指轮胎的最高速度级别，单位是 km/h，具体如表 4-2 所示。

表 4-2 速度等级及对应的最高车速

速度记号	速 度	速度记号	速 度	速度记号	速 度	速度记号	速 度
A1	5	B	50	L	120	U	200
A2	10	C	60	M	130	H	210
A3	15	D	65	N	140	V	240
A4	20	E	70	P	150	Q	240 以上
A5	25	F	80	Z	160	W	270 以上
A6	30	G	90	R	170	Y	300 以下
A7	35	J	100	S	180		
A8	40	K	110	T	190		

⑥ DOT：表示该轮胎符合美国交通部(U. S. Department Of Transportation，DOT)规定的安全标准。DOT 后面紧挨着的 11 位数字及字母则表示此轮胎的识别号码或序列号。

⑦ 轮胎分级：是指统一轮胎品质分级系统(Uniform Tire Quality Grading System，UTQG)。除雪地胎外，DOT 要求制造厂依据"胎面磨耗""抓地力"及"耐高温"三个性能要素，将轿车速度超过 100 为较优，100 为标准，低于 100 为较差。

⑧ 抓地等级：是指轮胎按标准条件在美国政府指定的测试场地，在湿滑柏油路面和水泥路面上表现出来的直线行驶制动性能，不包括转弯性能。

⑨ 温度等级：是指按标准条件在指定室内实验室的试验车轮上测试，轮胎所表现出来的抗热量产生能力。持续高温会造成轮胎材质老化，从而缩短轮胎的使用寿命，温度过高则可导致爆胎。因此，美国联邦法规定所有轮胎至少必须通过 C 级温度等级。A 级为最佳，B 级为中等，C 级为一般。

以 p185/70R14 86H 轿车轮胎为例，其中各数字及字母的含义如表 4-3 所示。

表 4-3　p185/70R14 86H 轿车轮胎含义

p	轿车轮胎
185	胎面宽度(mm)
70	扁平率(胎高/胎径)
R	子午线结构
14	钢圈直径(in)
86	载重指数
H	速度代号

2．轮胎早期损坏的原因

随着高速公路的快速发展，轮胎产品也在不断更新换代。子午线轮胎以其耐磨、行驶里程高、生热低、滚动阻力小、乘坐舒适、操纵稳定、载荷量大、耐刺扎等优异性能而深受广大车主的好评。现将子午线轮胎早期损坏原因及预防措施介绍如下。

(1) 胎压不准。为了减小轮胎的过度变形，子午线轮胎的充气标准比同规格的斜交轮胎高 49～47kPa。在子午线轮胎装配后，必须保持恒定的气压。胎压过高，会产生行驶车辆跳动和胎冠快速磨损；胎压过低，行驶中胎温升高，油耗增加，会加快胎肩和胎圈的早期磨损。

(2) 混装使用。同一轮轴不能混装不同结构的轮胎，也不可前轴装子午线轮胎，后轴装斜交轮胎。不同层级、不同气压、不同负荷的轮胎混装在一辆车上(尤其是同轴混装)时，即使充气外缘尺寸相同，它们的下沉率和滚动半径也不尽相同，各自刚性差异引起的地面对轮胎的反作用力也不一样，以致造成轮胎磨损加剧，严重影响轮胎的使用寿命、操纵稳定性、牵引性、平顺性、制动性及行驶安全性。

(3) 存放不当。将子午线轮胎与汽油、润滑油等共同存放，会加速轮胎老化、龟裂，使新胎尚未使用，寿命已经打折扣。子午线轮胎的骨架材料主要是钢丝帘线，不要露天存放，更不能日晒雨淋，要避免因雨水进入胎里、渗入胎体，引起钢丝帘线锈蚀或折断而造成轮胎爆破。存放时不许靠近热源，同时要防止酸雾的腐蚀。

(4) 前轮前束过大。安装子午线轮胎后，前束值应适当调小，一般为 0～3mm。因为前束值小可以减少轮胎的偏磨；否则，会使轮胎受到过大的偏扭力，胎侧损坏加剧。

(5) 车辆超载。轮胎的负荷是根据轮胎的结构、层级、强度及标准充气压力等计算而来的，是决定汽车载重量的主要因素。车辆超载后，子午线轮胎的下沉量和变形增大(大于同规格的斜交轮胎)，胎面与地面接触扩大，加剧帘线层脱离甚至破裂，而且不利于行车安全。当负荷量超过 30%时，轮胎的使用寿命会降低 50%以上。

(6) 车速控制不合适。由于子午线轮胎胎体软，行驶稳定性较差，所以车主需调整驾车方法和操作习惯，启动要慢，制动要稳，会车、转弯、超速或在不平道路上行驶时车速要稍低。如果在起步、转弯时速度过快，制动时动作过猛，就会使胎趾部位应力增大，造成早期损坏。

(7) 路面状况差。在行驶中要尽量避开锐利的障碍物，且避免在坏路面上高速行驶。

如果产生小伤、小洞，要及时修补，以免裂口扩大，这样有利于提高轮胎的使用寿命。如果不及时修补，水分、油污会侵入胎体，钢丝帘线容易锈蚀，使轮胎的使用寿命缩短，甚至爆破。

(8) 轮胎换位不及时。当车轴制动时，整车的质量都会往前移动，如果车轴是前轮驱动，前轮转向系统以及驱动系统的质量都会集中到车轴的前半部。可见，车轴前半部所承受的质量是最大的，所以轿车前轮的轮胎磨损得比后轮胎快。为了使轮胎更耐用，应定期对调轮胎。

(9) 底盘有隐患。车轮制动跑偏、车身倾斜等，会造成子午线轮胎畸形磨损。

3．轮胎的正确使用

轮胎在汽车各部件中的地位十分重要，对汽车行驶性能影响很大，轮胎的使用寿命直接影响运输经济效益。

1) 限制行车速度

车辆行驶速度较高时，轮胎的使用寿命显著降低。因为车辆快速行驶时，轮胎在单位时间内与地面的接触次数较多，摩擦较频繁，使轮胎的变形频率增加，胎体周向和侧向产生的扭曲变形也随之加大。当速度达到临界速度时，胎冠表面的振动会出现波浪变形，形成静止波。这种静止波能在其产生几分钟后导致轮胎爆破，这是由于轮胎变形来不及复原所造成的滞后损失，而它的大小与负荷作用的时间有关，速度越快，时间越短，大部分的动能被吸收转变成热量，从而使轮胎温度升高，橡胶老化加速和帘线层的耐疲劳强度降低，轮胎因而早期脱空或爆破，因此，限制行车速度是非常重要的。

2) 根据道路情况行车

路面的种类及状况对轮胎使用寿命的影响很大，驾驶员应根据道路条件选择路面，掌握适当的行车速度，这对增加轮胎的行驶里程具有积极作用。

车辆在平整、宽敞且视野良好的道路上行驶时，如高速公路、国道线和省道线等，可根据车辆本身的技术条件和轮胎的性能适当提高车速，但也不宜过高，否则会影响行车安全，降低轮胎的使用寿命。在不平整的碎石路和矿区路上行驶时，由于尖石裸露或路边石块锐利，极易损坏轮胎，应注意选择路面并在较低车速下行车，以防止轮胎爆破损坏。

在冰雪路面上行驶时，由于路面与车轮的摩擦系数较小，要注意防滑；若车轮打滑，应立即停车，试行倒退，另选路线前进，若倒退仍打滑，则应排除车前后和两旁的冰雪，或将后轮顶起，铺上石块、砖头、稻草，以便车辆通行。不要猛踏加速踏板，强行起步，以免轮胎越陷越深，原地空转剧烈生热，防止轮胎胎面及胎侧严重刮伤、划伤，甚至剥离掉块。在转弯频繁的路面上或陡坡上行驶时，轮胎受到部分拖拽，即使路面条件较好，也应当在较低车速下行驶，以减少轮胎磨耗，确保行车安全。

3) 掌握轮胎的温度变化

炎热天气行车，由于外界气温较高，轮胎积热散发困难，在行车速度快、运距长、道路条件恶劣等原因下，胎温会急剧上升，胎内气压也随之增加，从而加速橡胶老化，降低帘线与橡胶的黏合力，致使帘布层脱空或爆破损坏，故炎热天气行车应注意控制轮胎的使用温度。在酷热时行车，除应适当降低车速外，有条件的情况下可在早晚气温较低时行车，或车辆行驶一定距离后停车休息，防止胎温过高。严禁采用放气降压的做法，因放气后轮胎变形增大，会使胎温升高，最后也会因过热而使轮胎损坏。在气温低的季节行车，因为轮胎在使用时散热快，不容易产生高热，胎面较为耐磨。在气温低的季节，特别是严寒天气，车辆过夜或长时间停放后重新行驶时，为了提高轮胎温度，最好在起步后头几公里以低速驾驶为宜。因此，掌握轮胎行驶中的温度变化是极重要的。

4）采用正确的驾驶方法

(1) 汽车起步不可过猛，无论空、重车都应低速平稳起步。避免轮胎与地面拖拽，以减少胎面磨耗。

(2) 在良好路面上行驶，应保持直线前进，除会车和避让障碍物外，禁止左右摇摆和急剧转向，以防轮胎和轮辋之间产生横向的切割损伤轮胎。

(3) 车辆下长坡时应根据坡度大小、长度和道路情况，适当控制车速。在坡长、路陡、路况复杂的情况下，应挂挡行驶，并利用轻微制动控制车速下坡，这样不但可以避免紧急制动，减少轮胎磨损，而且对安全行车也有保障。

(4) 车辆上坡时，应尽量利用惯性行驶，适时变速，及时换挡，上坡时要保持车辆有适当的余力，不要等车停了再重新起步，以减少轮胎的磨损。

(5) 行车转弯应根据弯道情况控制车速，不要高速转弯，否则车辆会产生较大的离心力，使车载货物倾斜，质心偏移一侧，单边轮胎超载拖拽，加速磨耗，同时还会使轮胎被轮辋横向切割，造成损坏。

(6) 在复杂情况下(会车、超车、通过城镇、交叉路口、过铁路)行驶时，应掌握适当的行车速度，减少频繁制动和避免紧急制动，否则会造成轮胎与地面之间的滑动摩擦，致使胎面严重磨损。

(7) 在不良道路上应减速行驶，并仔细观察，择路通过，通过后应停车检查双胎之间是否夹有石子，如有应及时排除。

(8) 车辆途中停车和到场停车，要养成安全滑行的停车习惯。在停车前要选择平整、干净和无油污的地面停放，每条轮胎都要平稳落地，尤其是车辆装载过夜，更应该注意选好停放地点，必要时将后轮顶起。

小结

本项目讲述了汽车车轮的维护与保养方法，介绍了汽车车轮轮胎的拆装、轮胎的充气、轮胎胎面花纹深度与磨损的检查、轮胎的换位、车轮平衡的检查与动平衡试验方法，要求掌握汽车轮胎的维护方法、轮胎的换位方法、轮胎的平衡检查与平衡试验方法。

习题及实操题

一、填空题

1. 轮胎平衡分为_____与_____两种。

2. 车轮动不平衡时，会造成车轮的_____和_____，引起转向轮的摆振，加剧轮胎的磨损，使汽车的有关零件受到损坏，缩短汽车的使用寿命。

3. _____和_____两参数对车轮侧滑量的影响最大。
4. 检查轮胎气压应在轮胎处于_____下,取下轮胎气阀帽,用_____检查。

二、判断题

1. 轮胎花纹的深度最小值为 1.8mm。( )
2. 同一车轿上,可以使用不同品牌、不同花纹的轮胎。( )
3. 汽车前轮胎运行一段时间后磨损率低于后轮胎。( )
4. 对于前驱车,新胎应更换在后轿上。( )
5. 避免轮胎接触油类和化学物品。( )
6. 对汽车轮胎的胎压进行检测时,只需检测使用的轮胎,备胎不需要进行检测。( )
7. 轮胎平衡只包括动平衡。( )
8. 在进行汽车维护过程中,发现轮胎中有异物时必须及时进行清理。( )
9. 对能看见轮胎磨损标记的轮胎可以不进行更换。( )
10. 如果对汽车车轮进行了动平衡校验,则没有必要进行静平衡校验。( )

三、问答题

1. 说明检查胎面深度的方法。
2. 说明常见轮胎磨损部位及原因。
3. 轿车轮胎气压一般为多少?
4. 说明轮胎编号的意义。
5. 说明轮胎早期损坏的原因。
6. 说明轮胎换位的方法。
7. 说明车轮动平衡检查与调整方法。

四、实操题

正确对轮胎进行检查与维护,并根据检查结果填写表4-4。

表4-4 轮胎的维护检查

项 目	左前轮	左后轮	右前轮	右后轮	备 胎
轮胎裂纹					
胎面深度					
异常磨损					
胎压					
漏气					
轮辋损坏					

项目五　燃料供给系统的维护与保养

【学习目标】

- 掌握汽车空气滤清器的维护与保养。
- 掌握节气门体的检查与清洁。
- 掌握进气系统积炭的检查与清除。
- 掌握燃油滤清器的维护与保养。

【能力要求】

- 能进行空气滤清器的清洁与更换。
- 能进行节气门体的检查与清洁。
- 能进行燃油供给系统积炭的免拆清洗。
- 能进行汽油滤清器的检查、维护与更换。
- 能进行柴油滤清器的检查、维护与更换。

一、相关知识

现代汽车多采用纸质空气滤清器，如图 5-1 所示。纸质空气滤清器效率高，灰尘的透过率仅有 0.1%～0.4%。使用纸质空气滤清器能减轻汽缸和活塞的磨损，延长发动机使用寿命。空气滤清器使用 4 000～8 000km 应进行除尘，通常在使用 20 000～25 000km 时应更换滤芯和密封圈。

图 5-1　常见的空气滤清器

(一)空气滤清器的维护与保养

1. 空气滤清器维护与保养注意事项

1) 定期清洁和更换滤芯

在使用中应按汽车维护规定经常清洁空气滤清器集尘室和滤芯，以免滤芯上黏附灰尘过多而增大进气阻力，降低发动机功率，增加耗油量。按厂家规定的更换周期更换滤芯，如空气滤芯破损应及时更换，一般汽车行驶 5 000km 应清洁一次滤芯；汽车行驶 20 000km 左右应更换滤芯。

2) 正确安装滤清器

检查维护时，滤芯上的密封垫必须确实安装在原位，以防止空气不经滤清器进入汽缸，橡胶密封垫圈易脱落、老化变形，空气易从密封垫缝隙流过，把大量灰尘带进汽缸。如密封垫老化变形、断裂，应更换新品。纸滤芯抗压能力低，不能装得过紧，否则易把纸滤芯压坏，影响滤清效果。

3) 正确选择滤芯

一般可从外包装和外观上识别优质与劣质滤芯，也可在安装后检验。如装上新滤芯后，汽车排放的一氧化碳超标，不装滤芯时排放的一氧化碳达标，表示该滤芯透气性差，是不合格的滤芯。

4) 纸质滤芯的特点及清洁方法

这种滤芯采用微孔滤纸，表面经过树脂处理，具有过滤效果好、维护方便等特点。在发动机工作时，滤芯周围会黏附着一层灰尘，清洁时不能用水或油，以防止油水浸染滤芯。常用的清洁方法有两种：一是轻拍法，即将滤芯从壳中取出，轻轻拍打纸滤芯端面，使灰尘脱落，但不得敲打滤芯外表面，防止损坏滤纸，降低滤清效果；二是吹洗法，即用压缩空气从滤芯内部向外吹，将灰尘吹净。但压缩空气压力不得超过 294～600kPa，以防损坏滤芯。

2. 空气滤清器的保养与更换方法

1) 清洁空气滤清器

空气滤清器的拆装与清洁步骤如下。

(1) 拧下空气滤清器盖上部的固定螺栓或卡箍。
(2) 拆下滤清器盖夹子。
(3) 用抹布擦干净空气滤清器盖内部。
(4) 清理空气滤清器外部，扳开上盖的锁扣，取下上盖，如图 5-2 所示。

图 5-2　空气滤清器的拆卸

(5) 取出空气滤清器芯，并更换新件。如果滤清器更换不久，也就是说还很干净，则可以使用轻拍法清洁空气格，如图 5-3 所示；若灰尘较多，则需要使用压缩空气气枪吹去里面的尘土即可。吹气时一定要注意从滤芯的里面向外面吹，以保证灰土全部吹出，如图 5-4 所示。

图 5-3　轻拍法清洁空气格

图 5-4　吹洗法清洁空气格

2) 检查清洁后的滤芯

将照明灯点亮后放入滤芯里面,从外部观察有无损伤、小孔或变薄的部分,若发现滤芯很脏、有破损则需要更换。各车型规定更换滤芯的里程数不同,请按照厂家规定执行。

3) 安装空气滤清器

按拆卸的反顺序安装空气滤清器,并检查其密封是否良好。安装时,装有排尘阀的端子要注意其箭头方向,口一定要朝后或朝下。在安装进气管道时,要保证其密封,特别要注意进气接头护套处的密封。

注意

(1) 更换空气滤清器时,应使用纯正品。使用不符合规格的空气滤清器,会使发动机内部及传感器发生故障。

(2) 即使发动机内部吸入少量的灰尘,也会磨损发动机并缩短它的寿命。因此,应随时检查并根据滤清器的状态更换。

(3) 检查并确认滤清器和滤清器罩垫的损坏程度,盖好空气滤清器盖,防止灰尘进入。

(4) 拆卸空气滤清器后驾驶车辆,发动机可能会着火,也就是回火。

(5) 检查及维修空气滤清器时,要避免空气滤清器受到冲击或进入灰尘及异物。

(6) 拆卸空气滤清器时,应防止灰尘或杂物进到吸气口。

(二)节气门体的检查与维护

1. 节气门体的拆卸和安装

发动机工作一段时间后,节气门处会聚积灰尘杂质,使进气量减少,发动机电脑就会控制节气门开度增大以增加进气量。当节气门脏污严重时,节气门开度就会超出设定的范围,并且出现发动机工作不良的故障,导致发动机出现怠速不稳,特别是在打开空调、前照灯时更加明显,严重时行驶过程中可能会出现熄火现象,因此,保养时应对节气门进行检查,一般汽车每行驶 3 万～4 万 km 应清洗一次节气门或怠速控制阀。

1) 节气门体的拆卸

节气门体的拆卸步骤如图 5-5 所示。

(1) 将发动机暖机后熄火,拆下后进气管。

(2) 拆开怠速控制阀和节气门位置 TPS 传感器电器接头。

(3) 拆下节气门体和垫片。

(4) 从节气门体上拆下怠速控制阀和 TPS 传感器。

2) 节气门体的安装

节气门体的安装步骤按拆卸相反顺序进行,应注意以下几点。

(1) 安装前,一定要清除掉所有表面上黏结的旧垫片的残留物。清除时要小心,不要损坏铝制件加工表面,

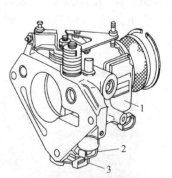

图 5-5 节气门体拆卸

1—MAF 传感器　2—IAC 阀
3—节气门位置传感器

不要使用电动工具来清洁铝制件加工表面。

（2）如果有必要更换节气门体，要确保压印在新节气门体上的编号与换下的节气门上的编号一致。

（3）以18N·m的力矩拧紧节气门体与进气增压室的连接螺栓。

2．节气门体的清洗

清洗节气门体具体应掌握以下要点。

（1）节气门应该拆下清洗才能彻底清洗干净。节气门阀片圆弧边缘、节气门轴及节气门体内壁是重点清洗部位。

（2）清洗节气门时一般使用罐装压力清洗液。清洗液具有腐蚀性，应事先拆下节气门密封圈。注意不要使清洗液通过节气门轴进入节气门位置传感器和节气门电动机，否则会造成部件的损坏。

（3）拆卸和安装节气门体时，要注意保护易损的塑料部件，如空气滤清器与节气门体之间的塑料连接管及节气门体的冷却水管，否则会引起冷却液的泄漏。不要漏装或损坏密封垫，否则会使进气系统漏气，导致怠速不稳。

（4）清洗节气门时需要反复开启节气门，不要打开节气门后猛地松开，使节气门关闭，这样容易损坏节气门位置传感器和节气门阀片。

（5）安装节气门拉线后，应检查调整拉线的松紧度，确保节气门拉线运动的灵活性，并应有一定的自由度，但自由度不应过大，否则会使加速出现过慢的现象。

（6）安装节气门体后必须要做自适应设定。因为节气门体清洗后，怠速时节气门的开度就会减小，为了使发动机电脑可以适应这种变化，就需要使用专用诊断仪进行自适应设定。

（三）进气歧管的检查与维护

1．进气歧管外观检查

（1）检视进、排气歧管有无裂纹、变形，紧固固定螺栓、螺母。

（2）检查消声器及进气歧管密封圈有无裂纹、漏气，吊板有无裂纹，并紧固各部螺栓。

2．进气系统积炭的检查

在汽车维修中对于进气歧管积炭的诊断是很简单的，只要把节气门拆下就可以很清楚地看到积炭的程度了。但是对于气门积炭的诊断一向是个难题，一般来说有三种诊断方法。

（1）解体法。也就是把发动机拆开，检查是否有积炭产生。这样很直观，但是耗时耗力，而且不管什么部件每拆装一次都会或多或少影响其性能，缩短其使用寿命。

（2）内窥镜检查。把火花塞或喷油嘴拆下，用内窥镜来观察气门积炭的程度。这种方法很方便，但是内窥镜的成本非同小可，而且其在维修中的用处不是很广，因此不是所有的维修企业都配备了该设备。

（3）观察反馈电压变化。用诊断电脑来读取氧传感器反馈电压的变化，以此间接检测积炭的存在。一般来说，正常的氧传感器反馈电压都是在 0.3~0.7V 波动，而且应该在 10s 之内有 8 次极大值和极小值的交替变化。一旦气门产生了积炭，氧传感器的反馈电压波动会变大，比如由原来的 0.3~0.7V 变成 0.1~0.9V。而且这个电压的中心值会变大，同时变化的频率会减缓。用诊断电脑读取氧传感器反馈电压变化的方法省时省力，可是如果车本身的控制系统有故障，就不能很准确地作为判断依据，还会误导没有经验人员的故障诊断思路。再有就是这种方法只能针对闭环电喷的汽车使用，因为只有闭环控制的系统才配备氧传感器。

3．进气系统积炭的清除方法

积炭的清除方法主要有以下两种。

（1）"免拆清洗"法。也就是用燃油系统清洗保护剂来清洗发动机。燃油添加清洗剂在发动机工作时，被燃油泵随同燃油一起吸入供油管路内。随着燃油的流动，它不仅能清洗掉油箱内、汽油泵滤网上的胶质和喷油嘴上的胶质与积炭，还可以在发动机正常工作时，自动清洗掉气门上和发动机汽缸内的积炭，使发动机"返老还童"，重新焕发出澎湃动力。由于从油箱、燃油泵滤网以及燃油管道内清洁下来的胶质会沉积在汽油滤清器内，所以免拆清洗后，必须及时更换燃油滤清器。

需再次提醒的是，由于清洗剂中的化学清洗成分对橡胶供油管路有一定腐蚀作用，使用该方法时，一定要注意使用周期与间隔时间，不然会加快燃油橡胶供油管路的老化和腐蚀。

（2）"解体清洗"法。"免拆清洗"简单省力，只需按正确的方法使用即可。但对于积炭严重的发动机，这种方法就显得力不从心，无法达到完全清洗洁净的目的。"免拆清洗"后，若发动机工作性能仍旧恶劣，而问题就是气门和缸内积炭太多引起时，那就不得不采用拆解发动机的方法来解决了。

气门积炭的清洗较为简单，在拆下进气歧管后，用手工或采用清洁药物浸泡即可清除。而进气歧管的清洗，在拆下节气门后，用手工或采用清洁药物浸泡即可清除。至于发动机缸内积炭的清洁，则必须"大动干戈"，拆下汽缸盖、正时皮带等才可以清洗。

由于发动机拆卸重新装配后，其动力、密封性能会逊色于原厂，所以一般情况下，清洁发动机汽缸内的积炭不宜经常进行。

(四)燃油滤清器的维护与保养

1．燃油滤清器维护保养的注意事项

对于不同的车辆，其燃油滤清器的更换周期是不同的，这主要取决于燃油滤清器的类型。如果是外置型燃油滤清器，一般建议每行驶 48 000~96 000km 更换一次燃油滤清器；如果燃油滤清器是置于油箱内部的，那么一般可将其看作是终生免维护零件。维护和保养时应注意以下几点。

（1）更换燃油滤清器或者对燃油系统进行养护时，严禁吸烟和使用明火。如果在养护操作过程中需要使用照明灯，则一定要确保所使用的照明灯是符合职业安全标准的。

（2）更换燃油滤清器必须在发动机冷机状态下进行，因为发动机热机时从排气管排出

的高温废气也可能把燃油点燃。

（3）在更换燃油滤清器之前，应该按照汽车制造商指定的操作规程释放燃油系统中的压力。释放燃油压力通常采用的办法是：断开燃油泵熔丝或者燃油泵继电器，并打开电动机使发动机运转，这样就可以释放大部分燃油压力。

（4）在油路中所使用的夹紧装置是专门设计的，在橡胶软管和燃油滤清器接合处把这两个部件紧紧地夹住，以达到密封的效果。与普通的夹紧装置相比，这种夹紧装置不会切入橡胶软管，因此也不会对橡胶软管造成伤害，同时这种夹紧装置还能承受很高的油压。

（5）燃油滤清器有进、出口箭头标记，更换时切勿装反。

2．汽油滤清器的维护与保养

1）外置型汽油滤清器的维护与更换

在对外置型燃油滤清器进行养护时，应该检查与燃油滤清器相连接的油管和油路，如图5-6所示，看看这些油管和油路的外表面是否有损伤。如果有必要的话，更换任何损坏的部件。现在许多新型的燃油滤清器，本身附带有两条橡胶软管，橡胶软管从燃油滤清器的两侧引出，正是通过橡胶软管使燃油滤清器和汽车上的油路连在一起。如果新买的燃油滤清器附带有这种橡胶软管，则更换燃油滤清器时就应该舍弃原来的橡胶软管，而使用新的橡胶软管。因为橡胶软管是不断老化的，旧橡胶软管可能会发生泄漏。

图5-6　燃油管路检查

更换燃油滤清器的正确方法如下。

（1）在拆卸之前，用一块抹布垫在滤清器下面，以免燃油洒落车身上，如图5-7所示。

图5-7　汽油滤清器的拆卸

(2) 用一把扳手夹住滤清器本体上的螺母,用另一把扳手松开管连接螺栓,拧松油路和燃油滤清器的接合处的夹紧装置,然后将燃油滤清器从油路中拆下来,紧接着用塞子塞住油路,防止燃油溢出。

(3) 安装新的汽油滤清器,大部分安装在油路中的燃油滤清器都标有两个箭头,一个是燃油流入箭头,另一个是燃油流出箭头,用箭头来表明燃油经过燃油滤清器时的流向。所以当安装燃油滤清器时,一定要使箭头的方向指向发动机,即油液是流向发动机的。

2) 安装在燃油箱内的汽油滤清器的维护与更换

如果汽车使用的是无须维护的燃油系统,以及只使用了一个内置于油箱的燃油滤清器,那么在汽车预期性养护过程中,不能把油泵、滤清器以及燃油输出装置等全都更换掉,即使是养护的周期较长,也不能那样做,因为那样做的成本很高。但是,如果有迹象表明发动机的工作情况异常,或者燃油系统的燃油压力处于临界值,那么检查甚至更换置于燃油箱内部的燃油滤清器就是非常必要了。其更换方法如下。

(1) 拆卸后座椅坐垫总成。
(2) 拆卸后座地板维修孔盖。
(3) 断开燃油箱主管分总成,如图 5-8 所示。
(4) 拆卸燃油排放管分总成,如图 5-9 所示。

图 5-8　拆下联管节夹子并拉出燃油箱主管

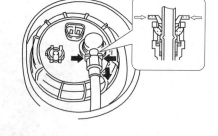

图 5-9　捏住管子接头然后拉出燃油排放管

(5) 拆卸燃油泵总成,如图 5-10 所示。
① 使用 SST 松开托盘。
② 拆下托盘。
③ 拉出燃油泵总成。
④ 从燃油箱上拆下垫片。

(6) 拆下燃油吸入端使用旋具,从爪孔里脱开扣爪,拆下燃油吸入端支架。

(7) 拆下燃油泵的缓冲橡胶垫。
(8) 拆下燃油吸入盘分总成。
(9) 拆下燃油泵线束。

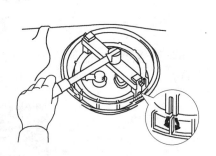

图 5-10　拆卸燃油泵总成

(10) 拆下油量感应器总成。松开燃油油量感应器,向下移动并拆下。
(11) 拆下燃油压力调节器总成。从滤清器上拉出燃油压力调节器。
(12) 拆下带滤清器的燃油泵总成,从滤清器上拉出燃油泵。
(13) 安装带滤清器的燃油泵总成。

① 在燃油泵滤清器油封上涂汽油。
② 将燃油泵装到滤清器上。
(14) 安装燃油压力调节器总成。
① 在新的O形圈上涂汽油，把它装到燃油压力调节器上。
② 把燃油压力调节器安装到滤清器上。
(15) 安装燃油泵总成。
① 在燃油箱上安装新的垫片，如图5-11所示。
② 在燃油泵和燃油箱上做好对应记号，如图5-12所示。
③ 暂时安装托盘。
④ 使用SST安装托盘。
⑤ 检查燃油泵托盘的箭头，记号是否与油箱标记对齐，如图5-12所示。
(16) 按照拆卸的相反顺序安装燃油排放管与燃油主管。
(17) 检查整个油路是否泄漏。

图5-11 安装新的垫片

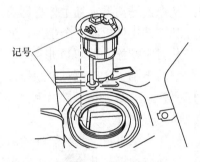
图5-12 做好对应记号

(18) 安装后座地板维修孔盖，安装后座椅坐垫总成。

完成对燃油滤清器的养护工作后，要把所有的零、部件装配起来，重新装上燃油泵熔丝，然后，在点火系统不工作的情况下，使发动机转动若干圈，直到燃油系统中建立起正常的燃油压为止。此时，应检查燃油滤清器和油路是否存在泄漏情况。如果检查结果表明一切正常，启动发动机运转几分钟，然后重新检查一遍，以确保没有渗漏情况发生。

3．柴油滤清器的维护与保养

柴油滤清器有旋装式和可换式两种。柴油滤清器的滤芯多采用滤纸，也有采用毛毡或高分子材料的。柴油滤清器除过滤柴油中的机械杂质外，还有一个重要的功能就是滤水。水的存在对于柴油机供油系统危害极大，可使其锈蚀、磨损、卡死甚至会恶化柴油的燃烧过程。柴油滤清系统的除水方式主要是沉淀，有的是在滤清器的下部设一沉淀腔，有的是采用专门的沉淀器。无论是滤清器下部的沉淀腔，还是专门的沉淀器都设有放水阀，当水积聚到一定量时开阀放水。

1) 旋装式柴油滤清器的更换

旋装式柴油滤清器为一次性使用滤清器，应按厂家规定的更换周期整体更换。具体更换方法如下：

(1) 排放燃油滤清器内的燃油。
(2) 使用专用维修工具拆卸燃油滤清器及垫片。
(3) 使用专用钳子拆卸燃油滤清器警告开关及 O 形圈。
(4) 在燃油滤清器警告开关上安装一个新的 O 形圈。
(5) 在燃油滤清器警告开关的 O 形圈上涂上燃油。
(6) 用手将燃油滤清器警告开关安装在新的燃油滤清器上。
(7) 在新的燃油滤清器的垫片上涂燃油。
(8) 用手将燃油滤清器安装到燃油滤清器托架上。

2) 可换式柴油滤清器的维护与更换

可换式柴油滤清器的滤芯多采用滤纸，其结构如图 5-13 所示。其维护与保养主要是更换纸质滤芯，具体步骤如下。

(1) 拆卸燃油滤清器总成。
(2) 拆卸对中螺栓和燃油滤清器下部主体总成。
(3) 从燃油滤清器上部主体拆卸垫片。
(4) 从下部主体拆卸 2 个垫片、滤芯、弹簧片和弹簧。
(5) 从对中螺栓上拆卸 O 形圈。
(6) 清洁下部主体以及对中螺栓，取出旧滤芯。
(7) 更换新的 O 形圈、垫片和纸质滤芯，按照和步骤(1)～(5)相反的顺序重新装配，确保在 O 形圈和垫片上涂燃油。
(8) 操作启动泵将空气从燃油滤清器中放掉。
(9) 启动发动机，并检查是否有燃油渗漏。

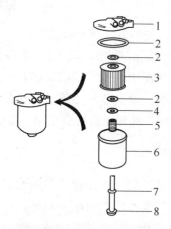

图 5-13　可换式柴油滤清器

1—上部主体；2—垫片；3—滤清器滤芯；4—弹簧片；5—弹簧；
6—下部主体；7—O 形圈；8—对中螺栓

二、项目实施

(一)项目实施环境

(1) 实训车辆。
(2) 常用工具、油盆、空气压缩机。
(3) 专用工具、专用钳、举升机。
(4) 配件材料、干净擦布。

(二)项目实施步骤

1. 空气滤清器的维护与保养

(1) 拆卸空气滤清器。拧下空气滤清器盖上部的固定螺栓或卡箍,拆下滤清器盖夹子,取出滤芯。
(2) 清洁。使用压缩空气从空气滤清器滤芯的发动机侧吹入压缩空气,同时清除空气滤清器盖内污物。
(3) 检查。检查空气滤清器滤芯中是否有灰尘、积聚微粒或者破裂。若发现滤芯很脏、有破损,则需要更换。
(4) 安装。检查空气滤清器滤芯上的橡胶密封是否良好,并且确保其没有裂纹或者其他损坏。注意滤芯的安装方向。

2. 节气门体的检查与清洗

(1) 将发动机暖机后熄火。拆卸节气门体,检查节气门体表面有无损伤。
(2) 堵住节气门体旁通道的进气侧,不要让清洗剂进入旁通道内。
(3) 把节气门体浸泡在清洗剂内 5min,将节气门体清洗干净。
(4) 将节气门体安装到进气歧管。
(5) 启动发动机,使发动机怠速状态下运转 1min。
(6) 拆卸空气旁通道口。
(7) 安装空气管。
(8) 拆开蓄电池负极搭铁线 10s 后连接。
(9) 调整怠速调整螺钉。

3. 汽油滤清器的维护与保养

(1) 检查与维护燃油系统管路。
(2) 按照要求更换汽油滤清器。

4. 柴油滤清器的维护与保养

(1) 检查与维护燃油系统管路。
(2) 按照要求更换柴油滤清器。

三、知识拓展

大气中含有三种密度不同的基本颗粒污染物，即灰尘、残渣和炭粒。在开放式高速公路上，其灰尘含量较农村和建筑区低。在灰尘浓度较大的区域如工地、风沙区域，空气滤清器的检验和更换频率要高一些。而在高速公路和交通拥挤的区域，因为汽车排放物集中，所以其空气中炭粒的含量明显偏高。对于滤清器的检查，应该仔细查看其皱褶内部深处。可以用高压风经常吹一下滤芯。有时，滤清器外部看似清洁，但是其内部已经非常脏了，此时必须立即进行更换。

在实际工作中，对如何选择空气滤清器，很多车主都比较茫然，不知道如何使用，在购买空气滤清器时，更不知道如何鉴别。

1. 空气滤清器的使用误区

(1) 购买时不求质量。由于少数维修人员没有认清空气滤清器的重要性，只图便宜，不求质量，购买劣质产品，以致装用不久发动机便出现工作异常。相对于购买伪劣空气滤清器省下的钱，维修发动机付出的代价要昂贵得多。因此，购买空气滤清器应坚持质量第一的原则，特别是当前汽车配件市场上假冒伪劣产品较多的情况下，更应货比三家，慎重选购。

(2) 随意拆除。有的驾驶员为了使发动机获得充足的进气量，随意将空气滤清器拆除，使发动机直接吸进未经过滤的空气。这种做法的危害是很明显的。对载货汽车拆除空气滤清器的试验表明，拆除空气滤清器后，发动机汽缸的磨损量将增加 8 倍，活塞的磨损量将增加 3 倍，而活塞环的磨损量则增加 9 倍。

(3) 保养与更换不从实际出发。空气滤清器使用说明书中，虽然规定以行驶里程或工作小时作为保养或更换的依据。但实际上空气滤清器的保养或更换周期还与车辆使用环境因素密切相关。经常行驶在空气中含尘量大的环境里的汽车，空气滤清器的保养或更换周期就应短些；而在含尘量小的环境中行驶的汽车，空气滤清器的保养或更换周期就可适当延长。如在实际工作中驾驶人员机械地按规定办事，而不根据环境等因素灵活掌握，硬要等到行驶里程达标而发动机工作状态已明显异常时才进行保养，这样不仅节省不了车辆养护方面的开支，还会造成更大的浪费，对车辆性能也会造成严重危害。

2. 空气滤清器鉴别方法

空气滤清器的工作状况如何？何时需要保养或更换呢？

理论上，空气滤清器使用寿命及保养间隔应以流过滤芯的气体流率与发动机所需的气体流量之比来衡量。当流率大于流量时，滤清器工作正常；当流率等于流量时，滤清器应进行保养；当流率小于流量时，该滤清器不能再继续使用，否则发动机的工况会越来越差，甚至无法工作。

实际工作中，可按下述方法进行鉴别。

当空气滤清器的滤芯被悬浮颗粒物堵住，以致不能满足发动机工作所需的空气流量时，发动机工作状态即会出现异常，如轰鸣声发闷、加速迟缓(进气量不足而使汽缸压力不够)、工作无力(因混合气过浓而使燃油燃烧不完全)、冷却液温度相对升高(进入排气行程时燃烧仍在继续)以及加速时尾气烟度变浓。当这些症状出现时就可判断为空气滤清器堵塞，应及时拆下滤芯，进行保养或更换。

在保养空气滤清器滤芯时，应注意滤芯内、外表面颜色的变化。清除灰尘后，如果滤芯外表面本色清晰，而其内表面又洁净时，该滤芯可继续使用；若滤芯外表面已失去本色或内表面发暗时，则必须更换。空气滤清器滤芯在清洁过三次后，不管外观质量好坏都不可再用了。

小结

本项目讲述了汽车燃油供给系统的检查与维护，详细介绍了发动机空气滤清器的检查、拆装与清洁；节气门体的检查与清洗要点；进气系统积炭的检查和清除方法；汽油滤清器的维护与保养；柴油滤清器的维护与保养。要求掌握空气滤清器的检查与维护、节气门体的检查与清洗，进气系统的积炭检查与清除，燃油滤清器的检查与维护；了解进气歧管的检查与紧固；其中进气系统积炭的检查和清除方法是难点。

习题及实操题

一、填空题

1. 空气滤清器滤芯应每运行_____ km 后进行清洁。
2. 对汽车整车进行首次维护时，一般是在新车行驶_____km。

二、问答题

1. 如何更换空气滤清器？更换时要注意什么？
2. 简述节气门体的清洗与拆装要点。
3. 说明燃油供给系统积炭的检查方法。
4. 汽油滤清器有什么作用？
5. 对汽油滤清器如何进行维护与保养？
6. 柴油滤清器如何进行更换？作业中要注意什么？
7. 发动机来油不畅有哪些形成原因？

三、实操题

1. 正确对空气滤清器进行检查与维护。
2. 正确对汽油滤清器进行检查与维护。

项目六 汽车电器的维护与保养

  汽车电器的维护与保养是汽车维护与保养的重要内容，它不仅影响到车辆的使用性能、行车的舒适性，而且还直接关系到行车的安全性。本项目包含四个学习任务，即车身电器的维护与保养；交流发电机、启动机的维护与保养；蓄电池的维护与保养；汽车空调系统的维护与保养。

  通过本项目的学习要求掌握汽车各种灯光、信号装置的检查与维护；能实施安全气囊系统的检查与维护；能进行汽车电动车窗、电动天窗的检查与维护；掌握汽车刮水器的检查与维护。掌握汽车发电机的检查与维护，能进行发动机皮带的检查与调整；能进行汽车启动机的检查与维护。掌握蓄电池的定期检查与维护，能使用不同的充电方法进行蓄电池充电。掌握汽车空调系统的日常维护与保养；掌握汽车空调制冷剂的检查与排放；能进行汽车空调系统抽真空和制冷剂加注作业。

学习任务一 车身电器的维护与保养

【学习目标】

- 掌握汽车灯光信号装置的维护与保养方法。
- 掌握汽车刮水器的维护与保养方法。
- 掌握汽车电动车窗与电动天窗的维护与保养方法。
- 掌握安全气囊的维护与保养方法。

【能力要求】

- 能进行汽车各种灯光、信号装置的检查与维护。
- 能实施安全气囊系统的检查与维护。
- 能实施汽车电动车窗、电动天窗的检查与维护。
- 能实施汽车刮水器的检查与维护。

一、相关知识

(一)灯光信号装置的维护与保养

汽车灯光信号装置的及时维护十分重要,因为这不仅影响到行车的舒适性,而且还直接关系到行车的安全性。通常情况下车主自己很难意识到灯光信号装置是否仍在正常工作,因此在做汽车维护与保养时应仔细检查组合仪表指示灯、驻车灯、近光灯、远光灯、前雾灯、后雾灯、转向灯、警示灯、制动灯、倒车灯、车牌照明灯、阅读灯、化妆镜灯、手套箱照明灯、行李箱照明灯,以及时钟、点烟器、喇叭、电动摇窗机、电动外后视镜、暖风空调系统的开关等的工作情况,同时还要检查车灯镜头是否有裂纹与破损。如图6-1所示是汽车整车的常用电气设备。

1. 前照灯的检查与调整

前照灯的检查与调整对安全行车十分重要,需用专门设备进行。检查与调整前照灯照射位置时,汽车轮胎气压应在标准范围内,驾驶员座椅乘坐一人或放置75kg重物,燃油箱应注满燃油,汽车上的随车装置应装备齐全。

前照灯照射位置的调整如图6-2所示,滚花螺钉A用于垂直方向的调整,顺时针方向转动螺钉A光束下移,逆时针方向转动螺钉A光束上移。滚花螺钉B用于横向调整,左右转动螺钉B可以实现光束的左右移动。

项目六　汽车电器的维护与保养

图 6-1　汽车常用电气设备

图 6-2　前照灯照射位置的调整

前照灯的调整以近光灯丝的配光性为准，方法如下。

(1) 在轮胎气压正常情况下，将被调整的车和校验屏幕垂直停放在平直路面上，车和屏幕相距 10m，前座坐一人或配重 75kg。

(2) 调整灯光调节螺钉，使灯光明暗截止线与校验屏幕上的分离线重合，明暗截止线的拐点与中心标记重合，如图 6-3 所示。

(3) 灯光调整应单灯进行，在调整其中一个灯时，应该把另一个灯遮盖住，或者拔掉另一个灯的熔丝。

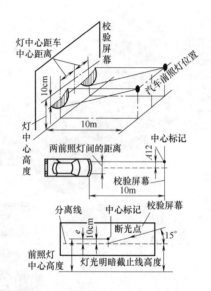

图 6-3　灯光校验屏与前照灯的调整关系

2．灯泡的更换

灯泡的检查一般每 1 000km 或 6 个月进行一次，以确保汽车的行驶安全。

1) 前照灯灯泡的更换

(1) 将点火开关置于"OFF"位置，打开发动机盖。

(2) 灯泡冷却后拧下前照灯固定螺栓，如图 6-4 所示。

(3) 分离导线连接器。

(4) 拆下防尘盖。

(5) 按下安全弹簧，拆下灯泡，用同功率灯泡更换，如图 6-5 所示。

(6) 按拆卸的相反顺序安装。

图 6-4　拆前照灯总成

图 6-5　拆灯泡

2) 制动灯灯泡的更换

制动灯灯泡安装在前照灯反光镜中，因此更换时应打开发动机罩。更换右侧制动灯时，应先拆去灯罩(见前照灯灯泡的更换)，向左旋转灯座，从反光镜中取出灯座，向灯座内推压灯泡并向左旋转，取出坏灯泡。插入新灯泡，并将装有新灯泡的灯座装回反光镜中并向右旋转。最后安装好灯罩。

3) 前转向灯的更换

用螺钉旋具拧出转向灯罩固定螺钉，用平头螺钉旋具把转向灯罩从螺钉孔一侧小心地向前撬开，将灯座向左旋，取出灯座。向灯座中推压灯泡，左旋拉出坏灯泡。装入新灯泡向右转，将其卡住。装上灯座，向右转卡住灯座。然后把螺钉卡口压入车身上的螺钉孔中，拧上转向灯罩固定螺钉，如图6-6所示。

4) 尾灯的更换

打开行李舱盖，向灯座内推压两个定位片，取出灯架。向灯座内推压灯泡，向左转取出坏灯泡。装入新灯泡，向右旋将其卡牢。插入灯架，确保定位片到位，如图6-7所示。

图 6-6　转向灯

图 6-7　后尾灯

5) 牌照灯的更换

拆下灯罩，拉出牌照灯总成，拆下坏灯泡。装入新灯泡，将灯座和灯罩装在一起(灯泡上的定位点必须与灯座上的定位点对正)，然后与橡胶密封圈一起装入，拧紧灯罩固定螺钉，但不能拧得太紧。

6) 车内照明灯的更换

向灯的中心推压与灯相对的定位弹簧，拆下车内照明灯总成，取出灯泡，换上新灯泡后，先将车内照明灯总成带开关的一侧装上，再将定位弹簧卡牢。

7) 行李箱灯的更换

从行李箱灯前面的凹坑中插入旋具，小心地将灯撬下来。换上新灯泡，并将其从有导线接头一侧装上。

8) 卤素灯泡更换注意事项

卤素灯泡主要用于保险杠外部车灯，如图6-8、图6-9所示，在更换灯泡时应注意以下几点。

(1) 灯泡冷却后再更换。

(2) 不要用手触摸玻璃部分。

(3) 要防止碰剐或摩擦。

(4) 如果在灯泡亮的状态下，则要防止液体喷洒。

(5) 灯泡只有安装到前照灯上时才能亮。

(6) 更换灯泡时,请戴上保护镜。

> **注意**
> 如果灯泡上黏附油液,则在灯泡过热或亮时,可能导致灯泡损坏。

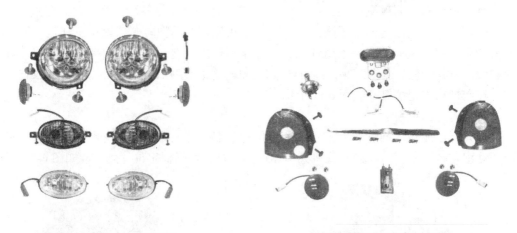

图 6-8　前保险杠外部车灯　　　　图 6-9　后保险杠外部车灯

3. 车灯小毛病的处理方法

车灯是汽车的眼睛,除了美观以外,对行车安全也尤为重要。如果出现以下小毛病,也完全可以自行修理。出现问题时,卤素灯泡主要症状为灯光发红而暗淡,主要原因为蓄电池充电不足,或连接线接触不良。另外,以下原因也会导致灯光暗淡。

(1) 搭铁不良。

(2) 散光玻璃或反光镜上积有尘垢。

(3) 灯泡玻璃表面发黑,灯泡光度低于规定要求,灯泡的灯丝没有位于反射焦点上而引起散光。

(4) 导线过细,使电阻增大及导线过热,从而影响导电等。

处理方法如下。

(1) 检查蓄电池存电是否充足,如存电不足应充电。

(2) 检查连接线和搭铁线接头是否松动,如松动应清除锈蚀,用砂纸磨光后固定牢靠。

(3) 如前照灯导线过细,应更换标准导线。

(4) 检查灯光玻璃和反射镜尘垢,并用绒布或用镜头纸擦拭干净。

(5) 灯丝不在反射镜焦点上,应更换灯泡。如果车灯有更严重的失灵情况,最好还是去维修店进行保养和维修。

4. 其他信号装置的检查

(1) 仪表板指示灯。打开汽车点火钥匙开关,车辆自检;5s 之后各故障指示灯自检完毕,启动发动机之后所有指示灯熄灭为正常。

(2) 警告灯。当系统存在故障，需要进行补足或更换，该灯就变亮或闪烁，灯的颜色根据紧急或重要程度分为红色或黄色，可以拔个别传感器检查该灯是否工作正常。

(3) 制动系统警告灯。当驻车制动杆被拉起或制动液液位降低、EBD 系统存在故障，警告灯应该变亮，否则有故障，应检查或更换。

(4) 发动机机油低压警告灯。如果发动机机油压力或机油液位过低，该灯就会变亮。

(5) 燃油滤清器警告灯。当燃油滤清器中的水位达到指定的极限时该灯变亮。汽车灯光信号装置具体的信号图示如表 6-1 所示。

表 6-1 汽车常见警告信号及指示装置图示

图示	含 义	图示	含 义	图示	含 义
	车门锁住、开锁		发动机冷却液温度		风窗玻璃清洗器
	系上安全带	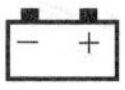	蓄电池充电系统		风窗玻璃除霜器
	电动车窗		发动机润滑油压力	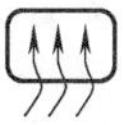	后窗玻璃除雾器
	安全气囊		防抱死制动系统		通风风扇
	车门未关指示	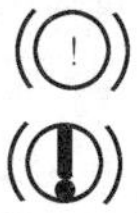	制动系统指示灯		熔断器
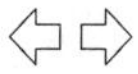	转向信号	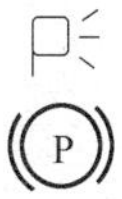	驻车灯		点烟器
	危险警告闪光灯	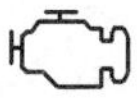	发动机故障警告灯		汽车喇叭
	日间行车灯		照明主开关		燃油
	雾灯		风窗玻璃刮水器		冷却液
	远光指示灯				

(二)汽车刮水器的维护与保养

刮水器是汽车的重要安全附件，要随时确保工作状态正常。

1. 刮水器擦拭情况检查

(1) 启动刮水器开关，检查各个挡位是否有效。

(2) 检查刮水器喷水管路是否存在接头松动、脱落、胶皮老化等，如图 6-10 所示。

2．检查刮水器喷水位置

检查风窗玻璃清洗喷嘴喷射角度及位置，喷水位置大约在刮水器的中、上部(图 6-10、图 6-11)，必要时可调整。调整时，须使用专用工具，方法如下。

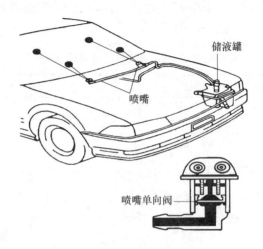

图 6-10　刮水器管路

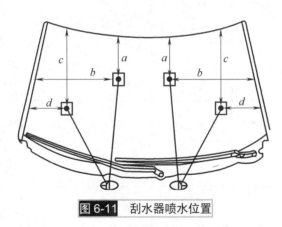

图 6-11　刮水器喷水位置

用水溶性墨水在风窗上做出 4 个标记点。如图 6-11 所示，各尺寸如下。

$a=(290\pm50)$mm　　$b=(470\pm50)$mm　　$c=(510\pm50)$mm　　$d=(230\pm50)$mm

以上尺寸以风窗玻璃外边缘为基准，用专用工具调整各喷嘴，分别指向各标记点。

注意

以上给出的尺寸对应于行驶中的车辆，若车辆处于停止状态，则这些尺寸略有偏差；如果喷出的清洗液不规则或无法调整到规定的位置，则需要更换喷嘴；不能用大头针或类似的工具去捅喷嘴孔，否则会损坏喷嘴。

3．检查刮水器的动作行程

刮水器动作行程就是启动时在风窗玻璃上划过的轨迹。刮水器应该刮过风窗玻璃的绝大部分面积，以保证良好的前方视野。若刮擦位置不够或偏移，则需要进行调整。调整方法如图 6-12 所示。

拉出刮水器脚安装螺钉橡胶罩盖，用开口扳手松开螺钉，用手提起刮水器臂，朝着需要增加行程的方向转动到合适位置，锁紧刮水器脚螺钉。再次检查动作行程，调整合适时，检查、锁紧该螺钉，盖上橡胶罩盖。

4．刮水器清洗液的检查

始终在清洗液罐中充满良好的清洗液并经常检查清洗液量，如图 6-13 所示。

(1) 切勿在没有清洗液或清洗液不足的情况下操作喷水器装置，否则会损坏喷水电动机。

(2) 夏季可以使用自来水，但冬季应该使用防冻清洗液。

(3) 切勿使用发动机冷却液，因为如果发动机冷却液喷到玻璃上会挡住视线，喷到车体上会破坏车体保护层。

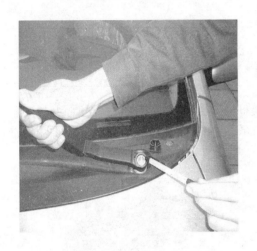

图 6-12　调整刮水器行程

图 6-13　检查刮水器清洗液

5．刮水器片的检查与维护

1) 刮水器片的检查

经常检查刮水器片的工作情况及磨损状态，更换刮水器片时，压下并分离弹簧夹后拔出刮水器片即可。拆卸刮水器臂时，把刮水器片向外翻后提起刮水器盖，拧下螺母，左右转动刮水器臂，并从操纵臂上拆下，按原来的角度安装新的刮水器臂，如图 6-14 所示。

2) 刮水器片的拆卸

竖起刮水器臂，为更换刮水器片做准备。一只手抓刮水器片，另一只手按住刮水器片固定杆，从刮水器片固定装置上分离刮水器片，如图 6-15 所示。

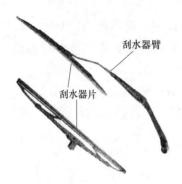

图 6-14　刮水器片及刮水器臂

图 6-15　刮水器片的拆卸

3) 刮水器片的安装

把新的刮水器片水平放置后将固定杆朝下,然后将刮水器片孔对准固定杆并向下插入,如图 6-16 所示。

> **注意**
>
> 刮水器片在分离状态时,注意避免刮水器臂碰到风窗玻璃,以免使玻璃破损。汽车型号不同,刮水器片的型号也不同,更换时请注意。

把刮水器片朝上推到最高位置,然后把固定杆安装到刮水器臂上,直至听到"咔嗒"声为止,这说明安装位置是正确的,如图 6-17 所示。为了防止损伤刮水器片,不要用汽油、燃油、氢氧化钠或其他清洗剂清洗风窗玻璃。

图 6-16　刮水器片的安装

图 6-17　刮水器片的安装位置

6. 刮水器的维护注意事项

电动刮水器的结构比较脆弱,在使用中稍有不当就很容易造成刮水器部件的损坏,因此,在使用刮水器时应注意以下几个方面。

(1) 定期检查刮水器片,当发现其严重磨损或有脏污时应更换或清洗,否则将降低刮水器的工作效能,影响驾驶员视线。

清洗刮水器时,可用蘸有乙醇的棉丝沿刮水方向去除刮水器片上的污物。不可用汽油清洗和浸泡，否则会引起变形，影响其工作效能。

(2) 在检查刮水器工作情况时，风窗玻璃应该先用水润湿，否则会刮伤玻璃，同时由于刮片摩擦阻力大，还有可能损伤刮水器片或烧坏电动机。在试验时应注意电动机有无异常噪声。尤其应引起注意的是，当刮水器电动机"嗡嗡"作响而不转动时，说明刮水器机械传动部分有锈死或卡住的地方，这时应立即关闭刮水器开关，以防烧毁电动机。

(3) 刮水器电动机一般不要拆下，若因故障必须拆下时，要防止电动机跌落损坏，因为刮水器电动机大多使用永磁直流电动机，其磁极多采用陶瓷材料。

(4) 刮水器电动机大多做成封闭式，不可随意拆卸。若必须拆卸，装配时要保持内部的清洁，不可将铁屑之类的污物落在其内，装配时还要注意向含油轴承的毛毡上加注少许机油，并更换或补充减速器内的润滑脂。

(5) 在冬季，当使用刮水器时，若发现刮水器片被冻结或被雪团卡住时，应立即关闭开关，清除冰块、雪花后方可继续使用，否则会因刮水器片阻力过大而烧坏刮水器电动机，如图 6-18 所示。

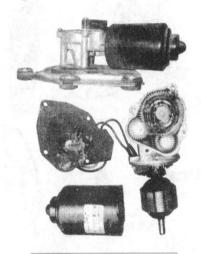

图 6-18　刮水器电动机总成

(三)电动车门窗、天窗的维护与保养

1. 电动车门窗的维护与保养

电动车窗系统是由车窗、玻璃升降机、电动机、开关等装置组成，如图 6-19 所示。电动车窗最主要的组成是玻璃升降机，电动车门窗玻璃的污损不仅影响外观，还会影响视野，过分脏污更会影响到电动机开关车窗的动作，以致影响到汽车行驶。下面介绍一些电动车窗保养注意事项。

(1) 电动开关车窗动作不顺畅的原因多为车门内部升降机里的润滑油耗尽，应取下内盖加上润滑油。

(2) 若是玻璃完全不能动作，则有可能是开关故障。如果是开关的故障，则只能更换。

(3) 电子装置如果失灵，应检查熔丝是否烧断，仔细检查哪一条熔丝是用于电动车窗的。

(4) 开关的动作情况变差,车窗也不能顺利工作时,开关发生故障的可能性很高。

(5) 为内部机械装置加油之前,首先取下内盖。取下隐蔽螺钉、拆下快动开关即可,在臂支点、齿轮的内部喷上机油。一边上下移动,一边喷涂就可以使很细小的部分也能涂上。

(6) 支撑玻璃两端的滑块部分也需要检查。玻璃与导热的滑动状况差时,可涂上增亮剂。

(7) 为使玻璃顺利滑动,重要的是尽量减少阻力。玻璃的污损也会成为阻力,应经常保持车窗的洁净。

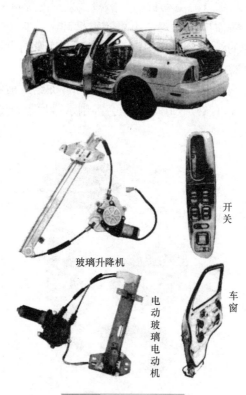

图 6-19 电动车窗总成

2. 电动天窗的维护与保养

1) 电动天窗的维护注意事项

电动天窗总成如图 6-20 所示。

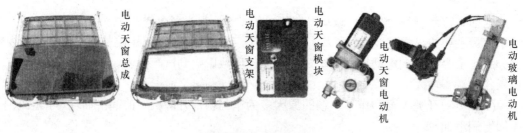

图 6-20 电动天窗总成

电动天窗的维护注意事项如下。

(1) 对于手动天窗，有许多故障是由人为因素造成的，如锁扣或摇柄不慎拧反方向而对天窗造成损害。

(2) 对于电动天窗，在颠簸的道路上最好不要完全滑开天窗，否则可能因天窗和滑轨间的振动太大而引起相关部件变形，甚至损坏电动机。

(3) 为了确保天窗完全防水，它由橡胶密封圈密封。日常使用时要注意密封圈的防尘，尤其在冬季，要经常用除尘掸进行清洁，但要注意的是，不能在有冰冻的情况下开启天窗；在风沙较大的春秋两季，要每两个月用湿海绵清洁一次密封圈；另外，带天窗的车辆在长久停放前，要用滑石粉(用滑石粉保养，可延长密封圈的使用寿命)彻底清洁一次。以免因时间过长造成密封圈在空气中发生化学反应而自然老化。

(4) 在用高压水枪对车辆进行清洁时，不要将水柱直接对准密封圈，这不仅容易使密封圈在高压水柱压力下变形而使车内进水，还有可能损坏密封圈。

2) 电动天窗的维护与保养程序

(1) 将天窗完全打开，如图 6-21 所示。

(2) 用干净软布轻擦天窗滑轨上的灰尘。

(3) 选择不易吸附灰尘的润滑剂(这样的润滑剂能防止滑动部分和管道在运动过程中过早磨损，还能防止其他不正常的天窗故障，能起到延长天窗使用寿命的作用)。

(4) 对天窗活动部分和传动管道进行润滑，如图 6-22 所示。

(5) 将天窗完全打开、关闭几次，再用软布擦掉多余的润滑剂，以免污染车内饰品。

图 6-21　打开天窗

图 6-22　对天窗活动部分和传动管道进行润滑

3) 电动天窗的初始化调整

(1) 首先保证天窗电动机和机械组必须处于"零位"。

(2) 拆卸驱动罩盖。

(3) 拔、插控制单元到电动机的插头，拔、插延迟时间应大于 3s，然后按照先连接挡位开关，再连接电源的顺序进行连接。

(4) 旋转挡位开关，从关闭位置顺时针旋转一定角度(大约 15°)，并在电动机没有运转起来前迅速把开关回到关闭位，然后按下挡位开关的一端(此操作同执行紧急关闭功能，并应在开关回到关闭位后的 5s 内完成)，天窗开始进入初始化过程，即自动完成全开关闭→翘起→关闭的完整操作。

(5) 天窗关闭后，释放挡位开关，初始化结束。

(四)安全气囊的维护与保养

1. 安全气囊系统的维护与保养

(1) 目测安全气囊(SRS)外观是否损坏。转向盘喇叭面板既不能粘贴,也不能加装外套或进行其他加工。转向盘喇叭面板只能用干布进行清洁。

(2) 安全气囊系统的气囊保存要严格按规定执行。气囊保存时,若存放位置不当,可能会引起气囊误触发,如丰田皇冠轿车的气囊不允许竖直放置。

(3) 安全气囊组件的检查与拆装需要有专业人士承担。

(4) 对安全气囊系统的任何作业均应先摘下蓄电池电缆,30s 以后,待控制块中的电容完全放电后再进行,以免造成气囊误爆。

(5) 不要使安全气囊的部件受到 85℃ 以上的高温。

(6) 安全气囊组件和控制块要避免受到磕碰和振动。

(7) 对安全气囊系统的电气测试要待系统安装好后才可进行,切不可用万用表测量气囊引发器的电阻,以免造成气囊误爆。

(8) 不得擅自改动安全气囊系统的线路和元器件。

(9) 对安全气囊传感器不能进行人为冲击试验。在汽车修理作业中如对传感器会有冲击,应将它拆下,待修理完毕后再按规定装复,如图 6-23 所示。

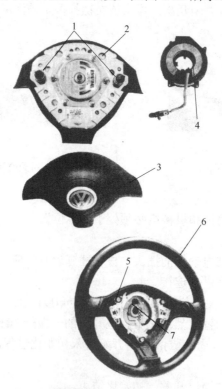

图 6-23 安全气囊分解图

1—定位销;2—插口;3—气囊单元;4—螺旋电缆;5—固定板;6—转向盘;7—插头

2. 安全气囊系统检修注意事项

1) 一般性故障预防措施

(1) 认真仔细检查 SRS 零件表面,如果其表面已显示出凹坑、裂缝及变形,则应立即更换。

(2) 不要使用万用表检查 SRS 引爆装置,否则有可能会损坏安全气囊系统,甚至造成气囊自动引爆事故。

(3) 千万不可以使用从其他车上拆下的 SRS 零件,如 SRS 零件有故障,必须使用新件。

(4) 每当进行 SRS 线路检查时,首先一定要拆下蓄电池负极导线,等待 15min 后方可进行。

(5) 拆下来的安全气囊组件应存放在水平坚固表面上,且远离火源及任何油料、润滑脂、清洁剂和水等,存放时应使其衬垫面朝上,并最好用棉花之类的东西罩住。

2) 线路故障预防措施

(1) 不可以试图修改、并接或修理 SRS 线路,若存在断路或导线损坏,则应更换整个 SRS 线束总成(所有 SRS 线路包覆着黄色绝缘体)。

(2) 要确保装设的电线不被挤压或干涉其他零件。

(3) 要确保所有的 SRS 接地部分清洁,并使接地部分的金属处紧密牢固地接触车身。不当的接地会造成故障,且不容易检测。

二、项目实施

(一)项目实施环境

(1) 实训车辆。
(2) 常用工具。
(3) 专用工具、检测仪器、举升机。
(4) 配件材料。
(5) 维修手册及维护资料。

(二)项目实施步骤

1. 灯光信号装置的维护与保养

以丰田车为例进行检查。将点火开关旋至 ON 位置后,检查车辆的灯是否正常发光和闪烁。用镜子检查或两人配合检查车外的灯。

变光器开关总成包括转向信号开关和前照灯的远光/近光之间的转换开关,如图 6-24 所示。

图 6-24 车灯转换开关

(1) 将灯光控制开关旋转一挡,然后检查示宽灯、牌照灯、尾灯仪、表板灯是否亮起,如图 6-25 所示。

(2) 将灯光控制开关旋转两挡后,检查前照灯(近光灯)是否发光。然后将变光器开关推开,检查前照灯(远光灯)是否发光,如图 6-26 所示。

图 6-25 检查小灯

图 6-26 检查前照灯

(3) 将变光器开关向前拉,或上、下移动信号转换开关时,前照灯闪光器和指示灯、右转信号灯和指示灯、左转信号灯和指示灯正常点亮或闪亮,如图 6-27 所示。

(4) 当每一个开关工作时,检查下面的危险警告灯和指示灯(图 6-28)、停车灯(图 6-29)、倒车灯(图 6-30),是否能正常点亮或闪亮。

图 6-27 检查转向信号灯

图 6-28 检查警告灯和指示灯

图 6-29　检查停车灯

图 6-30　检查倒车灯

(5) 变光器开关自动回位检查。

① 车辆放正,上(下)转动变光器开关,然后顺时针(逆时针)方向转动转向盘约 90°。

② 把转向盘转到初始位置,变光器开关应自动回至中间位置。

(6) 组合仪表警告灯检查,如图 6-31 所示。

① 将点火开关转到 ON 位置,检查所有的警告灯是否点亮。

② 检查发动机启动后所有的警告灯是否熄灭。因型号不同警告灯熄灭方式也不同,查看驾驶员手册。

图 6-31　组合仪表警告灯检查

(7) 根据实训检查结果填表 6-2。

表 6-2　实训结果表

序　号	项　目	结　果
1	近光灯	
2	远光灯及指示灯	
3	转向信号灯及指示灯	
4	倒车灯	
5	停车灯及指示灯	
6	危险警报灯及指示灯	
7	组合仪表警告灯	
8	变光器自动回位	
9	顶灯	
10	示宽灯、牌照灯、尾灯、仪表板灯	
11	雾灯	

2. 汽车刮水器的维护与保养

（1）检查刮水器液液位，如图 6-32 所示。使用液位尺检查喷洗器罐中的喷洗液是否充分注满。

图 6-32 检查刮水器液位

（2）检查风窗玻璃刮水器，如图 6-33 所示。启动发动机，检查风窗玻璃喷洗器喷射压力是否足够。如果车辆配备有风窗玻璃喷洗联动刮水器，还需检查刮水器是否协同工作。检查洗涤喷射区是否集中在刮水器工作范围内，必要时进行调整，如图 6-34 所示。

如果喷洗液罐中无喷洗液，则有可能烧坏电动机。

若风窗玻璃喷洗器喷射位置不正确，可在喷嘴内插入一根与风窗玻璃喷洗器喷嘴的孔相匹配的钢丝，调整喷射的方向，使喷射大约落在刮水器的刮水范围的中间。

图 6-33 刮水器开关

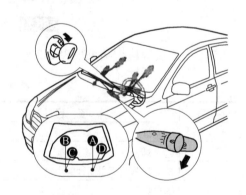

图 6-34 检查刮水器工作范围

（3）检查风窗玻璃刮水器。为防止划伤风窗玻璃，在使用刮水器前要喷射喷洗液。打开刮水器开关，检查是否每一只刮水器都正常工作。

① 检查刮水器性能。检查 LO 慢挡、HI 快挡、INT 间歇挡功能是否正常，一些型号刮水器的工作间隔可以调节。检查 MIST 去雾功能。

② 检查停止位置。检查当刮水器开关关闭时刮水器自动停止在其停止位置。

③ 检查刮水状况(图 6-35)。喷射喷洗液,检查刮水器是否出现图示问题。

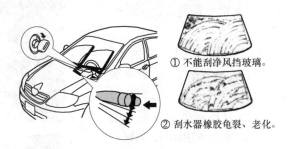

① 不能刮净风挡玻璃。

② 刮水器橡胶龟裂、老化。

图 6-35 检查刮水状况

(4) 根据检查结果填写表 6-3。

表 6-3 刮水器检查结果表

序号	项目	结果
1	液位	
2	喷射压力、位置	
3	刮水器性能	
4	停止位置	
5	刮水状况	

3. 电动车窗、天窗的维护与保养

第一步:检查各车门上的电动门窗开关、电动门窗工作是否正常。

(1) 按车门上电动门窗开关,车窗玻璃应能正常升降。如不能升降,检查开关与电动机是否损坏。

(2) 电子装置如果失灵,应检查熔丝,仔细检查哪一条熔丝是电动车窗的。

第二步:电动天窗检查与保养。

(1) 按动汽车天窗开关,检查天窗开、关情况。

(2) 用干净软布轻擦天窗滑轨上的灰尘。

(3) 选择不易吸附灰尘的润滑剂(这样的润滑剂能防止滑动部分和管道在运动过程中过早磨损,还能防止其他不正常的天窗故障,能起到延长天窗使用寿命的作用)。

(4) 对天窗活动部分和传动管道进行润滑。

4. 安全气囊系统的维护与保养

第一步:安全气囊警告灯的检查。

(1) 将点火开关扭至"ON"位置,观察 AIRBAG 指示灯,指示灯点亮 6s,说明安全气囊系统存在。

(2) 将点火开关扭至"ON"位置保持,指示灯点亮 6s 后熄灭,不再亮,说明安全气囊系统通过了自检,系统正常。

(3) 将点火开关扭置"ON"位置并保持，指示灯点亮 6s 后熄灭，指示灯熄灭后又点亮，说明安全气囊系统通过了自检，但有故障存在。

第二步：安全气囊配置的查找，如图 6-36 所示。

检查转向盘上是否有 AIRBAG 字符，检查乘客侧仪表台是否有 AIRBAG 字符，检查左、右座椅外侧是否有 AIRBAG 字符，检查转向盘下方是否有 AIRBAG 字符，检查门上方是否有 AIRBAG 字符，检查前、后座椅头枕是否能上、下调节。

图 6-36 安全气囊配置的查找

第三步：利用检测仪对安全气囊配置进行确认查找。

(1) 确认故障码(DTC)的读取条件：蓄电池电压不低于 11V，启动时电压不低于 9V；节气门完全关闭；变速器处于"P"或"N"状态；空调开关位于"OFF"位置。

(2) 诊断仪器的连接：首先进行主机、诊断卡、诊断线的连接，然后与汽车诊断座连接。

(3) 打开点火开关至"ON"位置，开机并选择诊断车型菜单模式：自动、手动，选择"车身"—"SRS"—"确定"，读取系统版本信息和故障内容，读取数据流并记录相关信息，最后清除故障，使系统正常。

学习任务二　交流发电机、启动机的维护与保养

【学习目标】

- 掌握汽车发电机的维护与保养方法。
- 掌握汽车启动机的维护与保养方法。
- 掌握汽车发电机的就车检查方法。

【能力要求】

- 能进行汽车发电机的检查与维护。
- 能进行汽车发电机就车检查。
- 能进行发动机带的检查与调整。
- 能进行汽车启动机的检查与维护。

一、相关知识

(一)交流发电机的维护与保养

1. 交流发电机的拆卸与安装

用专用扳手固定发电机 V 形带轮，旋下紧固螺母，发电机即可拆下，如图 6-37 所示。

安装发电机时可按拆卸相反的顺序进行。发电机的分解步骤如下。

(1) 拆下前端盖连接螺栓，分解前端盖、带轮、转子、后端盖、整流调压器。

(2) 拆下定子绕组端头，从后端盖上取出定子。

(3) 拆下电刷架，取出电刷总成、二极管、整流子及电容器。

(4) 拆下带轮固定螺母，取下带轮、半圆键、风扇、轴套，使转子和前端盖分离。

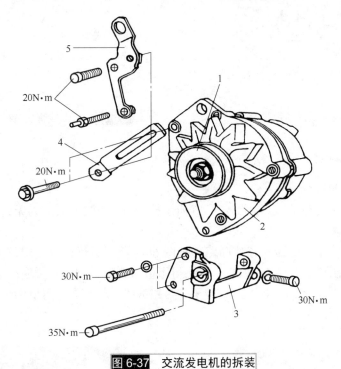

图 6-37　交流发电机的拆装

1—V 形带；2—发电机；3，4，5—发电机支架

2．发电机整机的检查

交流发电机整机检验是最常见的检查方法，为实车检查法。

(1) 首先将发电机传动带张紧力调整好，如图 6-38 所示，然后拆掉发电机的所有连线，另用一根导线把发电机"+"(电枢)接线柱与"F"(励磁)接线柱连接起来。

(2) 将万用表拨至 0～50V 直流电压挡，将其正表笔接"电枢"接线柱，负表笔接外壳，如图 6-39 所示。

启动发电机，并把从发电机"电枢"接线柱上拆下的那根来自蓄电池正极的导线与发电机"电枢"或"励磁"接线柱碰一下，对发电机进行他励，然后慢慢提高发电机转速，观察电压表，若电压表所指电压值随发电机转速升高而增大，则说明发电机良好；若电压表无电压指示，则说明发电机不发电。

其故障可能是：整流二极管被击穿；转子或定子绕组搭铁、短路或断路；电刷卡住等。此时就应该进行分解检查。

交流发电机的工作是保证给蓄电池充分充电，以便在发电机工作时，蓄电池能够向汽车各电子部件提供稳定的电能。

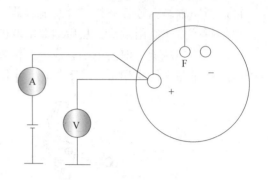

图 6-38　调整发电机传动带张紧力　　　图 6-39　车上检查发电机示意图

3. 发电机分解检查

1) 转子绕组的检查

(1) 检查转子是否对地短路。按图 6-40 所示检查时,所测阻值应为无穷大或在 kΩ 范围内,否则有搭铁故障。

(2) 检查转子绕组间是否短路或断路。按图 6-41 所示进行检查,用万用表检查两集电环之间电阻,其电阻读数为 2.8~3.0Ω。若测得阻值符合该范围,则说明绕组无短路、断路故障;若测得电阻值低于 2.8Ω,则说明转子有短路故障;若测得电阻值为无穷大或在 kΩ 范围,则说明转子有断路故障。

图 6-40　转子对地短路的检查　　　图 6-41　转子绕组间短路或断路的检查

2) 二极管板检查

用电烙铁断开定子绕组,先将万用表调至检测二极管挡,如图 6-42 所示。检测正二极管,用万用表"+"表笔接散热片,用"-"表笔逐个接二极管引线进行测量,全部读数应在 50~80Ω 以内,否则应更换二极管。检测负二极管,用万用表"-"表笔接负极散热片,用"+"表笔逐个接二极管引线进行测量,全部读数应在 50~80Ω 以内,否则应更换二极管。检测励磁二极管,用万用表"+"表笔接在励磁端,用"-"表笔逐个接二极管引线进行测量,全部读数应在 50~80Ω 以内,否则应更换二极管,所有测试均需进行 3 次。

图 6-42　二极管板的检查

3) 定子绕组的检查

(1) 定子对地短路的检查。将发电机解体(图 6-43)，然后如图 6-44 所示，用万用表分别测量 1 和 2、1 和 3、1 和 4 处的电阻，其阻值应为无穷大或在 kΩ 范围内；否则有搭铁故障。

(2) 定子绕组内断路的检查。如图 6-45 所示，用万用表分别测量线圈抽头 1 和 2、1 和 3、2 和 3 处的电阻，正常情况下所测得的 3 个阻值都在 1Ω 以下且相等。若测量值在 kΩ 范围，则表明定子绕组断路。

图 6-43　交流发电机分解图

图 6-44　定子对地短路的检查

图 6-45　定子绕组内断路的检查

4) 机械方面的检查

转子轴可用如图 6-46 所示的方法检查轴的径向圆跳动，标准应不大于 0.10mm。滑环的表面应清洁、平整、光滑，圆度误差不大于 0.25mm。

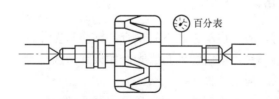

图 6-46　转子轴的径向圆跳动的检查

5) 电压调节器检查

电压调节器采用试验检查法进行，其试验检查电路如图 6-47 所示，试验用电源宜采用可变直流电源。当开关闭合时，指示灯应亮；调节可变直流电源，当电源电压达到被检测的调节电压值时，指示灯应灭。否则，说明电压调节器有故障。

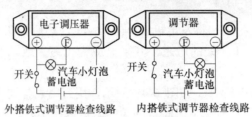

图 6-47　调节器试验检查电路

电刷架应无破损和变形，电刷能活动自如(图 6-48)，若电刷磨损超过极限长度 5mm 时，应更换电刷。调整驱动发电机传动带的张紧力，使新传动带挠度为 2mm，旧传动带为 5mm 为适宜。

图 6-48　电刷架

1—电刷弹簧；2—电刷；3—电刷支架

(二) 启动机的维护与保养

启动机(图 6-49)是为启动发动机而设置的，通过它的启动来转动曲轴。启动机在大电流、高功率的环境下工作，平时应对其进行良好的维护。

1. 启动机的日常检查

在日常保养车辆时，应对启动机做下列检查、维修和保养。

(1) 若是开关接触不良，可用细砂布磨光，如果弹簧或绝缘体损坏，要及时更换。

(2) 移动杠杆弯曲，应给予校正。

(3) 驱动弹簧折断，要配换新件；如是弹簧装置的螺纹松脱，应将其旋紧。

(4) 套管与驱动齿轮间有污垢阻塞，要将它洗刷干净，同时加入机油数滴。

(5) 吸铁式的移动杠杆失调时，可拆下吸铁开关，旋动杠杆与圆柱体的连杆调整。

(6) 启动发动机时，这时启动机从蓄电池吸取的电流为 300～400A，因此为避免蓄电池放电过甚和损坏起见，启动机启动时间不可太久，约 5s 以内。如果一次不能启动，要停止少许时间(10～15s)再启动第二次。连续 3 次以上启动不着，应在查明原因后再启动。

(7) 各线接头必须旋紧，应经常保持清洁与干燥，如发现电线损坏，可用胶布包扎。

(8) 整流器应按规定定期清洁，如有积垢，可用洁布蘸汽油擦拭，但必须切断电源。
(9) 电刷弹簧如变软或折断，应更换新件。
(10) 启动机固定螺栓的拧紧力矩为 60N·m。

图 6-49　启动机总成及分解图

1—后盖；2—电刷；3—电枢；4—定子；5—行星齿轮；6—拨叉机构；7—齿轮总成；8—齿轮箱

2. 启动机故障检查

启动机常会出现不能转动或转动缓慢的故障和现象，遇有这种情况，应从以下几个方面进行检查。

(1) 蓄电池无电或电力微弱，于是出现启动机不能转动或转动缓慢的故障。
(2) 启动机线头松动或脱落，开关或吸铁开关失效。
(3) 电刷磨损或刷面不正，弹簧无力，以至于整流器接触不良，如图 6-50 所示。
(4) 励磁线圈或电枢线圈短路和断路，如图 6-51 所示。
(5) 整流器污损，云母片凸出，造成电刷与整流器接触不良。

图 6-50　整流器

图 6-51　励磁线圈

二、项目实施

(一)项目实施环境

(1) 实训车辆。
(2) 常用工具。
(3) 专用工具、检测仪器、举升机。
(4) 配件材料。
(5) 维修手册及维护资料。

(二)项目实施步骤

1. 交流发电机的维护与保养

1) 交流发电机传动带的检查与调整
(1) 传动带张紧度的检查。

经常检查发电机 V 形带的张紧程度,发电机 V 形带与带轮的啮合情况,如图 6-52 所示。发电机的动力是由发动机通过 V 形带传递的,发电机的传动带张紧度与磨损的检查如图 6-53 所示,当 V 形带工作不正常时,会影响发电机正常工作,使用中听到 V 形带发出啸叫声时,应对 V 形带进行检查。检查 V 形带张紧度的方法是用拇指将 V 形带下压,其挠度在 2(新)~5mm(旧)为合适,如不符合规定应进行调整。一旦发现有损坏迹象,应及时更换 V 形带。

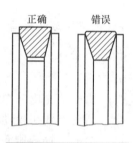

图 6-52 传动带的啮合

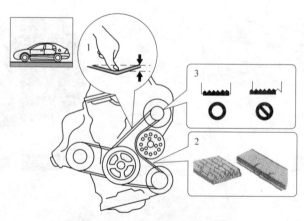

图 6-53 传动带张紧度与磨损的检查

(2) 传动带磨损的检查。

检查传动带的整个外围是否有磨损、裂纹、层离或者其他损坏。如果无法检查传动带的整个外围，则通过在发电机转动方向转动曲轴带轮检查传动带。

(3) 传动带张紧度的调整。

① 无惰轮类型(有调整螺栓)。对于无惰轮类型(有调整螺栓)，通过转动调整螺栓来移动发电机，并施加张紧力，如图6-54所示。松开发电机的安装螺栓和紧固螺栓，然后通过转动调整螺栓来调整传动带张紧度。

上紧调整螺栓：张紧度减少。

松开调整螺栓：张紧度增加。

 注意

如果在松开固定螺栓以前调整螺栓，调整螺栓就可能变形。

检查传动带张紧度，上紧第一只紧固螺栓，然后安装螺栓。

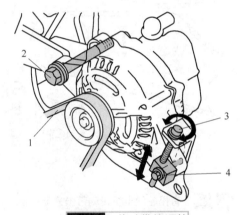

图 6-54 传动带的调整

1—传动带；2—安装螺栓；3—调整螺栓；4—紧固螺栓

② 无惰轮类型(无调整螺栓)。对于无惰轮类型(无调整螺栓)，通过一根杠杆移动发电机来调整螺栓传动带，如图6-55所示。松开安装螺栓2和安装螺栓3，用一个杠杆(一把锤子等)，移动发电机来调节传动带的张紧度，然后上紧安装螺栓3，检查传动带的张紧度，上紧安装螺栓2。

 注意

将杠杆的端部放在一个不会变形的地方(一个很硬的区域)，比如气门室盖或者汽缸体。确保将杠杆顶住发电机不会变形的区域(靠近调整托架而非发动机的中心)。

③ 有惰轮类型。对于有隋轮类型，通过惰轮对传动带施加张紧力，如图6-56所示。松开锁止螺母，然后通过转动调整螺栓来调整传动带张紧度。

上紧调整螺栓：张紧度减少。

松开调整螺栓：张紧度增加。

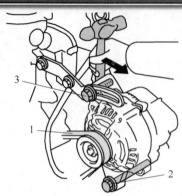

图 6-55　无惰轮类型发电机传动带张紧度调整

1—传动带；2，3—安装螺栓

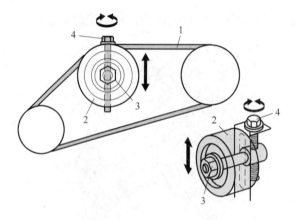

图 6-56　有惰轮发电机传动带张紧度调整

1—传动带；2—惰轮；3—锁止螺母；4—调整螺栓

2) 发电机与调节器的使用与维护

(1) 要定期对发电机进行维护。维护时不必拆开前后端盖，仅需拆下防护罩便可更换电刷等易损件，并对整流器件、电容、调节器等零、部件进行检查和必要的测试。

(2) 蓄电池的搭铁极性必须与交流发电机的极性相一致，都是负极搭铁；否则蓄电池将通过发电机的硅二极管大量放电，进而烧坏二极管。

(3) 发电机运转时，禁止将发电机电枢接线柱与搭铁接线柱短路，否则会烧坏二极管或烧坏保险及线路。

(4) 蓄电池正极与发电机正极之间线路的连接要牢固可靠。在发电机高速运转时，如果充电线路突然断开，会因电压过高而击穿二极管或损坏其他电子元器件。

2. 启动机的使用与维护

(1) 启动发动机前，应将手动变速器挂上空挡，启动的同时踩下离合器踏板。对于使用自动变速器的汽车，应将变速杆置于 P 位或 N 位。

(2) 每次接通启动机的时间不得超过 5s，两次之间应间歇 15s 以上。

(3) 当发动机启动后应立刻松开点火开关，切断启动挡，使启动机停止工作。

(4) 经过 3 次启动，发动机仍没有着车，则应停止启动，然后进行简单的检查，如检查蓄电池的容量、极柱的连接、发动机油路和电路等的情况，排除故障后再启动发动机，否则蓄电池的容量将严重下降，发动机启动可能会变得更加困难。

(5) 在拆卸启动机之前，应先拆下蓄电池的搭铁电缆线。

(6) 启动机电刷的检查。先拆卸启动机端盖，然后用尖嘴钳将电刷弹簧抬起，拆下电刷架及电刷，检查电刷磨损情况，如图 6-57 所示。

图 6-57　启动机电刷的拆卸

1—尖嘴钳；2—电刷弹簧

学习任务三　蓄电池的维护与保养

【学习目标】

- 掌握蓄电池的定期检查与维护方法。
- 掌握使用条件对蓄电池容量的影响。
- 掌握蓄电池充电设备的使用方法。
- 掌握蓄电池的充电方法。

【能力要求】

- 能进行蓄电池的定期检查与维护。
- 能使用不同的充电方法对蓄电池充电。
- 能正确使用蓄电池充电设备。

一、相关知识

蓄电池是汽车的主要电源。在发动机启动时，为启动机提供启动电流；发动机正常工作后，用来储存发电机的电能；当发动机转速较低或用电量过大时，蓄电池协助发电机向全车用电设备供电。蓄电池按是否需要维护，可分普通蓄电池和免维护蓄电池两类。

普通蓄电池一般由正极板、负极板、隔板、壳体和电解液(由纯硫酸和蒸馏水按一定比例配制而成)等组成,为了使蓄电池经常处于完好状态,延长其使用寿命,应经常对普通蓄电池进行维护。免维护蓄电池是指在使用寿命期内无须日常维护的蓄电池,其突出优点是在汽车合理使用过程中无须添加蒸馏水,蓄电池自放电小,在使用期内一般无须进行补充充电;正负极接线柱腐蚀小,使用寿命长,内阻小,启动性能好。

(一)蓄电池的检测与维护

蓄电池技术状况的检测包括电解液液面高度的检查、蓄电池端电压的检测、电解液密度的测量及蓄电池放电程度的检查。

1. 电解液液面高度的检查

液面高度可用玻璃管测量,即用一内径为6~8mm,长约150mm的玻璃管,垂直插入加液口内,直到极板上缘为止,然后用拇指压紧管的上口,取出玻璃管,玻璃管中的电解液高度即为蓄电池内电解液平面高出极板的高度,应为10~15mm,如图6-58所示。

使用半透明塑料容器的蓄电池,可以直接观察到液面高度,正常液面高度应在外壳平面的"MAX"和"MIN"两条高度指示线之间。

电解液不足时应加注蒸馏水。注意:除非确知液面降低是由于电解液溅出所致,否则一般不允许加入硫酸溶液。

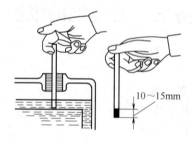

图6-58 蓄电池液面的检查

2. 蓄电池电解液相对密度检查

电解液相对密度的高低是随蓄电池充、放电程度的不同而变化的。电解液密度的下降程度是蓄电池放电程度的一种表现。测量每个单格内的电解液密度,可以了解蓄电池的放电程度。用密度计测量电解液密度的步骤如下。

(1) 打开蓄电池的加液盖。
(2) 把密度计下端的橡胶管伸入单格电池的加液口内,如图6-59所示。
(3) 用手将橡胶球捏一下,再慢慢放开,电解液就会被吸到玻璃管中。
(4) 注意控制吸入时电解液不要过多或过少,以便将密度计处于浮起而不会顶住为宜。
(5) 使管内的浮子浮在玻璃管中央(不要相互接触),读密度计的读数,要求读数时,使密度计刻度线与眼睛平齐。然后将所测的密度值换算成25℃时的相对密度值。
(6) 将所测量的密度值与上次充电终了的电解液密度值进行对比,根据密度下降的程度来判断蓄电池的放电程度。实践证明，充足电的蓄电池到放电终了，电解液相对密度大约下降了 0.16，这样就可以概略认为，相对密度每下降 0.01 相当于蓄电池放电 6%。根据这个比例关系，就可以通过测量电解液的相对密度，对蓄电池的放电程度做出判断。

蓄电池所有单元格电解液的相对密度应在 1.250～1.280，并确保各单元格之间的相对密度偏差低于 0.025。当蓄电池相对密度低于 1.230 时，应对蓄电进行充电。

> **注意**
>
> 对于刚进行过大电流放电(如启动发动机)或刚加过蒸馏水后的蓄电池，不宜马上进行电解液密度测量；否则会因电解液混合不均而使测量结果不准。电解液密度应根据地区、季节不同进行选择，因为密度过高、过低都将影响蓄电池的容量。

3. 蓄电池电压检查

蓄电池电压检查可用高率放电计(图 6-60)测量其放电电压，目前采用的高率放电计有两种：一种用来检测蓄电池单格电压；另一种检测整个蓄电池(6 个单格)的电压。测量的方法如下。

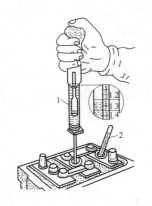

图 6-59 蓄电池电解液密度和温度检查

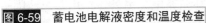

1—密度计；2—温度计

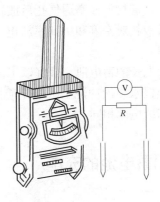

图 6-60 高率放电计

(1) 将放电计的两触针紧压在蓄电池单格(或蓄电池)的正、负极桩上。

(2) 测量每次时间不超过 5s，观察放电计的电压，记录电压值。

对于检测整个蓄电池(6 个单格)高率放电计，观察指针移动情况，指针在绿色区域说明蓄电池电足够，如指针在红色区域，说明蓄电池需充电或损坏。例如，桑塔纳 2000 系列轿车，若负载电流为 110A，则最小电压不得低于 9.6V。在测试 5～10s 过程中，若电压低于规定的数值，可能为蓄电池已放完电或损坏。

对于检测蓄电池单格电压的高率放电计，应分别测得 6 个单格的电压。蓄电池在大电流放电情况下各单格的端电压应在 1.5V(整个蓄电池为 12V)以上，且能稳定 5s。

(1) 如果各单格的电压低于 1.5V，但 5s 内尚能稳定者则为放电过多，应及时进行充电恢复。

(2) 单格电压低于 1.5V，且 5s 内电压迅速下降，则表示有故障。

(3) 某单格无电压指示，说明内部有短路、断路或严重硫化故障。

4．蓄电池的维护

对使用中的蓄电池需经常进行下列维护工作。

(1) 检查损坏，观察蓄电池外壳表面有无电解液漏出。

(2) 检查蓄电池在车上安装是否牢靠，导线接头与电桩的连接是否紧固，蓄电池电桩是否被腐蚀。

(3) 经常清除蓄电池盖上的灰尘泥土，擦去电池顶上的电液，通透加液孔盖上的气孔，清除导线接头上的氧化物。

(4) 定期检查和调整电解液的相对密度及液面高度。

(5) 对于免维护蓄电池，经常检查蓄电池放电程度，观察蓄电池电眼检视孔，绿色为正常，无色为电解液不足，需更换；黑色为需充电。

5．蓄电池的储存

暂不使用的蓄电池，进行湿储存的方法是先将电池充足电，相对密度达 1.285，液面至正常高度，密封加液塞通气孔后放置室内暗处。储存的时间不宜超过 6 个月，其间应定期检查电解液相对密度和用高率放电计检查容量，如低于 25%应立即充电。交付使用前也要先充足电。

存放期长的蓄电池，最好以干储法储存。先将电池以 20h 放电率完全放电，倒出电解液，用蒸馏水多次冲洗至水中无酸性，倒尽水滴，晾干后旋紧加液塞后密封储存。启用前的准备和新电池相同。

(二)蓄电池的充电

使用中的蓄电池，如果放电超过规定，应进行补充充电。另外，车用蓄电池因长期定电压充电(车上的充电方式为定电压充电)方式，不可能使蓄电池彻底充足，为了防止蓄电池硫化或消除蓄电池轻微的硫化，应定期对蓄电池进行补充充电。

1．蓄电池充电方法

首先用蒸馏水或蓄电池专用补充液将蓄电池的液面调整到规定的高度。

充电前按照充电设备的额定电压和额定电流将需要充电的蓄电池连接起来。根据蓄电池的充电特性，蓄电池充足电时，单格电压可达 2.7V 左右，为了可靠起见，一般单格充电电压按 2.75V 计算，这样 3 个单格的 6V 蓄电池所需要的充电电压为 8.25V；6 个单格的 12V 蓄电池所需要的充电电压为 16.5V。串联在一路的蓄电池的总电压不能大于充电设备的额定电压。

如果并联多个蓄电池同时充电时，各并联支路内的蓄电池的总电压应相等；如果在一个支路中所串联的蓄电池的容量不等，所需充电电流大小不等时，则充电电流应按最小的蓄电池计算，原来需要充电电流大的蓄电池，充电时间就要长一些。

充电时，各并联支路蓄电池的正极接充电设备的正极，蓄电池的负极接充电设备的负极，绝对不得接反。

定电流充电的充电电流是根据蓄电池的容量来选择的。定电流充电分两个阶段进行，第一阶段的充电电流为蓄电池额定容量数值的 1/10，第二阶段的充电电流为蓄电池额定容量数值的 1/20。

2．蓄电池充电的基本要求

在充电过程中，为了及时了解情况，应每隔 2～3h 测量记录一次单格电压、电解液相对密度和温度的变化情况。如果单格电压达到 2.4V 时，应及时转入第二阶段。最后当电解液出现大量均匀细密的气泡，单格电压稳定在 2.5～2.7V，并在 2～3h 内电解液相对密度和端电压都不再继续上升时，则说明蓄电池已充足电，可以停止充电。

蓄电池充电终了时，应检查调整蓄电池的电解液相对密度。如果电解液相对密度不符合要求，可先将原格内的电解液抽出一些，如果原相对密度过小，可加入相对密度 1.40 的浓电解液调整；如果原来相对密度过大，可加入蒸馏水进行稀释。调整后的各单格电解液相对密度相差不应超过 0.01，液面高度应符合规定。相对密度调整后再以小电流继续充电 0.5h，使电解液混合均匀，再复查电解液相对密度，必要时进行调整。最后把蓄电池擦拭干净，装车使用。

3．蓄电池充电操作步骤

(1) 打开蓄电池加液孔盖。若蓄电池已冻结，应先融化。

(2) 检查电解液液面高度，如电解液不足，应先补充蒸馏水。

(3) 将红色线夹按蓄电池的需要接到 12V 或 24V 接线柱上。红、黑夹分别接电源"＋""－"极，如图 6-61 所示。

(4) 将蓄电池的正、负极与充电机的正、负极对应连接，如图 6-62 所示。

图 6-61　连接接线柱

图 6-62　蓄电池与充电机的连接

(5) 将充电机电源线正确连接到电源插座上。调节充电电流调节开关 0～6 挡旋钮，如图 6-63 所示。观察电流表指示，充电时电流应在 10～15A，过大会损坏电池。工作时绿色指示灯亮，电流表的指示随着电池的充满逐步减少，如图 6-64 所示。

图6-63 充电电流调节开关

图6-64 工作指示灯

4．蓄电池充电的安全注意事项

(1) 在蓄电池充电室内不能有明火和火花，不得吸烟，室内禁止存放精密仪器。

(2) 在充电过程中应随时测量电解液温度。若温度超过40℃，应停止充电或者减小充电电流，直到温度降低到40℃以下。

(3) 充电区应通风(排除氢氧爆炸气体，防止爆炸危险)。

(4) 正、负极不能接反。

(三)蓄电池的更换

1．蓄电池的拆卸和安装

拆卸蓄电池时，点火开关打到OFF挡。

(1) 先拆下蓄电池的搭铁线，再拆正极接线。

(2) 拆下蓄电池压板，从支架中取出蓄电池。

安装蓄电池时：

(1) 将固定压板压在蓄电池底部凸缘上。

(2) 先将蓄电池正极接线接上，然后连接上搭铁线。

2．汽车蓄电池拆装的注意事项

对于现代汽车，蓄电池及连接线的拆装操作正确与否，将会直接影响汽车电控系统的工况，甚至使之受到损害。

1) 盲目拆装造成ECU信息丢失

如果在读取故障码之前，拆下了蓄电池或蓄电池连接线(或者拔掉电源的熔丝)，就相当于中断了ECU的电源，储存其内的故障代码便会自动消失。若再想获取故障信息及故障代码，就必须重复再现故障发生时的工作状况和环境条件(比如，特定条件下的发动机转速及负荷、发动机的某种冷却液温度、某种进气温度以及有关传感器的某种工况等)。显而易见,这是非常麻烦和费时的,因此,千万不可随意拆下蓄电池连接线。在维修电控汽车之前应先读取系统的故障代码,然后才能进行蓄电池的拆装和其他的维修作业。

2) 点火开关接通时禁拆蓄电池

对电控汽车而言,无论汽车发动机是否正在运转,只要点火开关在接通位置,就绝对不可以拆下蓄电池及连接线或者熔丝。因为突然断电将会使电路中的线圈产生自感电动势而出现很高的瞬时电压,有时高达近万伏,从而使 ECU 及相关传感器等微电子器件严重受损。

必须引起注意的是,除了蓄电池连接线外,其他凡与蓄电池电压相同的电器装置的导线,在点火开关处于接通位置时,也都不能拆除;否则,也会造成同样的损害。

二、项目实施

(一)项目实施环境

(1) 实训汽车,蓄电池,玻璃管,密度计,高率放电计,温度计蓄电池充电机。
(2) 毛刷、砂纸、干净棉纱和手套。
(3) 常用手动工具、专业拆装工具。

(二)项目实施步骤

第一步:蓄电池的检查与维护。
(1) 检查蓄电池型号。
(2) 拆下蓄电池防尘罩,检查蓄电池及各极柱导线夹头的紧固情况。
(3) 检查蓄电池壳体的损坏情况。
(4) 检查、清洁蓄电池极柱的腐蚀。
(5) 检查蓄电池电解液液位高度。
(6) 测量蓄电池电解液密度。
(7) 检查各单元的通风孔塞是否堵塞。
(8) 用高率放电计检查蓄电池容量,检查是否要充电。
(9) 根据实操过程填表 6-4。

第二步:蓄电池的充电。
(1) 打开蓄电池加液孔盖。
(2) 检查电解液液面高度,如电解液不足,应先补充蒸馏水。
(3) 将蓄电池充电机上红色线夹按蓄电池的需要接到 12V 或 24V 接线柱上。
(4) 按照要求连接蓄电池充电机与蓄电池的接线。
(5) 按照要求选择充电电流,然后接通充电机电源。

表 6-4　蓄电池的检查结果表

序号	项目	结果
1	蓄电池规格型号	
2	蓄电池壳体是否损坏	
3	是否需要充电	
4	各单元的电解液液位高度	
5	各单元的电解液相对密度	
6	各单元的通风孔塞是否堵塞	
7	正、负极柱是否腐蚀	
8	正、负极柱端子的紧固情况	

学习任务四　汽车空调系统的维护与保养

【学习目标】

- 掌握汽车空调系统的日常维护与保养方法。
- 掌握汽车空调制冷剂的检查与排放方法。
- 掌握汽车空调系统抽真空的方法。
- 掌握汽车空调制冷剂的加注方法。

【能力要求】

- 能实施汽车空调的日常维护与保养。
- 能进行汽车空调制冷剂的检查与排放。
- 能实施汽车空调系统抽真空。
- 能实施汽车空调制冷剂的重新加注。

一、相关知识

汽车空调系统按其功能可分为制冷系统、加热系统、通风与空气净化系统和控制系统等几个主要组成部分，如图 6-65 所示。

(一)汽车空调系统维护的注意事项

汽车空调系统一定要保证定期检查、保养、清洗。清洗是保养空调的重要步骤，不仅可增强制冷效果，同时保护了管道，减少各器件的损耗。通常由于冷凝器处在车头最前面，脏堵情况比较严重，用水枪仅能冲去浮土，只有把冷凝器取下来，反向吹洗方能除净。而蒸发器的脏堵情况会相对轻些，但由于内循环时灰尘会附着在蒸发器表面凝结出的水分而变成泥，既影响风量又影响换热效果。所以一般(原装)空调的蒸发器至少每3年要拆下彻底清洗一次。汽车空调系统维护时的注意事项如下。

(1) R134a制冷剂具有很强的挥发性，制冷剂粘在皮肤上可能会造成冻伤。因此，进行制冷剂排放工作时，必须戴上手套。

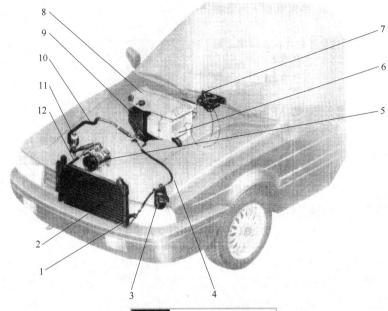

图 6-65　汽车空调系统组成

1—"C"管；2—冷凝器；3—储液干燥器；4—"L"管；5—空调压缩机；6—暖风装置的热交换器；
7—暖风与空调控制装置；8—进风罩；9—蒸发器；10—"S"管；11—消声器；12—"D"管

(2) 如果制冷剂进入眼睛，应立即用清水清洗。为了保护眼睛，进行制冷剂排放工作时，必须戴上护目镜。

(3) R134a储存容器为高压容器。因此，严禁储存在温度高的地方。随时检查制冷剂储存场所温度是否在52℃以下。

(4) 使用电子检漏仪要经常检查制冷剂的渗漏状态，R134a制冷剂与检漏仪的火花接触(检漏仪与丙烷燃烧产生小火焰)会产生有害气体。因此，进行检漏工作时应小心谨慎，如图6-66所示。

(5) 必须使用R134a制冷剂。如果使用其他制冷剂，会造成系统部件的损伤。

(6) PAG冷冻机油极易吸收大气中的水分，会损伤制冷系统。因此，必须采取下列防护措施。

① 拆下制冷系统部件后，应立即堵上管口，防止湿气进入制冷系统。
② 各部件安装准备工作就绪之前，应立即堵上各管口堵盖。
③ 连接制冷系统各部件的导管时，要快速进行，防止湿气进入制冷系统中。
④ 要使用规定型号的润滑油。
⑤ 制冷剂发生泄漏后，进行维修工作之前，要对作业区进行通风换气。

图 6-66　R134a 制冷剂

(二)空调系统的维护

为了确保空调装置良好运转，要经常进行空调装置的维护。因为一旦出现故障，空调装置的修理成本将大大超过维护的费用；空调装置维护水平的高低，直接影响其故障发生率的高低。如果能按规定进行维护，就能使空调装置在其使用寿命期内不出故障或将故障发生率降低到最低限度。

1. 日常维护

(1) 从窥视孔(图 6-67)观察制冷剂的气泡是否正常，避免制冷剂过多或者漏完。

(2) 每一个月检查一次压缩机传动带、风机传动带的松紧度和传动带质量。发现松紧度不当应进行调整，如果传动带龟裂应予以更换。传动带松紧度的标准是：用拇指全力压下传动带中点，其松紧读数为 8mm 时最佳，如图 6-68 所示。

(3) 要经常检查紧固件，不应松动。

(4) 不管是否使用空调，每周必须使空调工作 5～10min，以便润滑空调装置，延长压缩机寿命。

图 6-67　干燥瓶窥视孔位置

图 6-68　空调压缩机传动带检查

2. 使用季节前的检查和维护

(1) 检查冷凝器、蒸发器(图6-69)的表面清洁度，如积灰太多应予清洗，然后用压缩空气吹干。

(2) 检查各开关、控制元器件的性能是否可靠。

(3) 开机运转，检查空调装置工作是否可靠。

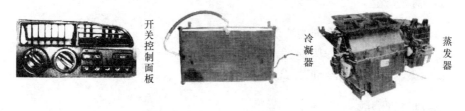

图 6-69　空调开关及冷凝器、蒸发器

3. 使用季节结束时的检查和维护

(1) 用检漏仪检漏，如泄漏应进行修理。

(2) 检查离合器带轮的轴承是否有异响。

(3) 严禁在使用季节结束后，将压缩机传动带拆下，也可以稍稍地松弛传动带。

(4) 检查压缩机的油量，必要时给予补充。

(5) 若感觉制冷量不足时，可用以下方法检查。

① 门窗关闭，打开中央出风口，其余出风口关闭，鼓风机开到最高挡，保持发动机 2 000r/min，冷热拨杆拨在最冷位置。

② 打开 A/C 开关，记录右出风口降至 10℃的时间及压缩机第 1 次停转的时间。检查是否正常。

（一）项目实施环境

(1) 带空调的实训车辆。

(2) 常用手动工具、汽车泄漏测试仪、制冷剂、压力表、真空泵、数字式万用表、保护套及维修工具等。

（二）项目实施步骤

1. 准备工作

(1) 完全打开所有车门。

(2) 启动发动机。

(3) 使发动机转速为 1 500r/min。

(4) 鼓风机速度控制开关处于"高"位置。

(5) 温度控制设为"最冷"。

(6) 将 A/C 开关置于 ON 位置。

2．检查制冷剂量

(1) 通过观察窗观察制冷剂的流量，并检查制冷剂量。

(2) 观察窗有少量气泡一闪而过，制冷剂量正常；有大量气泡，说明制冷剂不足；若无气泡，说明无制冷剂或制冷剂过多。

3．检查制冷剂渗漏

将点火开关关闭后，使用气体泄漏测试仪检查制冷剂是否渗漏。

4．制冷剂排放

排放有两种方法：一是利用回收装置回收制冷剂，如图 6-70 所示；二是利用歧管压力表将制冷剂排放到大气中，但这会污染环境。排放时，周围环境一定要通风良好，不能接近明火，否则会产生有毒的气体。

利用歧管压力表排放制冷剂的具体操作步骤如下。

(1) 关闭歧管压力表上的手动高、低压阀，并将其高、低压软管分别接在压缩机高、低压检修阀上，将中间软管的自由端放在工作抹布上。

(2) 慢慢打开手动高压阀，让制冷剂从中间软管抹布上排出，阀门不能开得太大，否则压缩机内的冷冻润滑油会随制冷剂流出。

(3) 当压力表读数降到 0.35MPa 以下时，再慢慢打开手动低压阀，使制冷剂从高、低压两侧同时排出。

(4) 观察压力表读数，随着压力下降，逐渐开大手动高、低压阀，直至高、低压表的读数指到零为止。

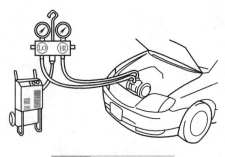

图 6-70　制冷剂的回收

5．抽真空

如图 6-71 所示，抽真空的目的是排除制冷系统内的空气和水汽，是空调维修中一项重要的工序。因为在维修空调系统、更换制冷零件时，必然要让空气和水汽进入制冷系统，而空气和水汽又会严重影响制冷系统的工作。

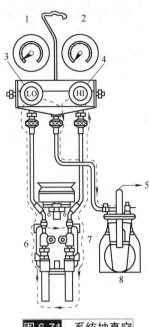

图 6-71　系统抽真空

1—低压表；2—高压表；3，4—全开；5—空气；6—吸入；7—排出；8—真空泵

(1) 把歧管压力表的高、低压软管分别与制冷管路上的高、低压检测接口相连，中间软管与真空泵相连。

(2) 打开歧管压力表的手动高、低压阀，启动真空泵，观察低压表，把系统抽真空至 0.1MPa。

(3) 关闭歧管压力表的手动高、低压阀，观察歧管压力表，看真空度是否下降，如果真空度下降，说明系统泄漏，应该查找漏点并进行维修。如果系统不泄漏，应该再打开手动高、低压阀，继续抽真空 15～20min。

(4) 关闭歧管压力表的手动高、低压阀。

(5) 关闭真空泵。先关手动高、低压阀，后关真空泵，可以防止空气和水汽进入系统。

6．加注制冷剂

在确定系统无泄漏，抽完真空之后，就可以加注制冷剂。加注制冷剂的方法有两种。一种是从高压侧加注，加注的是液态制冷剂，加注速度快，适合于第一次加注，即检查泄漏、抽完真空的加注。加注时要注意不要启动压缩机，制冷剂罐要倒立。另一种是从低压侧加注，加注的是液态制冷剂，加注速度慢，适合于补充加注。加注时要启动压缩机，制冷剂罐要正立。

1) 从高压侧加注(图 6-72)

(1) 发动机处于熄火状态，检查泄漏、抽完真空后，关闭手动高、低压阀。

(2) 把中间软管与制冷剂罐注入阀的接头接好，打开制冷剂罐注入阀，拧开歧管压力表中间软管一端的螺母，让气体溢出几秒钟，把空气赶走，然后再拧紧螺母。

(3) 拧开高压侧手动阀，将制冷剂罐倒立，液态制冷剂从高压侧进入制冷回路。

(4) 加入规定量的制冷剂后，关闭制冷剂罐注入阀，关闭歧管压力表的手动高压阀，取下歧管压力表。

要特别注意：加注时不能启动发动机，更不能打开手动低压阀，防止产生液击。

2) 从低压侧加注(图6-73)

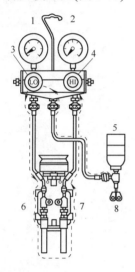
图6-72 从高压侧加注制冷剂
1—低压表；2—高压表；3—闭合；4—全开；
5—制冷剂罐；6—吸入；7—排出；8—开启

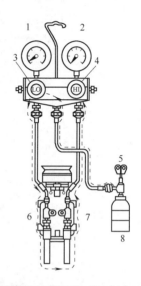
图6-73 从低压侧加注制冷剂
1—低压表；2—高压表；3—开启；4—闭合；
5—开启；6—吸入；7—排出；8—制冷剂罐

(1) 检查泄漏、抽完真空后，关闭手动高、低压阀。

(2) 把中间软管与制冷剂罐注入阀的接头接好，打开制冷剂罐注入阀，拧开歧管压力表中间软管一端的螺母，让气体逸出几秒钟，把空气赶走，然后再拧紧螺母。

(3) 拧开低压侧手动阀，正立制冷剂罐，让气态制冷剂进入制冷系统，系统压力达到0.4MPa时关闭手动低压阀。

(4) 启动发动机，打开空调，鼓风机开关、调温开关打到最大挡。

(5) 打开手动低压阀，让气态制冷剂继续流入制冷回路，一直加到规定量。

(6) 观察储液干燥过滤器的观察窗，确认没有气泡，然后把发动机转速提高到2000r/min，检查歧管压力表的高、低压表是否达到正常值。

(7) 关闭制冷剂罐注入阀，关闭歧管压力表的手动高压阀，关闭发动机。取下歧管压力表。

3) 根据检查结果填写表6-5

表6-5 加注制冷剂检查结果表

序 号	项 目	结 果
1	制冷剂量	
2	制冷剂泄漏部位	

三、知识拓展

1. 汽车空调的功能

汽车空调即汽车室内空气调节的简称，它用以调节车内的温度、湿度、气流速度、空气洁净度等，从而为乘员创造清新舒适的车内环境。

1) 调节车内的温度

汽车空调在冬季利用其采暖装置升高车室内的温度。轿车和中、小型汽车一般以发动机冷却循环水作为暖气的热源，而大型客车则采用独立式加热器作为暖气的热源。在夏季，车内降温则由制冷装置完成，我国大多数汽车空调只具有这种单一功能。

2) 调节车内的湿度

普通汽车空调一般不具备这种功能，只有高级豪华汽车采用的冷暖一体化空调器，才能对车内的湿度进行适量调节。它通过制冷装置冷却、去除空气中的水分再由取暖装置升温以降低空气的相对湿度。但在汽车上目前还没有安装加湿装置，只能通过打开车窗或通风设施，靠车外新风来调节。

3) 调节车内的空气流速

空气的流速和方向对人体舒适性影响很大。夏季，气流速度稍大，有利于人体散热降温；但过大的风速直接吹到人体上，也会使人感到不舒服。舒适的气流速度一般为 0.25m/s 左右。冬季，风速太大会影响人体保温，因而冬季采暖时气流速度应尽量小一些，一般为 0.15~0.20m/s。根据人体生理结构特点，头部对冷比较敏感，脚部对热比较敏感，因此，在布置空调出风口时，应采取上冷下暖的方式，即让冷风吹到乘员头部，暖风吹到乘员脚部。

4) 过滤、净化车内的空气

由于车内空间小，乘员密度大，车内极易出现缺氧和二氧化碳浓度过高的情况；汽车发动机废气中的一氧化碳和道路上的粉尘、野外有毒的花粉都容易进入车内，造成车内空气污浊，影响乘员的身体健康，因此必须要求汽车空调具有补充车外新鲜空气、过滤和净化车内空气的功能。一般汽车空调装置上都设有进风门、排风门、空气过滤装置和空气净化装置。

2. 汽车空调的特点

汽车空调是以消耗发动机的动力来调节控制车内的环境的。了解汽车空调的特点，有利于汽车空调的使用和维修。汽车空调主要有以下特点。

1) 抗冲击能力强

汽车空调安装在运动中的车辆上，承受剧烈、频繁的振动和冲击，因此汽车空调的各个零、部件应有足够的强度和抗震能力，接头牢固并防漏。汽车空调制冷系统极容易发生制冷剂的泄漏，破坏整个空调系统的工作条件，甚至破坏制冷系统的部件，如压缩机。所以，各部件的连接要牢固，要经常检查系统内制冷剂的量。统计表明，汽车空调因制冷剂泄漏而引起空调故障的约占全部故障的80%，而且泄漏频率很高。

2) 动力源多样

空调系统所需的动力来自发动机。轿车、轻型汽车、中小型客车及工程机械，其空调所需的动力和驱动汽车的动力都来自同一发动机，这种空调系统称为非独立空调系统；对于大型客车和豪华型大中型客车，由于所需制冷量和暖气量大，一般采用专用发动机驱动制冷压缩机和设置独立的采暖设备，故称之为独立式空调系统。非独立空调系统，会影响汽车的动力性能，但比独立式的在设备成本和运行成本上都经济。汽车安装了非独立式空调后，耗油量平均增加 10%～20%(和汽车的速度有关)，发动机的输出功率减少 10%～12%。非独立式汽车空调的采暖系统一般利用发动机的冷却水。独立式空调系统则采用独立采暖燃烧器。

3) 制冷制热能力强

要求汽车的制冷制热能力强，其原因有以下几点。

(1) 车内乘员密度大，产生热量多，热负荷大，而冬天人体所需的热量也大。

(2) 汽车为了减轻自重，隔热层薄；汽车的门窗多、面积大，所以汽车隔热性能差，热量流失严重。

(3) 汽车都在野外工作，直接接受太阳的热、霜雪的冷、风雨的潮湿，环境险恶，千变万化。要使汽车空调能迅速地降温，在最短的时间里使环境舒适，要求制冷量特别大。非独立式空调系统，由于汽车发动机的工况变化频繁，所以制冷系统的制冷剂流量变化大。例如，汽车高速运动时，发动机的转速高达 6 000r/min，而在怠速时才 600～700r/min。两者相差 10 倍之多，这导致压缩机输送的制冷剂变化大。制冷剂流量变化大，导致汽车空调设计困难，制冷效果不佳，而且会引起压力过高或者压缩机的液击现象而发生事故。

4) 结构紧凑、质量小

由于汽车本身的特点，要求汽车空调结构紧凑，能在有限的空间进行安装，而且安装了空调后，不至于使汽车增重太多，影响其他性能。现代汽车空调的总质量已经比 20 世纪 60 年代下降了 50%，是原始汽车空调装置质量的 1/4，而制冷能力却比 20 世纪 60 年代增加了 50%。

3．汽车空调系统的组成

汽车安装空调系统是为了调节车内空气的温度、湿度，改善车内空气的流动性，提高空气的清洁度。因此，汽车空调系统主要由以下几部分组成。

1) 制冷装置

制冷装置是对车内空气或由外部进入车内的新鲜空气进行冷却或除湿，使车内空气变得凉爽舒适。

制冷装置由压缩机、冷凝器、储液干燥器、膨胀阀、蒸发器、冷凝器散热风扇、制冷管道、制冷剂等组成，如图 6-74 所示。

2) 暖风装置

暖风装置主要用于取暖，对车内空气或由外部进入车内的新鲜空气进行加热，达到取暖除霜的目的。由加热器、水阀、水管、发动机冷却液组成，如图 6-75 所示。

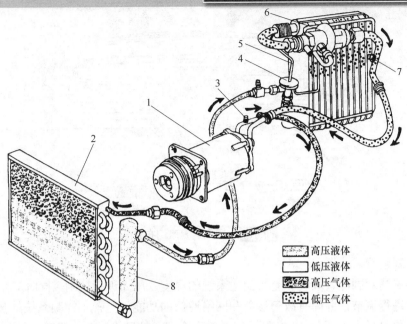

图 6-74　汽车制冷装置结构

1—压缩机；2—冷凝器；3—高压维修阀口；4—膨胀阀；5—蒸发器；
6—吸气节流阀；7—低压维修阀口；8—储液器

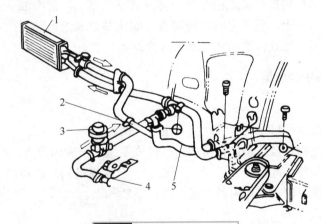

图 6-75　暖风装置供水管路

1—加热器；2—发动机进水管；3—水阀；4—发动机出水管；5—预热管

3) 通风装置

通风装置是将外部新鲜空气吸进车内，起通风和换气作用。同时，通风对防止风窗玻璃起雾也起着良好的作用。由进气模式风门、鼓风机、混合气模式风门、气流模式风门、导风管等组成，如图 6-76 所示。

4) 空气净化装置

空气净化装置可以除去车内空气中的尘埃、臭味、烟气及有毒气体，使车内空气变得清洁。由车外空气和车内循环空气两部分组成。

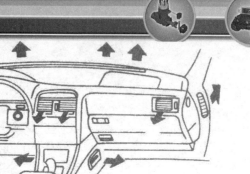

图 6-76 通风装置风门布置

5) 控制装置

控制装置是对制冷、取暖和空气配送系统的温度、压力进行控制，同时对车内的温度、风量、流向进行调节，并配有故障诊断和网络通信的功能，完善了控制系统的自动程度。

控制装置包括点火开关、A/C 开关、电磁离合器、鼓风机开关、调速电阻器、各种温度传感器、制冷剂高低压力开关、温度控制器、送风模式控制装置、各种继电器。近几年来不少高级轿车上普遍采用了计算机自动控制，大幅度降低了人工调节的麻烦，提高了空调经济性和空调效果。

将上述全部或部分装置有机地组合在一起安装在汽车上，便组成了汽车空调系统。在一般的轿车和客、货车上，通常只有制冷装置、暖风装置和通风装置，在高级轿车和高级大、中型客车上，还有加湿装置和空气净化装置。

4．汽车空调系统的分类

1) 按功能分

汽车空调系统按功能可分为单一功能和组合式两种。

(1) 单一功能是指冷风、暖风各自独立，自成系统，一般用于大、中型客车上。

(2) 组合式是指冷、暖风合用一个鼓风机、一套操纵机构。这种结构又分为冷、暖风分别工作和冷、暖风可同时工作两种方式，多用于轿车上。

2) 按驱动方式分

汽车空调系统按驱动方式可分为非独立式汽车空调系统和独立式汽车空调系统两种。

(1) 非独立式汽车空调系统。空调制冷压缩机由汽车本身的发动机驱动，汽车空调系统的制冷性能受汽车发动机工况的影响较大，工作稳定性较差，尤其是低速时制冷量不足，而在高速时制冷量过剩，并且消耗功率较大，影响发动机动力性。这种类型的汽车空调系统一般多用于制冷量相对较小的中、小型汽车上。

(2) 独立式汽车空调系统。空调制冷压缩机由专用的空调发动机(也称副发动机)驱动，故汽车空调系统的制冷性能不受汽车主发动机工况的影响，工作稳定，制冷量大，但由于加装了一台发动机，不仅成本增加，而且体积和质量也增加。这种类型的汽车空调系统多用于大、中型客车。

3) 按控制方式分

汽车空调系统按控制方式可分为手动、半自动和全自动(智能)空调系统 3 种。

(1) 手动空调系统。这类系统不具备车内温度和空气配送自动调节功能，制冷、采暖和风量的调节需要使用者按照需要调节，控制电路简单，通常使用在普及型轿车和中、大型货车上。

(2) 半自动空调系统。这类系统虽然具备车内温度和空气配送调节功能，但制冷、采暖和送风量等部分功能仍然需要使用者调节，它配有电子控制和保护电路，通常使用在普及型或者部分中档轿车上。

(3) 全自动(智能)空调系统。这类系统具有自动调节和控制车内温度、风量以及空气配送方式的功能，保护系统完善，并具有故障诊断和网络通信功能，工作稳定可靠，目前广泛应用在中、高档轿车和大型豪华客车上。

小结

本项目讲述了汽车车身电器的维护与保养，介绍了汽车灯光信号装置、汽车刮水器、汽车电动门窗与电动天窗、安全气囊、汽车发电机、汽车启动机、汽车空调系统的维护与保养。要求掌握汽车各种灯光、信号装置的检查与维护方法；掌握汽车安全气囊的检查与维护方法；掌握汽车电动车窗、电动天窗的检查与维护方法；能进行汽车发电机、启动机的检查与维护；能实施汽车空调系统的检查与维护。

习题及实操题

一、填空题

1. 汽车灯泡的检查与维护一般每_____km 或 6 个月进行一次，以确保汽车行驶安全。
2. 汽车发动机电刷磨损超过极限长度_____ mm 时，应更换电刷。
3. 检查蓄电池盖表面是否清洁，应及时清除_____等脏物。
4. 检查电解液的液面高度，液面一般应高出极板_____ mm。
5. 在安装蓄电池电缆时，则先接_____电缆，然后再接_____电缆。
6. 拆卸蓄电池电缆时，应先拆_____电缆，然后再拆_____电缆。
7. 汽车空调制冷剂的加注方法有两种，一种是_____，另一种是_____。

二、问答题

1. 汽车刮水器维护时应注意哪些事项？
2. 蓄电池的定期维护内容包括哪些？
3. 简述蓄电池的拆装注意事项。
4. 在车辆启动时如何检测安全气囊性能状态？
5. 如何对汽车空调系统进行抽真空？

项目七　汽车底盘的维护与保养

　　汽车底盘维护与保养的主要内容是各系统与总成螺栓的检查与紧固，车辆的调整与维护。本项目包含四个学习任务，即汽车传动系统的维护与保养；汽车行驶系统的维护与保养；汽车转向系统的维护与保养；汽车制动系统的维护与保养。

　　通过本项目的学习要求掌握离合器工作性能的检查，能进行离合器踏板自由行程的检查与调整；能进行变速器、驱动桥泄漏的检查及变速器操纵机构的检查与维护；能检查传动轴的运动情况，会更换相关防尘罩。能进行车身及底盘传动系统各部分连接螺栓检查和紧固，会检查悬架系统泄漏、刚性、弹性及连接情况；能对齿轮齿条、循环球等几种典型的转向机构进行维护与保养，能对动力转向系统进行日常检查与保养；能调整制动系统踏板的自由行程，能对鼓式制动器进行维护、保养和拆装，能对盘式制动器进行维护、保养和拆装。

学习任务一 汽车传动系统的维护与保养

【学习目标】

- 掌握离合器的维护与保养方法。
- 掌握变速器的维护与保养方法。
- 掌握驱动桥的维护与保养方法。
- 掌握传动轴的维护与保养方法。

【能力要求】

- 能进行离合器的维护与保养。
- 会检查变速器泄漏及操纵机构。
- 会检查传动轴运动情况,会更换相关防尘罩等。

一、相关知识

汽车传动系统包括变速器、传动轴、减速器和半轴等重要部件。传动系统的主要功能是把发动机的动力传输给驱动轮,因此它直接关系到汽车能否安全地行驶。一旦传动系统发生故障,就会导致车辆抛锚在半路。因此应及时检查变速器的油质和油位,看情况更换或者添加,传动轴也要及时加注润滑油;检查防尘套是否损坏并及时更换;检查万向节是否松动,并注意更换;同时也要检查减速器的油质和油位,看情况添加或者更换,并保证其处于密封状态,防止其出现漏油的现象。

(一)离合器的维护与保养

1. 检查离合器踏板性能

踩下离合器踏板时,检查是否存在下述故障。
(1) 踏板的回弹无力。
(2) 异常噪声。
(3) 过度松动。
(4) 感觉踏板沉重。

2. 检查离合器踏板高度

使用一把钢板尺检查离合器踏板高度是否处于标准值以内。如果超出标准范围,应调整踏板高度,如图 7-1 所示。调整方法如下。
(1) 松开限位螺栓锁止螺母。
(2) 转动限位螺栓直到踏板高度正确。

(3) 上紧限位螺栓锁止螺母。

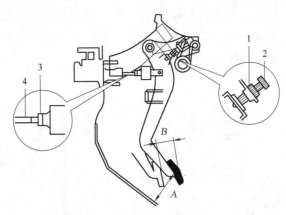

图 7-1　离合器踏板高度的检查与调整

1—限位螺栓锁止螺母；2—限位螺栓；3—推杆锁止螺母；4—踏板推杆；A—踏板高度；B—踏板自由行程

3．离合器自由行程的检查方法

将直尺一端抵在驾驶室的底板上，使直尺靠近踏板，与踏板的上下移动方向平行，当踏板处于放松位置时，紧贴踏板中部边缘，在直尺上画上记号，然后用手向下推压踏板至感到有阻力为止，并在直尺上再画一记号，两个记号之间的数值之差，即为离合器踏板的自由行程。如数值不符合要求，即应及时调整。

> **注意**
>
> 用手指按压踏板时，感觉踏板逐渐变重的过程分两步。
> 第一步：踏板运动直到踏板推杆接触总泵活塞。
> 第二步：踏板运动直到总泵引起液压上升。

4．离合器自由行程的调整

离合器踏板的自由行程必须在维修手册规定的范围之内，否则要进行调整。轿车在运行中，驾驶员可能会遇到这样的情况：汽车起步时，完全放松离合器踏板而汽车起步仍很困难，或者将离合器踏板踩到底仍感到找挡困难或挂不进挡。出现这一情况，是因为离合器踏板自由行程过小或者自由行程过大。

如果踏板过小或没有自由行程，即在放松离合器踏板使离合器处于结合状态时，分离轴承仍与膜片弹簧内端保持接触，这样，将会加速分离轴承损坏；如果膜片弹簧受到分离轴承的推压，在传送发动机转矩时，将会使离合器发生打滑现象。

如果离合器自由行程过大，则使分离轴承推动膜片弹簧前移的行程缩短，压盘向后移动的距离也随之缩短，不能完全解除压盘对从动盘的压力，从而不能使离合器彻底分离，造成换挡困难。

普通轿车多采用拉索在踏板与离合器之间传递动力，也有部分轿车的离合器的操纵机构为液压式。

1) 拉索式离合器踏板自由行程调整

拉索式离合器操纵机构及自由行程如图 7-2 所示。当踏板的自由行程超出随车手册规定的范围时，可通过拧动拉索端部的调整螺母进行调整。其调整方法是：顺时针旋转调整螺母 3，自由行程减少；反之，自由行程增大。

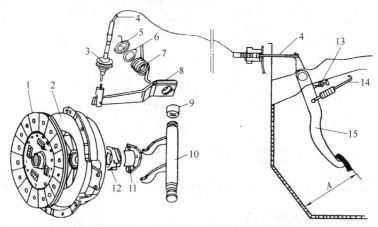

图 7-2　拉索式离合器操纵机构及自由行程

1—从动盘；2—离合器盖总成；3—调整螺母；4—操纵绳索；5—轴承衬套及防尘罩；6—卡环；7—复位弹簧；8—分离叉传动臂；9—黄铜衬套；10—分离叉；11—分离套筒；12—分离轴承；13—高调节螺钉；14—回位弹簧；15—离合器踏板；A—踏板高度

2) 液压式离合器踏板自由行程调整

液压式离合器踏板自由行程的调整如图 7-3 所示。

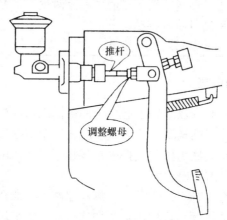

图 7-3　液压式离合器踏板自由行程的调整

当踏板的自由行程超出随车手册规定的范围时，需松开锁紧螺母(调整螺母)，转动推杆改变其伸出长度，达到标准后再拧紧螺母。其方法是：松开推杆上面的锁紧螺母，通过转动推杆改变其伸出长度来调整踏板自由行程。

5. 检查离合器磨损、离合器噪声、离合器变重情况

发动机怠速时，踩下离合器踏板，换到 1 挡或者倒车挡，并检查是否有异常噪声和换挡是否平稳。同时检查在踩下踏板时，其踏板力是否可以接受。

(二)变速器、驱动桥的维护与保养

1. 变速器换挡杆及挡位指示灯的检查

1) 自动变速器换挡杆的检查(图 7-4)
(1) 检查变速器换挡杆拉杆是否松动。
(2) 推动手柄至各个挡位范围换挡，检查手柄位置与指示灯闪亮是否一致，指示灯是否正常亮起。
2) 手动变速器换挡杆的检查(图 7-5)

图 7-4　自动变速器换挡杆位置检查　　图 7-5　手动变速器换挡杆位置检查

(1) 检查换挡杆球头是否松动，挡位方向指示是否正确。
(2) 推动换挡杆至各个挡位，看位置是否清晰，能否正常挂挡和退挡。
(3) 将换挡杆轻轻往上提，不应该有上升余量，否则应该检查换挡拉杆总成。

2. 变速器、驱动桥泄漏与油位的检查

变速器、驱动桥泄漏与油位的检查详见项目三。

3. 驱动轴护套的检查

1) 检查驱动轴防护套裂纹和其他损坏
手动转动轮胎，检查驱动轴护套的整个外围是否有裂纹或其他损坏，检查护套卡箍安

装是否正确且没有损坏，如损坏应更换，如图 7-6 所示。

2) 检查驱动轴防护套有无润滑脂泄漏

检查确认防护套是否有油脂渗漏。

图 7-6　检查驱动轴防护套

二、项目实施

(一)项目实施环境

(1) 实训车辆。
(2) 常用工具、钢尺。
(3) 专用工具、举升机。
(4) 配件材料。

(二)项目实施步骤

1. 离合器的维护与保养

(1) 检查离合器踏板应用状况(响应性)。
(2) 检查离合器踏板应用状况(完全踩下)。
(3) 检查离合器踏板应用状况(异常噪声)。
(4) 测量离合器踏板高度。
(5) 测量、调整离合器的自由行程。
(6) 检查离合器液压操纵机构油面及泄漏。

根据检查离合器情况填写表 7-1。

项目七　汽车底盘的维护与保养

表 7-1　离合器的维护与检查

离合器液位	
液体渗漏	
踏板是否回弹无力	
踏板是否有异常噪声	
踏板是否过度松动	
是否感觉踏板沉重	
踏板高度	
踏板自由行程	
离合器分离点	
离合器是否有噪声	
离合器是否沉重	
离合器是否磨损	

2．变速器、驱动桥的维护与保养

(1) 检查变速器换挡杆工作情况及换挡指示灯。
(2) 检查变速器、驱动桥齿轮油油位及泄漏情况。
(3) 更换变速器、驱动桥齿轮油。
(4) 检查驱动轴防护套。

根据检查结果填写表 7-2。

表 7-2　变速器的维护与检查

序　号	项　目	结　果
1	变速器换挡杆换挡情况	
2	变速器油液液位	
3	变速器油液更换量	
4	油液渗漏情况	
5	驱动轴防护套	

三、知识拓展

离合器是汽车维护与保养中常见而重要的作业项目，有时甚至要将离合器拆卸检查才能达到使用要求。现以捷达轿车为例，介绍其离合器及操纵机构的拆卸与安装。

捷达轿车离合器拉索助力机构如图 7-7 所示，离合器拉索自动调整机构如图 7-8 所示。

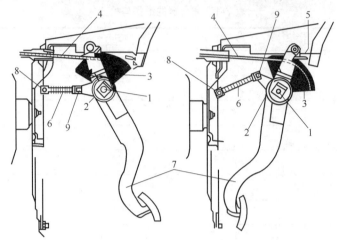

图 7-7　离合器拉索助力机构

1—离合器踏板轴；2—回位弹簧；3—齿扇；4—离合器拉索；5—棘爪；
6—偏心弹簧；7—离合器踏板；8—固定轴；9—活动销轴

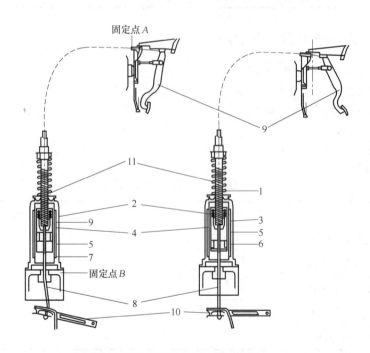

图 7-8　离合器拉索自动调整机构

1—波顿弹簧；2—小弹簧；3—锁锥；4—锁球；5—锁球保持架；6—夹持件；7—缸筒；
8—离合器拉索内线；9—离合器踏板；10—离合器杠杆；11—拉索外皮圈

1. 离合器的拆卸

如图 7-9 所示，需在发动机拆下后进行。从发动机飞轮端用工具 15 托住离合器压盘总成 7，用交叉法旋下螺栓 1，取下飞轮 2 和从动盘 3。再从离合器压盘总成 7 上摘下卡环 4(注意卡环 4 末端位置，以便安装时恢复原位)，取下分离盘 5，旋下螺栓 6，从曲轴上取下中间板 12 和离合器压盘总成 7。旋下螺栓 13，取下隔板 8。

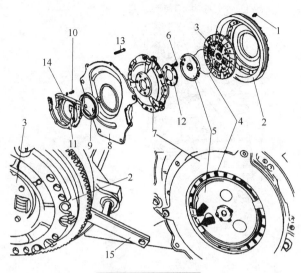

图 7-9　离合器拆卸

1，6，13—螺栓；2—飞轮；3—从动盘；4—卡环；5—分离盘；7—离合器压盘总成；8—隔板；9—后油封；
10—曲轴后油封盖螺栓；11—密封圈；12—中间板；14—曲轴后油封盖；15—工具

2. 离合器外操纵机构的拆卸

手动调整的离合器拉索的拆卸，如图 7-10 所示，旋松离合器拉索 19 上的调整盘 17，取下离合器拉索紧固件 6。从离合器杠杆 16 上取下离合器拉索 19，将拉索从变速器 4 上的橡胶套 2 中抽出，并从离合器踏板 15 上摘下离合器拉索 19。

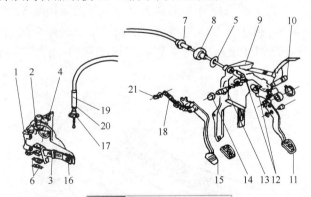

图 7-10　离合器拉索的拆卸

1—橡胶垫；2—橡胶套；3—限位缓冲块；4—变速器；5—垫圈；6—离合器拉索紧固件；7，21—挡圈；
8—缓冲块；9—踏板支架；10—制动与离合器踏板销轴；11—制动踏板；12—挡块卡环；
13—偏心弹簧销轴；14—衬套；15—离合器踏板；16—离合器杠杆；17—调整盘；18—偏心弹簧；
19—离合器拉索；20—锁紧螺母

自动调整离合器拉索的拆卸，如图7-11所示，将夹紧带21装到自动调整机构3防护套顶部上，与防护套内的自动调整机构3压在一起。将夹紧带21的夹紧带的孔20挂入自动调整机构3上的两个销子19上，拆下分离杠杆23上的拉索紧固件25后，将离合器踏板15杠杆上的离合器拉索7的吊耳脱钩，拆下离合器拉索7。

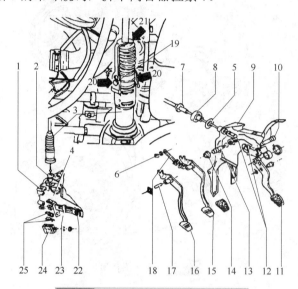

图7-11 自动调整离合器拉索的拆卸

1—橡胶盘；2—橡胶导索；3—自动调整机构；4—变速器件；5—垫圈；6—挡圈；7—离合器拉索；8—橡胶缓冲块；9—踏板支架；10—踏板杆销轴；11—制动踏板；12—挡块；13—偏心弹簧销轴；14，17—衬套；15，16—离合器踏板；18—偏心弹簧；19—销子；20—夹紧带的孔；21—夹紧带；22—分离杠杆轴；23—分离杠杆；24—平衡块；25—拉索紧固件

偏心弹簧与离合器踏板的拆卸，如图7-12所示，从离合器踏板上卸下拉索后用踏板拉紧助力弹簧1，将助力弹簧1装在保持架工具3上。拆下弹簧挡圈5，连同保持架工具3一起从车上拆下助力弹簧1。拆下离合器与制动器踏板销轴上的弹性挡圈6，拆下离合器踏板4。将保持架工具3夹在虎钳2上，再从保持架工具3上取下助力弹簧1。

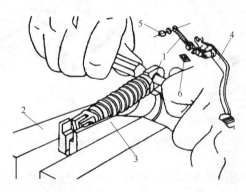

图7-12 偏心弹簧与离合器踏板的拆卸

1—助力弹簧；2—虎钳；3—保持架工具；4—离合器踏板；5—弹簧挡圈；6—弹性挡圈

3. 离合器的安装

(1) 离合器压盘的安装。如图 7-13 所示，使用工具 4 将压盘 1 固定在曲轴 2 上。装上中间板 5 和其上 6 个螺栓 3，应按对角线交叉逐个分几次扭紧(先用力矩 30N·m 旋紧后再继续转 1/4 圈)，并在螺栓 3 上涂上螺栓紧固液(D6)。为确保螺栓的自锁，必须用新的具有锁紧作用的螺栓。

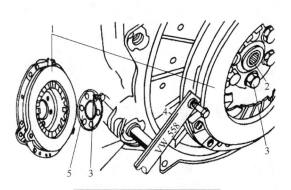

图 7-13　离合器压盘的安装

1—压盘；2—曲轴；3—螺栓；4—工具；5—中间板

(2) 分离盘卡环的安装。在压盘上将分离盘正确安装在定位凸起上，将锂基润滑脂薄薄地涂抹在分离盘的接触面和离合器压杆承窝内，将卡环装到压盘上，其开口的位置与拆卸时应相同。

(3) 离合器从动盘与飞轮的安装。如图 7-14 所示，在压盘上装上从动盘 3 和飞轮 1，用从动盘定心工具 4，按对角线交叉逐个旋紧螺栓 2(力矩为 20N·m)。

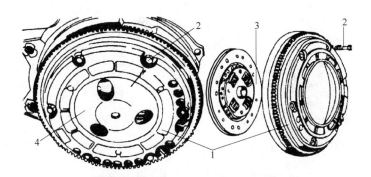

图 7-14　离合器从动盘与飞轮的安装

1—飞轮；2—螺栓；3—从动盘；4—从动盘定心工具

4. 离合器外操纵机构的安装

1) 手动调整的离合器操纵机构的安装

(1) 离合器拉索与离合器踏板的安装。如图 7-15 所示，在离合器踏板 1 的拉索悬吊点上涂上润滑油脂,通过前隔墙将离合器拉索 2 钩在离合器踏板 1 上。

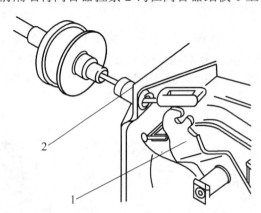

图 7-15　离合器拉索与离合器踏板的安装

1—离合器踏板；2—离合器拉索

(2) 偏心弹簧与离合器踏板的安装。如图 7-12 所示,在离合器与制动器踏板销轴上插入离合器踏板 4,装上弹性挡圈 6。然后把助力弹簧 1 压入保持架工具 3,连同保持架工具 3 一起安装上助力弹簧 1,并用离合器踏板 4 张紧助力弹簧 1,而后拆下保持架工具 3,装上弹簧挡圈 5。

(3) 离合器拉索与离合器杠杆的安装。如图 7-16 所示,将离合器拉索 1 穿过变速器 4 上的橡胶导管 9 与离合器杠杆 8 连在一起,装上离合器拉索紧固件 6,转动调整盘 3,使离合器踏板 10 的离合器踏板自由行程 11 保持在 15~20mm,最后旋紧锁紧螺母 2。

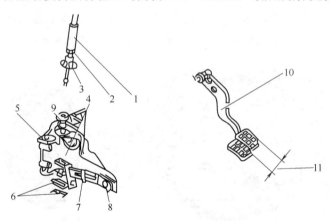

图 7-16　离合器拉索与离合器杠杆的安装

1—离合器拉索；2—锁紧螺母；3—调整盘；4—变速器；5—橡胶盘；6—离合器拉索紧固件；
7—限位缓冲块；8—离合器杠杆；9—橡胶导管；10—离合器踏板；11—离合器踏板自由行程

2) 自动调整的离合器操纵机构的安装

离合器拉索自动调整机构的安装,如图 7-17 所示,将夹紧带 3 从拉索调整机构 4 的防护套 5 上拉开,拉离合器拉索 6 接头(按箭头 1 的方向),并固定。来回移动拉索调整机构 4,直至它被一起压过中隔墙(箭头方向 2),在此位置固定拉索调整机构 4 将夹紧带 3 的孔钩在拉索调整机构 4 的调整机构的销 7 上，再把离合器拉索 6 装在变速器上的离合器分离杠杆上，最后拆掉夹紧带 3。

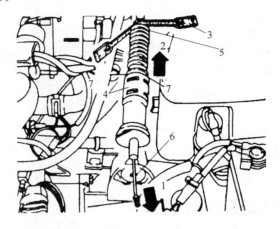

图 7-17 离合器拉索自动调整机构的安装

1—拉索接头固定方向；2—调节机构移动方向；3—夹紧带；4—拉索调整机构；
5—防护套；6—离合器拉索；7—调整机构上的销

带自动调整机构的离合器拉索的功能检查，如图 7-18 所示，离合器拉索的功能检查时，至少压 5 次离合器踏板，按箭头方向可移动离合器分离杠杆 1 约 10mm。若离合器分离杠杆 1 在箭头方向不允许向下压时，必须更换离合器拉索 2。

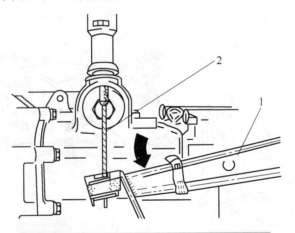

图 7-18 带自动调整机构的离合器拉索功能检查

1—离合器分离杠杆；2—离合器拉索

学习任务二　汽车行驶系统的维护与保养

【学习目标】

● 掌握汽车行驶系统的维护与保养方法。

- 掌握各系统总成紧固螺栓安装位置及连接形式。
- 掌握悬架系统的维护与保养方法。

【能力要求】

- 能熟练找到车身及底盘传动系统各部分连接螺栓的安装位置,并能够熟练运用专用工具进行检查和紧固。
- 会检查悬架系统泄漏、刚性、弹性及连接情况。

一、相关知识

(一)车身螺栓的检查与紧固

1. 车身螺栓及螺母的检查与紧固

检查车身下述区域螺栓和螺母是否松动(图7-19)。

(1) 座椅安全带(在各门位置)。
(2) 座椅(在各门位置)。
(3) 车门的检查(在各门位置)。
(4) 发动机盖(在前面)。
(5) 行李箱门(在后面)。

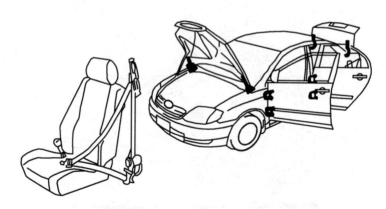

图7-19 车身螺栓及螺母的检查

2. 底盘螺栓和螺母的检查与紧固

1) 单横臂式悬架底盘螺栓及螺母的检查与紧固

将车辆升至高位,检查下述底盘连接的螺栓和螺母是否松动。

(1) 车身前悬架螺栓检查及紧固如图7-20所示。

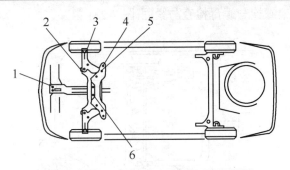

图 7-20 车身前悬架螺栓检查及紧固位置

1—中间梁×车身；2,5—下臂×横梁；3—球节×下臂；4—横梁×车身； 6—中间梁×横梁

(2) 减震器、横拉杆螺栓检查与紧固如图 7-21 所示。

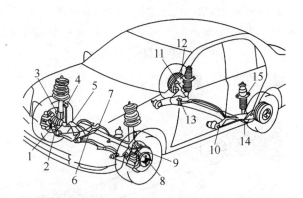

图 7-21 减震器、横拉杆螺栓检查与紧固位置

1—盘式制动器扭矩板×转向节；2—球节×转向节；3—减震器×转向节；4—稳定杆连接杆×减震器；5—稳定杆×稳定杆连接杆；6—转向机外壳×横梁；7—稳定杆×车身；8—横拉杆端头锁止螺母；9—横拉杆端头×转向节；10—拖臂和桥梁×车身；11—拖臂和桥梁×后轮毂；12—制动分泵×背板；13—稳定杆拖臂和桥梁；14—减震器×拖臂和桥梁；15—减震器×车身

(3) 排气管与燃油箱螺栓检查与紧固如图 7-22 所示。

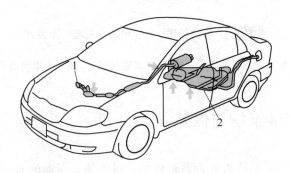

图 7-22 排气管与燃油箱螺栓检查与紧固位置

1—排气管；2—燃油箱

2) 双纵臂式悬架螺栓与螺母检查与紧固(图7-23)

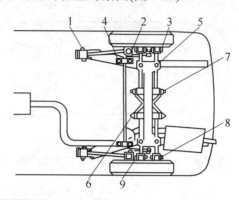

图7-23 双纵臂式悬架螺栓与螺母检查与紧固位置

1—支撑杆×车身；2—支撑杆×车桥托架；3—稳定杆×稳定杆连接杆×减震器；4—稳定杆×车身；
5—梁×车身；6——号悬架臂×梁；7—二号悬架臂×梁；8—二号悬架臂×车桥托架；
9——号悬架臂×车桥托架

3) 传动轴螺栓与螺母的检查与紧固(图7-24)

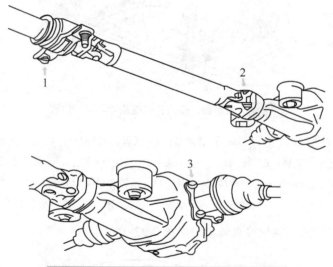

图7-24 传动轴螺栓与螺母的检查与紧固装置

1—中间轴承支撑安装螺栓；2—法兰叉锁紧螺母；3—后驱动轴锁紧螺母

(二)汽车悬架的维护与保养

汽车悬架的检查主要是检查弹簧是否损坏，减震器是否漏油与损坏，悬架连接摆动的情况等，具体检查的部位如图7-25所示。

项目七 汽车底盘的维护与保养

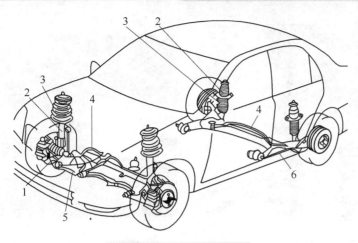

图 7-25　汽车悬架的检查

1—转向节；2—减震器；3—螺旋弹簧；4—稳定杆；5—下臂；6—拖臂和桥梁

1. 悬架弹簧的检查

检查弹簧是否折断与损坏，如图 7-26 所示。

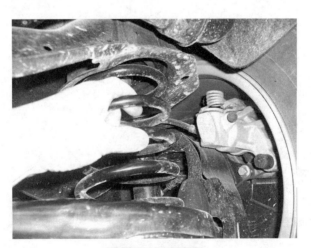

图 7-26　检查弹簧

2. 减震器的检查

（1）检查减震器上是否有凹痕。另外，检查防尘罩上是否有裂纹、裂缝或者其他损坏。同时检查减震器是否漏油，如图 7-27 所示。

（2）检查减震器螺栓是否松动，如图 7-28 所示。

3. 检查悬架连接摆动

通过用手摇晃悬架接头上的连接，检查衬套是否磨损或者有裂纹，并且检查是否摆动。

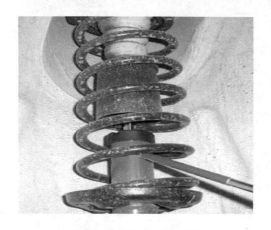

图 7-27 减震器的检查

图 7-28 减震器螺栓的检查与紧固

二、项目实施

(一)项目实施环境

(1) 实训车辆。
(2) 常用工具。
(3) 专用工具、举升机。
(4) 配件材料。
(5) 维修手册及维护资料。

(二)项目实施步骤

1. 车身螺栓与螺母的检查与紧固

(1) 检查各车门的螺栓和螺母是否松动(铰链)。
(2) 检查各座椅的螺栓和螺母是否松动。
(3) 检查各座椅安全带的螺栓和螺母是否松动。
(4) 检查行李箱门的螺栓和螺母是否松动。
(5) 检查车身底部各螺栓和螺母是否松动。

2. 汽车悬架的检查与维护

(1) 检查减震器的减震力。
(2) 检查车辆的倾斜度。
(3) 检查减震器是否泄漏。

(4) 检查弹簧。
(5) 检查悬架连接摆动情况。

学习任务三　汽车转向系统的维护与保养

【学习目标】

- 熟悉转向系统的分类。
- 掌握转向系统的维护与保养方法和操作步骤。

【能力要求】

- 能对齿轮齿条、循环球等几种典型的转向机构进行维护与保养。
- 能对动力转向系统进行日常检查与保养。

一、相关知识

汽车上的任一总成、零部件(除了制动系统之外)，都没有比前桥转向系统对行车安全所负的责任更大。一般来说，汽车的其他机构发生故障，还可采取一定的措施，不至于造成严重事故，而前桥、转向(及制动)系统则不然，一旦发生问题，很容易造成车毁人亡的恶性事故。

汽车转向系统的故障绝大部分是由于使用中的正常磨损所引起的,但是有时也会因缺少定期检查、调整和润滑，从而加速了这些磨损的发生。转向系统技术状态变坏，不仅会降低汽车的操纵灵活性，而且直接影响行车的安全。为此，应及时做好汽车转向系统的检修、养护与调整工作，以确保汽车在各种道路、各种速度下行驶时，转向系统都能安全可靠地工作。要提高汽车转向系统的使用寿命，保证汽车的行驶安全性，必须按说明书要求做好各项检修与养护工作。

(一)转向盘的检查

1. 转向盘自由行程的检查

车辆正常停在平直路面，将前轮旋转至正前方位置，保持前轮不动(对于配备动力转向系统的车辆，应启动发动机，使车辆笔直向前)，轻轻转动转向盘，在车轮就要开始移动时，用直尺或游标卡尺测量转向盘的移动量，如图 7-29 所示，该移动量就是转向盘自由行程。自由行程应为 0～30mm(各车型规定不同)。如果自由行程超出极限范围，则应调整齿条机构。如果齿条机构调整后，自由行程仍然超出极限范围，则应检查转向连杆和转向机。

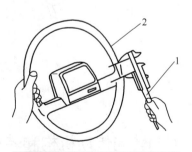

图 7-29　转向盘自由行程的检查

1—游标卡尺；2—转向盘

2．转向盘松动和摆动的检查

用两手握住转向盘，轴向、垂直地或者向两侧检查其松动情况，测量转向盘左右转动的最大距离。

3．检查转向盘锁止

将点火开关转到 ACC 位置，转向盘可以自由移动，取下点火开关钥匙，转向盘锁止，应不能自由转动。

4．转向盘转矩的测定与调整

如图 7-30 所示，将轮胎充气到正确压力的车辆，放在水平干燥的水泥路面上，将车轮位置由直线行驶位置开始转动至 360°时，用弹簧秤 1 测定转向盘 2 的转动力，与新车相比应在±5N 之间(使用动力转向器时，在发动机怠速运转下，转向盘转动力应小于 40N)。若达不到此值，应调整转向器 3 上的调整螺杆 4(先松开调整螺杆 4 上的锁母再进行调整)。也可以在干燥水平的路面上进行道路试验，转向器 3 如能自己回到直线位置，则把调整螺杆 4 松一点，转向器 3 如还有间隙，则把调整螺杆 4 拧紧一点。

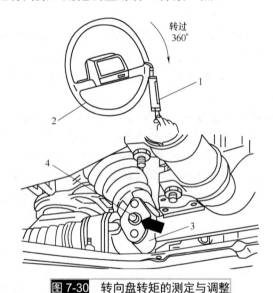

图 7-30　转向盘转矩的测定与调整

1—弹簧秤；2—转向盘；3—转向器；4—调整螺杆

(二)转向传动机构和转向器的检查与维护

1．转向传动机构球节的检查

1) 球节上下滑动间隙检查

(1) 使用制动踏板压力器保持制动踏板被踩下。

(2) 前轮垂直向前，举起车辆并且在一个前轮下放一高度为 180～200mm 的木块，如

图 7-31 所示。

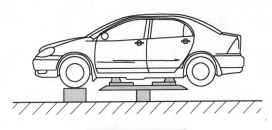

图 7-31　举升汽车

(3)　放低举升器直到前螺旋弹簧承载一半的负荷。

(4)　再次确认前轮笔直向前。

(5)　在下臂的末端使用工具检查球节的上下滑动间隙，如图 7-32 所示。

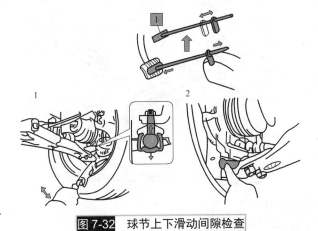

图 7-32　球节上下滑动间隙检查

2)　检查球节防尘罩

检查球节防尘罩是否有裂纹、撕裂或者其他损坏。

2．转向传动机构的检查

(1)　松动和摆动的检查。用手摇晃转向传动机构，检查是否有松动或者摆动，如图 7-33 所示。

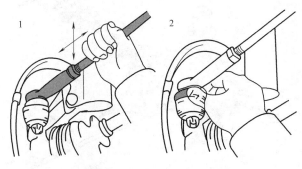

图 7-33　转向传动机构的检查

(2) 弯曲和损坏的检查。检查转向传动机构是否弯曲或者损坏。

3．机械转向器的检查与维护

检查齿轮箱是否有润滑脂或者机油渗漏(或者浸润)。如果是齿轮—齿条式转向器，转动轮胎，检查齿条护套是否有裂纹或者破损。

1) 齿轮—齿条式动力转向器的检查

(1) 检查动力转向液液位。

(2) 检查动力转向液是否渗漏，检查部位有齿轮箱、PS 叶轮泵、液体管路和连接，如图 7-34 所示。

(3) 检查 PS 管是否有裂纹和其他损坏。

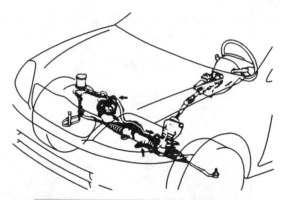

图 7-34　齿轮—齿条式动力转向器的检查

2) 循环球式动力转向器的检查

(1) 检查动力转向液液位。

(2) 检查动力转向液是否渗漏，检查部位有齿轮箱、PS 叶轮泵、液体管路和连接点，如图 7-35 所示。

(3) 检查 PS 管是否有裂纹和其他损坏。

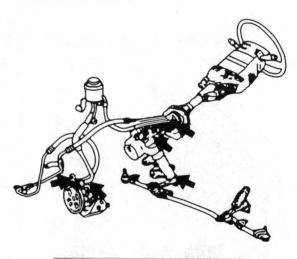

图 7-35　循环球式动力转向器的检查

(一)项目实施环境

(1) 实训车辆。
(2) 常用工具、直尺。
(3) 专用工具、举升机。
(4) 配件材料。

(二)项目实施步骤

1. 动力转向液的检查与维护

(1) 检查储油罐液位。
(2) 检查动力转向机构泄漏。
(3) 检查动力转向软管是否有裂纹或其他损伤。

2. 转向盘的检查

(1) 检查转向盘自由行程。
(2) 检查转向盘的松动和摆动。
(3) 检查转向盘锁止。

3. 转向连接机构与转向器的检查

(1) 检查转向连接机构是否有松动和摇摆。
(2) 检查转向连接机构有无弯曲和损坏。
(3) 检查防尘套是否开裂和撕裂。
(4) 检查转向器工作情况。

根据检查结果填写表 7-3。

表 7-3 转向系统保养与维护

序 号	项 目	结 果
1	储液罐液位	
2	液位偏差	
3	渗漏部位	
4	转向盘自由行程	
5	转向盘松动与摆动	

序 号	项 目	结 果
6	转向盘锁止	
7	转向球节滑动	
8	转向连接机构	
9	转向器	

学习任务四　汽车制动系统的维护与保养

【学习目标】

- 熟悉制动系统的种类及其结构区别。
- 掌握制动系统的调整方法。
- 掌握鼓式制动器的维护与保养。
- 掌握盘式制动器的维护与保养

【能力要求】

- 能判断、调整制动系统的自由行程。
- 能判断助力系统的工作情况并进行检修。
- 能对驻车制动系统进行检修和警告灯的检查。
- 能对鼓式制动器进行维护、保养和拆装。
- 能对盘式制动器进行维护、保养和拆装。

一、相关知识

(一)制动踏板的检查

1. 制动踏板工作状况检查

踩制动踏板，检查制动踏板是否存在下述故障，如图 7-36 所示。
(1) 反应灵敏度低。
(2) 踏板不完全落下。
(3) 异常噪声。
(4) 过度松动。

2. 制动踏板高度检查

使用一把直尺测量制动踏板高度，如图 7-37 所示。如果超出规定范围，应调整制动踏板高度。

图 7-36　制动踏板工作状况的检查

图 7-37　制动踏板高度的检查

1—锁止螺母；2—踏板推杆；A—踏板高度

3．制动踏板高度调整

(1) 松开锁止螺母，如图 7-37 所示。
(2) 转动踏板推杆直到踏板高度正确。
(3) 上紧锁止螺母。
(4) 调整好踏板高度之后，检查踏板自由行程。

4．制动踏板自由行程的检查与调整

停止发动机，连续踩几下制动踏板，以解除制动助力，然后用手指轻轻按压制动踏板，并且使用一把直尺测量制动踏板自由行程，如图 7-38 所示，其值应不大于 45mm。对于配备了液压制动助力器的车辆，至少要踩下制动踏板 40 次。如果不符合规定，可松开制动主缸助力器上推力杆上的螺母，通过旋动叉头来调整推力杆长度，从而调整制动踏板自由行程。

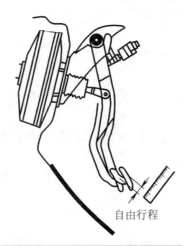

图 7-38　制动踏板自由行程的检查

5. 踏板行程余量的检查

使发动机运转，松开驻车制动器，用 490N 的力踩下制动踏板，然后使用一把直尺测量踏板行程余量，检查其是否处于规定的范围内，如图 7-39 所示。一般轿车的踏板有效行程为 135mm，总行程不小于 180mm。

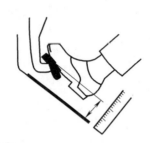

图 7-39　制动踏板行程余量的检查

(二)真空助力器性能的检查

1. 真空助力器工作性能检查

(1) 发动机停机。
(2) 连续踩制动踏板数次。
(3) 要求制动踏板高度应无变化，且无异响。
(4) 踩住制动踏板，启动发动机。
(5) 制动踏板应继续下沉，如图 7-40 所示。

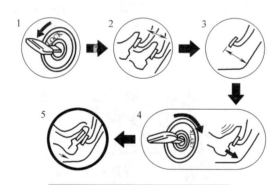

图 7-40　真空助力器工作性能检查

2. 真空助力器气密性检查

检查是否维持了制动助力器中的真空。
(1) 启动发动机。
(2) 让发动机运转 1～2min 后停机。
(3) 踩压制动踏板数次，检查制动踏板在每次踩压后是否返回距离越来越大。

3. 真空助力器真空检查

检查制动助力器室中的真空压力是否泄漏。
(1) 启动发动机。
(2) 踩下制动踏板，停机。
(3) 保持30s后检查制动踏板高度是否有变化。

(三)驻车制动性能的检查与调整

驻车制动装置主要由驻车制动杆、驻车制动器操作拉杆、制动拉索及后轮制动器中的驻车制动拉杆等组成，如图7-41所示，它作用于后轮，主要是在坡路或平路上停车时使用，或在紧迫情况下作紧急制动。

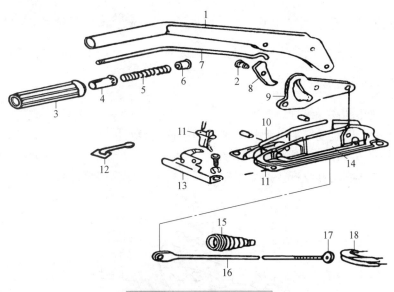

图7-41 驻车制动装置分解

1—驻车制动杆；2—螺栓；3—制动手柄套；4—旋钮；5—弹簧；6—弹簧套筒；7—棘轮杆；
8—棘轮掣子；9—扇形齿；10—右轴承支架；11—驻车灯开关；12—凸轮；13—支架；
14—左轴承支架；15—驻车制动拉杆底部橡胶防尘罩；16—驻车制动操作拉杆；17—限位板；
18—驻车制动拉索调整杠杆

1. 检查驻车制动性能

用196N(各车型稍有不同)的力拉动驻车制动杆，如图7-42所示，此力足以获得完全的驻车制动。驻车制动应该在规定的齿数内锁紧(拉动时可以听到"咔嗒"声)，一般为6～10响。如果制动杆的齿数不符合要求，则应调整驻车制动杆的行程。

2. 驻车制动开关的测试

在点火开关位于"ON"位置时,拉起驻车制动杆时,指示灯点亮;放下驻车制动杆时,指示灯熄灭。否则检查驻车制动开关接插器,如图7-43所示。

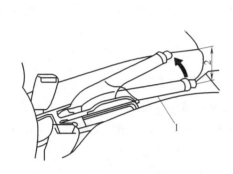

图 7-42 驻车制动杆行程检查

1—驻车制动杆;2—拉动行程(3～10个齿)

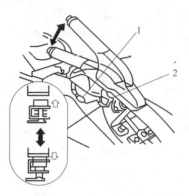

图 7-43 驻车制动开关接插器

1—接插器;2—开关

3. 驻车制动杆行程的调整

(1) 松开驻车制动操纵杆。
(2) 用力踩一下制动踏板,把驻车制动操纵杆拉紧两齿。
(3) 旋紧(图7-44)箭头所示调整螺母,直到用手不能旋转两个被制动的后车轮为止。
(4) 松开驻车制动操纵杆,两后车轮能旋转自如,即为调整合适。

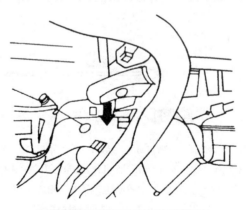

图 7-44 驻车制动杆行程的调整

(四)盘式制动器的维护与保养

各种车辆制动器类型或有不同,这里以盘式制动器和鼓式制动器为例,详细说明制动器的维护与保养作业。

1. 盘式制动器的拆卸与检查

在对所有制动器进行维护与保养之前，应该适当举升车辆，同时拆下所有车轮。具体步骤如下。

(1) 松开制动钳壳体的紧固螺栓(拧紧力矩 70N·m)，把制动钳向上旋出，检查软管及销子护套是否破损或老化，如图 7-45 所示。

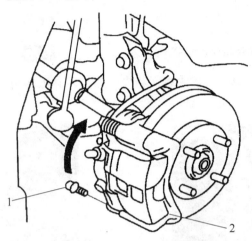

图 7-45　盘式制动器总成

1—螺栓；2—制动钳

(2) 拧松制动器罩的螺栓，取下制动钳壳体，如图 7-46、图 7-47 所示。

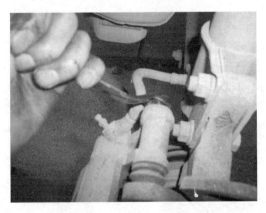　　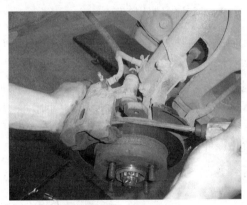

图 7-46　拧松制动器罩螺栓　　　　图 7-47　取下制动钳壳体

(3) 抽出制动液储液罐中的制动液，否则会引起制动液外溢，损坏表面油漆。制动液有毒，排放制动液时只能使用专用容器存放。

(4) 松开制动软管接头，把制动钳活塞压回制动钳壳体内，即使活塞回位，取下制动垫片和制动衬片，如图 7-48 所示。

(5) 拆卸制动衬片护座与制动钳，如图 7-49 所示。

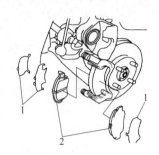

图 7-48 拆卸制动垫片和制动衬片

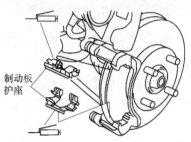

图 7-49 拆卸制动板护座

(6) 取下制动衬片，用砂纸擦去表面粉尘，然后用砂纸倒角，也可以用手提式砂轮机倒角，如图 7-50、图 7-51 所示。

图 7-50 取下制动衬片

图 7-51 清洁制动衬片

2. 制动衬片的检测

盘式制动器的摩擦片正常的使用寿命为 3 万～5 万 km，摩擦材料厚度应大于 2mm，更换摩擦片时，应左右轮同时更换。有的摩擦片上带有磨耗记号，在检查中可从制动钳的检视孔进行观察。如果从检视孔里发现摩擦片的厚度小于规定值时，应同时更换两侧车轮的摩擦片。检查内侧制动衬片和外侧制动衬片的厚度，背垫板的厚度不计。制动衬片标准厚度为 9mm，维修极限约为 2mm(各车型稍有不同)。如果制动衬片厚度小于维修极限，则应更换整套制动衬片，如图 7-52 所示。

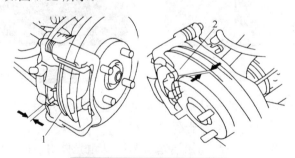

图 7-52 检查制动衬片的厚度

1—内侧制动衬片；2—外侧制动衬片

3. 制动盘的检查

1) 制动盘磨损的检查

检查制动盘工作面的磨损情况，正常的磨损是工作面上的细小纹理像唱片一样均匀，如图7-53所示。用外径千分尺检查制动盘厚度，如图7-54所示，在距制动盘外缘10mm间隔处，大约每间隔45°共取8个点处，测量制动盘的厚度，如果最小值小于最大修正极限，则应该更换制动盘。一般制动盘磨损到极限厚度(捷达轿车为11mm、富康轿车为8mm)或磨损的沟槽深度达到0.5mm时，应更换制动盘。更换制动盘时应同时更换两侧的制动盘。

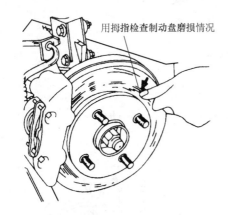

图7-53 制动盘的磨损

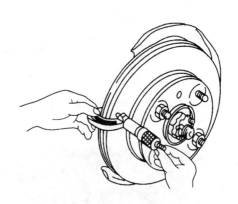

图7-54 制动盘厚度检查

2) 制动盘振摆的检查

将百分表靠制动盘放置，测量从制动盘外缘起10mm处的振摆，如图7-55所示，如果制动盘振摆超出维修极限，应对制动盘进行修整。

4. 盘式制动器的安装

(1) 将制动钳彻底清理干净，除去全部锈蚀，并检查其是否出现沟槽及裂纹。

(2) 检查制动盘是否破损及开裂。

(3) 给制动钳支承销和制动钳座孔的配合面涂上润滑脂。

(4) 安装制动衬片护座。将护座上多余的润滑脂擦掉，不要让制动盘和制动衬片沾上润滑脂，润滑脂沾到制动盘和制动片上会降低制动性能。

(5) 正确安装制动衬片和制动衬片垫片，如图7-56、图7-57所示，带有磨损指示器的制动衬片要安装在内侧。如果重复使用制动衬片，务必将制动衬片装复至原先位置，以防瞬时失效。

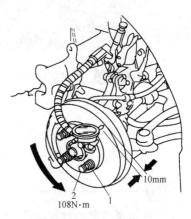

图7-55 制动盘振摆检查

1—平垫圈；2—螺母

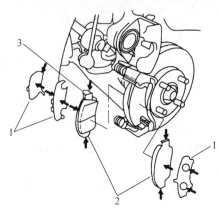

图 7-56　安装制动衬片

1—制动垫片；2—制动衬片；3—磨损指示器

(6) 安装活塞，如图 7-58 所示，将活塞推入，使制动钳卡在制动衬片上。确认活塞护套就位，以防向下转动制动钳时损坏活塞。

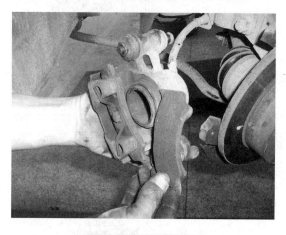

图 7-57　安装制动垫片

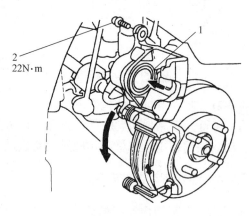

图 7-58　安装活塞

1—活塞；2—螺栓

(7) 向下转动制动钳使其到位。小心不要损坏销子护套。装上螺栓，将其锁紧。

(8) 组装完毕后，用力向下踩压制动踏板数次，确认制动器工作正常，然后试车。

注意

刚刚换上整套制动衬片，进行制动时可能需较大的踏板行程。踩压几次制动踏板恢复正常的踏板行程。

(9) 安装结束后，检查软管及管路接口或连接机构是否有泄漏，必要时可重新紧固。

(五)鼓式制动器的维护与保养

1. 制动鼓的拆卸与检查

(1) 松开驻车制动器,拆卸制动鼓、制动蹄、驻车制动杆、车轮制动分泵背衬板等部件,如图 7-59~图 7-64 所示。

图 7-59 拆下防尘罩盖

图 7-60 取出螺母放松销

图 7-61 旋出轴承锁紧螺母

图 7-62 取出外圆锥轴承及端盖

图 7-63 用螺栓顶出制动鼓

图 7-64 取出制动鼓

(2) 检查车轮制动分泵是否泄漏。

(3) 检查制动衬片是否开裂、磨光、磨损和污染等。

(4) 测量制动衬片的厚度,如图 7-65 所示。制动衬片的标准厚度为 4.3mm,维修极限为 1.0mm(各车型稍有不同)。如果制动衬片的厚度小于维修极限值,则更换整套驻车制动蹄片。

(5) 检查轮毂轴承运转是否顺畅。如果需要维修,则将其更换。

(6) 如图 7-66 所示,用内径游标卡尺测量制动鼓内径。制动鼓内径标准为 179.9～180.0mm,维修极限为 181.0mm(各车型差异较大,详查维修手册)。如果制动鼓的内径大于维修极限,则更换后轮制动鼓。

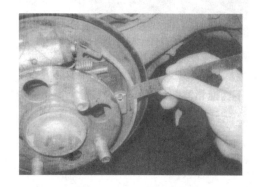

图 7-65 制动衬片厚度测量

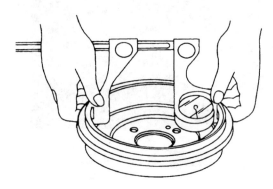

图 7-66 鼓式制动器内径测量

2. 制动蹄片的拆卸与检查

(1) 推压弹簧锁片,转动张紧销,将其卸下,如图 7-67 所示。

(2) 如图 7-68 所示,拆卸回位弹簧,从轮毂上拆卸制动蹄总成。

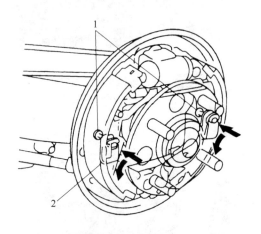

图 7-67 拆卸弹簧锁片

1—张紧销;2—弹簧锁片

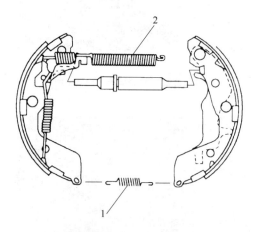

图 7-68 拆卸回位弹簧

1—下回位弹簧;2—上回位弹簧

(3) 拆卸上回位弹簧,并分解制动蹄总成。

(4) 从驻车制动杆上断开驻车制动拉索,卸下制动蹄。

(5) 如图 7-69 所示，拆卸 U 形夹、波形垫圈和转向主销，从制动蹄上分离驻车制动杆。

3. 鼓式制动器的安装

(1) 如图 7-70 所示，将驻车制动杆安装到后轮制动蹄上，并利用转向主销、波形垫圈和一个新的 U 形夹将其固定，以免弹出。

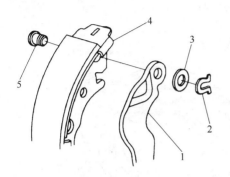

图 7-69　拆卸销轴

1—分离驻车制动杆；2—U 形夹；3—波形垫圈；
4—制动蹄；5—销轴

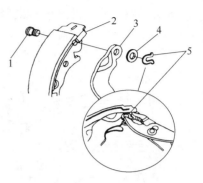

图 7-70　安装销轴 U 形夹

1—销轴；2—制动蹄；3—驻车制动杆；
4—波形垫圈；5—U 形夹

(2) 将驻车制动拉索与驻车制动杆连接。

(3) 如图 7-71 所示，给滑动面涂上润滑脂，并擦干多余的润滑脂，不要让润滑脂接触制动衬片。

(4) 如图 7-72 所示，将自动调节装置和自动调节装置弹簧安装到制动蹄的前侧。

(5) 将制动蹄与 U 形夹、调节螺栓、上回位弹簧组装在一起。将调节螺栓完全拧到 U 形夹上。

(6) 将制动蹄总成安装在背垫板上，使制动蹄的顶部与车轮制动分泵活塞配合，而制动器底部固定在定位板上。

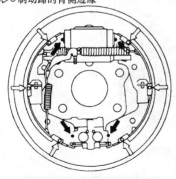

图 7-71　制动器润滑点

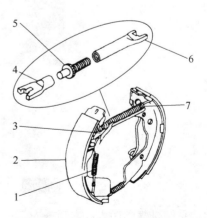

图 7-72　安装自动调节装置

1—自动调节装置弹簧；2—制动蹄；3—自动调节装置；
4，6—U 形夹；5—调节螺栓；7—上回位弹簧

(7) 安装张紧销,在推压每个固定弹簧时旋进张紧销,使其与固定弹簧固定在一起。

(8) 安装下回位弹簧。

(9) 安装制动鼓和后轮。安装时要确定制动蹄片和制动鼓的尺寸,可以使用制动鼓-制动蹄量规配合进行,如图7-73所示。

(10) 如果车轮制动分泵已经拆卸,则要给制动系统排气。

(11) 安装后踩几次制动踏板,来调整自调式制动器。

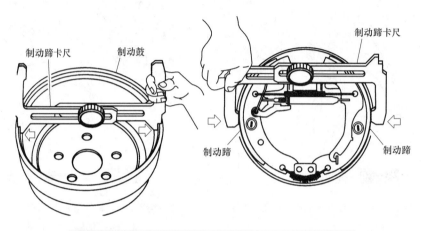

图 7-73　测量制动鼓并按照这个尺寸确定制动蹄的位置

4．制动系统的排气

制动系统排气时,应按规定顺序打开放气螺栓,如图7-74所示,然后排出制动钳和车轮制动轮缸中的气体,用专用排液瓶盛放排出的制动液。

图 7-74　拧松制动系统放气螺栓

制动系统排气顺序为:右后→左后→右前→左前。此项操作需要甲、乙两名技师配合,具体操作步骤如下。

(1) 将一根软管的一端接到放气螺钉上,一头插入排液瓶,如图7-75所示。

(2) 技师甲用力迅速踩下并缓慢放松制动踏板,如此反复数次后踩下制动踏板,并保持一定高度使之不动。

(3) 技师乙拧松放气螺钉，管路中空气随制动液顺着胶管排出制动系统，排出空气后再将放气螺钉拧紧。

(4) 技师甲再次用力迅速踩下并缓慢放松制动踏板，如此反复数次后踩下制动踏板，并保持一定高度使之不动。

(5) 甲、乙两名技师重复上述步骤多次，直至容器中制动液里无气泡为止。

(6) 观察储液罐制动液面高度，必要时可添加制动液。

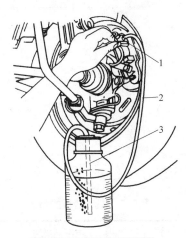

图 7-75　制动系统放气

1—放气螺钉；2—放气管；3—排液瓶(透明容器)

二、项目实施

(一)项目实施环境

(1) 实训车辆。
(2) 常用工具、直尺。
(3) 专用工具、举升机。
(4) 配件材料。

(二)项目实施步骤

1．制动液液位及制动管路的检查与维护

(1) 检查制动液液位。
(2) 检查制动液渗漏。
(3) 检查制动管路损坏。

根据检查情况填写表 7-4 所列的内容。

表 7-4　制动液液位的检查

序　号	项　目	结　果
1	车辆是否有 ABS 系统	
2	加注的制动液型号	
3	制动液的加注量	
4	制动液应多长时间更换一次	
5	制动管路损坏情况	

2．制动踏板的检查

(1) 检查制动踏板工作状况。
(2) 检查与调整制动踏板高度。
(3) 检查与调整制动踏板自由行程。
(4) 检查与调整制动踏板行程余量。

根据检查情况填写表 7-5 所列的内容。

表 7-5　制动踏板的检查

序　号	项　目	结　果
1	制动踏板工作状况	
2	制动踏板高度	
3	制动踏板自由行程	
4	制动踏板行程余量	
5	制动踏板的调整	

3．真空助力器性能检查

(1) 真空助力器工作性能检查。
(2) 气密性检查。
(3) 真空检查。

根据检查情况填写表 7-6 所列的内容。

表 7-6　真空助力器的检查

序　号	项　目	结　果
1	真空助力器工作性能	
2	气密性检查情况	
3	真空检查情况	

4．驻车制动性能检查

(1) 检查驻车制动杆行程。

(2) 检查驻车制动指示灯的工作情况。

根据检查情况填写表 7-7 所列的内容。

表 7-7 驻车制动性能的检查

序 号	项 目	结 果
1	驻车制动杆行程	
2	指示灯是否工作	
3	是否需要调整	

5．盘式制动器的检查与维护

当需要检查、更换制动衬片、制动盘或维修制动钳时，可按图 7-76 所示的分解图进行拆卸。

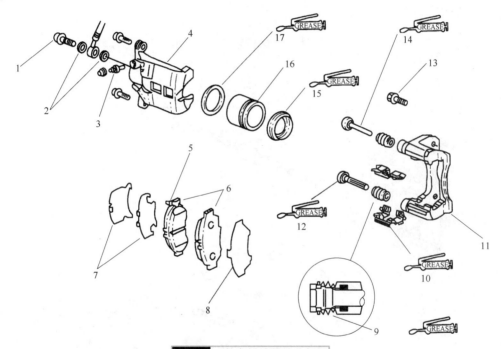

图 7-76 盘式制动器的分解图

1—空心螺栓 34N·m；2—密封垫圈；3—排气螺钉 8N·m；4—制动钳体；5—磨损指示器；6—制动板；7—内侧制动板垫片；8—外侧制动板垫片；9—护套；10—制动板护座；11—制动钳座；12—制动钳销 A；13—M12×1.25 108N·m；14—制动钳销 B；15—活塞护罩；16—活塞；17—活塞密封环

拆卸作业时应注意下列事项。

(1) 勿将制动液溅洒在车辆上，制动液会损坏油漆；如果制动液已经溅洒在漆层上，应立即用水将其清洗干净。

(2) 用抹布或维修用布包住拆开的软管接头，或者用大力钳夹住软管，以防渗漏。

(3) 在制动液中清洗制动传动零件，并在空气中干燥，用压缩空气吹净所有通道。

(4) 重新组装之前，检查所有零件，上面不得有灰尘及其他异物。

(5) 根据规定更换新零件。

(6) 确认制动液没有被灰尘和其他异物污染。

(7) 若重复使用制动衬片，须将其装复至原先的位置，以防制动失效。

(8) 不得重复使用排出的制动液。

(9) 务必使用纯正的原厂规定制动液。使用非原厂制动液，可能会造成腐蚀，并缩短系统使用寿命。

(10) 不要混合使用不同牌子的制动液，因为它们可能并不相容。

(11) 给活塞、活塞密封沟槽和制动钳孔涂上干净的制动液。

(12) 确认制动盘和制动衬片未沾上润滑脂或油渍。

(13) 一旦分解，务必更换新的橡胶零件。

(14) 安装制动钳后，检查制动系统软管及管路是否出现泄漏、相互干扰及扭曲现象。

6．鼓式制动器的检查与维护

当需要检查、更换鼓式制动器时，可按照图 7-77 所示对制动鼓进行分解。

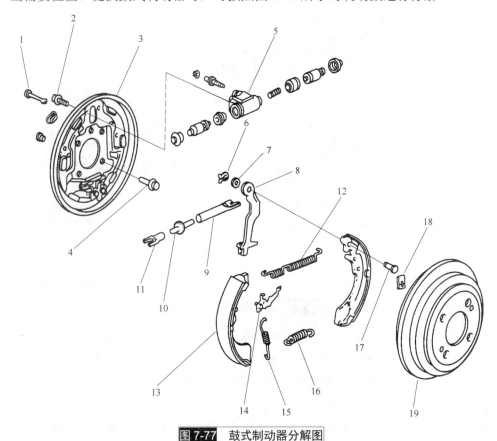

图 7-77　鼓式制动器分解图

1—张紧销；2—空心螺栓 9N·m；3—背垫板；4—M10×1.25 64N·m；5—车轮制动分泵；6—U 形夹；
7—波形垫圈；8—驻车制动杆；9—U 形夹 A；10—调节螺栓；11—U 形夹 B；12—上回位弹簧；
13—制动蹄；14—自调杆；15—自动弹簧；16—下回位弹簧；17—转向主销；18—定位弹簧；19—制动鼓

(1) 拆卸制动鼓。
(2) 推压弹簧锁片，转动张紧销，并将其卸下。
(3) 拆卸回位弹簧，从轮毂上拆卸制动蹄总成。
(4) 拆卸上回位弹簧，并分解制动蹄总成。
(5) 从驻车制动杆上断开驻车制动拉索，卸下制动蹄。
(6) 拆卸U形夹、波形垫圈和转向主销，从制动蹄上分离驻车制动杆。

三、知识拓展

经常行驶于山区的汽车，特别是载货汽车，由于坡长弯多，如果长时间频繁使用行车制动器，势必使制动器内温度急剧升高，导致热衰退和液压制动系统的气阻，使汽车的制动效能及制动器的使用寿命显著下降，影响行车安全。

为了减轻行车制动器的负担，提高汽车运输效率，确保行车安全，很多汽车特别是重型卡车均装有不同形式的辅助制动器，其中，利用发动机达到减速的有排气制动和发动机制动等形式。

1. 排气制动的原理

排气制动是利用从传动轴方向逆向驱动发动机而产生的发动机旋转阻力来制动汽车的。在发动机正常制动时，排气行程中的气压几乎与大气压力相等，活塞上不受压力，但如果在排气系统中装设了排气制动装置，排气管中的空气将被压缩，活塞顶部受到压缩空气的压力作用，阻止发动机的运转而产生制动作用，从而达到控制车速的目的。

典型的碟形排气制动阀结构如图 7-78 所示，将通气阀 4 接到排气管道前部，电磁阀 1 通过控制从电磁阀通气接头 5 进入汽缸 2 高压空气来控制阀片 3 的开闭。当阀片 3 关闭，处于工作状态，阀片 3 开启，如图 7-79 所示，排气制动没有工作，不起制动作用。

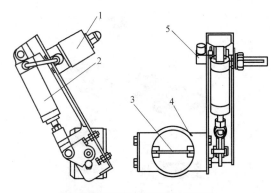

图 7-78 碟形排气制动阀结构

1—电磁阀；2—汽缸；3—阀片；4—通气阀；5—电磁阀通气接头

驾驶员使用排气制动后，碟阀转动将排气管堵死。压缩空气在按钮阀打开的同时也进入停油汽缸，停油汽缸的活塞在压缩空气的作用下移动，推杆通过联动机构带动调速器柄，使油料停止供应。

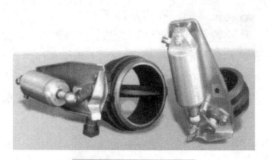

图 7-79 阀片开启情形

由于排气管堵死，发动机停止排气，燃料供应中断，排气管中的压力升至 0.3～0.4MPa。发动机活塞在工作中的排气行程必须克服此压力，因而大大增加了发动机制动的功率。故当采用排气制动时，发动机活塞在发动机排气行程时，活塞受气体的反压力，经过曲轴和传动系传至车轮，增加了车轮的转动阻力，降低了车速。

2．排气制动使用方法

排气制动有脚踩和拨杆两种方式。

1）拨杆操作

(1) 当车辆挂挡行驶时，踩下制动踏板，将自动启用排气制动(这时无须打开排气制动开关)，可提高车辆的制动能力，减少蹄片的磨损。松开制动踏板，排气制动也自动解除。

(2) 下长坡时，可单独开启排气制动，以降低下坡时的车速。以东风天龙车型为例，操作方法是：将排气制动开关向前拨(图 7-80 中的"1"方向)，松开油门和离合器踏板，排气制动便开始工作。在排气制动系统工作时，仪表板上排气制动指示灯点亮。当踩下油门或离合器踏板，可暂时解除排气制动。将排气制动开关向后拨(图 7-80 中的"2"方向)，可关闭排气制动。

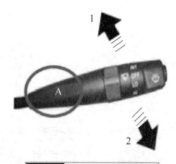

图 7-80 排气制动操纵杆

> **注意**
>
> 当排气制动不能使汽车维持安全车速时，需要间歇地使用行车制动以使汽车减速。开启排气制动时，应选择合适的变速器挡位，以避免发动机超速。

2) 脚踩操作

驾驶员使用排气制动时，用脚踩驾驶室底板上左下方的排气制动按钮阀，按钮阀受力打开气体通道，压缩空气进入废气工作缸。废气工作缸活塞受压缩空气的压力移动，带动推杆，推杆带动排气制动碟阀，碟阀转动将排气管堵死。同时压缩空气在按钮阀打开同时也进入停油汽缸，停油汽缸的活塞在压缩空气的作用下移动，推杆通过联动机构带动调速器柄，使油料停止供应，实现排气制动。

3．排气制动的注意事项

(1) 紧急制动时，发动机不仅无助于产生制动效果，反而需要消耗一部分制动力去克服发动机旋转质量的惯性力。因此，紧急制动时不能使用排气制动，这时应使发动机与传动系统脱开。

(2) 使用发动机排气制动时，汽车必须挂入某一前进挡；挂入的挡位越低，制动效果越明显。

(3) 为保护发动机不受损坏，一般不得在发动机的标定转速下使用排气制动，也不得过多长时间使用排气制动。

(4) 在维修、安装排气制动时，切不可将油门开关或离合器开关漏装或不装而直接将电源接至电磁阀。

(5) 排气制动与喷油泵的供油装置有联动机构，排气制动时必须关闭发动机燃油。因此，联动机构必须调整适当，即当排气制动的操纵机构的行程大约在 3/4 时，发动机应立即停止供油；而排气制动解除时，又不能妨碍燃油的正常供给。

4．排气制动的优点

(1) 汽车在不同坡度的路面上行驶时，选择合适的变速器挡位，可以在不使用行车制动器的情况下，通过发动机排气制动的使用，匀速滑行下坡。货车在下长坡路段行驶时，排气制动能满足减速度小、制动时间长、频率高及制动性能稳定的制动特性。

使用排气制动可明显减少行车制动的使用次数。这样一方面延长了轮胎的使用寿命；另一方面可保持行车制动器处于低温状态而延长其使用寿命，保证行车制动灵敏有效，且在紧急制动时发挥最大的制动效果。排气制动柔和，可提高乘坐舒适性，也可减轻驾驶员的疲劳。

(2) 使用排气制动可避免制动侧滑。由于排气制动是通过传动系统中的差速器传至车轮的，可将制动力矩平均分配给两侧车轮，减少了卡车制动侧滑和甩尾的可能性，在冰雪、泥泞路面尤为明显。

(3) 使用排气制动有利于延长发动机使用寿命。使用排气制动，在一定程度上(尤其是下长坡)可防止发动机被动地超速运转，延长发动机使用寿命；同时发动机在低速区运转，振动和噪声小，减少了对驾驶员的环境干扰。下长坡时，若使用行车制动，发动机汽缸表面的温度下降较多，而在同样的条件下，其温度下降较少，从而改善了发动机的热状态，有利于延长发动机的使用寿命。

(4) 使用排气制动有节油效果。

(5) 排气制动结构简单，成本低廉。

目前,还有一些司机对排气制动认识存在误区,认为排气制动会损伤发动机,在买车后就将排气制动装置拆除。其实,正确操作排气制动对整车的安全性和节油性都有很大的提升。

小结

汽车底盘是整个汽车的基体,支撑着发动机、车身等各种零、部件,同时将发动机的动力进行传递和分配,并按照驾驶员的意志,实现汽车的加速、减速、转向、制动等功能。它一般由传动系统、行驶系统、转向系统、制动系统四大系统组成。

本项目从汽车维护与保养的实际出发,详细介绍了离合器的拆装和自由行程调整、变速器的日常维护、传动系统的维护、悬架的维护与保养等,还介绍了时下比较实用的汽车制动新技术——排气制动系统的结构和工作原理。

习题及实操题

1. 什么是离合器的自由行程?为什么要有自由行程?随着车辆行驶里程的增加,自由行程会如何变化?
2. 离合器自由行程过大或过小有什么危害?应该如何处理?
3. 如何测量离合器踏板的自由行程?如何对离合器液压系统进行排气?
4. 离合器故障有哪些类型?各有哪些现象?
5. 修理装复的离合器,导致分离不彻底的原因可能有哪些?
6. 变速器漏油一般有哪些部位?原因是什么?
7. 有一辆汽车,只有变速杆挂入直接挡才能行驶,其他挡位都不能行驶,为什么?
8. 汽车起步或行驶中,传动轴连续振响,并伴有抖动,其故障部位在什么地方?如何检查?
9. 前桥和转向机构为什么要进行维护?其主要内容有哪些?
10. 悬架系统检查项目有哪些?
11. 制动器踏板为什么有自由间隙?间隙过大或过小有什么危害?
12. 如何检修汽车制动器?
13. 制动器跑偏的原因是什么?有什么危害?

项目八　整车维护与保养

【学习目标】

- 了解汽车维修的基本流程。
- 掌握整车维护与保养流程。
- 掌握道路检测的正确操作方法。

【能力要求】

- 能够独立熟练、正确地按要求进行整车的维护与保养。
- 能够对整车维护与保养进行综合性连接训练。
- 能够进行汽车道路检测与试验。

一、相关知识

(一)整车的维护与保养流程

整车维护与保养流程可以通过缩短行走距离、减少走动次数、减少不合理的工作地点、减少吊升操作的次数、限制空闲时间来提高工作效率。在此,以丰田自动变速器车型为例,给出一份各个工作位置上工作活动路线及工作内容的说明,把工作内容组合起来做,在 9 个工作位置就可完成其全部操作,以减少车辆的举升次数、缩短工作时间。

1. 工作位置 1(车辆未升起)

检查车辆内部和外部,从驾驶员座椅开始,将车辆四周彻底检查一遍。

1) 准备工作

把翼子板布、前罩、地毯、座椅罩和转向盘罩、变速杆套放好;检查油和液体,放好车轮挡块。

2) 各工位检查项目(图 8-1)

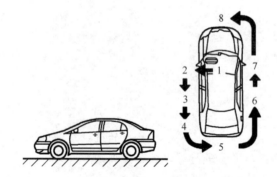

图 8-1 工作位置 1 检查操作工位

1—驾驶员座椅工位;2—驾驶员门(左侧前门)工位;3—左侧后门工位;4—燃油箱盖工位;
5—车辆后部工位;6—右侧后门工位;7—右侧前门工位;8—车辆前部工位

(1) 驾驶员座椅工位检查项目。
- 车灯性能。
- 风窗玻璃喷洗器。
- 风窗玻璃刮水器。
- 仪表。
- 喇叭。
- 变速器换挡杆。
- 门后视镜(功能是否正常、有无异响)。

- 遮阳板。
- 空调、除箱器(风量、功能是否正常)。
- 天窗、中央门锁、玻璃升降器(功能是否正常、有无异响)。
- 驻车制动器。
- 制动器踏板。
- 加速踏板。
- 离合器。
- 转向盘。
- 安全带。

(2) 驾驶员门(左侧前门)工位检查项目。
- 门控灯开关。
- 车身的螺母和螺栓(门、座椅和座椅安全带)。

(3) 左侧后门工位检查项目。
- 门控灯开关。
- 车身的螺母和螺栓(门、座椅和座椅安全带)。
- 后排安全带。
- 玻璃窗升降开关。

(4) 燃油箱盖工位检查项目。
　　燃油箱盖。

(5) 车辆后部工位检查项目。
- 悬架。
- 车灯。
- 车身的螺栓和螺母(行李箱门)。
- 备用轮胎。
- 随车工具。

(6) 右侧后门工位检查项目。
- 门控灯开关。
- 车身的螺母和螺栓(门、座椅和座椅安全带)。
- 后排安全带。
- 玻璃窗升降开关。

(7) 右侧前门工位检查项目。
- 门控灯开关。
- 车身的螺母和螺栓(门、座椅和座椅安全带)。
- 安全带。
- 玻璃窗升降开关。

(8) 车辆前部工位检查项目。
- 车灯。

- 发动机盖螺栓和螺母。
- 悬架。

2．工作位置2(车辆稍稍升起)

工作位置2检查项目，如图8-2所示。检查悬架球节。

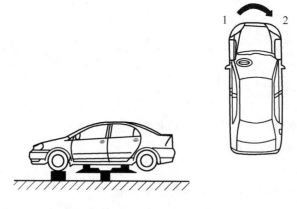

图8-2　工作位置2检查操作工位

1—左前工位；2—右前工位

3．工作位置3(车辆升起较高)

检查车辆的底架。为了缩短空闲时间，在发动机机油排放时，从车辆前方移动至后方，然后再从后方回至前方来检查车辆，如图8-3所示。检查内容如下。

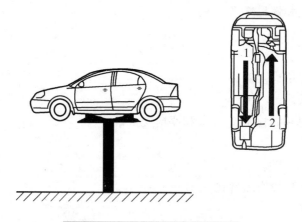

图8-3　工作位置3检查操作工位

1—左工位；2—右工位

- 发动机机油(排放)。
- 手动传动桥油。

- 自动传动桥液。
- 发动机冷却液。
- 驱动轴护套。
- 转向连接机构。
- 转向器。
- 动力转向液。
- 制动管路。
- 燃油管路。
- 活性炭罐管路(有无泄漏、开裂、损坏、连接松动、擦伤或老化)。
- 集中配管(有无漏液、损伤、松弛)。
- 排气装置。
- 螺母和螺栓(在车辆下面)。
- 悬架。
- 发动机机油滤清器(更换)。
- 发动机机油排放塞垫圈(更换)。
- 油脂更换。

4．工作位置4(车辆升至中位)

绕车辆一周，主要检查车轮和制动器，如图8-4所示。

- 车轮轴承。
- 转向机球头(有无松动)。
- 车轮拆卸。
- 轮胎。
- 盘式制动器。
- 鼓式制动器。

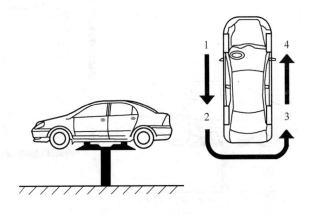

图8-4　工作位置4检查操作工位

1—左前工位；2—左后工位；3—右后工位；4—右前工位

5. 工作位置 5(车辆升至低位)

检查制动器的阻滞，将制动液从制总泵排放出，如图 8-5 所示。

(1) 1～5 工位检查制动拖滞。

(2) 6 工位安装制动液更换工具。

6. 工作位置 6(车辆升至中位)

车辆升至中位如图 8-6 所示。

- 更换制动液。
- 安装车轮。

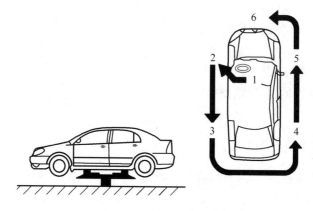

图 8-5 工作位置 5 检查操作工位

1—驾驶室工位；2—左前轮工位；3—左后轮工位；4—右后轮工位；5—右前轮工位；6—发动机室工位

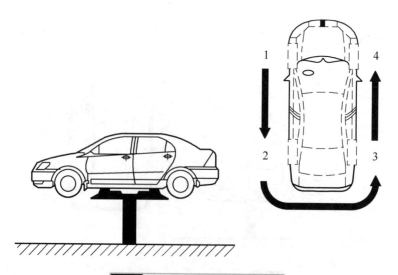

图 8-6 工作位置 6 检查操作工位

1—左前轮工位；2—左后轮工位；3—右后轮工位；4—右前轮工位

7. 工作位置7(车辆降至低位，轮胎触及地面)

车辆降至低位，轮胎触及地面，如图8-7所示。

(1) 发动机室的检查(启动发动机前)。

- 停车制动器和车轮挡块。
- 发动机缸盖附近(有无泄漏)。
- 机油加注。
- 发动机冷却液。
- 散热器盖。
- 传动带。
- 火花塞。
- 蓄电池。
- 制动液。
- 制动管路。
- 离合器液。
- 空气滤清器。
- 活性炭罐。
- 前减震器上支架。
- 喷洗液。

图8-7　工作位置7检查操作工位

1—发动机室工位；2—车轮工位

(2) 发动机室的检查(启动发动机，发动机暖机过程)。

- 轮毂螺母的再紧固。
- PCV系统。
- 发动机冷却液。

(3) 发动机室的检查(发动机暖机后)。
- 怠速混合气。
- 燃油装置(有无泄漏、软管劣化损伤、夹紧松弛)。
- 电气配线(有无松弛、接线盒损伤、连接状态)。
- 自动传动桥液。
- 空调。
- 动力转向液。

(4) 发动机室的检查(发动机停止)。
- 机油。
- 气门间隙。

(5) 检查燃油滤清器。

8．工作位置8(车辆升起较高)

对检查过的部位、更换过的零件以及机油和油液泄漏进行最后一次检查，如图8-8所示。
- 发动机机油。
- 制动液等。

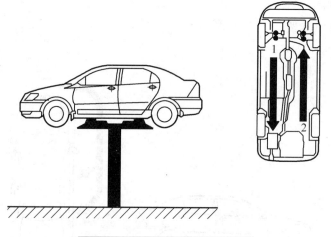

图8-8　工作位置8检查操作工位

1—左工位；2—右工位

9．工作位置9(车辆未升起)

清洗车辆的各个部分，然后进行其他的车辆保养工作，如图8-9所示。
(1) 拆卸翼子板布和前罩。
(2) 调整收音机、时钟和座椅位置。
(3) 清洁。
(4) 道路测试后，拆卸座椅护套、地毯和转向盘护套。

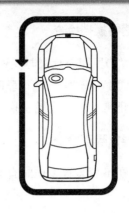

图 8-9　工作位置 9 检查操作工位

(二)整车维护与保养后的道路检测

汽车整车维护与保养后,选择合适的路段进行试车,对车辆进行最后的检验,试车过程中重点对以下项目进行检查。

1.制动系统检测

(1) 检查在松开驻车制动器时车辆是否发抖。
(2) 根据施加在踏板上的力检查制动器功能。
(3) 检查制动器是否有尖叫声。
(4) 检查制动器踏板是否有足够的行程余量。
(5) 检查车辆制动时是否有类似振动或踏板松软的异常现象。

2.驻车制动检查

检查使用驻车制动器时,车辆是否能够可靠地停留在斜坡上。

3.离合器系统检查

(1) 换到第 1 挡在车辆开始移动时离合器是否接合平稳并在加速时没有滑动。
(2) 检查在踏板踩下时是否有不正常噪声或振动。

4.转向系统检查

(1) 检查当车轮笔直向前时转向盘是否在适当的位置。
(2) 检查车辆笔直向前行驶时转向盘不偏向一侧。
(3) 检查转向时没有异常噪声和转向盘发抖,而且转向操作方便并能自动回位。
(4) 检查转向时不发飘、不摇振、不颤振等。

5. 自动变速器换挡检查

(1) 检查在"D"挡内行驶时变速器能自动换高挡和低挡。
(2) 检查在"2"或"L"挡行驶时,具有发动机制动作用。
(3) 检查在正常行驶、齿轮变换、启动时,应没有振动、冲击或打滑现象。

6. 振动和异常噪声检查

检查当车辆在下列装置工作时有无振动和不正常噪声。
- 发动机。
- 传动链。
- 悬架系统。
- 转向系统。
- 制动系统。
- 车身。

二、项目实施

(一)项目实施环境

(1) 实训车辆。
(2) 合适的试车路段。

(二)项目实施步骤

按照下列工单对车辆进行维护与保养。

汽车维护与保养项目作业工单

评分　　　　　　　　定期保养项目(本页共有 28 项)　　　　　　　　标准说明

预检工作

驾驶员座椅
(001) 安装座椅套
(002) 安装地板垫
(003) 安装转向盘套
(004) 拉起发动机舱盖释放杆

车辆前部
(005) 打开发动机舱盖
(006) 安装翼子板布
(007) 安装前格栅布
(008) 安装车轮挡块　　　　　　　　可以用举升机顶起部分车辆重量

发动机舱
(009) 检查发动机冷却液液位
(010) 检查发动机机油液面
(011) 检查制动液液位
(012) 检查喷洗器液面

驾驶员座椅
左　右　车灯
(013) 检查示宽灯点亮
(014) 检查牌照灯点亮
(015) 检查尾灯点亮
(016) 检查前照灯(近光)点亮
(017) 检查前照灯(远光)和指示灯点亮
(018) 检查前照灯闪光开关和指示灯点亮
(019) 检查转向信号灯和指示灯点亮
(020) 检查危险警告灯和指示灯点亮
(021) 检查制动灯点亮(尾灯点亮时)
(022) 检查倒车灯点亮
(023) 检查转向开关自动返回功能
(024) 检查仪表板照明灯点亮
(025) 检查顶灯点亮
(026) 检查组合仪表警告灯(点亮和熄灭)

左　右　前风窗玻璃喷洗器
(027) 检查喷射力、喷射位置　　　　　目测
(028) 检查喷射时刮水器联动　　　　　目测

评分			定期保养项目(本页共有 27 项)	标准说明
	左	右	前风窗玻璃刮水器	
	□	□	(029) 检查工作情况(低速)	
	□	□	(030) 检查工作情况(高速)	
	□	□	(031) 检查自动回位位置	
	□	□	(032) 检查刮拭状况	目测
	左	右	喇叭	
	□	□	(033) 检查工作情况	
			驻车制动器	
		□	(034) 检查驻车制动杆行程	
		□	(035) 检查驻车制动器指示灯点亮	
			制动器	
		□	(036) 检查制动器踏板应用状况(响应性)	
		□	(037) 检查制动器踏板应用状况(完全踩下)	
		□	(038) 检查制动器踏板应用状况(异常噪声)	
		□	(039) 检查制动器踏板应用状况(过度松动)	
		□	(040) 测量制动踏板高度	
		□	(041) 测量制动踏板自由行程	
		□	(042) 检查制动助力器工作情况(下沉)	
		□	(043) 检查制动助力器真空功能(控制阀：高度不变)	
			转向盘	
		□	(044) 测量自由行程	
		□	(045) 检查松弛和摆动	
		□	(046) 检查点火开关在ACC位置时，转向盘可否自由转动	
			外部检查准备	
		□	(047) 打开行李箱门	
		□	(048) 打开燃油盖	
		□	(049) 将顶灯开关旋至"DOOR"	
		□	(050) 将换挡杆置于空挡	
		□	(051) 释放驻车制动杆	
	左前车门			
			门控灯开关	
		□	(052) 检查工作情况(顶灯和指示器灯工作情况)	
			车身螺母和螺栓	
		□	(053) 检查座椅安全带的螺栓和螺母是否松动	
		□	(054) 检查座椅的螺栓和螺母是否松动	
		□	(055) 检查车门的螺栓和螺母是否松动	

项目八 整车维护与保养

评分　　　　　　　　　　定期保养项目(本页共有 18 项)　　　　　　　　标准说明

左后车门

门控灯开关
(056) 检查工作情况(顶灯和指示灯工作情况)
螺母和螺栓
(057) 检查座椅安全带的螺栓和螺母是否松动
(058) 检查座椅的螺栓和螺母是否松动
(059) 检查车门的螺栓和螺母是否松动

油箱盖

油箱盖
(060) 检查是否变形和损坏
(061) 检查连接状况

后部

左　右　车灯
(062) 检查安装状况
(063) 检查是否损坏和有污垢
备用轮胎
(064) 检查是否有裂纹和损坏
(065) 检查是否嵌入金属颗粒或其他异物
(066) 测量胎面沟槽深度(测量规)
(067) 检查是否有异常磨损
(068) 检查气压
(069) 检查是否漏气
(070) 检查钢圈是否损坏或腐蚀
螺母和螺栓
(071) 检查行李箱门的螺栓和螺母是否松动
左　右　后悬架
(072) 检查减震器的阻尼状态
(073) 检查车辆倾斜度

评分　　　　　　　　定期保养项目(本页共有 14 项)　　　　　　　标准说明

右后车门

门控灯开关
(074) 检查工作情况(顶灯和指示灯工作情况)
螺母和螺栓
(075) 检查座椅安全带的螺栓和螺母是否松动
(076) 检查座椅的螺栓和螺母是否松动
(077) 检查车门的螺栓和螺母是否松动

右前车门

门控灯开关
(078) 检查工作情况(顶灯和指示灯工作情况)
螺母和螺栓
(079) 检查座椅安全带的螺栓和螺母是否松动
(080) 检查座椅的螺栓和螺母是否松动
(081) 检查车门的螺栓和螺母是否松动

前部

左　右　前悬架
(082) 检查减震器的阻尼状态
(083) 检查车辆倾斜度
左　右　灯
(084) 检查安装状况
(085) 检查是否损坏和有污垢
发动机舱
(086) 检查发动机舱盖的螺栓和螺母是否松动
(087) 拆卸机油加注口盖

项目八　整车维护与保养

| 评分 | | | 定期保养项目(本页共有 25 项) | 标准说明 |

底盘

发动机机油(排放)
(088) 检查是否漏油(发动机各部位的配合表面)
(089) 检查是否漏油(油封)
(090) 检查是否漏油(排放塞)
(091) 排放发动机机油

传动带
(092) 检查是否变形
(093) 检查是否损坏(磨损、裂纹、脱层或其他损坏)
(094) 检查安装状况(传动带张力检查)

左　右　驱动轴护套
(095) 检查是否有裂纹、损坏(外侧)
(096) 检查是否有裂纹、损坏(内侧)
(097) 检查是否有泄漏(外侧)
(098) 检查是否有泄漏(内侧)

左　右　转向连接机构
(099) 检查是否松动和摇摆
(100) 检查是否弯曲和损坏
(101) 检查防尘套是否有裂纹和损坏

制动管路
(102) 检查是否泄漏
(103) 检查制动管路上的压痕或其他损坏
(104) 检查制动器管路软管扭曲、裂纹和凸起
(105) 检查制动器管道和软管的安装状况(松旷)

燃油管路
(106) 检查燃油是否泄漏
(107) 检查燃油管路是否损坏

排气管和安装件
(108) 检查排气管是否损坏
(109) 检查消声器是否损坏
(110) 检查排气管吊挂是否损坏或脱落
(111) 检查密封垫片是否损坏
(112) 检查排气管是否泄漏

评分   定期保养项目(本页共有 30 项)   标准说明

左   右   悬架

(113) 检查是否损坏(转向节)

(114) 检查是否损坏(前减震器)

(115) 检查是否损坏(后减震器)

(116) 检查是否泄漏(前减震器)

(117) 检查是否泄漏(后减震器)

(118) 检查是否损坏(前减震器螺旋弹簧)

(119) 检查是否损坏(后减震器螺旋弹簧)

(120) 检查是否损坏(下臂)

(121) 检查是否损坏(稳定杆)

(122) 检查是否损坏(拖臂和后桥)

发动机油滤清器及排放塞

(123) 更换发动机油滤清器及排放塞衬垫

(124) 安装紧固排放塞

左   右   螺母和螺栓(车辆底部)

前悬架

(125) 前下悬架臂×前悬架横梁

(126) 前下球节×前下悬架臂

(127) 前悬架横梁×车身

(128) 前制动卡钳×转向节

(129) 前减震器×转向节

(130) 稳定杆连杆×前减震器

(131) 稳定杆×稳定杆连杆

(132) 前悬架横梁前支架×前悬架横梁

(133) 前悬架横梁后支架×车身

(134) 前悬架横梁加强件固定螺栓

(135) 横拉杆端头锁止螺母(检查)

(136) 横拉杆端头×转向节(检查)

(137) 转向机壳×前横梁

后悬架

(138) 后桥横梁总成×车身

(139) 制动分泵×背板

(140) 后减震器×后桥横梁总成

其他

(141) 排气管

(142) 燃油箱

评分		定期保养项目(本页共有 17 项)	标准说明
☐	☐ 制动系统		
☐		车轮轴承	
☐	☐	(143) 检查有无摆动	
☐		(144) 检查转动状况和噪声	
☐		(145) 拆卸车轮(左前)	
☐		轮胎	
☐	☐	(146) 检查是否有裂纹和损坏	
☐		(147) 检查是否嵌入金属碎片和异物	
☐		(148) 测量胎面沟槽深度	
☐		(149) 检查轮胎异常磨损	
☐		(150) 测量轮胎气压	
☐		(151) 检查轮胎漏气	
☐		(152) 检查钢轮损坏或腐蚀	
☐		盘式制动器(左前)	
☐	☐	(153) 目视检查制动器摩擦片厚度(内侧)	
☐		(154) 测量制动器摩擦片厚度(外侧)	
☐		(155) 检查制动器摩擦片的不均匀磨损	
☐		(156) 检查盘式转子盘磨损和损坏	
☐		(157) 盘式转子盘厚度和跳动量检查	
☐		(158) 检查制动卡钳处有无制动液泄漏	
☐		轮胎	
☐	☐	(159) 车轮临时安装	

评分	定期保养项目(本页共有 17 项)	标准说明
	发动机启动前	
	驻车制动器和车轮挡块	
	(160) 使用驻车制动器并放置车轮挡块	
	发动机机油	
	(161) 加注发动机机油	
	蓄电池	
	(162) 检查电解液液位	
	(163) 检查蓄电池盒是否损坏	
	(164) 检查蓄电池端子是否腐蚀	
	(165) 检查蓄电池端子导线是否松动	
	(166) 检查通风孔塞是否损坏、孔是否堵塞	
	(167) 测量电解液比重(单格)	
	制动液	
	(168) 检查总泵内液面(储液罐)	
	(169) 检查总泵是否泄漏	
	制动管路	
	(170) 检查液位是否泄漏	
	(171) 检查制动器管和软管是否有裂纹和损坏	
	(172) 检查制动器软管和管的安装状况	
	空气滤清器芯	
	(173) 检查并更换	
	前减震器上的支承	
	(174) 检查前减震器上支承是否松动	
	喷洗液	
	(175) 检查液位(目视即可)	
	发动机暖机期间	
	轮毂螺母的再紧固	
	(176) 旋紧车轮	

| 评分 | 定期保养项目(本页共有 16 项) | 标准说明 |

发动机冷却液
(177) 检查是否从散热器泄漏
(178) 检查橡胶软管是否泄漏
(179) 检查软管夹周围是否泄漏
(180) 检查散热器盖是否泄漏
(181) 检查橡胶软管是否有裂纹、凸起和硬化
(182) 检查橡胶软管连接松动
(183) 检查夹箍安装松动

发动机暖机后

自动转动桥
(184) 检查液位

空调
(185) 检查制冷剂量(从观察窗检查)

发动机停机后

发动机机油
(186) 检查发动机油位(不必预热，按照当时温度)
发动机冷却液
(187) 检查冷却液液位(目测储液罐)

[顶起位置8]

最终检查
(188) 发动机机油泄漏
(189) 制动器液泄漏
(190) 更换零件等的安装状况

[顶起位置9]

恢复/清洁
(191) 拆卸翼子板布和前格栅布
(192) 清洁车身、车身内部、烟灰缸等

三、知识拓展

　　汽车维修中存在着一些误区，这些误区是在汽车制造水平低，汽车修理工艺落后，检测手段缺乏的年代逐渐形成的。近年来，随着科学技术的飞速发展，随着新材料、新技术、新工艺的广泛使用，汽车的设计制造水平大大提高，汽车故障的不解体检测诊断技术日臻成熟，汽车维修工艺也在不断更新。但是，人们的认识滞后于科学技术的发展，汽车维修中残存的误区还有很大影响，其表现主要有以下10种。

　　(1) 滑动轴承的轴瓦必须刮削。认为发动机的曲轴轴承、连杆轴承换新时轴瓦必须刮削，不削轴承不能保证有良好的接触面，甚至把刮削轴瓦当成汽车修理中的顶尖技术。而现代汽车，尤其是小型发动机，其曲轴轴承和连杆轴承上轴瓦的耐磨合金涂层很薄，绝不

允许刮削，只能按相应的尺寸选配。如没有合适尺寸的曲轴承，则必要时可用基孔制的方法磨削曲轴，以求得合适的配合间隙。

(2) 发动机冷却液温度怕高不怕低。冷却液温度高千方百计查找原因，而冷却液温度低则认为是正常的。其实现代汽车发动机冷却液温度偏低危害很大，会使混合气燃烧不充分，功率降低，油耗增加，并造成润滑不良，还会引起排放超标。

(3) 气门间隙大点比小点有劲。其实气门间隙大，气门升程小、开度不够，使进气量不足或排气不畅，恰恰降低了发动机功率。

(4) 加机油越多越好。认为发动机加机油宁多勿少，加少了容易烧轴承，加多点关系不大。其实机油加多了对发动机照样造成危害，斜置式发动机和 V 形发动机尤甚。它既增加曲轴、连杆的转动阻力，又使其飞溅到缸壁上的机油增多，造成燃烧室积炭增加。所以机油加多了，会降低发动机功率，增加磨损，也会引起排放超标。

(5) 空毂润滑不可靠。认为轮毂内塞满润滑脂，可保证轮毂轴承的润滑，只在轴承上涂覆润滑脂的空毂润滑不保险，必须把轮毂中间的空隙装满润滑脂。其实这样做不但浪费润滑脂，而且影响轴承散热，对轴承的润滑有害而无利。

(6) 制动好坏看拓印。制动拓印说明车轮已经抱死，而现代汽车恰恰要求车轮不能抱死，为此专门安装了防抱死装置。实际上车轮制动力最大值是在车轮抱死之前的边滚边滑(滑移率为20%左右)状态。车轮一旦抱死，汽车的转向失灵，车轮滑移，极易发生故障，所以并不是拓印越长越好。

(7) 断电器触点间隙大点比小点好。其实触点间隙过大，触点闭合时间短，使点火线圈一次侧电流减小，引起高压火花弱，从而造成发动机不易启动。

(8) 点火提前角或喷油提前角宁大勿小。点火提前角(或喷油提前角)过大，易引起爆燃(特别是在发动机急加速或汽车起步、上坡时)。发动机产生爆燃，对活塞损害极大，严重影响其使用寿命，且发动机的启动阻力增大。

(9) 紧固螺栓宁紧勿松。其实汽车各部件的螺栓，根据直径、螺距及用途，其拧紧力矩大小均有相应的规定值。达不到规定值的螺栓会松脱，固然不好，但盲目增大拧紧力矩会使被紧固的零、部件变形，并造成螺杆伸长，螺纹变形甚至断裂。

(10) 汽车维护时拆开检查才放心。随着制造水平的提高，现代的汽车零、部件寿命已大大延长，随意拆检势必破坏已经磨合好的配合状态，使零件的使用寿命大大地缩短。在汽车故障不解体检测技术日臻完善的今天，如果没有发现部件或总成具有明显的故障时一般不要拆检。

汽车维修中残存的误区不止上述 10 种。这些旧观念严重影响新技术、新工艺的推广和普及，严重影响维修质量的提高。因此，努力跟上现代化科技的发展步伐，摒弃旧观念，学习新技术，掌握新工艺，迅速提高汽车维修技术水平，是汽车维修行业的当务之急。

小结

本项目以丰田车型为例讲述了整车维护与保养的方法，介绍了丰田车型维护与保养时各工作位置的活动路线及工作内容；保养后试车的重点检查项目。其中整车维护与保养时

项目八 整车维护与保养

各工作位置的活动路线及工作内容是重点,保养后试车的重点检查项目是难点,汽车维修流程内容只作为了解内容。要掌握前两方面的内容,为以后真实生产以及就业打下基础。

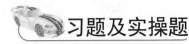

习题及实操题

一、填空题

1. 在整车维护过程中,对发动机机油的容量进行检查,是通过检查_____来进行。
2. 通过机油标尺检查发动机的机油容量,必须将车停在_____路面上,发动机必须停止_____min 以上。
3. 冷却液应隔_____更换一次。
4. 为保持良好的制动性能,制动液应每隔_____更换一次。

二、判断题

1. 在对车身进行日常保养时,可以利用干毛巾对车身进行擦拭。   （)
2. 洗车过程中,直接对车轮用喷射水进行清洗,不影响车的制动性能。   ( )
3. 车辆必须是在有动力转向液的情况下才能行驶。   ( )
4. 装备有三元催化器,禁止使用含铅汽油。   ( )
5. 对于装备动力转向车型,应注意检查动力转向液的液面,严禁无液行驶。   ( )
6. 清洗车身时对于污迹可以使用香蕉水擦洗油漆表面。   ( )
7. 当发动机冷启动困难时,会在经常启动中对三元催化器不会造成影响。   ( )
8. 车辆维修作业中严禁吸烟。   ( )
9. 冬季使用汽车时,应使用电解溶液密度较低的蓄电池。   ( )
10. 夏天使用汽车时,应注意对汽车内部经常进行消毒。   ( )

三、问答题

1. 整车维护流程可以通过什么方法来提高效率?
2. 说明丰田车各工作位置的活动路线及工作内容。
3. 试车时制动系统应重点检查哪些项目?
4. 试车时转向系统应重点检查哪些项目?
5. 汽车维修的基本流程是什么?

四、实操题

正确对整车进行检查与维护。

项目九　常用工、量具设备的使用

【学习目标】

- 熟悉汽车维修常用工、量具的种类。
- 熟悉汽车维修常用设备。
- 掌握常用工、量具的正确操作方法。
- 掌握常用设备操作方法。

【能力要求】

- 能够熟练地说出各种工、量具的名称和用途。
- 能够熟练地说出常用设备的名称和用途。
- 能够正确、安全地使用工、量具。
- 能够正确、安全地使用常用设备。

一、相关知识

(一)常用工具的使用

汽车维修常用工、量具如图 9-1 所示，图中工具的种类和规格如表 9-1 所示。

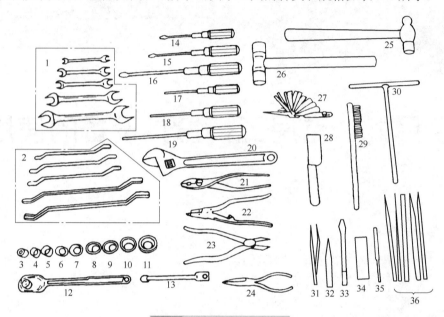

图 9-1 常用汽车维修工具

表 9-1 汽车通用维修工具的种类和规格

编号	名 称	规 格	编号	名 称	规 格
1	双头扳手	8×10，11×13，13×15 16×18，21×24	17～19	十字形螺钉旋具	75×4，100×5，150×8 (旋杆长×旋杆直径)
			20	活扳手	300×36(全长×最大开口宽度)
2	梅花扳手	8×10，11×13，13×15 16×18，21×24	21	鲤鱼钳	200(钳身长度)
			22	外卡环钳	125(钳身长度)
3～11	套筒头	8，10，11，13，15，16 18，21，24	23	内卡环钳	125(钳身长度)
			24	尖嘴钳	150(钳身长度)
12	棘轮扳手	250×13×13	25	锤子	0.88kg(锤体重量)
13	长接杆	245×13×13	26	橡胶锤	
14～16	一字形螺钉旋具	75×3，100×4，150×5 (旋杆长×旋杆直径)	27	塞尺	0.05～1.00(厚度范围)
			28	铲刀	

续表

编 号	名 称	规 格	编 号	名 称	规 格
29	钢丝刷		33	錾子	160×13(长×錾口宽)
30	套筒头手柄	265(杆长)	34	油石	100×25×13
31	镊子	150	35	扁平细锉	150(锉身长度)
32	冲子	150	36	什锦锉	

1. 扳手的使用

扳手常见的有开口扳手、梅花扳手、活扳手、套筒扳手、扭力扳手和内六角扳手等。

1) 开口扳手的使用

开口扳手又称呆扳手，如图 9-2 所示。按其开口的宽度 S 大小分有 6～24mm，按其结构形式可分为双头扳手和单头扳手两种；按其开口角度又可分为 15°、45°、90° 3 种。这种扳手主要用于拆装一般标准规格的螺栓或螺母。使用时可以上、下套入或直接插入，具有使用方便的特点。国外有些呆扳手采用英制单位，适用于英制螺钉拆卸。

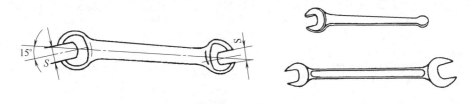

图 9-2 开口扳手

使用时应当注意：一定要选择与所拆装螺栓(螺母)相同规格的扳手，以免因扳手尺寸过大而损坏螺栓(螺母)的棱角。当使用推力拆装时，应用手掌力来推动，不能采用握推的方式，以免碰伤手指，如图 9-3 所示。

为了防止扳手损坏和滑脱，应使拉力作用在开口较厚的一边，如图 9-4 所示，顺时针扳动呆扳手为正确，逆时针使用为错误。

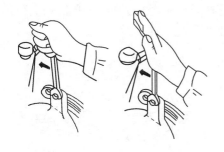

(a) 错误使用方法　　(b) 正确使用方法

图 9-3 开口扳手的推力使用

图 9-4 开口扳手的正确拉力使用

不能采用两个扳手对接或用套筒等套接的方式来加长扳手，以免损坏扳手或发生事故，如图 9-5 所示。

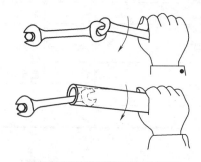

图 9-5　开口扳手的错误使用

2)　梅花扳手的使用

梅花扳手两端内孔为正六边形，如图 9-6 所示，按其开口尺寸 S 大小分有 8～10mm、12～14mm、17～19mm 等。通常是成套装备，有 8 件一套、10 件一套等。

使用时根据螺钉或螺母的尺寸，选择相应开口尺寸的梅花扳手。与开口扳手相比，由于梅花扳手扳动 30°后，即可换位再套，适于狭窄场合下操作，而且强度高，使用时不易滑脱，应优先选用。

为方便操作，有的扳手一头是开口扳手，另一头是梅花扳手，如图 9-7 所示，被称为两用扳手。

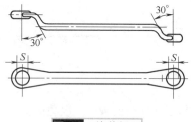

图 9-6　梅花扳手

图 9-7　两用扳手

3)　活动扳手的使用

活动扳手又称活扳手，其开口端根据需要可以在一定范围内进行调节，主要用于拆装不规则的带有棱角的螺栓或螺母，如图 9-8 所示。使用时必须将活动钳口的开口尺寸调整合适，应使扳手的活动钳口承受推力，固定钳口承受拉力，如图 9-9 所示。用时用力要均匀，以免损坏扳手或使螺栓、螺母的棱角变形，造成打滑而发生事故。

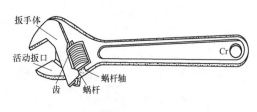

图 9-8　活扳手

图 9-9　活动扳手的使用

4) 套筒扳手的使用

套筒扳手是一种组合型工具，如图9-10所示，使用时由几件共同组合成一套扳手。常用的套筒扳手有13件套、17件套和24件套等多种规格。套筒扳手的内孔形状与梅花扳手相同，也是正六边形，按其开口尺寸大小也分有8mm、10mm、12mm、14mm、17mm、19mm等规格，通常也是成套装备，并且配有手柄、棘轮手柄、快速摇柄、接头和接杆等组成，以方便操作和提高效率。

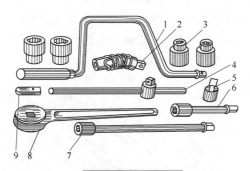

图 9-10　套筒扳手

1—套筒；2—万向接头；3—套筒头；4—滑头手柄；5—旋具接头
6—短接杆；7—长接杆；8—棘轮扳手；9—接头

套筒扳手适合拆装部位狭小或特别隐蔽的螺栓或螺母。其套筒部分与梅花扳手的端头相似，并制成单件，根据需要，选用不同规格的套筒和各种手柄进行组合。如用活动手柄可以调整所需力臂；用快速手柄可以快速拆装螺栓、螺母；同时还能配用扭力扳手显示拧紧力矩，具有功能多、使用方便、安全可靠的特点。还有一些专用的T形套筒扳手，如图9-11所示，更方便拆装，应更加优先考虑选用。

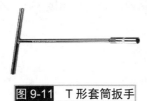

图 9-11　T形套筒扳手

5) 扭力扳手的使用

扭力扳手与套筒扳手中的套筒头配合使用，可以直接读出所施转矩的大小，适用于发动机一些重要螺钉、螺母(连杆螺母、缸盖螺钉、曲轴主轴承紧固螺钉、飞轮螺钉等)的紧固上。扭力扳手常用的形式有刻度盘式和预置式，如图9-12所示，其规格是以最大可测转矩来划分，如预置式扭力扳手有20N·m、100N·m、250N·m、300N·m、760N·m、2000N·m等几种。

(a) 刻度盘式　　　　　　　　　(b) 预置式

图 9-12　扭力扳手

在维修作业中，凡是有扭转力矩要求的螺栓或螺母，均需用扭力扳手将螺栓或螺母拧到规定力矩。使用扭力扳手必须符合规定，切忌在过载情况下使用而造成扭力扳手的失准或损坏；使用完后应将扭力扳手平稳放置，避免因重物撞、压，造成扳手杆或扳手指针变形而影响扳手的精度，甚至损坏扳手。

6) 管子扳手的使用

管子扳手是一种专门用于扭转管子、圆棒和用其他扳手难以夹持的光滑圆柱形工件的工具。由于管子扳手的钳口上有齿槽，使用时应尽量避免将工件表面咬毛；另外不能用管子扳手代替其他扳手来旋转螺栓、螺母或其他带有棱角的工件等，以免损坏螺栓、螺母等棱角。管子扳手的式样和用法如图 9-13 所示。

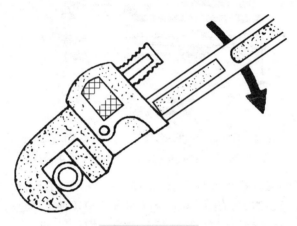

图 9-13　管子扳手

7) 内六角扳手的使用

内六角扳手用来拆装内六角螺栓(螺塞)，如图 9-14 所示，以六角形对边尺寸 S 表示，有 3～27mm 等 13 种尺寸。

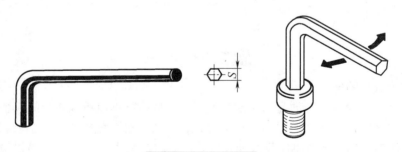

图 9-14　内六角扳手

8) 专用扳手的使用

专用扳手是一些用途较为单一的特殊扳手的通称，通常以其用途或结构特点来命名。每一种扳手，又可以按照不同规格和尺寸进行分类。在使用专用扳手时，必须选用与零件相适应的扳手，以免扳手滑脱伤手或损坏零件。

(1) 机油滤清器扳手、套筒，用于拆装机油滤清器总成，如图 9-15 所示。

图 9-15　机油滤清器扳手

(2) 圆螺母扳手，用于扭转槽形圆螺母，如图 9-16 所示。
(3) 叉形凸缘及转向螺母套筒扳手，用于扭转轮毂轴承锁紧螺母，如图 9-17 所示。

图 9-16　圆螺母扳手　　图 9-17　叉形凸缘及转向螺母套筒扳手

(4) 方扳手，用于扭转四棱柱头部的螺栓，如图 9-18 所示。
(5) 叉形扳手，用于拧紧圆柱孔定位的螺母，如图 9-19 所示。

图 9-18　方扳手　　图 9-19　叉形扳手

(6) 火花塞套筒扳手，用于拆装火花塞，如图 9-20 所示。
(7) 气门芯扳手，用于拆装轮胎气门芯，如图 9-21 所示。

图 9-20　火花塞套筒扳手　　图 9-21　气门芯扳手

(8) 钩形扳手，用于扭转槽形螺母等，如图 9-22 所示。
(9) 专用套筒扳手，用于扭转特殊螺栓或螺母，如图 9-23 所示。

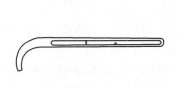　　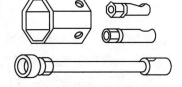

图 9-22　钩形扳手　　图 9-23　专用套筒扳手

2. 钳子的使用

1) 钳子的种类与用途

汽车维修作业中常用的手钳有鲤鱼钳、尖嘴钳、弯嘴钳、钢丝钳、挡圈钳、断线钳和多用钳等，如图 9-24 所示。它们的规格一般以钳身长度来表示。

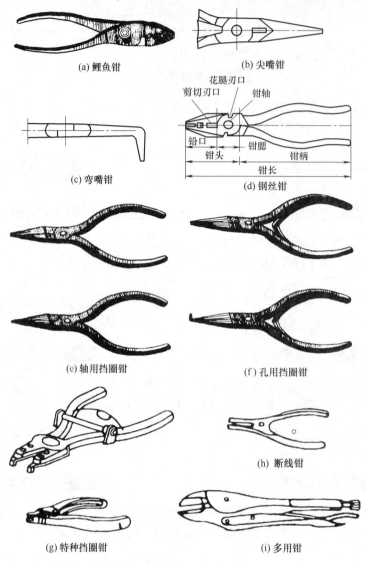

图 9-24 各种钳子

(1) 鲤鱼钳如图 9-24(a)所示，按长度可分为 150mm、200mm、250mm 三种。鲤鱼钳可用来切割金属丝，弯扭小型金属棒料，夹持扁的或圆柱形小工件。

(2) 尖嘴钳和弯嘴钳如图 9-24(b)、(c)所示。按长度分有 130mm、160mm、180mm、200mm 四种。该种钳能在较狭小的空间操作，不带刃口的只能夹捏工件，带刃口的能切剪细小零件。

(3) 钢丝钳如图 9-24(d)所示，按长度分有 150mm、175mm、200mm 三种。钢丝钳上带有旁刃口，除能夹持工件外，还能折断金属薄板或者切断直径较小的金属线。钳柄上套有橡胶绝缘套的钢丝钳多在带电的场合使用。

(4) 挡圈钳，按用途分为轴用挡圈钳、孔用挡圈钳和特种挡圈钳，如图 9-24(e)、(f)、(g)所示。挡圈钳专门用于拆装带拆装孔的弹性挡圈。

(5) 断线钳如图 9-24(h)所示，能比较省力地剪断较粗的金属线材。常用的有 750mm、

900mm 两种规格。

(6) 多用钳如图 9-24(i)所示，也称大力钳，利用一组复合杠杆能产生很大夹紧力，兼有活动扳手、普通手钳和夹具的功能。

2) 钳子在使用过程中的注意事项

(1) 钳子的规格应与工件规格相适应，以免钳子小工件大造成钳子受力过大而损坏。

(2) 使用前应先擦净钳子柄上的油污，以免工作时滑脱而导致事故。

(3) 使用完应保持清洁，及时擦净。

(4) 严禁用钳子代替扳手拧紧或拧松螺栓、螺母等带棱角的工件，以免损坏螺栓、螺母等工件的棱角，也不允许用钳子切割过硬的金属丝，如图 9-25 所示，以免造成刃口损坏或钳体损坏。

(5) 使用时，不允许用钳柄代替撬棒撬物体，以免造成钳柄弯曲、折断或损坏，也不可以用钳子代替锤子敲击零件。

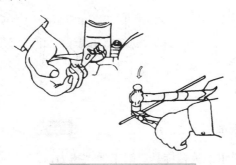

图 9-25　钳子的不正确使用

3. 螺钉旋具的使用

1) 螺钉旋具的种类与用途

常见的螺钉旋具包括一字螺钉旋具、十字螺钉旋具、花键头旋具等几种。

(1) 一字螺钉旋具如图 9-26(a)所示，常以钢杆部分的长度来区分，其常用的规格有 50mm、75mm、125mm、150mm 等几种，主要用于拆装一字槽的螺钉、木螺钉等。

(2) 十字螺钉旋具如图 9-26(b)所示，按十字口的直径可分为 2～2.5mm、3～5mm、5.5～8mm、10～12mm 等几种规格，专用于拆装十字槽口的螺钉。

(3) 花键头旋具如图 9-26(c)所示，是一种使用简便的旋具，与较高夹紧力的套筒相结合的工具，适用于在空间受到限制的安装位置处拆装小螺母或螺钉。

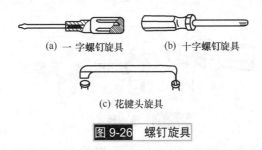

(a) 一字螺钉旋具　　(b) 十字螺钉旋具

(c) 花键头旋具

图 9-26　螺钉旋具

2) 螺钉旋具使用的注意事项

(1) 旋具有木柄和塑料柄之分，塑料柄具有一定的绝缘性，适宜电工使用。

(2) 使用前应先擦净旋具柄和口端的油污，以免工作时滑脱而发生意外。

(3) 选用的旋具口端应与螺栓(钉)上的槽口相吻合，如图 9-27 所示，刀口端太薄易折断，太厚不能完全嵌入槽口内，易使旋具和螺栓(钉)槽口损坏。

(4) 使用时，不允许将工件拿在手上用旋具拆装螺栓(钉)，以免旋具从槽口中滑出伤手。

(5) 使用时，旋具与槽口应该保持最大面积接触，不可用旋具当撬棒或錾子使用，如图 9-28 所示，除夹柄螺钉旋具外，不允许用锤子敲击旋具柄。

图 9-27 旋具的正确使用　　图 9-28 旋具的错误使用

(6) 不允许通过扳手或钳子扳转旋具口端来增大扭力，以免使旋具发生弯曲或扭曲变形。

(7) 正确的握持方法是：以右手握持旋具，手心抵住旋具柄端，让旋具口端与螺栓(钉)槽口处于垂直吻合状态；当开始拧松或旋紧时，应用力将旋具压紧后再用手腕力按需要的力矩扭转旋具；当螺栓(钉)松动后，即可使手心轻压住旋具柄，用拇指、中指和食指快速扭转；使用较长的螺钉旋具时，可用右手压紧和转动旋具柄，左手握在旋具柄中部，防止旋具滑脱，以保证安全工作。

(8) 使用完毕，应将旋具擦拭干净。

4．手锤的使用

1) 手锤的种类与用途

手锤有多种形式，如图 9-29 所示。根据锤头材料不同，可分为钢制圆头锤和软头锤。其规格是以锤头的质量而定的。常用的有 0.25kg、0.5kg、0.75kg、1kg、1.25kg 和 1.5kg 这六种。

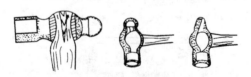

图 9-29 手锤种类

使用手锤时，握锤应是握住锤把后部，如图 9-30 所示，挥锤的方法有手腕挥、小臂挥和大臂挥三种，手腕挥锤只有手腕动，锤击力小，但准、快、省力，大臂挥锤是大臂和小臂一起运动，锤击力最大。

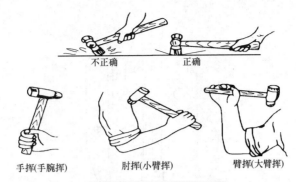

图 9-30　手锤的正确使用

2) 手锤使用的注意事项

(1) 使用前，必须检查锤柄是否安装牢固，如松动应重新安装，以防在使用时由于锤头脱出而发生伤人或损物事故。

(2) 使用时，应将手上和锤柄上的汗水和油污擦干净，以免锤子从手中滑脱而发生伤人或损物事故。

(3) 使用时，手要握住锤柄后端，握柄时手的握持力要松紧适度，这样才能保证锤击时灵活自如。锤击时要靠手腕的运动，眼应注视工件，锤头工作面与工件锤击面应平行，才能使锤面平整地打在工件上。

(4) 使用前，应清洁锤头工作面上的油污，以免锤击时发生滑脱而敲偏，造成工件损坏或发生意外。

(5) 在锤击铸铁等脆性工件或截面较薄的零件或悬空未垫实的工件时，不能用力太猛，以免损坏工件。

(6) 使用完毕，应将锤子擦拭干净。

5．拉压器的使用

常用的拉压器有两爪拉器、三爪拉器、球轴承拉器、圆锥滚子轴承拉器等。

1) 两爪拉器的使用

两爪拉器主要用于拆卸发动机曲轴正时齿轮、曲轴带轮、风扇带轮、凸轮轴正时齿轮及其他位置尺寸合适的齿轮、轴承凸缘等圆盘形零件。一般有如图 9-31、图 9-32 所示的几种形式。

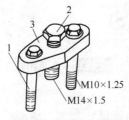

图 9-31　两爪拉器(1)

1—拉爪；2—螺杆；3—拉器横臂

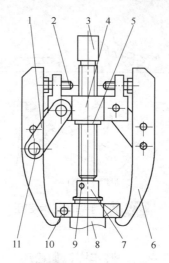

图 9-32 两爪拉器(2)

1—连接板；2—螺栓；3—螺杆；4—横臂；5—螺母；6—拉爪；
7—垫套；8，10—工件；9—定位销；11—销

使用两爪拉器时，当拉器与被拉工件安装好后，要检查拉爪是否卡紧，两边受力是否均匀对称，垫套与轴是否对中，然后扭动螺杆接触工件后，再复查一次，确认无误后，才能进行拆卸工作。

2) 三爪拉器的使用

三爪拉器如图 9-33 所示，主要用于拆卸各种齿轮及其他轴承、凸缘等圆盘形构件。

三爪拉器的使用方法基本与两爪拉器的使用方法相同。

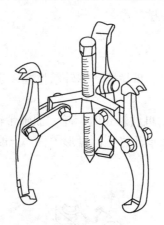

图 9-33 三爪拉器

3) 球轴承拉器的使用

专用球轴承拉器一般按某一轴承尺寸制作，主要用于该种类型号的球轴承的拆卸，如图 9-34 所示。多用途球轴承拉器如图 8-35 所示。

项目九　常用工、量具设备的使用

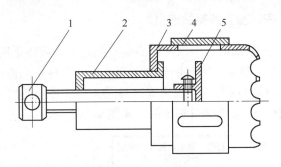

图 9-34　专用球轴承拉器

1—螺杆；2—内拉爪；3—外拉爪；4—调整外套；5—伸缩板

拆卸轴承时，将两爪扣进球轴承钢球之间的空当，装上锁紧套，扭转拉器的螺杆，就可以将轴承拉下来。

多用球轴承拉器，使用时先将拉脚插入球轴承内、外座圈之间，再插入插脚夹紧。然后顺时针转动手柄，使螺杆下移，则顶头顶住轴，当轴承距轴端近时可去掉接杆，只用拉脚即可。使用中换用不同规格的拉脚，可拉下多种球轴承和轴正时齿轮。

4）圆锥滚子轴承拉器的使用

圆锥滚子轴承拉器主要用于主减速器主动锥齿轮轴承的拆卸。

使用时，先利用螺杆将垫盘提起，将拉爪从轴承侧面装入，然后转动螺杆使垫盘卡入工作中心孔，与拉爪的卡拔部位对中并限位，以防卡偏和受力时脱滑，继续转动螺杆即可将轴承内套拉下，如图9-36所示。

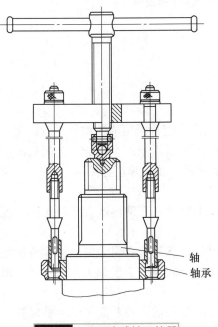

图 9-35　多用途球轴承拉器

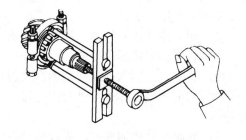

图 9-36　拉下圆锥滚子轴承内套

6. 衬套、轴承、密封圈安装器的使用

安装衬套、轴承、密封圈时，要求它们必须正确定位，应该采用专用安装器。

图 9-37 所示是衬套、轴承、密封圈安装器套件，由各种不同内径的衬套、压盘、手柄和隔板等组成。安装时应根据衬套、轴承或密封圈大小选择合适尺寸的安装器部件，组装成驱动工具，再将衬套、轴承或密封圈压入，如图 9-38 所示。

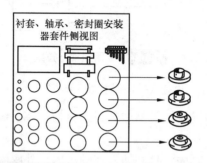

图 9-37 衬套、轴承、密封圈安装器套件

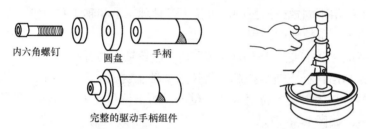

图 9-38 衬套、轴承、密封圈安装器使用

(二)常用量具的使用

1. 塞尺的使用

如图 9-39 所示，塞尺是一种由多片不同厚度的标准钢片所组成的测量工具，每片钢片有平行的两个测量平面，并在钢片上标出其厚度值。主要用于两个接合面之间的间隙值的检验。使用时，可以用一片进行测量，也可以由多片组合在一起进行测量。

塞尺的使用方法如下。

(1) 用干净布将塞尺片两测量表面擦拭干净，不能在沾有油污或金属屑末的情况下进行测量，否则将直接影响测量。

(2) 将塞尺片插入被测间隙中，来回拉动塞尺片，感到稍有阻力则该间隙值接近塞尺片上所标出的数值；如果拉动时阻力过大或过小，则该间隙值小于或大于塞尺片上所标出数值。

(3) 间隙测量和调整时，先选择符合间隙规定的塞尺插入被测间隙中，然后在一边调整的同时，一边拉动塞尺片，直到感觉稍有阻力时即可拧紧锁紧螺母。图 8-40 所示为塞尺使用实例。

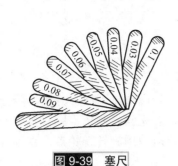

图 9-39 塞尺

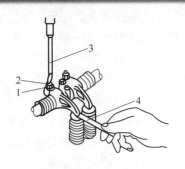

图 9-40 塞尺的使用

1—锁紧螺母；2—调整螺栓；3—旋具；4—塞尺

在使用时应注意以下事项。

(1) 不允许在测量过程中剧烈折塞尺片，或用较大的力硬将塞尺片插入被检测间隙中，否则将损坏(伤)塞尺片的测量表面或零件表面。

(2) 用毕，应将塞尺片擦干净，并涂上一薄层润滑油或工业凡士林，然后将塞尺片折回夹框内，以防锈蚀、弯曲、变形而损坏。

(3) 存放时，不能放在重物之下，以免损坏塞尺。

2．千分尺的使用

1) 千分尺的类型与用途

千分尺又称螺旋测微器，其测量精度较高。千分尺按用途一般分为外径千分尺、内径千分尺、杠杆千分尺、深度千分尺、壁厚千分尺、公法线千分尺等。

现以外径千分尺为例，如图 9-41 所示，它主要由尺架、砧座、测微螺杆、测力装置和锁紧装置等组成。在千分尺的固定套管 6 的轴向刻有一条基线，基线上下方都刻有间距为 1mm 的刻线，上、下刻线错开 0.50mm，微分筒的圆锥面上刻有 50 等分格。由于测微螺杆和固定套管的螺距都是 0.50mm，所以当微分筒转动一圈时，测微螺杆就移动 0.50mm，同时微分筒就遮住或露出固定套管上的一条刻线，当微分筒转动一格时，测微螺杆就移动 0.5/50=0.01(mm)，即千分尺的测量精度为 0.01mm。

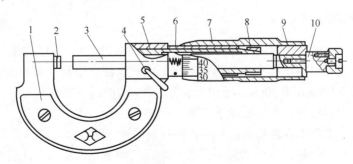

图 9-41 千分尺结构

1—尺架；2—砧座；3—测微螺杆；4—锁紧装置；5—螺纹轴套；
6—固定套管；7—微分筒；8—螺母；9—接头；10—测力装置

千分尺规格按测量范围分，常用的有 0～25mm、25～50mm、50～75mm、75～100mm、100～125mm、125～150mm 等几种。

2) 千分尺的使用

使用千分尺测量时，应按照以下步骤进行。

(1) 把千分尺砧端表面擦拭干净。

(2) 旋转棘轮盘，使两个砧端先靠拢，将工件被测表面擦拭干净，并置于千分尺两砧端之间，使千分尺螺杆轴线与工件中心线垂直或平行，若歪斜着测量，则直接影响到测量的准确性，旋转旋钮，使砧端与工件测量表面接近，这时改用旋转棘轮盘，直到棘轮发出"咔咔"声响时为止，这时的指示数值就是所测量到的工件尺寸。

(3) 微分筒前端应与固定套筒的"0"线对齐。

(4) 微分筒的"0"线与固定套筒的基线对齐。

(5) 若两者中有一个"0"线不能对齐，则该千分尺有误差，应予检调后才能测量。

(6) 测量完毕，必须倒转微分筒后才能取下千分尺。

使用完毕，应将千分尺擦拭干净，保持清洁，并涂抹一薄层工业凡士林，然后放入盒内保存。禁止重压、弯曲千分尺，且两砧端不得接触，以免影响千分尺精度。

千分尺读数时，先从固定套管上读出毫米数与半毫米数，再看基线对准微分筒上哪格及其数值，即多少个 0.01mm，把两次读数相加就是测量的完整数值。图 9-42 所示固定套管上露出来的读数为 8+35×0.01=8.35(mm)。

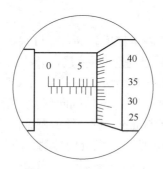

图 9-42　千分尺读数方法

3．游标卡尺的使用

游标卡尺是一种能直接测量工件内、外直径，宽度，长度，深度的量具。

按照测量功能可以将游标卡尺分为普通游标卡尺、深度游标卡尺、带表卡尺等；按照读数值可以分为 0.10mm、0.20mm、0.05mm 等数种，如图 9-43 所示。

使用游标卡尺测量时，应按照以下步骤进行。

(1) 使用前，先将工件被测表面和卡脚接触表面擦干净。

(2) 测量工件外径时，将活动量爪向外移动，使两量爪间距大于工件外径，然后再慢慢地移动游标，使两量爪与工件接触，切忌硬卡硬拉，以免影响游标卡尺的精度和读数的准确性。

(3) 测量工件内径时，将活动量爪向内移动，使两量爪间距小于工件内径，然后再缓慢地向外移动游标，使两量爪与工件接触，如图 9-43 所示。

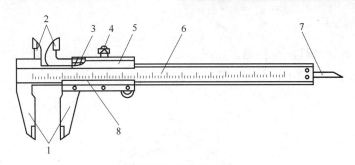

图 9-43　游标卡尺

1—外量爪；2—内量爪；3—弹簧片；4—紧固螺钉；5—尺框；6—尺身；7—深度尺；8—游标

（4）测量时，应使游标卡尺与工件垂直，固定锁紧螺钉。测外径时，记下最小尺寸，测内径时，记下最大尺寸。

（5）用深度游标卡尺测量工件深度时，将固定量爪与工件被测表面平整接触，然后缓慢地移动游标，使量爪与工件接触。移动力不宜过大，以免硬压游标而影响测量精度和读数的准确性，如图 9-44 所示。

（6）用毕，应将游标卡尺擦拭干净，并涂一薄层工业凡士林，后放入盒内存放，切忌折、压。

测量结束后，应对游标卡尺进行准确读数，读数方法如图 9-45 所示。

（1）读出游标零刻线所指示尺身上左边刻线的毫米数。

（2）观察游标上零刻线右边第几条刻线与尺身某一条刻线对准，将读数乘以游标上的格数，即为毫米小数值。

（3）将尺身上整数和游标上的小数值相加即得被测工件的尺寸。计算公式如下：

工件尺寸=尺身整数+游标卡尺读数值×游标格数

图 9-45(a)所示的(精确度为 0.1mm)读数值为 27mm+5×0.1mm=27.5mm；图 9-45(b)所示的(精确度为 0.05mm)读数值为 22mm+10×0.05mm=22.50mm。

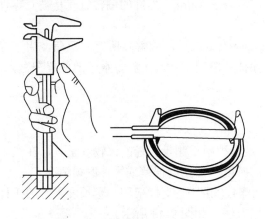

图 9-44　游标卡尺测量深度和内径

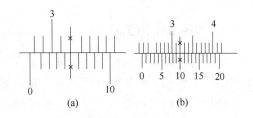

图 9-45　读数方法

4. 千分表的使用

千分表是一种比较性测量仪器，如图 9-46 所示，主要用于测定工件的偏差值，如零件的平面度、直线度、跳动量、圆度、圆柱度误差及配合间隙等。

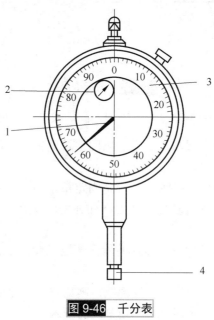

图 9-46　千分表

1—大指针；2—小指针；3—表盘；4—测头

使用千分表测量工件时，先将千分表固定在表架(支架)上，以测杆端测头抵住被测工件表面，并使测头产生一定位移(即指针存在一个预偏转值)。移动被测工件，同时观察千分表表盘上指针的偏转量，该偏转量即被测物体的偏差尺寸或间隙值。

千分表的表盘刻度一般分为 100 格，当测头每移动 0.01mm 时，大指针就偏转 1 格(表示 0.01mm)；当大指针转 1 圈时，小指针偏转 1 格(表示 1mm)；指针的偏转量就是被测零件的实际偏差或间隙值。

测量时，测杆轴线应与被测工件表面垂直，检查结束后，应解除所有的负荷，用干净布将表面擦拭干净，并在容易生锈的金属表面涂抹一薄层工业凡士林，水平地放置在盒内，严禁重压。

5. 内径百分表(量缸表)

内径百分表又称量缸表，如图 9-47 所示，是一种用于测量孔径的比较性量具，在汽车维修中，主要用于测量发动机汽缸和轴承座孔的圆度、圆柱度误差或零件磨损情况。

内径百分表由百分表、表杆、表杆座、活动测杆(测头)、支撑架和一套长度不等的接杆等组成。现以测量汽缸内径为例，简要说明使用方法，如图 9-48 所示。

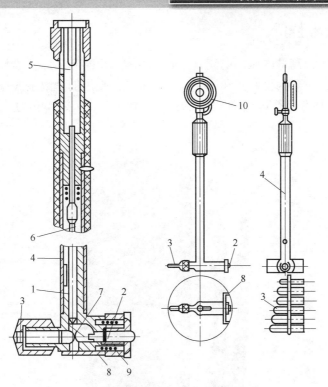

图 9-47　内径百分表

1—三通管；2—活动量杆；3—固定量杆；4—表管；5—插口；
6—活动杆；7—杠杆；8—活动套；9—弹簧；10—百分表

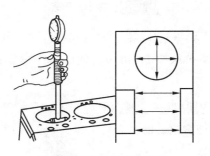

图 9-48　量缸表的使用

(1) 用一只手拿住绝热套，另一只手尽量托住表杆下部，轻轻摆动表杆，使内径百分表测杆与汽缸轴线垂直，可通过观察百分表指针摆动情况来判断，当表针指示到最小数值时，即表示测杆已垂直于汽缸轴线。

(2) 内径百分表读数方法与百分表相同，读出百分表表头指示数值。

(3) 确定工件尺寸。如果百分表头的大指针正好指在"0"处，说明被测工件的孔径(缸径)与其校表尺寸相等，若以标准尺寸进行校表，则表示工件尺寸与标准尺寸相同。如果百分表头大指针顺时针方向转离"0"位，则表示工件尺寸小于标准尺寸；反之则表示大于标准尺寸。通过对不同测量点的测量，即可得到圆度、圆柱度的误差量或工件的磨损情况。

6. 数字万用表的使用

万用表被广泛用来测量电压、电流、电阻、电容、电感和晶体管等基本参数。根据万用表显示方式不同，可分为指针式和数字式，目前广泛使用的是数字式万用表。不同数字万用表，其功能和结构有所不同，下面以 VC9801A$^+$数字万用表(图 9-49)为例介绍其使用方法。

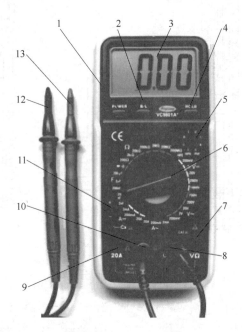

图 9-49　数字万用表

1—电源开关；2—背光源开关；3—显示屏；4—读数保持开关；5—三极管插孔；6—功能/量程开关；7—V/Ω插孔；8—COM 插孔；9—20A 插孔；10—mA 插孔；11—电容插孔；12—黑表笔；13—红表笔

1) 测量准备

使用前，应认真阅读使用说明书，熟悉电源开关、量程开关、插孔、特殊插口的作用和使用注意事项。在测量各种参数之前，先将电源开关 1 打开。

2) 直流电压测量

将黑表笔插入 COM 插孔，红表笔插入 V/Ω插孔，量程开关拨至 V～的合适量程，将表笔与被测线路并联，读数即显示，红表笔所接的极性也同时显示。

> **注意**
> (1) 不要输入高于 1 000V 的电压，以免损坏仪表。
> (2) 测量时，如果不知道测量电压范围，应将量程置于最高挡，再逐渐调低。

3) 交流电压测量

将黑表笔插入 COM 插孔，红表笔插入 V/Ω插孔，量程开关拨至 V～的合适量程，将表笔与被测线路并联，读数即显示。

(1) 不要输入高于 700V 的电压，以免损坏仪表。
(2) 测量时，如果不知道测量电压范围，应将量程置于最高挡，再逐渐调低。

4) 直流电流的测量

将黑表笔插入 COM 插孔，当被测电流小于 200mA 时，红表笔插入 mA 插孔；当被测电流在 200mA～20A 时，红表笔插入 20A 插孔。

将量程开关置于直流 A－量程范围，测试笔串入被测线路中，读数即显示，红表笔所接的极性也同时显示。

(1) 不要接入高于测量值的电流，以免损坏仪表。
(2) 测量时，如果不知道测量电流范围，应将量程置于最高挡，再逐渐调低。
(3) 20A 插孔无熔丝，测量时间应小于 10s，以免线路发热，影响准确度。

5) 交流电流的测量

测量步骤和注意事项与直流测量相似，测量时注意将量程开关置于交流 A～量程范围。

6) 电阻的测量

将量程开关拨至Ω的合适量程，黑表笔插入 COM 插孔，红表笔插入 V/Ω插孔，将测试笔跨接在待测的电阻上，读数即显示。

(1) 在线测量时，务请确认被测电路已经关断电源，同时电容已经放电完毕，方可以测量电阻。
(2) 如果被测电阻值超出所选择量程的最大值，万用表将显示"1"，这时应选择更高的量程。
(3) 测量高电阻时，尽可能将电阻直接插入 COM 插孔和 V/Ω插孔，以免干扰。当电阻值大于 1MΩ时，仪表需要数秒后才能稳定读数，属于正常现象。
(4) 20A 插孔无熔丝，测量时间应小于 10s，以免线路发热，影响准确度。

7) 电容测量

将量程开关拨至 F 的合适量程，将被测电容插入 Cx 插口，有必要时注意极性连接。

(1) 不要把一个外部已充电的电容插入测量。
(2) 测量大电容时，仪表需要数秒后才能稳定读数。

8) 二极管测量

将黑表笔插入 COM 插孔，红表笔插入 V/Ω插孔(红表笔为+)；将量程开关置于 ⊶ 位置，将测试笔跨接在被测的二极管两端。

(1) 当输入端开路(或二极管断路)时，仪表显示为过量程状态。
(2) 仪表显示值为正向电压降伏特值，当二极管反接时，显示过量程状态。

9) 背光源的使用

在光线较暗时，可按下背光源按钮 B/L。背光源耗电大，不宜长期使用。

10) 数据保持开关使用

在测量时要保持数据，可以按下数据保持开关 HOLD 按钮。

二、项目实施

(一)项目实施环境

(1) 各种汽车零件。
(2) 各种常用工具、量具。
(3) 工作台。

(二)项目实施步骤

1. 常用工具的认识

常用工具包括套筒、套筒扳手、开口扳手、梅花扳手、扭力扳手、各种钳子、拉压器、手锤等。

要求认识这些常用工具的名称，了解基本的使用方法、功用和使用注意事项。

2. 常用量具的使用

常用量具包括游标卡尺、千分尺、百分表、塞尺等。

要求认识这些量具的名称，了解其功用和使用注意事项。

3. 万用表的使用

要求掌握万用表的使用方法和使用注意事项。

三、知识拓展

这里以知识拓展的形式对汽车维修生产安全注意事项做介绍。

1. 个人安全

1) 眼睛的防护

在汽车维修企业中,眼睛经常会受到各种伤害,如飞来的物体、腐蚀性的化学飞溅、有毒的气体或烟雾等,这些伤害几乎都是可以防护的。

常见的保护眼睛的装备是护目镜(图9-50)和安全面具(图9-51)。护目镜可以防护各种对眼睛的伤害,如飞来的物体或飞溅的液体。在进行金属切削加工、用錾子或冲子铲剔、使用压缩空气、使用清洗剂等情况下,应考虑佩戴护目镜。安全面具不仅能够保护眼睛,还能保护整个面部。如果进行电弧焊或气焊,要使用带有色镜片的护目镜或深色镜片的特殊面罩,以防止有害光线或过强的光线伤害眼睛。

2) 听觉的保护

汽车修理厂是个噪声很大的场所,各种设备如冲击扳手、空气压缩机、砂轮机、发动机等都产生很大的噪声。短时的高噪声会造成暂时性听力丧失,但持续的较低噪声则更有害。

常见的听力保护装备有耳罩和耳塞,噪声极高时可同时佩戴。一般在钣金车间必须佩戴耳罩或耳塞。

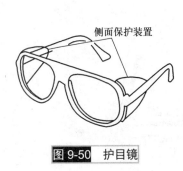

图 9-50 护目镜

图 9-51 安全面具

3) 手的保护

手是汽车维修人员经常受伤的部位之一,保护手要从两方面着手:一是不要把手伸到危险区域,如发动机前部转动的传动带区域、发动机排气管道附近等;二是必要时戴上防护手套。不同的场合需要不同的防护手套,做金属加工有劳保安全手套,接触化学品有橡胶手套。

4) 衣服、头发及饰物

宽松的衣服、长袖子、领带都容易卷进旋转的机器中,所以在修理厂中,首先一定要穿合体的工作服,最好是连体工作服,外套、工装裤也可以。如果戴领带要把它塞到衬衫里。

工作时不要戴手表或其他饰物,特别是金属饰物,在进行电气维修时可能导入电流而烧伤皮肤,或导致电路短路而损坏电子元件或设备。

在工厂内要穿劳保鞋,可以保护脚面不被落下的重物砸伤,且劳保鞋的鞋底是防油、防滑的。

长发很容易被卷入运转的机器中,所以长发一定要扎起来,并戴上帽子。

常见的个人安全防护设备如图9-52所示。

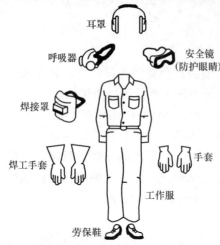

图 9-52 常见的个人安全防护设备

另外,在搬举重物时应采用如图 9-53 所示的方式进行,以避免损伤身体。

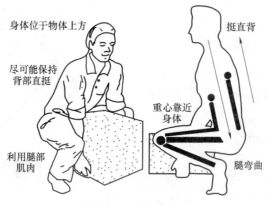

图 9-53 搬举重物

2. 工具和设备安全

1) 手动工具的安全

手动工具看起来是安全的,但使用不当也会导致事故,如用一字旋具代替撬棍,导致旋具崩裂、损坏,飞溅物打伤自己或他人,扳手从油腻的手中滑落,掉到旋转的元件上,再飞出来伤人等。

另外,使用带锐边的工具时,锐边不要对着自己和工作同事。传递工具时要将手柄朝向对方。

2) 动力工具的安全

所有的电气设备都要使用三相插座,地线要安全接地,电缆或装配松动应及时维护;所有旋转的设备都应有安全罩,以减少发生部件飞出伤人的可能性。

在进行电子系统维修时,应断开电路的电源,方法是断开蓄电池的负极搭铁线,这不仅可保护人身安全,还能防止对电器的损坏。

许多维修工序需要将车升离地面，在升起车辆前应确保汽车已被正确支承，并应使用安全锁以免汽车落下。用千斤顶支起汽车时应当确保千斤顶支承在汽车底盘大梁部分或较结实的部分。

工具和设备都要定期检查和保养。

3) 压缩空气的安全

使用压缩空气时，应非常小心，不要玩弄它们，不要将压缩空气对着自己或别人，不要对着地面或设备、车辆乱吹。压缩空气会撕裂鼓膜，造成人耳失聪，损伤肺部或伤及皮肤，被压缩空气吹起的尘土或金属颗粒会造成皮肤、眼睛损伤。

3. 日常安全守则

(1) 工具不使用时应保持干净并放到正确的位置。

(2) 各种设备和工具要及时检查和保养。

(3) 手上应避免油污，以免工具滑脱。

(4) 启动发动机的车辆应保证驻车制动正常。

(5) 不要在车间内乱转。

(6) 在车间内启动发动机要保持通风良好。

(7) 在车间内穿戴、着装要合适，并佩戴必要的装备，如手套、护目镜、耳塞等。

(8) 不要将压缩空气对着人或设备吹。

(9) 尖锐的工具不要放到口袋里，以免扎伤自己或划伤车辆。

(10) 常用通道上不要放工具、设备、车辆等。

(11) 用正确的方法使用正确的工具。

(12) 手、衣服、工具应远离旋转设备或部件。

(13) 开车进出车间时要格外小心。

(14) 在极度疲劳或消沉时不要工作，这种情况会降低注意力，有可能导致自身或他人的被伤害。

(15) 如果不知道车间设备如何使用，应先向明白的人请教，以得到正确、安全的使用方法。

(16) 用举升器或千斤顶升起车辆时，一定要按正确的规程操作。

(17) 应知道车间灭火器、医疗急救包、洗眼处的位置。

小结

本项目讲述的是汽车维护与保养常用工具、量具的使用方法，介绍汽车维护与保养常用工具的种类与选用；工具的使用方法及注意事项；汽车维护与保养生产安全注意事项。这些是基础，要贯穿整个实训环节。要求掌握各种常用工具、量具的使用方法及操作规程。

习题及实操题

一、问答题

1. 说明常用工具的名称及使用注意事项。
2. 说明千分尺的使用方法。
3. 说明游标卡尺的使用方法。
4. 说明万用表的使用方法及注意事项。
5. 使用压缩空气需要注意哪些问题？
6. 修理厂人员的衣着、服饰、头发需要注意哪些问题？

二、实操题

对照零件正确地选用常用工具、常用量具。

项目十　汽车维护与保养实训任务工单

实训项目一　接车检查任务工单

一、实训准备

(1) 接车检查在汽车维护与保养中的重要意义。

(2) 简述接车检查的主要项目和注意事项。

(3) 如何处理客户车上的现金和贵重物品。

二、检查内容与流程

维修接车工单

用户车牌：　　　　　行驶里程：　　　　　服务顾问：　　　　201　年　月　日

用户陈述及要求：

服务顾问检测诊断结果及主要故障件：

服务顾问建议或提醒：

外观确认：(在有缺陷部位标识)	功能确认 正常□　不正常☒	物品确认 有□　无☒
	□ 天线	□ 备胎
	□ 音响	□ CD碟
	□ 点烟器	□ 磁带
	□ 四门玻璃升降	□ 随车工具
	□ 天窗	□ 灭火器
	□ 后视镜	□ 千斤顶
	□ 中央门锁(防盗器)	□ 贵重物品
油量确认： 洗车确认：　□	□	□

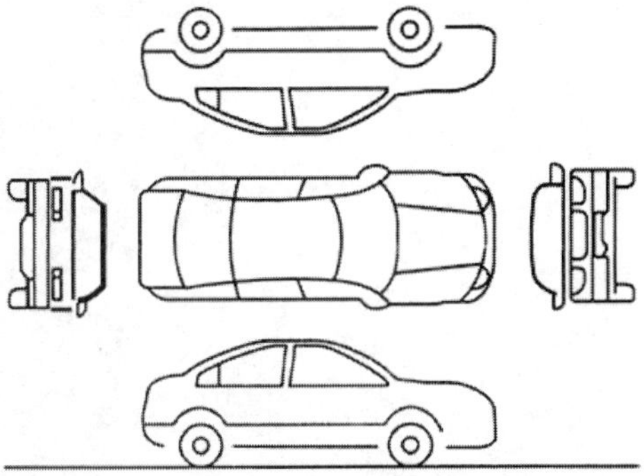

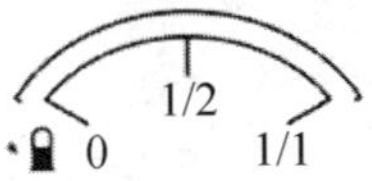

用户送车签字：_____　　　　　　　　用户取车签字：_____

实训项目二　汽车维护与保养任务工单
(在顶起位置1的检查)

一、实训准备

(1) 发动机机油牌号是如何划分的？如何选用？

(2) 如何进行发动机油液面、质量与泄漏的检查？

(3) 制动液特性指标和参数有哪些？如何选用？

(4) 简述冷却液类别与特点，选用时的注意事项。

二、检查内容与检查流程

1．驾驶员座椅 (1)车灯。 (2)挡风玻璃喷洗器。 (3)挡风玻璃刮水器。 (4)喇叭。 (5)驻车制动器。 (6)制动器。 (7)离合器。 (8)方向盘。 (9)外部检测准备	0 车辆预检及检查前准备 (1)把挡泥板罩，前罩，地毯，座罩和方向盘罩放好(三件/四件套)。 (2)检查油和液体。 (3)放好车轮挡块。 (4)接好废气抽排管	8．前部 (1)悬架。 (2)车灯。 (3)车身的螺栓和螺母(发动机罩)
2．驾驶员门(左侧前门) (1)门控灯开关。 (2)车身的螺母和螺栓(门、座椅和座椅安全带)	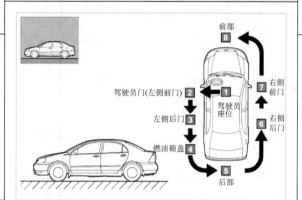	7．右侧前门 (1)门控灯开关。 (2)车身的螺母和螺栓(门、座椅和座椅安全带)
3．左侧后门 (1)门控灯开关。 (2)车身的螺母和螺栓(门、座椅和座椅安全带)	5．后部 (1)悬架。 (2)车灯。 (3)车身的螺栓和螺母(行李箱门)。 (4)备用轮胎	6．右侧后门 (1) 门控灯开关。 (2)车身的螺母和螺栓(门、座椅和座椅安全带)
4．燃油箱盖		

汽车维护与保养检查流程

编号	1	2	3	4	5	6	7
顶起位置	1	2	3	4	5	6	7
检查	车灯(驾驶员座椅)	球节	发动机机油(排放)	车轮轴承	制动器拖滞	制动液的更换	发动机机油(加注)
	挡风玻璃喷洗器		M/T油	拆卸车轮	制动液更换工具安装	车轮的安装	发动机冷却液
	挡风玻璃刮水器		A/T液	轮胎			散热器盖
	喇叭		驱动轴护套	盘式制动器			传动皮带
	驻车制动器		转向连接机构	鼓式制动器			火花塞
	离合器		手动转向机				蓄电池
	方向盘		动力转向液				制动液
	门控灯开关		制动管路				制动管路
	车身的螺母和安装件		燃油管路				离合器液
	燃油箱盖		排气管和螺栓(车辆下)				空气滤清器
	悬架		螺母和螺栓				碳罐
	车灯		发动机机油滤清器				前减震器上支撑
	备用轮胎		发动机机油排放塞				喷洗液
			润滑脂更换(参考)				轮毂螺母重新上紧
							PCV系统
							发动机冷却液
							怠速混合气

编号	8	9	10
顶起位置	8	9	
检查	复查检查	清洁每个部件	路上试验
		车辆保养	

任务1工单　预检工作(车辆防护)

序号	作业项目	图示	作业内容	作业标准
一、车辆防护				
1	①驾驶员座椅；②车辆的前部	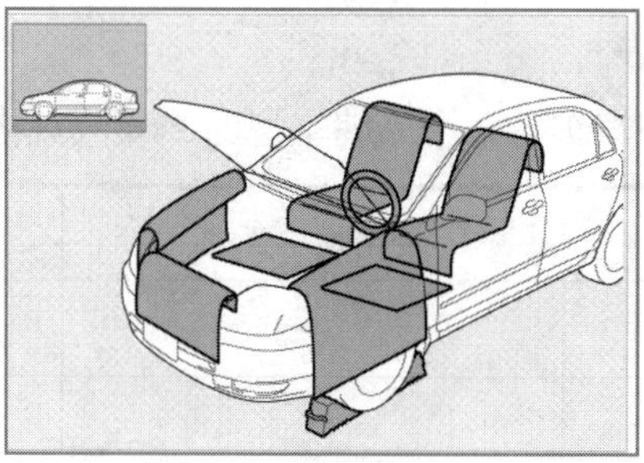	检查前将地毯、罩等放入用户的车辆内，防止灰尘或划伤，准备开始检查	
			①放上座椅套。②放上地毯垫。③放上方向盘罩。④打开发动机盖(通过拉动发动机盖释放柄)	
			①打开发动机盖。②放上翼子板布。③放上前盖	
2	用车轮挡块挡住车轮，垫三角木		提示：在课堂实训中，采用升起举升机至汽车驱动轮刚刚离开地面的方法替代	
二、废气抽排				
	安装废气抽排管		①将废气抽排管对接排气管尾端。②启动废气抽排系统	

任务 2 工单 检查机油和油液

- 在丰田或其他 4S 店的定期维护检查中,此项对机油和油液检查的目的是确定在定期检查过程中是否存有启动发动机或开动刮水器所需的最低机油和油液量。详情请参考举起位置 7。
- 在综合维修企业的维护保养检查中,机油和油液检查一般在此工位进行详细检查。将检查结果对比维修检验记录,判定相关系统工作是否正常。若存在异常,应向客户解释清楚,并在征得客户同意后下达维修任务。

一、资料收集

(1) 收集日系、美系、欧系、国产汽车各一个品牌车型的冷却液规格要求和更换周期。

序 号	汽车品牌型号	使用规格要求	更换周期
1			
2			
3			
4			

(2) 收集日系、美系、欧系、国产汽车各一个品牌车型的机油规格要求和更换周期。

序 号	汽车品牌型号	使用规格要求	更换周期
1			
2			
3			
4			

(3) 收集日系、美系、欧系、国产汽车各一个品牌车型的制动液规格要求和更换周期。

序 号	汽车品牌型号	使用规格要求	更换周期
1			
2			
3			
4			

(4) 查找资料：大众系列汽车与福特系列汽车自动变速器油是如何检查的。叙述福克斯汽车自动变速器油的检查方法。

二、检查方法和流程

序号	作业项目	图　　示	作业内容	作业标准
一、检查发动机油液面和质量				
1	油位检查	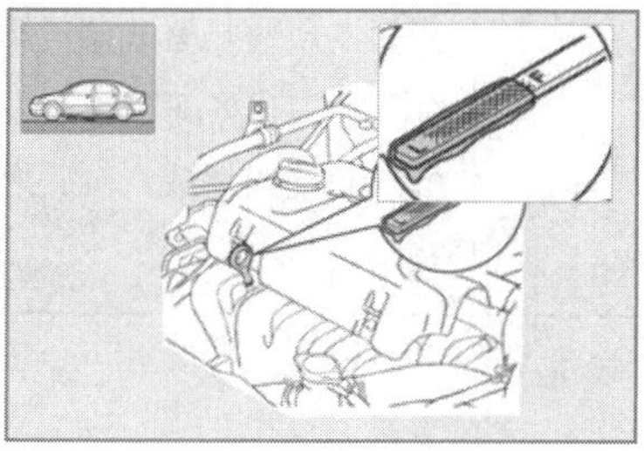	①预热发动机以及停止发动机。5min 后进行检查。②检查机油油位，以确保油位处于规定的范围内	应处于油标尺上下刻线之间
2	质量/外观及气味检查		抽出机油尺取几滴机油，进行相关检查。①机油呈雾状或乳白状，说明机油内混杂有水。②机油闻之有汽油味，说明机油被燃油稀释。③手捻机油，感觉有细颗粒摩擦感，对光察看有较多白色或黄色亮点，说明发动机磨损严重	更换周期：Ⅱ汽油机。每 10 000 公里或 1 年。☉柴油机。每 5 000 公里或 6 个月
1.		检查位置：发动机室		
3	提示		①检查油位时汽车应停放在平地上。②从发动机已经停止 5min 或者更多的时间之后，检查油位，是为了可以允许发动机各个区域的机油完全沉积在集油盘中。③有条件时，还可对机油进行油斑检查和爆裂试验，以进一步确定机油质量。④油斑检查：抽出机油尺取几滴机油在专用试纸上，将滤纸斑点图与标准滤纸斑点图谱进行对比。⑤爆裂试验：将机油滴在 110℃以上温度的金属(板)表面上，如出现爆裂声，表明机油中含有水分。⑥非更换发动机机油时，油位应处于油标刻线之间中偏上位置。否则，需补充机油。⑦机油液位异常时，要参照上次保养记录进行原因分析	更换间隔期：Ⅱ一般很难从视觉上去判断机油的消耗情况，需依据行驶距离或时间更换机油。☉更换间隔期随车型、使用状况而不同，需参照维修计划

续表

序号	作业项目	图示	作业内容	作业标准
二、检查冷却液液面和质量				
1	确认散热器储液罐内有冷却液	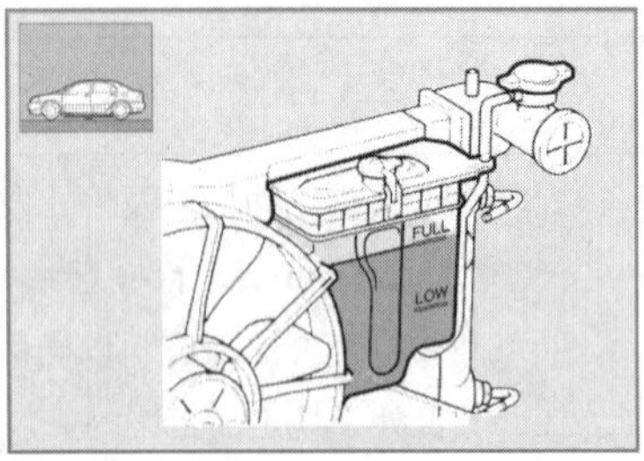	①发动机预热后，让发动机冷却下来。然后，拆卸散热器盖并检查冷却液液位是否合适。 ②检查储液罐中的冷却液是否处于规定的范围内	在上下刻线之间
2	检查冷却液质量		①如发现冷却液液面有浮油，可能是混入了发动机油或自动变速器油。 ②如发现散热器或储液罐内有气体冒出，可能出现发动机汽缸垫损坏或汽缸、燃烧室裂纹	更换间隔： 每40 000公里或2年
3	提示		①正常检查冷却液液位时没有必要拆卸散热器盖。 ②如果想在发动机仍然发热时拆卸散热器盖，在盖上放一块布并且松开45°以便释放压力。然后，拆卸散热器盖。不要立即拆卸散热器盖，否则冷却液将会溅出。 ③散热器冷却时检查冷却液液位。因为如果散热器发热，冷却液将会是高液位	Ⅱ为难以通过目视来判断冷却液的变质程度，一般根据行驶里程或时间长短来更换。 ☞请参考维修计划，因为它可能随车型不同而有差异

续表

序号	作业项目	图 示	作业内容	作业标准
三、检查制动液高度和质量				
1	液位	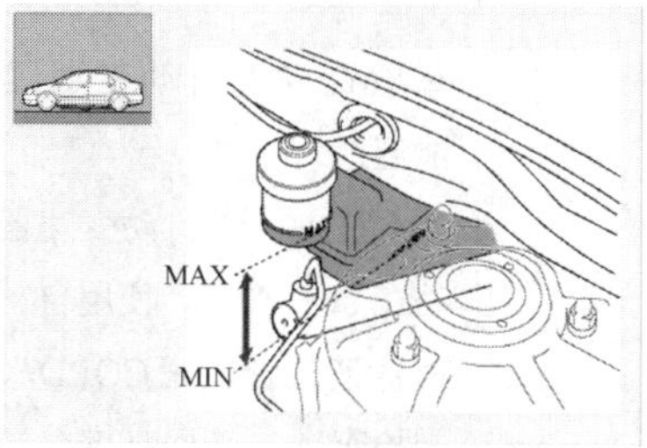	①检查制动总泵的储液箱内确有制动液。②检查制动总泵的储液罐中的液位是否在最高线和最低线之间	在上下刻线之间
2	质量		用相关检测设备检测制动液质量(含水量)	检查间隔：每1 000公里或6个月。更换间隔：每4 000公里或2年
3	提示		Ⅱ如果制动衬片或者制动器摩擦片磨损，制动液液位就会下降。☞如果制动液液位明显偏低，则需要检查制动系统是否渗漏	
四、转向助力液检查				
1	液面高度	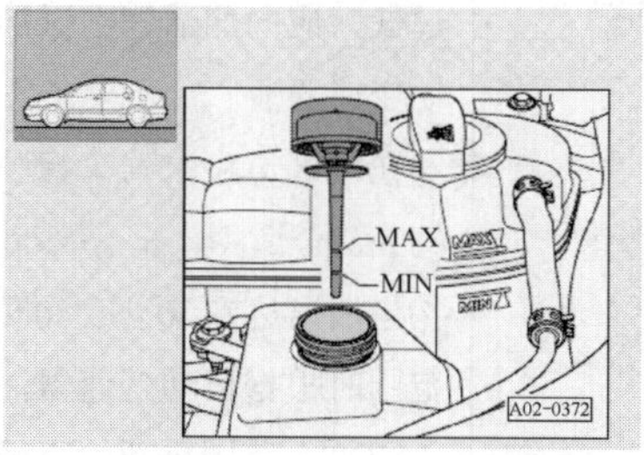	①确定检查时机油温度状况 ● 机油处于低温状态：使发动机停止运转，并使前轮位于正前打直位置。 ● 机油处于已达到工作温度的状态(大约 50℃以上)使发动机运转，并使前轮位于正前打直位置。 ②旋出带有机油尺的端盖(箭头所示)。 ③用干净的抹布擦拭机油尺。 ④先用手轻轻旋入端盖，然后再拧下。 ⑤检查油位	机油处于低温状态：①油位必须在MIN(最低)标记的范围内(标记上下 2mm的范围)。②机油处于已达到工作温度的状态(大约50℃以上)。③油位必须在MAX(最高)和MIN(最低)标记之间

续表

序号	作业项目	图　示	作业内容	作业标准
2	提示		①只有在事先旋入了端盖后，油位检查结果才有效。 ②如果油位高于规定的范围，必须抽出一部分液压油。 ③如果油位低于规定的范围，那么必须检查液压系统的密封性	

五、检查自动变速器液(有油尺)

序号	作业项目	图　示	作业内容	作业标准
1	液面高度	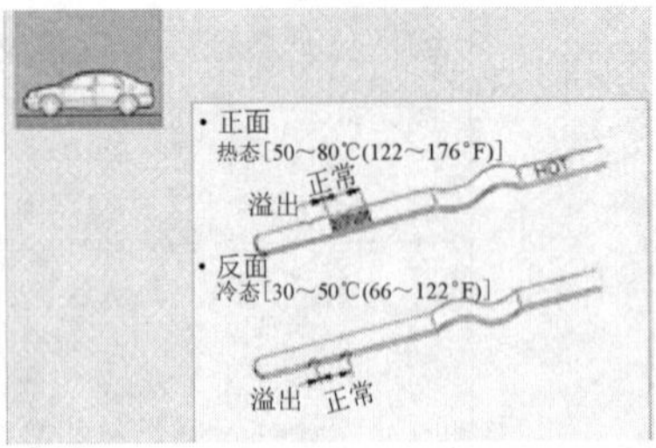	①暖机。 ②检查有无自动变速器液泄漏。 ③行驶前，当自动变速器液处在30～50℃，使用自动变速器液位计的"COLD"范围检查A/T液面高度	冷车时，在"COLD"范围
		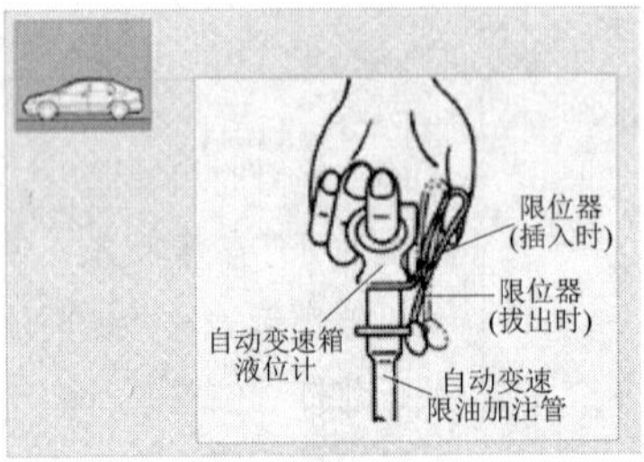	①将车辆停放在水平地面上，设置驻车制动。 ②启动发动机，并将换挡杆在各挡位位置上移动。最后将换挡杆置于"P"位置。 ③在发动机怠速时检查自动变速器液的高度。拔出自动变速器油尺，用无绒纸擦净。 ④重新将自动变速器油尺尽可能地插入加油管中。 ⑤拔出自动变速器油尺，观察油尺指示。如果指示油面过低，应向加油管中添加自动变速器油。 ⑥在城区道路上驾车行驶大约5min。 ⑦当油温达到50～80℃的范围时根据自动变速器油尺"HOT"范围重新检查油面高度	热车时，在"HOT"范围重新检查油面高度

续表

序号	作业项目	图示	作业内容	作业标准
2	油液质量		①如果ATF呈深褐色、黑色或有焦臭味,表明过热或没有及时换油。此时应更换ATF和滤清器,并检查变速器。 ②如果ATF呈乳白色,表明发动机的冷却液通过散热器进入了变速器冷却器。此时应彻底冲洗、换油,并检查冷却器。 ③如果ATF中混有黑色颗粒状物,表明已烧片,此时需检查变速器,再彻底清洗。 ④如果ATF中混有银白色的金属微粒,表明阀体、轴承或行星排严重磨损,此时需检查此类部件。 ⑤如果油尺上带有气泡,则表明空气渗入了高压油路。此时应换油并检查故障。 ⑥如果油尺上黏附有难以擦净的胶状物,则表明ATF已过热氧化,应更换ATF和滤清器	
3	提示		①擦拭自动变速器油尺时,始终要使用无绒纸,而非任何其他的布。 ②自动变速器油尺插回时应使用附带限位器牢靠地将其固定在加注管中。 ③请勿过量加注油液	
4	拆卸机油加注口盖		拆卸机油加注口盖,以便排放发动机机油	

六、检查自动变速器液(无油尺)

序号	作业项目	图示	作业内容	作业标准
1	检查液面高度	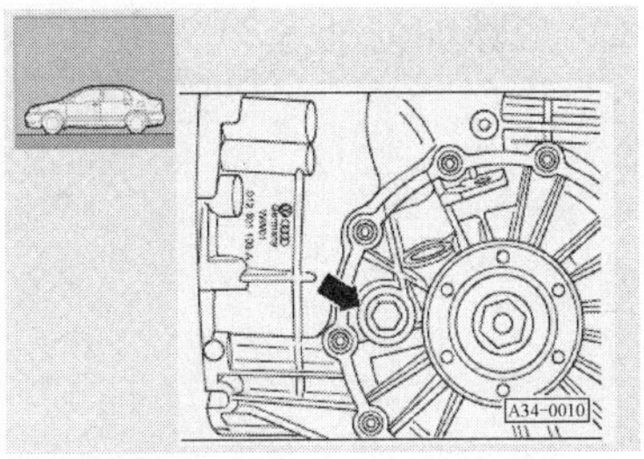	①拧下加油螺塞以检查变速器油(如箭头所示)。 ②用自制的辅助工具,例如,弯钩的铁丝来检查润滑油的油位	规定值:润滑油液面低于加油孔的下边缘8.5mm
2	提示		①如果润滑油的油位在给定的范围以下,就必须对变速器进行密封性检查(维修措施)。 ②如果变速器密封良好,加注变速器润滑油	

三、检查记录

四、分析思考

(1) 当发动机冷却液面严重偏低时，作为维修技工，你应该采取哪些措施？

(2) 当发动机油位严重偏低时，作为维修技工，你应该做哪些工作？

(3) 当发动机机油质量出现异常时，如机油乳化、手捻机油对光检查时有白色亮点或黄色亮点时，你能判断发动机出现哪些故障，应该如何处理？

(4) 汽车自上次保养后已有两年时间，制动液液位正常。客户不同意更换制动液时，作为维修技工，你应该怎么做？

任务 3 工单　灯光检查(驾驶员座椅)

一、检查方法和流程

序号	作业项目	图示	作业内容	作业标准
1	点火开关旋至 ON	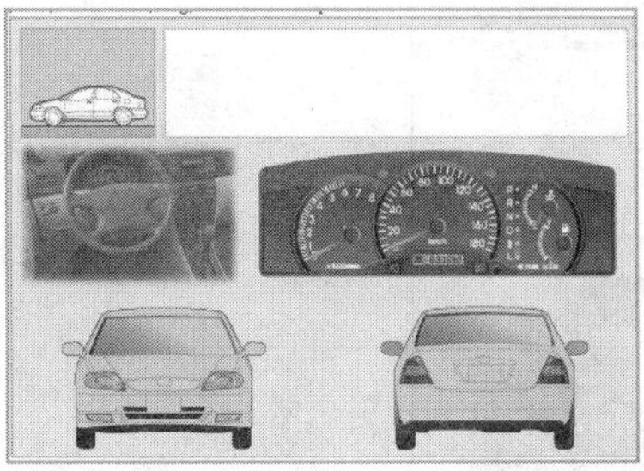	检查车辆的灯是否正常发光和闪烁。用镜子检查车外的灯，或由其他员工协助进行。 提示： 变光器开关总成包括转向信号开关和大灯的远光/近光之间的转换开关	
2	①示宽灯。 ②牌照灯。 ③尾灯	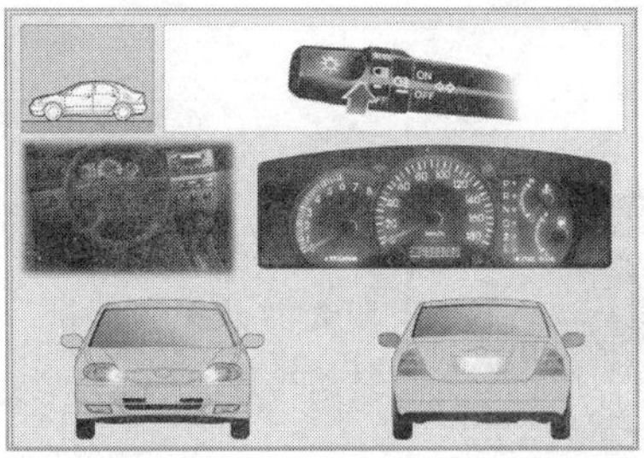	仪表板灯灯光控制开关旋动1挡检查下列车灯是否亮起。 ①示宽灯。 ②牌照灯。 ③尾灯	点亮
3	大灯(近光灯)	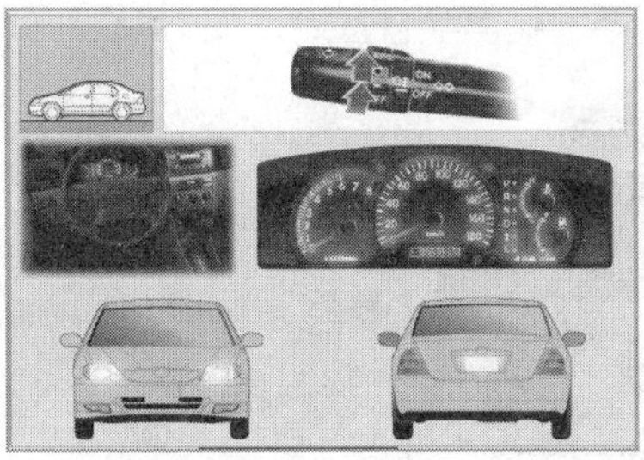	将灯光控制开关旋动2挡，检查大灯(近光灯)是否发光	点亮

续表

序号	作业项目	图示	作业内容	作业标准
4	大灯(远光灯)	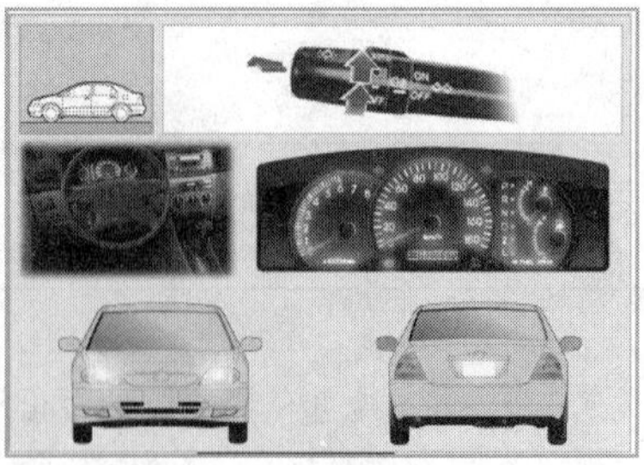	将变光器开关上移检查大灯(远光灯)和指示灯(仪表)	点亮
5	大灯闪光器和指示灯	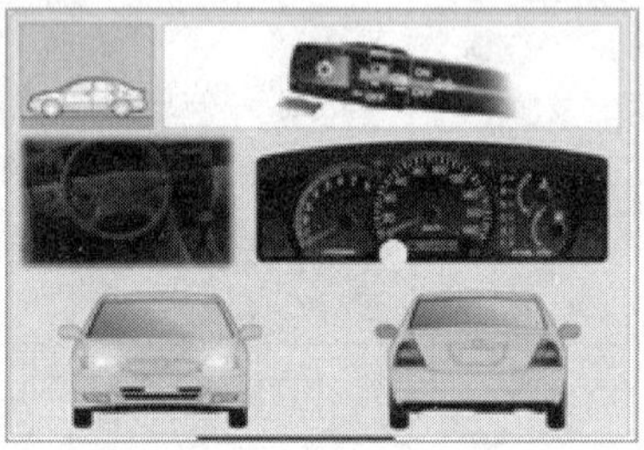	变光器开关向前拉,或上下移动信号转换开关	正常亮或闪
6	右转信号灯和指示灯	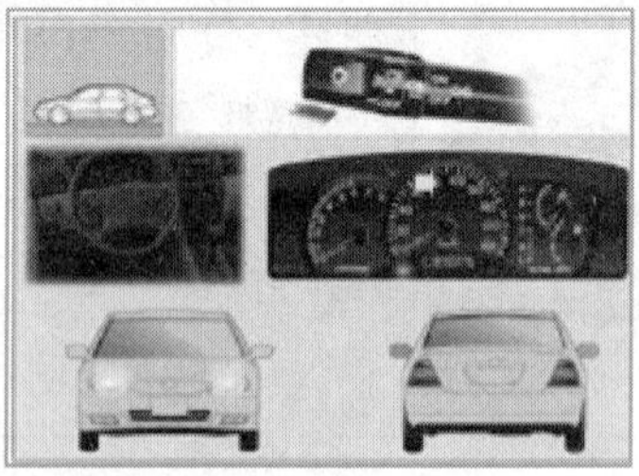	变光器开关向前推,检查右转信号灯和指示灯	
7	左转信号灯和指示灯	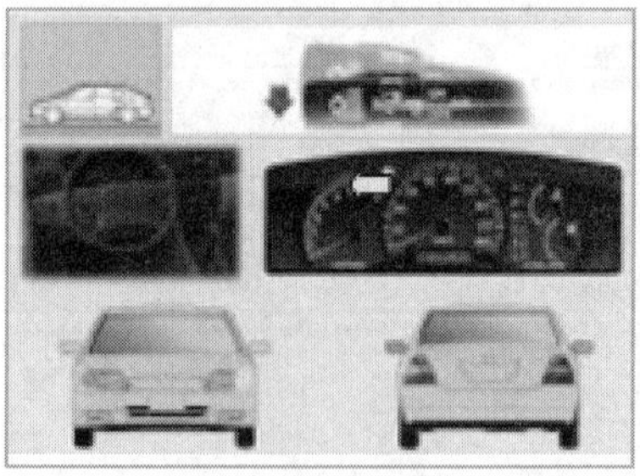	变光器开关向后拉,检查左转信号灯和指示灯	

提示:当变光器推/拉到某一位置时,指示灯显示频率加快,说明该侧某指示灯失效

续表

序号	作业项目	图示	作业内容	作业标准
8	危险警告灯和指示灯	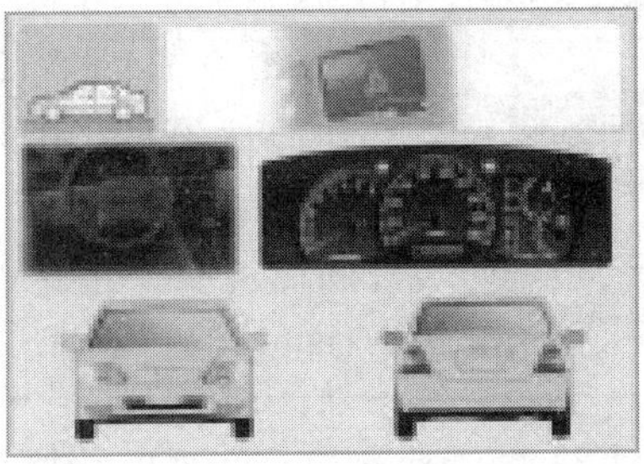	按下"▲"按钮，检查危险警告灯和指示灯	闪烁
9	制动灯	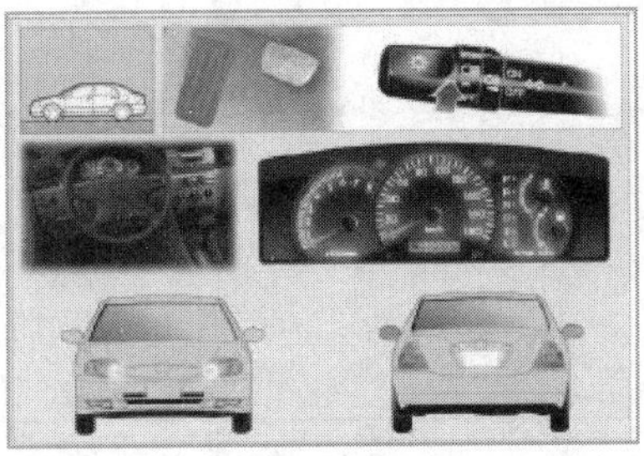	踩下制动踏板时检查停车灯(尾灯亮)	
10	倒车灯	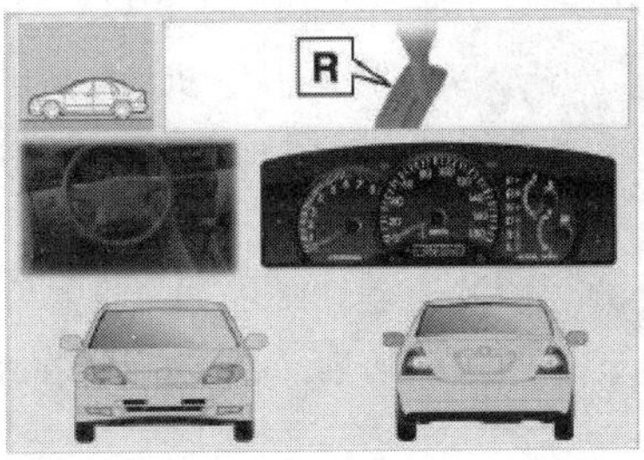	将变速杆处于"R"位置时检查	

提示：
①MT：左脚将离合器踏板踩到底后，将变速杆挂到"R"挡位置。整个操作过程不允许松抬离合器踏板。
②AT：右脚踩住制动踏板，将变速杆挂到"R"挡位置。整个操作过程不允许松抬制动器踏板。
③确认汽车已垫垫块，或驱动轮已升起。
④车辆正前、正后方不许站人。协助检查人员应站在车辆前后侧面位置

续表

序号	作业项目	图 示	作业内容	作业标准
11	车门灯顶灯	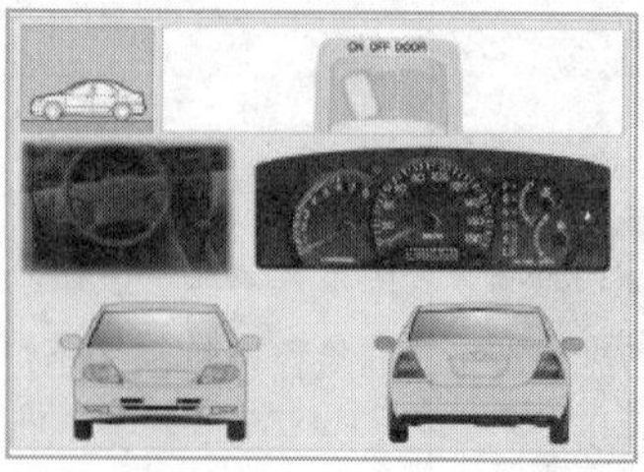	在顶灯开关分别置于下列位置时，检查顶灯是否点亮。 ①DOOR：任何一个车门打开时开启。 ②ON：开启。 ③OFF：关闭	正常开启与关闭
12	提示	在带有日间行车灯的车辆上，开关和灯的操作与上述操作的灯不同		
13	变光器开关自动回位		①车辆正放，上(下)转动变光器开关，然后顺时针(逆时针)方向转动方向盘约90°。变光器开关应自动回位，转向灯熄灭。 ②把方向盘转到初始位置，把变光器开关置于中间位置	变光器开关应自动回位，转向灯熄灭
14	组合仪表警告灯		①将点火开关转至ON，仪表指示灯及警告灯应全部点亮。然后逐个熄灭。最后剩下手刹灯、机油灯、电瓶灯。 ②启动发动机后，机油灯、电瓶灯应熄灭。这时一般只有手刹灯点亮(如果拉紧手刹)。否则，对应部件存在故障	先全部点亮，后逐个熄灭。 提示：因型号不同警告灯熄灭方式也不同，具体查看用户使用手册

二、分析思考

(1) 丰田汽车与福特汽车灯光控制操作有何区别？

(2) 日产天籁或丰田凯美锐等带有日间行车灯的车辆上，开关和灯的操作与上述描述有何不同？

任务4工单　挡风玻璃喷洗器及刮雨器/喇叭检查

一、检查方法和流程

序号	作业项目	图示	作业内容	作业标准
一、挡风玻璃喷洗器检查				
1	喷洗器检查	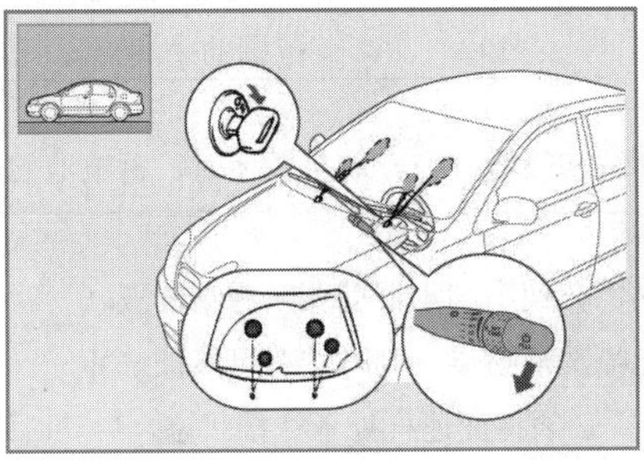	启动发动机。向上抬雨刮器控制杆，检查挡风玻璃喷洗器喷洒压力是否足够	
2	刮水器联动功能		喷洗器喷水时，联动刮水器功能，检查刮水器是否协同工作	
3	清洗液喷洒位置		检查喷洗喷洒区是否集中在刮水器工作范围内，必要时进行调整	
4	刮水器开关检查	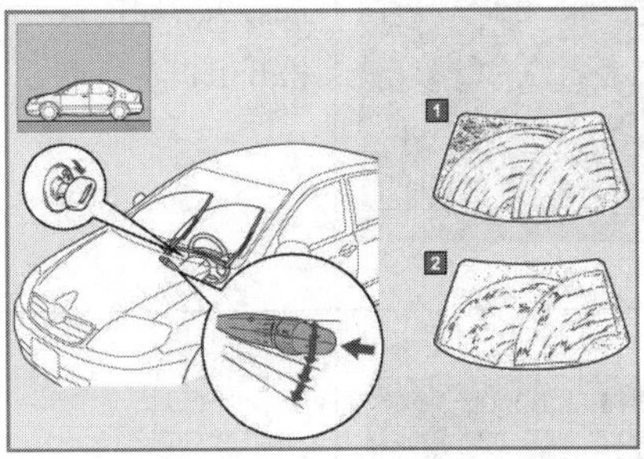	打开刮水器开关，并拨至下列各挡位，检查每一只刮水器是否正常工作。①Lo 慢。②Hi 快。③间歇功能。④刮水器低速间歇式工作。对于一些型号的刮水器其工作间隙可以调节	
5	雨刮片停止位置检查		检查当刮水器开关关闭时，刮水器自动停止在其停止位置	
6	刮水质量		喷洒喷洗液，检查刮水器不会产生以下问题。①条纹式的刮水痕迹。②刮水效果不好	

续表

序号	作业项目	图示	作业内容	作业标准
7	喷水位置调整	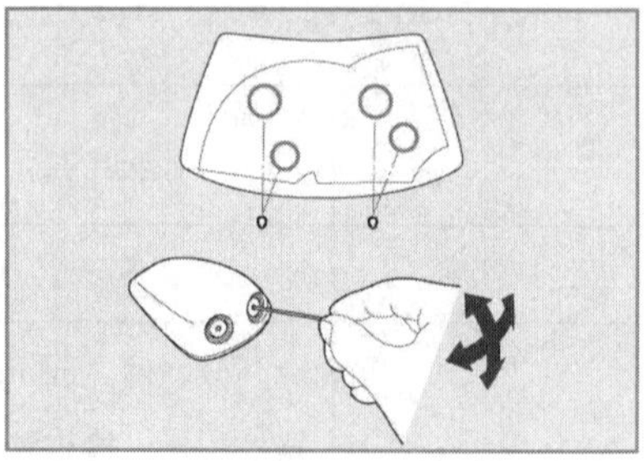	挡风玻璃喷洗器喷射位置调整。 ①在喷嘴内插入一根与挡风玻璃喷洗器喷嘴的孔相匹配的钢丝，以便调整喷洒的方向。 ②对准喷嘴以便喷洗器喷洒大约落在刮水器的刮水范围的中间	
8	提示		①启动发动机，检查喷洗和喷洒。在发动机关闭时，蓄电池的电量，难以提供足够的喷洒动力。 ②为防止划破挡风玻璃，在使用刮水器前要喷洒喷洗液。 ③如果刮水器开动时无喷洗液喷出，则马达有可能被烧坏。 ④MT车发动机启动前，必须将变速杆处于空挡状态，启动时踩下离合器踏板。AT车启动时，应将变速杆处于P挡或N挡位置，踩下制动器踏板	
9	雨刮片的更换	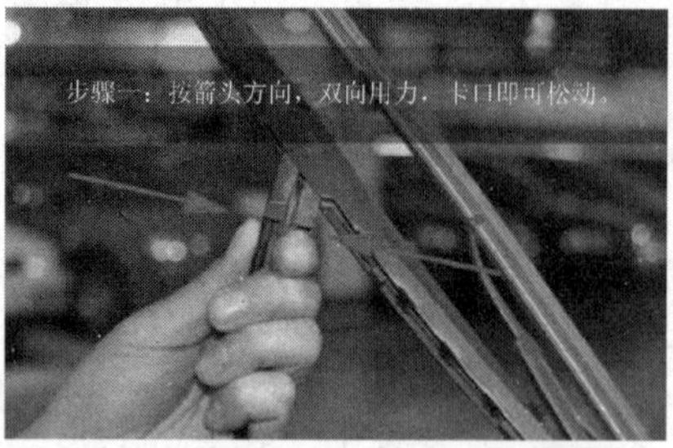	按箭头方向，双手用力，松开卡口	
		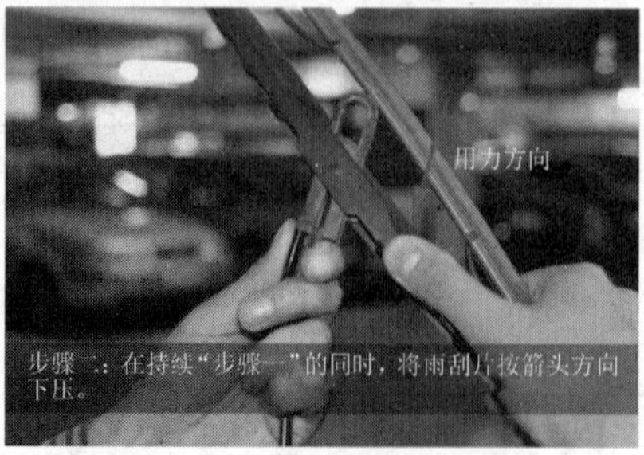	将雨刮片按箭头方向下压	

续表

序号	作业项目	图示	作业内容	作业标准
9	雨刮片的更换	步骤三：右手向镜头方向用力，解除雨刮片的阻挡，即可彻底取下。	扭动雨刮片，解除支架的约束	
		 步骤四：向上即可取下整个支架与雨刮片。	取下雨刮片	
			按相反步骤安装	
10	喇叭	提示： ①没有必要检查配备空气囊的车辆的整个方向盘。 ②有些车型上只装一个喇叭，而其他车型上则装有高低音调的两个喇叭	①在方向盘转动一周的同时按喇叭垫，检查喇叭是否发声。 ②检查音量和音调是否稳定	

任务5工单 制动系统检查

一、实训准备

(1) 下表已给出日产颐达制动踏板调整参数。参照其项目，查找指定车型的参数。

检查项目	车型				
	颐达	威驰	奇瑞	福克斯	
制动踏板自由高度(距离金属地板上表面)	189.7～199.7 mm				
制动踏板踩下高度(在发动机运转时，施加490N的制动力)	超过 115 mm				

续表

检查项目	车型			
	颐达	威驰	奇瑞	福克斯
踏板自由行程	3～11 mm			
在踏板支架与制动灯开关螺纹端头之间的间隙	0.74～1.96 mm			

(2) 下表已给出日产颐达手制动器调整参数。参照其项目，查找指定车型的参数。

控制类型	把手(驻车制动杆位移)			
	颐达	威驰	奇瑞	福克斯
槽口数量在 196 N·m 的条件下	8～9			
报警灯开关打开时的齿槽数量	1			

二、检查方法和流程

序号	作业项目	图示	作业内容	作业标准
一、驻车制动器(手刹)检查				
1	驻车制动杆行程	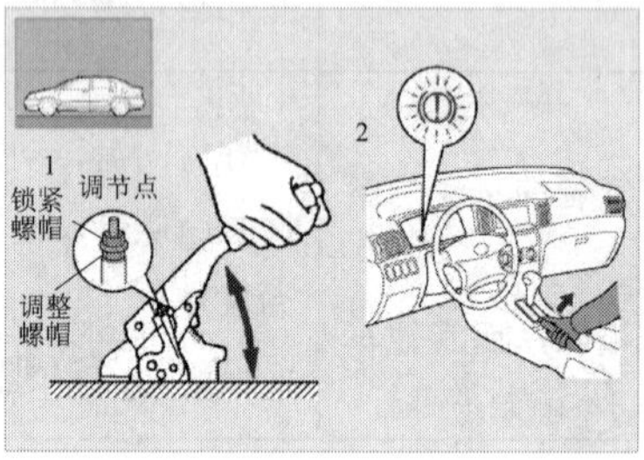	①对驻车制动拉杆施加196 N 的力。②检查驻车制动杆行程在预定的槽数内(拉动时可以听到"咔嗒"声)。③槽数：8～9(3)如果不符合标准，调整驻车杆的行程	
2	驻车制动杆行程调整		①松开锁止螺母。②转动调整螺母或者调整。③六角螺栓直到驻车制动杆或者踏板行程已经正确。④上紧锁止螺母。	
3	制动指示灯的工作情况	A. 中央手柄类型　1、锁紧螺母 B. 拉杆类型　2、调整螺母	①点火开关位于 ON 位置。②拉起驻车制动杆时,在拉动杆到达第一个槽口前,指示灯就已经发光。③需检查调整手刹灯开关	

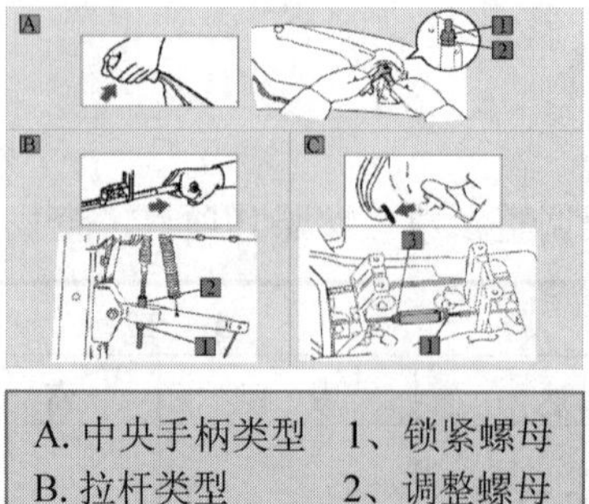

续表

序号	作业项目	图 示	作业内容	作业标准
4	提示		①调整驻车制动杆(或者踏板)行程之前,确保驻车制动蹄片间隙已经调整好。 ②当驻车制动器杆行程超出规定值,则调整后制动蹄片或驻车制动蹄片的间隙,然后重复检查。 ③必要时重复这个过程,然后调整驻车制动杆行程	
二、制动器踏板自由行程检查				
1	踏板状况	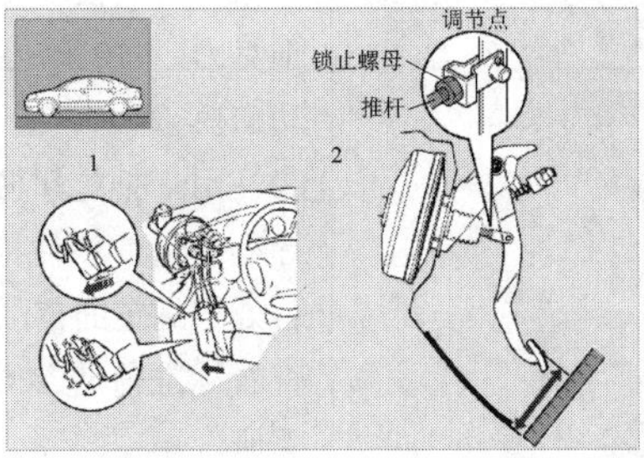	发动机运转时,踩下制动踏板几次,检查制动踏板是否存在下述任何故障。 ①反应灵敏度差在(卡滞)。 ②踏板不完全回位。 ③异常噪声。 ④过度松动	
2	踏板高度		①发动机停机。使用直尺测量制动踏板高度。 ②如果超出规定范围,调整踏板高度	
3	制动踏板高度调整	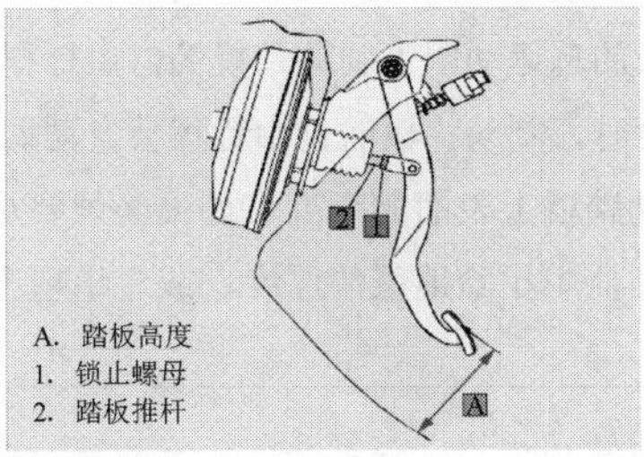 A. 踏板高度 1. 锁止螺母 2. 踏板推杆	①松开锁止螺母。 ②转动踏板推杆直到踏板高度正确。 ③上紧锁止螺母。 ④调整好踏板高度之后,检查踏板自由行程	

续表

序号	作业项目	图示	作业内容	作业标准
4	制动踏板自由行程	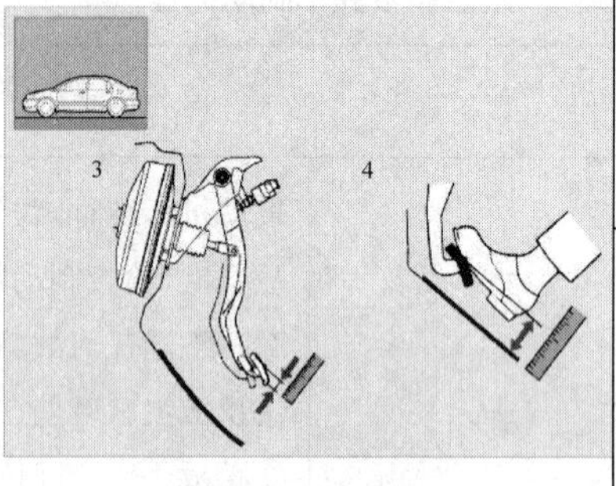	①发动机停止后，踩下制动踏板几次，以便解除制动助力器。②使用手指轻轻按压制动踏板并且使用一把直尺测量制动踏板自由行程。③对于配备了液压制动助力器的车辆，至少要踩下制动踏板 40 次	
5	踏板行程余量（踏板踩下后高度）		①发动机运转和驻车制动器松开时，使用 490N（50 千克力，110 磅力）踩下制动踏板。②使用一把标尺测量踏板行程余量，以便检查其是否处于规定的范围内。查看标准值请参阅"修理手册"	
6	提示		用手指轻轻按压制动踏板时，制动踏板的运动在两个阶段发生变化。①第一阶段：U 形夹销和转轴销的松动。②第二阶段：推杆刚好在液压升高之前运动。③第一阶段与第二阶段的总运动即为制动踏板的自由行程。④调整制动踏板的高度时，制动踏板的自由行程会自动调整。测量从金属地板到制动踏板上表面的距离。如果必须要从地毯表面开始测量，则从标准值中扣除地毯的厚度，或者地毯和沥青纸毡的厚度	

三、制动助力器检查

序号	作业项目	图示	作业内容	作业标准
1	工作检查	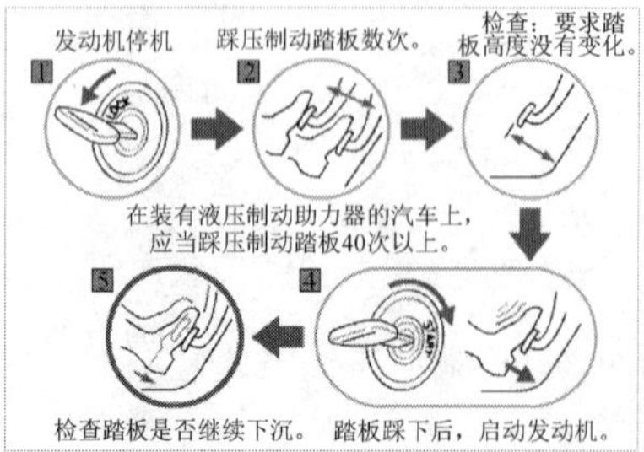	踩下制动踏板并检查制动助力器是否正常工作。①关闭发动机。②踩下制动踏板数次。③踩住制动踏板，检查踏板高度，制动踏板和地板间的间隙应无变化（下沉）。④启动发动机，检查踏板高度，应明显下沉	①停机检查，踏板无下沉。②启动检查，踏板有明显下沉

续表

序号	作业项目	图示	作业内容	作业标准
2	气密性检查	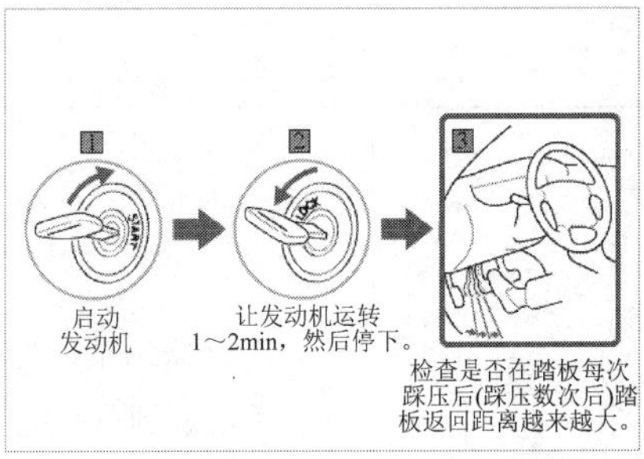 启动发动机 → 让发动机运转1~2min,然后停下。→ 检查是否在踏板每次踩压后(踩压数次后)踏板返回距离越来越大。	①发动机运转1~2min后将发动机熄火。②多次踩踏制动踏板,踏板高度应逐次升高	踏板高度应逐次升高
3	真空检查	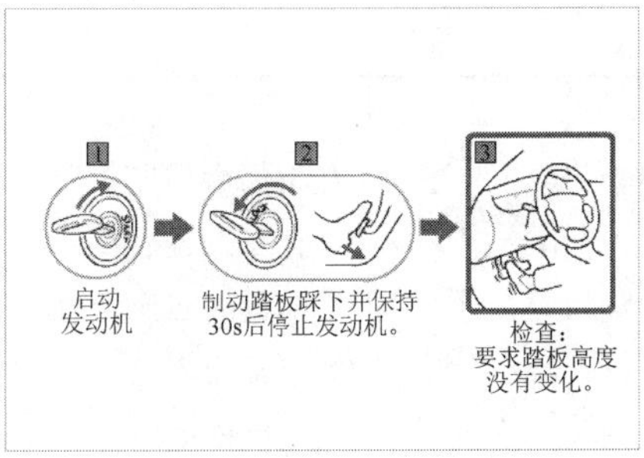 启动发动机 → 制动踏板踩下并保持30s后停止发动机。→ 检查:要求踏板高度没有变化。	①启动发动机。②踩住制动踏板并保持30s后发动机熄火。③继续踩住制动踏板,踏板高度应无变化	

提示:
①检查制动助力器室中的真空压力是否泄漏。
②对于配备了液压制动助力器的车辆,只检查其工作情况

任务6工单 离合器的检查调整

一、实训准备

下表已给出日产颐达离合器踏板调整参数。参照其项目,查找指定车型的参数。

检查项目	车型			
	颐达	威驰	奇瑞	福克斯
离合器踏板高度(距离金属地板表面)	163~173 mm			
踏板自由行程	2~8 mm			
离合器踏板销钉松动	0~1.3 mm			
离合器分离时的踏板高度	≥82 mm			

二、检查方法和流程

序号	作业项目	图示	作业内容	作业标准
一、离合器检查				
1	总泵液体渗漏	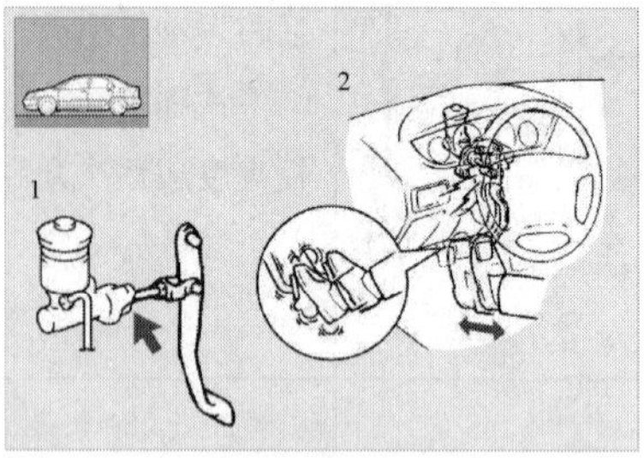	检查离合器总泵以便确保液体不渗漏到总泵室中	无渗漏
	离合器踏板运行状况	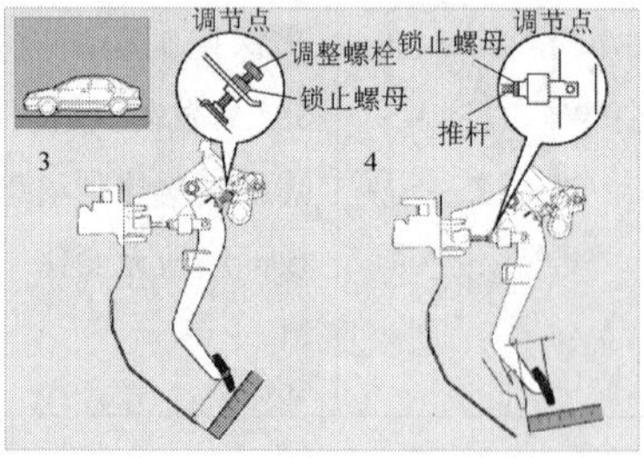	踩下离合器踏板时，应该不存在下述故障。①踏板的回弹无力。②异常噪声。③过度松动。④感觉踏板重	
2	踏板高度		①使用一把测量标尺检查离合器踏板高度是否处于标准值以内。②如果超出标准范围，调整踏板高度	
3	踏板自由行程		①用手指按压踏板并使用直尺测量踏板的自由行程量。②检查踏板自由行程是否处于标准范围内	查维修手册
4	提示		用手指按压踏板时，感觉踏板逐渐变重的过程分两步。第一步：踏板运动直到踏板推杆接触总泵活塞。第二步：踏板运动直到总泵引起液压上升。离合器分离轴承推动膜片弹簧以前，随着踏板发生一定量的移动，踏板自由行程也就被确定	

续表

序号	作业项目	图示	作业内容	作业标准
二、离合器调整				
1	高度调整	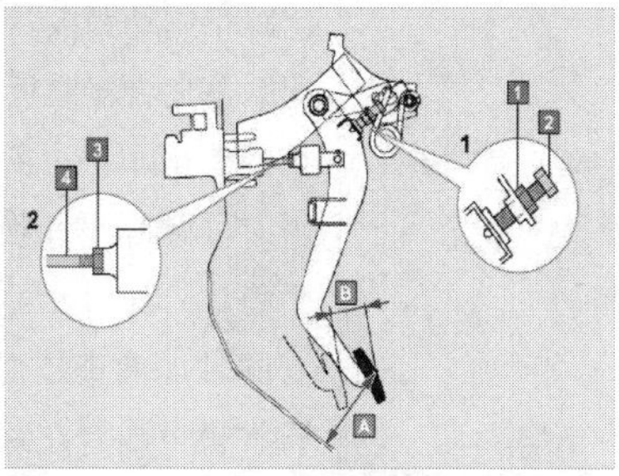	离合器踏板调整： ①松开限位螺栓锁止螺母。 ②转动限位螺栓直到踏板高度正确。 ③上紧限位螺栓锁止螺母	
2	踏板自由行程调整	A. 高度 B. 踏板高度 1. 踏板自由行程 2. 限位螺栓锁止螺母 3. 限位螺栓 4. 推杆锁止螺母 5. 踏板推杆	①松开推杆锁止螺母。 ②转动踏板推杆直到踏板自由行程正确。 ③上紧推杆锁止螺母。 ④调整好踏板自由行程之后，检查踏板	
3	离合器分离点踏板高度		①发动机怠速运转。 ②拉紧驻车制动器。 ③踩下制动踏板。 ④在没有踩下离合器踏板时，慢慢地换挡到倒挡。 ⑤逐渐踩下离合器踏板，测量踏板的自由行程到齿轮噪声停止的位置的行程量	
4	离合器分离点踏板高度	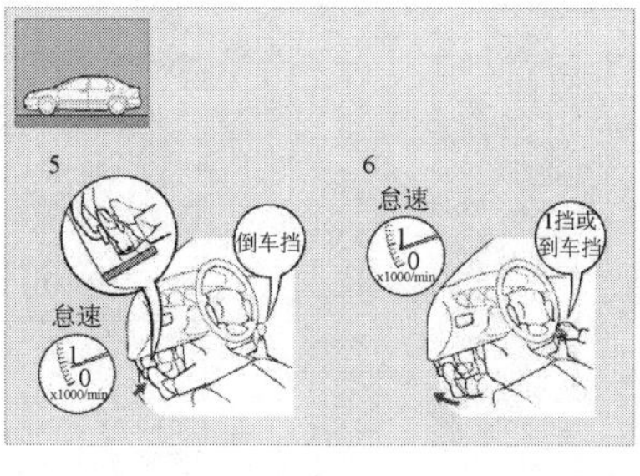	①启动发动机，使其怠速运转一段时间。 ②拉紧驻车制动器。 ③踩下制动踏板。 ④将离合器踏板踩到底并换到1挡。 ⑤缓慢释放制动踏板。使用刻度尺检查离合器踏板和地板的间隙，确认其在规定的范围内	

续表

序号	作业项目	图 示	作业内容	作业标准
5	离合器磨损、离合器噪声、离合器变重		①发动机怠速运转。②拉紧驻车制动器。③踩下制动踏板。④踩下离合器踏板,换到1挡或者倒车挡,并检查是否有异常噪声和换挡是否平稳。⑤同时,检查是否有任何异常噪声或者在踩下踏板时,踏板力是否可以接受	
6	提示		①离合器分离时的踏板高度与离合器接合点有轻微的不同。为了简化检查,通常检查离合器接合高度。②实训不检查此5、6、7项目	

任务7工单　方向盘自由间隙的检查

一、实训准备

查找3～6个车型的方向盘自由行程数据。

1.　　　　　　　　2.　　　　　　　　3.

4.　　　　　　　　5.　　　　　　　　6.

二、检查方法和流程

序号	作业项目	图示	作业内容	作业标准
一、方向盘的检查				
1	自由行程	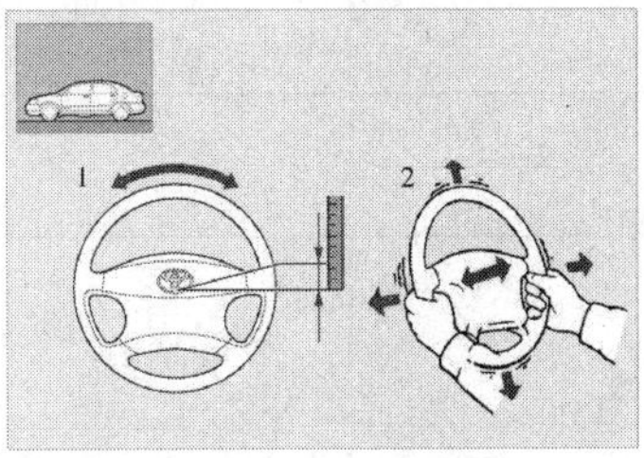	①在配备动力转向系统的车辆上,启动发动机,使车辆笔直向前。 ②轻轻移动方向盘,在车轮就要开始移动时,使用一把直尺测量方向盘的移动量(自由行程)	
2	转向力		①将车辆停放在水平干燥的地面上,拉起驻车制动手柄。 ②启动发动机。 ③将方向盘从中间位置转过360°,检查方向盘转向力	
3	松动和摆动		①用两手握住方向盘。轴向地、垂直地或者向两侧移动方向盘,确保其没有松动或者摆动。 ②在一个配备倾斜转向或者伸缩转向系统的车上,在方向盘整个移动范围内检查松动情况	
4	转向机锁止		①转动点火开关到ACC。 ②通过将点火开关转动到ACC,保持方向盘不锁定和可自由移动。	
二、外部检查前准备工作				
1	准备工作	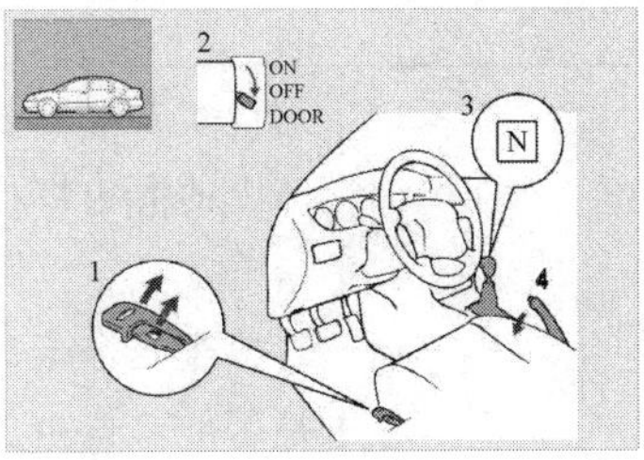	①打开行李箱门和油箱盖。 ②将顶灯开关转动至"门"。 ③将换挡杆设置为空挡。 ④释放驻车制动杆。 提示: 释放驻车制动杆时,必须确认车辆停放水平位置上,并且已放置垫块	

实训项目三　汽车维护与保养外部检查

任务工单　汽车外部检查

一、检查方法和流程

序号	作业项目	图示	作业内容	作业标准
一、车门灯及车身				
1	门控灯开关		检查打开一扇车门时顶灯应变亮，而所有车门关闭时顶灯熄灭。配备照明进入系统的车辆的顶灯不会立即熄灭。因此需要等待几秒钟，以便检查顶灯是否熄灭	
2	车身螺母及螺栓松动	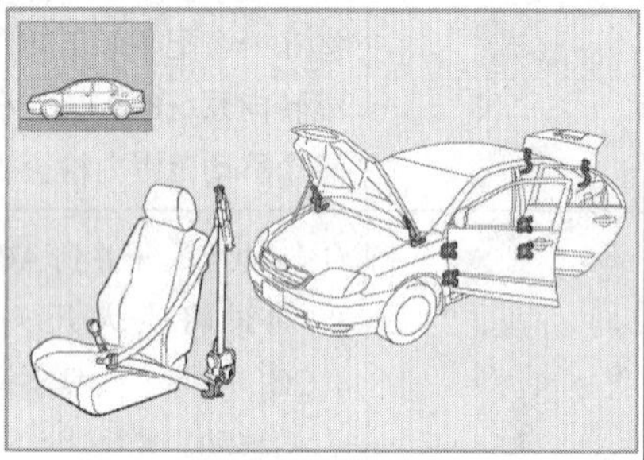	检查下述区域的螺栓和螺母是否松动。 ①座椅安全带(在各门位置)。 ②座椅(在各门位置)。 ③门(在各门位置)。 ④发动机盖(在前面)。 ⑤行李箱门(在后面)。	
二、前排座椅			能够顺利移动和调节，无卡滞和失效	
三、安全带				
1	安全带安装情况		①检查安全带收缩器和扣环上的固定螺栓是否被拧紧牢固。 ②检查安全带肩部固定器是否能够自由旋转并且安全带调节器是否正常操作	

续表

序号	作业项目	图示	作业内容	作业标准
2	安全带质量		将安全带全部拉出并检查是否有扭曲、裂口、或其他损坏	
3	搭扣和锁舌		①检查搭扣和锁舌扣上和松开功能。 ②将安全带插入扣环并确认安全带牢固。 ③将安全带从扣环上松开。释放安全带并确认安全带和压舌已被正确地放置	
4	检查安全带收缩器是否灵活		收紧安全带。检查安全带是否平稳地被收紧并且完全收入收缩器	
5	警告		在发生任何撞击后的车辆，应检查所有座椅的安全带总成，包括收缩器和其他金属零部件。 建议更换所有碰撞中使用过的安全带总成，除非安全带在轻微碰撞后没有损坏并且功能正常。否则可能在事故中造成严重的人身伤害。碰撞中未使用的安全带如果被发现损坏或功能异常也要更换。如发生致使气囊引爆的正面碰撞，即便安全带并没有被使用，安全带预张紧器也应被更换。 如果发生下列情况，请更换安全带总成(包括固定螺栓)。 ①发生撞击时安全带正在被使用(除非撞击非常轻微或安全带收缩器和扣环都没有出现损坏并且功能正常)。 ②在事故中安全带被完全损坏。(也就是安全带破损，收缩器弯曲或出现滑槽)。 ③在事故中安全带固定点被完全损坏。安装新的安全带总成之前，应先检查安全带固定区域是否损坏或变形，必要时进行维修。 ④固定螺栓变形或磨损。 ⑤如发生碰撞致使气囊引爆，即便安全带并没有被使用，座椅安全带预张紧器也应被更换	

续表

序号	作业项目	图 示	作业内容	作业标准
四、儿童锁			将儿童锁拨向锁上位置,从内拉开门手柄,门锁应不能开。从外部拉门手柄,能开门	
五、油箱盖				
1	变形或者损坏	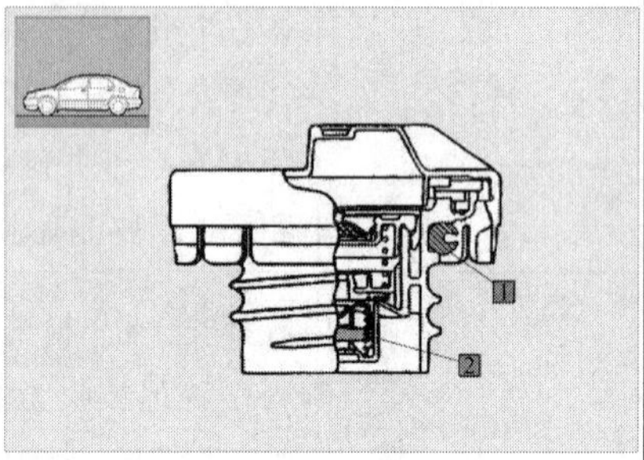	通过检查确保油箱盖或者垫片都没有变形或者损坏。同时检查真空阀是否锈蚀或者粘住	
2	附件情况		通过检查确保油箱盖应能够被正确上紧	
3	扭矩限制器工作情况		①安装油箱盖。②进一步上紧油箱盖,油箱盖应发出"咔嗒"声而且能够自由转动	
六、悬架				
1	减震器减震力	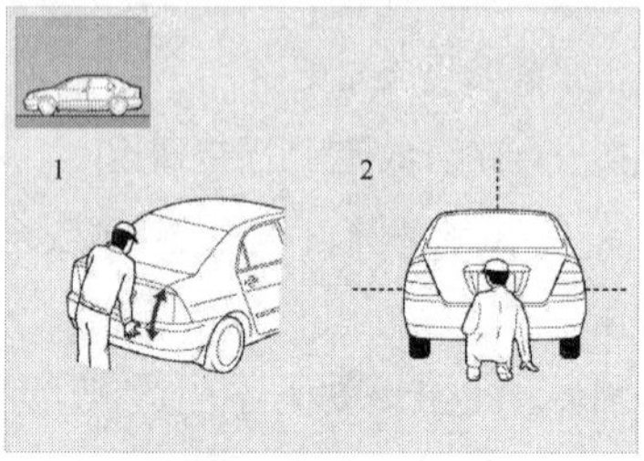	通过上下摇动车身确定减震器的缓冲力大小,并且检查车身停止摇动需要花多长时间	
2	车辆倾斜		目测检查车辆是否倾斜	
3	提示	如果车辆倾斜,则需要验证下述各项。①轮胎气压。②左、右轮胎或者车轮尺寸的偏差。③不均匀的车辆负荷分配		

续表

序号	作业项目	图示	作业内容	作业标准
七、车灯				
1	安装	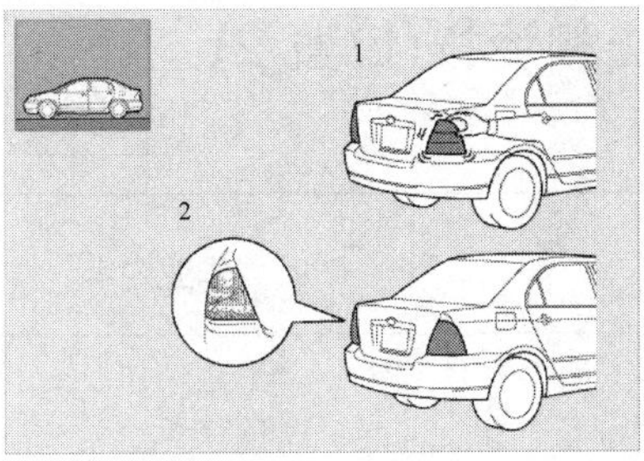	用手检查车灯是否松动	
2	损坏/污物		①通过检查确保各灯的灯罩和反光镜没有褪色或者因为碰撞而损坏。②同时，检查灯内是否有污物或者有水进入	
八、备用轮胎				
1	裂纹或者损坏	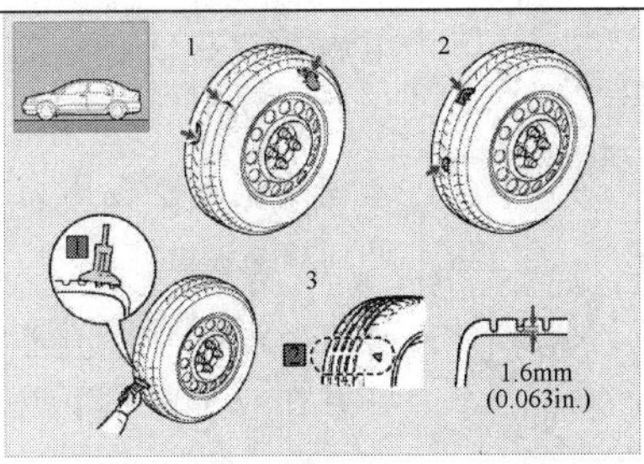	检查轮胎胎面和胎壁是否有裂纹、割痕或其他损坏	
2	嵌入金属颗粒或者其他异物		检查轮胎的胎面和胎壁是否嵌入金属颗粒、石子或者其他外物	
3	胎面沟槽深度	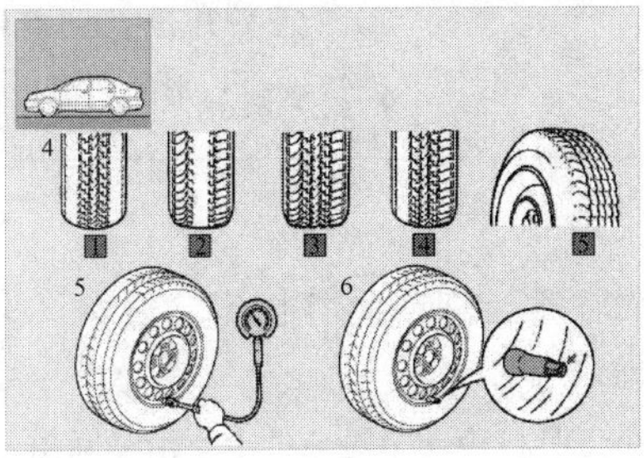	使用轮胎深度规测量轮胎的胎面沟槽的深度。**提示：**同时可以通过观察与地面接触的轮胎表面的胎面磨耗指示标记轻易地检查胎面深度	
4	异常磨损	1.双肩磨损　2.中间磨损 3.薄边磨损　4.单肩磨损 5.跟部磨损	检查车胎的整个外围是否有均匀磨损或者阶段磨损	
5	气压		检查轮胎气压。(轮胎气压标准标贴在驾驶员门侧或油箱盖上)	
6	漏气		检查气压后，通过在气门周围涂肥皂水检查是否漏气	
7	轮圈和轮盘损坏		检查轮圈和轮盘是否损坏、腐蚀、变形和跳动	

实训项目四 汽车维护与保养任务工单 (在顶起位置 2/3 的检查)

任务1工单 球节的检查方法和流程(位置2)

序号	作业项目	图示	作业内容	作业标准
球节				
1	球节的上下滑动间隙		①踩下制动踏板后,在球节上施加载荷以便检查其上下滑动间隙。 ②使用制动踏板压力器保持制动踏板被踩下。 ③前轮垂直向前,举起车辆并且在一个前轮下放一个高度为180~200cm的木块。 ④放低举升器直到前螺旋弹簧承载一半的负荷	
	提示		通过放低举升器直到车轮行程一半时达到该状态。 ①再次确认前轮笔直向前。 ②在下臂的末端使用一个工具检查球节过余的上下滑动间隙	
2	球节防尘罩损坏		检查球节防尘罩是否有裂纹、撕裂或者其他损坏	

任务2工单　底架的检查方法和流程

序号	作业项目	图　示	作业内容	作业标准
	底架检查内容	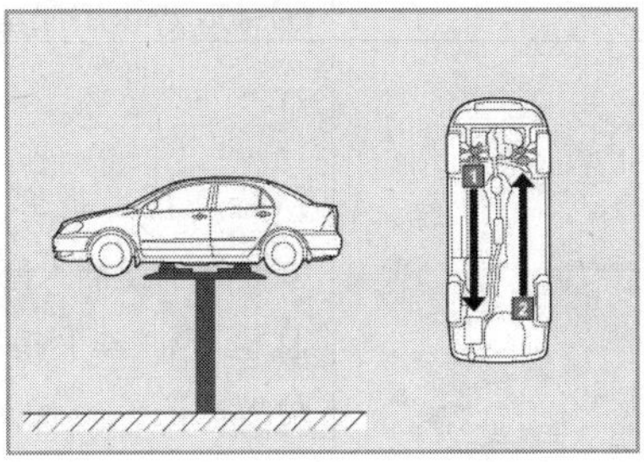	①发动机机油(排放)。 ②手动传动桥油。 ③自动传动桥液。 ④驱动轴护套。 ⑤转向连接机构。 ⑥手动转向齿轮箱。 ⑦动力转向液。 ⑧制动管路。 ⑨燃油管路。 ⑩排气管及装置。 ⑪螺母和螺栓(在车辆下面)。 ⑫悬架。 ⑬发动机机油滤清器。 ⑭发动机机油排放塞。 ⑮油脂更换(参考)。	
一、发动机机油(排放)				
1	排放发动机机油	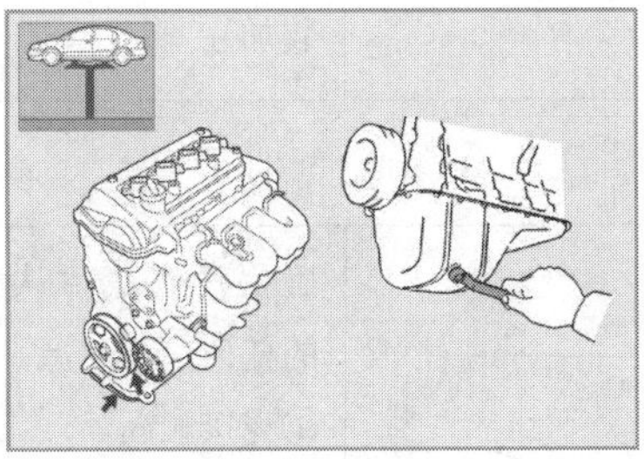	①暖机，检查发动机室内是否有机油泄漏。关闭发动机并等待10min。 ②检查发动机的下述区域是否漏油。 ● 发动机各种区域的接触面。 ● 油封。 ● 排放塞。 ③松开加油口盖，拆卸排放塞和垫片，排放发动机机油	
	提示	①发动机机油的温度很高，小心不要被烫伤。 ②长时间反复接触废机油可能会导致皮肤癌。因此，应避免废机油与皮肤直接接触。如果发生了接触，应尽快使用肥皂或清洁剂彻底清洗		

续表

序号	作业项目	图 示	作业内容	作业标准
二、手动传动桥油				
1	机油渗漏		检查传动桥的下述区域是否漏油。①壳接触面。②轴和拉索伸出的区域。③油封。④排放塞和加注塞	
2	油位	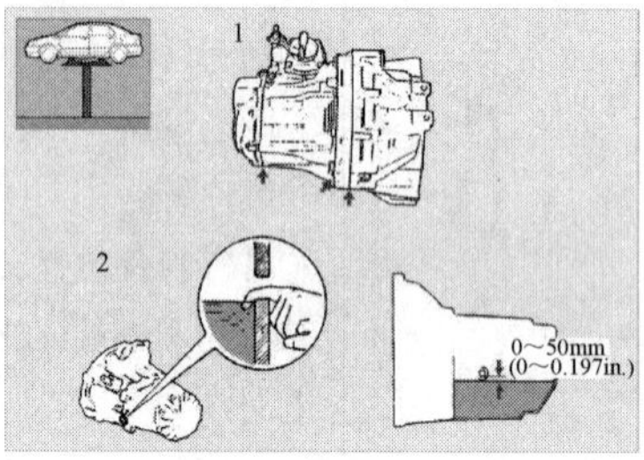	从传动桥上拆卸油加注塞。将手指插入塞孔,并且检查油与手指接触的位置	
3	更换手动传动桥油	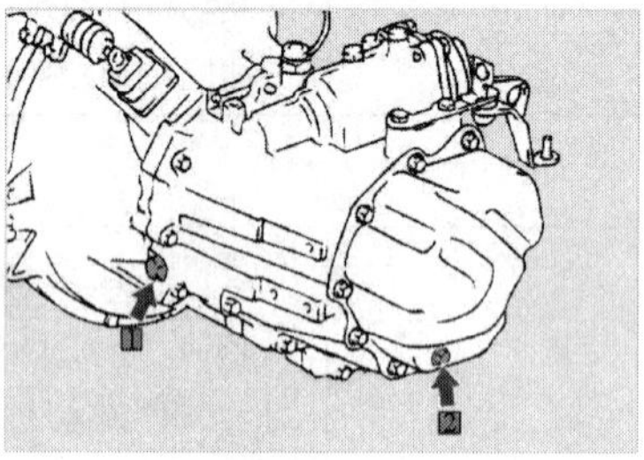	①拆卸加注塞、排放塞和两个垫片。然后,排放传动桥(变速器)油。②将油排放之后,用新垫片重新安装排放塞。③重新加注规定量的油。④用一个新垫片重新安装加注塞	
三、自动传动桥液				
1	液体渗漏	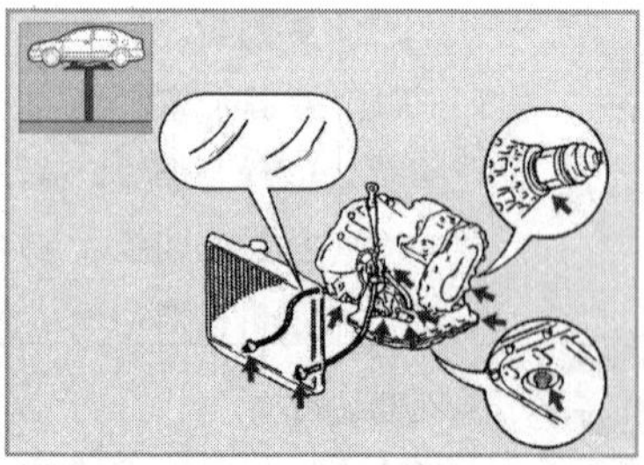	确保没有液体从传动桥的任何部分渗漏。①壳接触面。②轴和拉索伸出的区域。③油封。④排放塞和加注塞。⑤管道和软管接头	
2	油冷却软管损坏		检查油冷却软管是否有裂纹、隆起或者损坏	

续表

序号	作业项目	图示	作业内容	作业标准
四、自动变速器液				
1	液渗漏	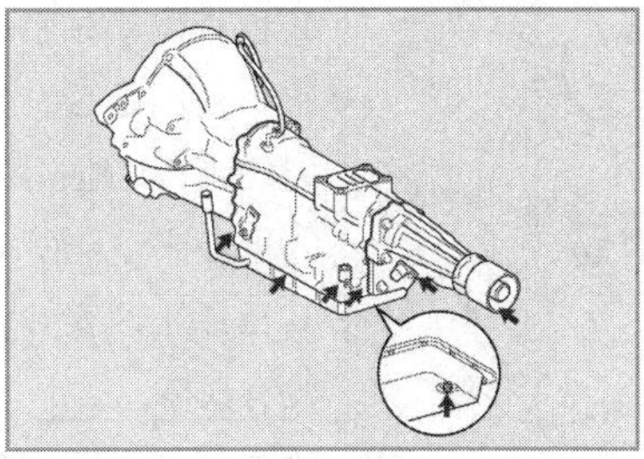	检查变速器的下述区域是否漏液。 ①壳接触面。 ②轴和拉索伸出的区域。 ③油封。 ④排放塞。 ⑤管道和软管连接	
2	机油冷却液软管损坏		检查油冷却软管是否有裂纹、隆起或者损坏	
3	提示	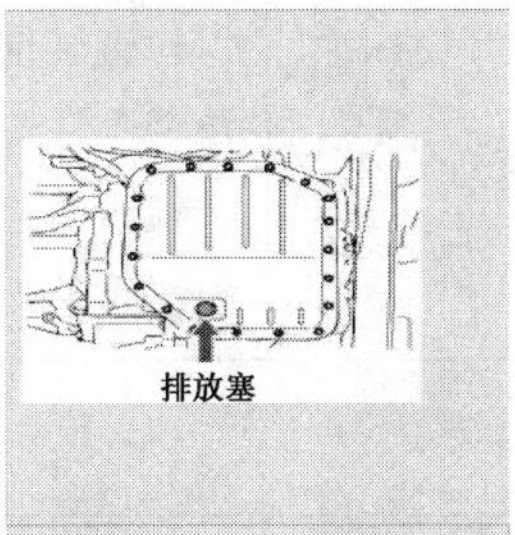 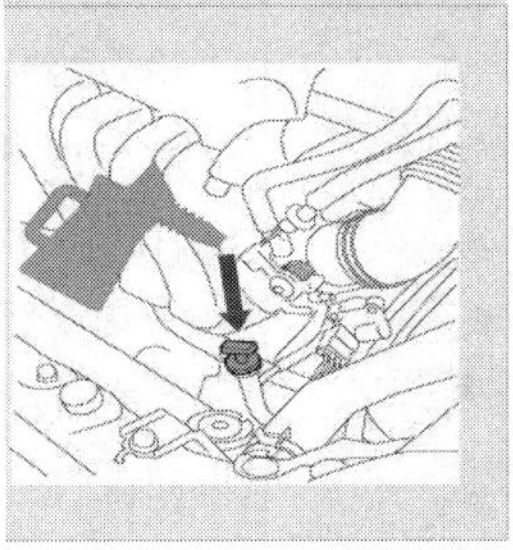 (排放塞)	①自动传动桥液更换。 ②拆卸排放塞和垫片，排放自动传动桥。 ③(变速器)液(ATF)。 ④将液体排放之后，重新安装带有一个。 ⑤新垫片的排放塞。 ⑥通过量油尺指示重新加注规定数量的油液。 ⑦自动传动桥(变速器)液。 ⑧检查液位	

续表

序号	作业项目	图示	作业内容	作业标准
五、驱动轴护套检查				
1	裂纹和其他损坏	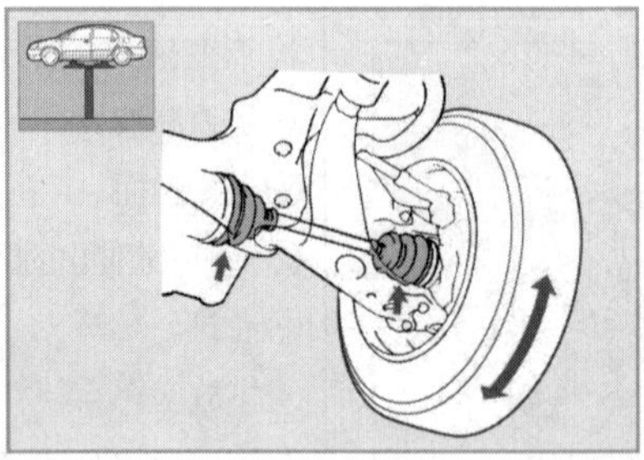	①手动转动轮胎以便它们被完全转向一侧。②检查驱动轴护套的整个外围是否有任何裂纹或者其他损坏。③检查护套卡箍，确保其已经正确安装并且没有损坏	
2	油脂渗漏		检查护套是否有任何油脂渗漏	
六、转向连接机构检查				
1	松动和摆动	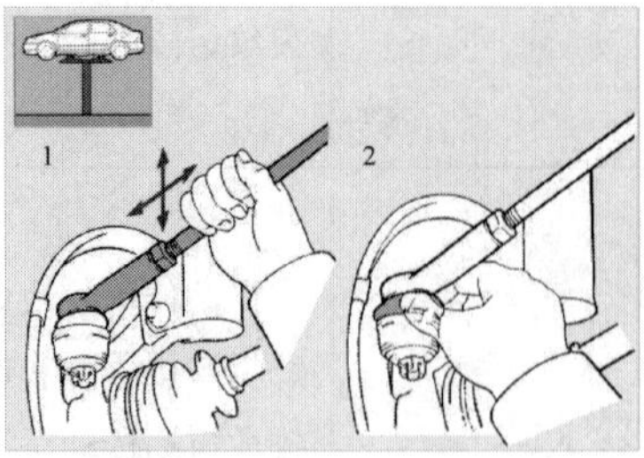	用手摇晃转向连接机构检查是否松动或者摆动	
2	弯曲和损坏		①检查转向连接机构是否弯曲或者损坏。②检查防尘罩是否有裂纹或者破损	
七、手动转向机渗漏检查				
1	机油和润滑脂渗漏	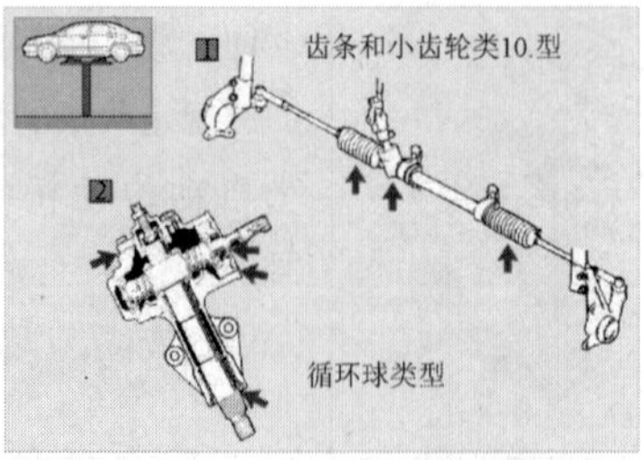	①检查齿轮箱是否有润滑脂或者机油渗漏(或者浸润)。②如果是齿条和小齿轮类型，转动轮胎以便方向盘向左和向右转。检查齿条护套是否有裂纹或者破损	

续表

序号	作业项目	图示	作业内容	作业标准
八、动力转向液(齿条和小齿轮类型)转向机检查				
1	液体渗漏	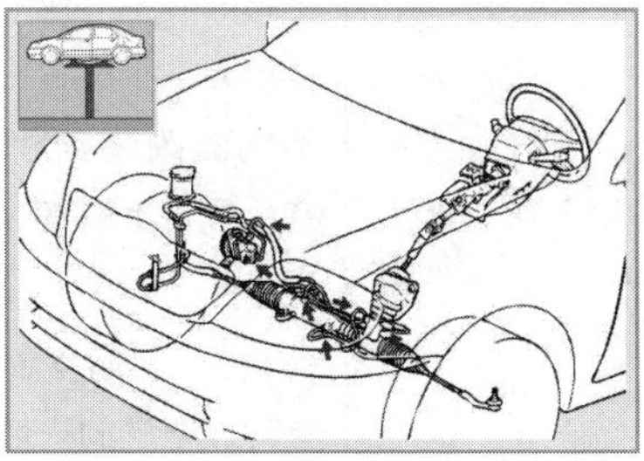	检查动力转向液是否渗漏。 ①齿轮箱。 ②PS叶轮泵。 ③液体管路和连接点	
2	裂纹和其他损坏		检查PS软管是否有裂纹和其他损坏	
九、制动管路				
1	液体渗漏	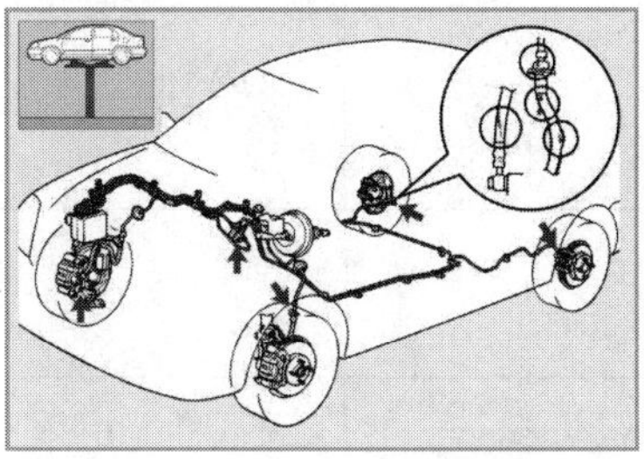	检查制动管路连接部分是否有液体渗漏	
2	损坏		①检查制动管路是否有凹痕或者其他损坏。 ②检查制动管路软管是否扭曲、磨损、开裂、隆起等 提示： 如果保护盖上有飞石的痕迹，制动管路可能有相同的损坏	

续表

序号	作业项目	图　示	作业内容	作业标准
3	安装状况		①检查制动管道和软管，确保车辆运动时，或者方向盘完全转动到任何一侧时，不会因为振动而与车轮或者车身接触。②对与原车使用轮胎规格不同的改装宽胎特别注意检查是否有干涉现象。**提示：**手动转动轮胎直到方向盘被完全转向一侧	

十、燃油管路

序号	作业项目	图　示	作业内容	作业标准
1	燃油渗漏		检查燃油管路是否渗漏	
2	损坏		检查燃油管路是否损坏。**提示：**如果保护盖上有飞石的痕迹，燃油管路可能有持久的损坏	

十一、排气管道及安装件

序号	作业项目	图　示	作业内容	作业标准
1	损坏和安装状况		①检查排气管是否损坏。②检查消声器是否损坏。③检查排气管支架上的O形圈是否损坏或者脱离。④检查垫片是否损坏	
2	排气管渗漏		通过观察接头周围是否存在任何炭黑，检查排气管连接部分是否泄漏废气	

任务3工单　螺母和螺栓检查方法和流程

序号	作业项目	图　示	作业内容	作业标准
一、螺母和螺栓(在车辆下面)紧固检查				
1	螺母、螺栓检查	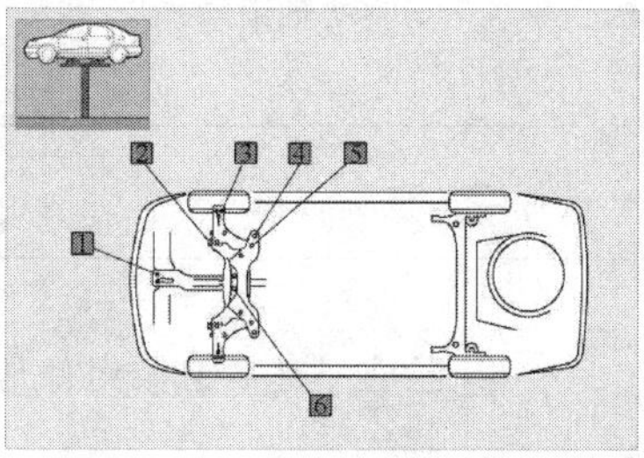	检查下述底盘连接的螺栓和螺母是否松动。 ①中间梁 x 车身。 ②下臂 x 横梁。 ③球节 x 下臂。 ④横梁 x 车身。 ⑤下臂 x 横梁。 ⑥中间梁 x 横梁。 ⑦悬架	达到规定扭矩
2	螺母、螺栓检查	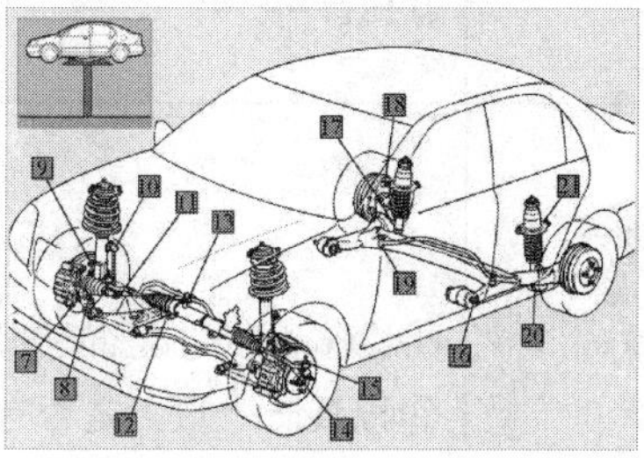	⑧盘式制动器扭矩板 x 转向节。 ⑨球节 x 转向节。 ⑩减震器 x 转向节。 ⑪稳定杆连接杆 x 减震器。 ⑫稳定杆 x 稳定杆连接杆。 ⑬转向机外壳 x 横梁。 ⑭稳定杆 x 车身。 ⑮横拉杆端头锁止螺母。 ⑯横拉杆端头 x 转向节。 ⑰拖臂和桥梁 x 车身。 ⑱拖臂和桥梁 x 后轮毂。 ⑲制动分泵 x 背板。 ⑳稳定杆 x 拖臂和桥梁。 ㉑减震器 x 拖臂和桥梁。 ㉒减震器 x 车身。	达到规定扭矩
3	螺母、螺栓检查	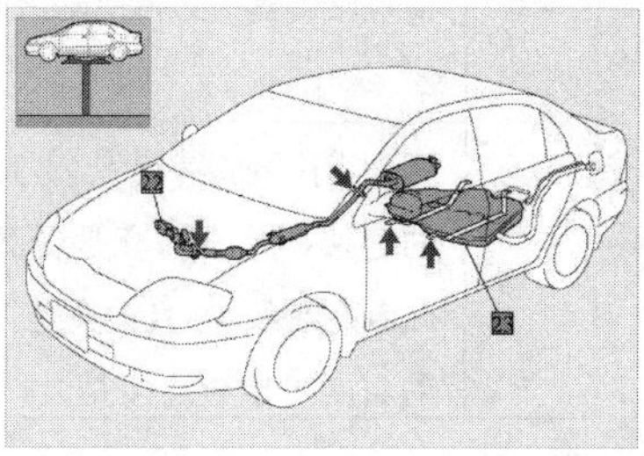	①排气管。 ②燃油箱	达到规定扭矩

续表

序号	作业项目	图示	作业内容	作业标准
4	螺母、螺栓检查	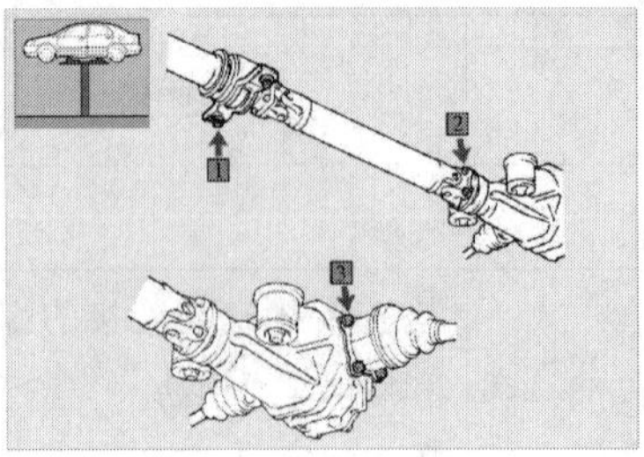	①传动轴。 ②中间轴承支架安装螺栓。 ③法兰叉锁紧螺母。 ④后驱动轴。 ⑤驱动轴锁紧螺母	达到规定扭矩

二、悬架

序号	作业项目	图示	作业内容	作业标准
1	损坏	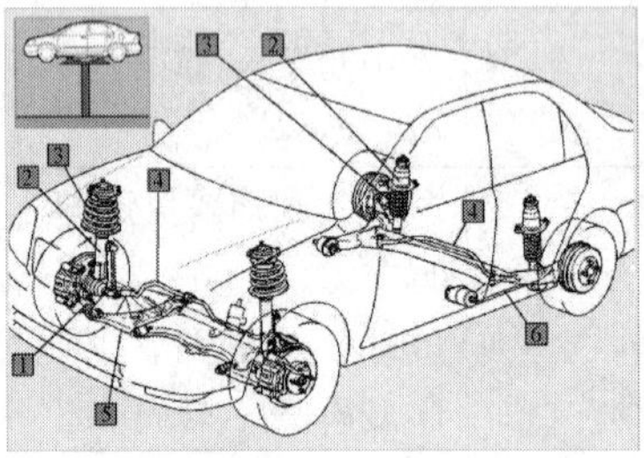	检查下述各悬架组件是否损坏。 ①转向节。 ②减震器。 ③螺旋弹簧。 ④稳定杆。 ⑤下臂。 ⑥拖臂和桥梁	无变形、无损坏
2	减震器损坏	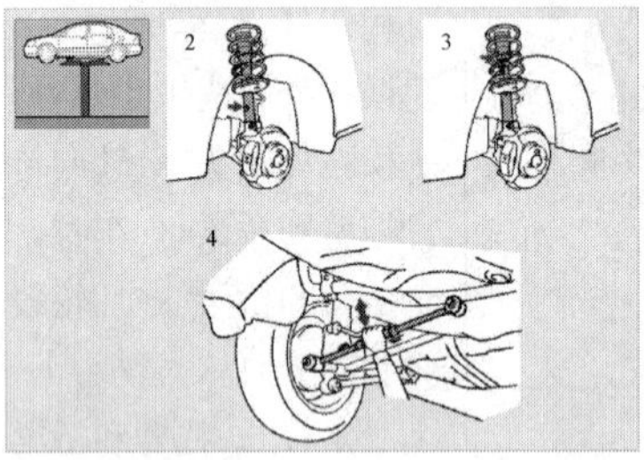	①检查减震器上是否有凹痕。 ②检查防尘罩上是否有裂纹、裂缝或者其他损坏	无变形、无损坏
3	减震器中漏油		检查减震器应该没有油泄漏	无渗漏
4	连接摆动		通过用手摇晃悬架接头上的连接，检查衬套是否磨损或者有裂纹，并且检查是否摆动。同时检查连接是否损坏	①无裂纹。 ②无摆动。 ③无损坏

续表

序号	作业项目	图示	作业内容	作业标准
三、发动机机油滤清器				
1	更换	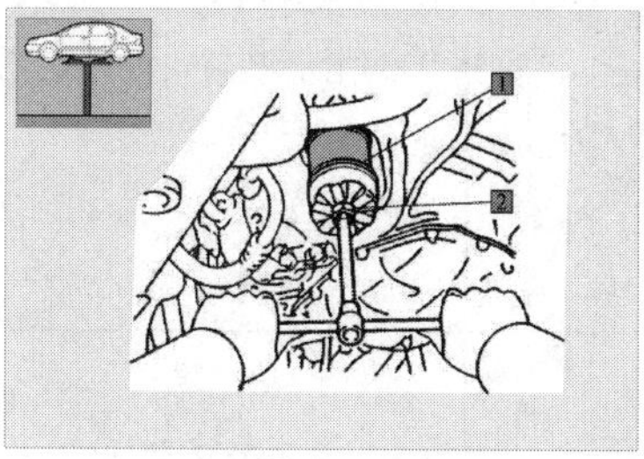	①使用 SST(专用维修工具)，拆卸机油滤清器。 ②检查和清洁机油滤清器安装表面。 ③在新的机油滤清器垫片上涂清洁的发动机机油。 ④轻缓地拧动机油滤清器使其就位，然后上紧直到垫片接触底座。 ⑤使用专用维修工具再次上紧 3/4 圈	正确安装
2	发动机机油排放塞安装	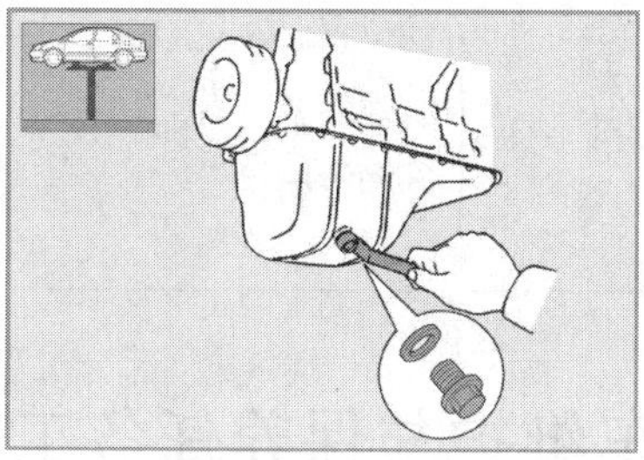	安装一个新的垫片和排放塞	按规定扭矩值拧紧
四、油脂更换				
1	油脂更换	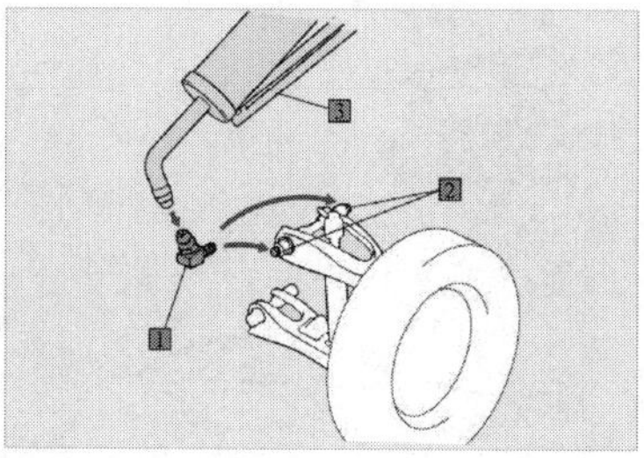	①使用一把润滑脂枪，从润滑脂嘴将润滑脂压入，直到新鲜的润滑脂从对面的润滑脂嘴、润滑脂出口或者护套端慢慢流出。 ②某些地方仅能补充。 提示： 如果使用了一个螺旋塞，则使用一个润滑脂嘴更换，以便泵入润滑脂	
2	前悬架臂衬套(螺旋型)		①润滑脂嘴，注入润滑脂的位置。 ②螺旋塞。 ③润滑脂枪	

续表

序号	作业项目	图示	作业内容	作业标准
3	转向节、转向拉杆中间臂和转向连接装置	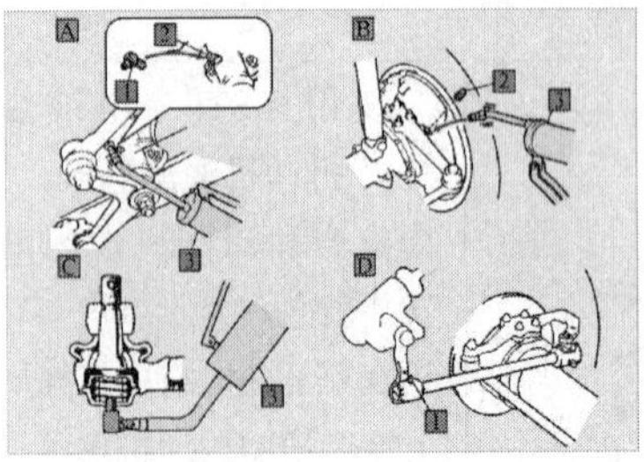	A 转向中间臂。 B 转向节。 C 横拉杆端头。 D 转向拉杆。 ①润滑脂装置，注入润滑脂的位置。 ②螺旋塞。 ③润滑脂枪	
4	传动轴	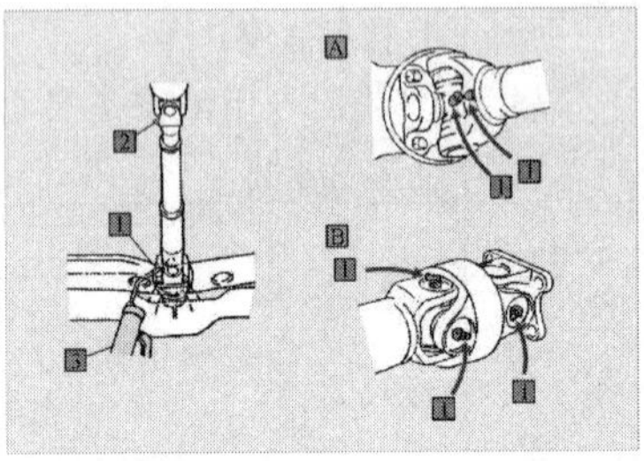	A 十字和滑叉类型。 B 双万向接头类型。 ①润滑脂油嘴，注入润滑脂的位置。 ②螺旋塞。 ③润滑脂枪	

实训项目五　汽车维护与保养任务工单(在顶起位置 4-6 的检查)

在顶起位置 4 的检查。

一、检查位置

- 左前。
- 左后。
- 右后。
- 右前。

二、在各位置进行下述操作

- 车轮轴承。
- 车轮拆卸。
- 车胎。
- 盘式制动器。
- 鼓式制动器。

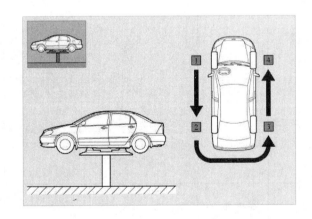

三、实训准备

项　目	车　型			
	颐　达	威　驰	奇　瑞	福克斯
轮胎规格	185/65 R15 88H			
轮胎气压	前/后(三人) 230/210kPa			
轮胎螺栓扭紧力矩	108 N·m			
轮胎标识的含义				

任务1工单　车轮轴承检查

一、检查方法和流程

序号	作业项目	图　示	作业内容	作业标准
一、车轮轴承				
1	摆动	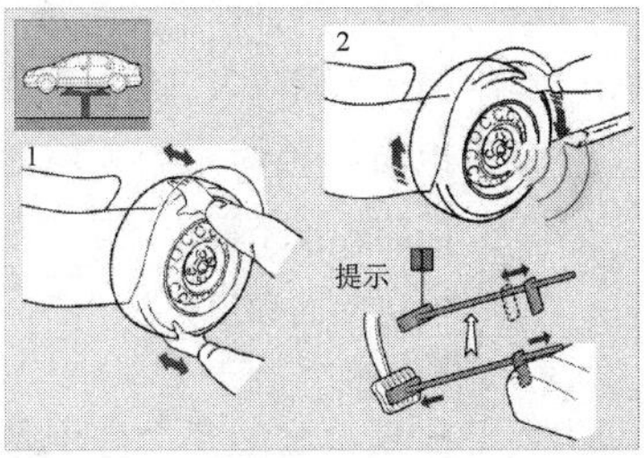	将一只手放在轮胎上面，而另一只手放在轮胎下面，紧紧地推拉轮胎以便检查是否有任何摆动。 提示： 出现摆动时，压力制动踏板再次检查其行程。 ①没有更大的摆动，车轮轴承是起因。 ②仍然摆动，球节、主销或者悬架是起因	无摆动
2	转动状况和噪声		用手转动轮胎以便检查其是否能够无任何噪声地平稳转动	

续表

序号	作业项目	图示	作业内容	作业标准
3	拆卸车轮	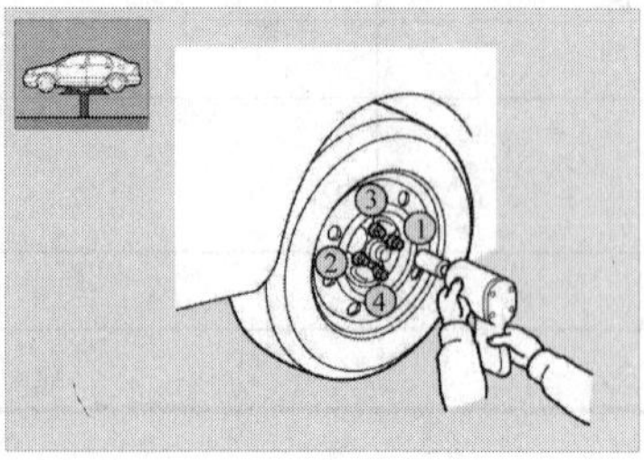	使用一把冲击扳手，按照交叉顺序拆卸四个车轮螺母。然后，拆卸车轮	

二、轮胎的检查

序号	作业项目	图示	作业内容	作业标准
1	裂纹或者损坏		检查轮胎胎面和胎壁是否有裂纹、割痕或者其他损坏	
2	嵌入金属微粒或者外物		检查轮胎的胎面和胎壁是否嵌入任何金属微粒、石子或者其他异物	①如有异物，需清除。②无泄漏
3	胎面深度		使用一个轮胎深度规测量轮胎的胎面深度。提示：同时可以通过观察与地面接触的轮胎表面的胎面磨耗指示标记，可轻易地检查胎面深度	①不小于最低深度标准。②磨损标记未露出
4	异常磨损	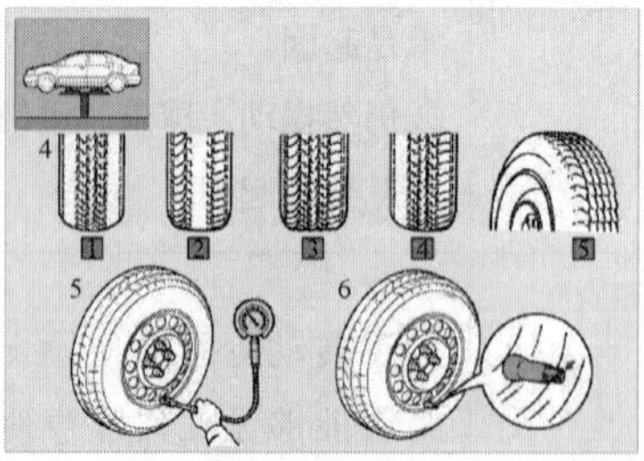	检查轮胎的整个外围是否有不均匀磨损和阶段磨损。①双肩磨损。②中间磨损。③薄边磨损。④单肩磨损。⑤跟部磨损	
5	气压		检查轮胎气压。提示：标准气压一般标贴在左前门门框上	符合标准值

续表

序号	作业项目	图 示	作业内容	作业标准
6	漏气		检查气压后，通过在气门周围涂肥皂水，检查是否漏气	
7	轮圈和轮盘损坏	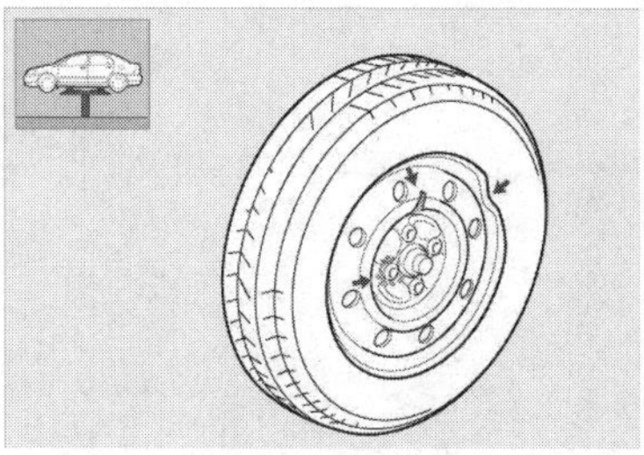	检查轮圈和轮盘是否损坏、腐蚀、变形和跳动	
三、轮胎的更换和换位				
1	轮胎的更换		新轮胎必须与其他轮胎的品牌、型号、规格和花纹相同	
2	轮胎换位		①最好两个同时更换两个轮胎。 ②新胎一般换在后轮	

二、复习思考

简述下列轮胎异常磨损的原因及维修办法。

1. 双肩磨损

2. 中间磨损

3. 薄边磨损

4. 单肩磨损

5. 跟部磨损

任务 2 工单　盘式制动器的检查与维修

一、实训准备

项　目		车　型			
		颐　达	威　驰	奇　瑞	福克斯
摩擦片	标准厚度(新)	9 mm			
	磨损极限厚度	2 mm			
制动盘	标准厚度(新)	22.0 mm			
	磨损极限厚度	20.0 mm			
	跳动量极限	0.06 mm			
	最大不均匀磨损	≤0.02 mm			
制动钳支架	扭紧力矩	84.3N 8.6kgf·m			

二、检查方法和流程

序号	作业项目	图示	作业内容	作业标准
一、盘式制动器的检查				
1	摩擦片厚度		①使用一把直尺测量外制动器摩擦片的厚度。 ②通过制动卡钳内的检查孔目测检查内制动器摩擦片的厚度，确保其与外制动器摩擦片没有明显的偏差。 ③确保制动器摩擦片没有不均匀磨损	如果制动器摩擦片的厚度低于磨损极限，则更换制动器摩擦片
2	估计摩擦片的剩余磨损量		根据行驶距离估计制动器摩擦片的剩余磨损量	
3	提示		①使用该次检查和上一次检查之间的行驶距离，估计到下一次检查前的行驶距离。通过检查自从上一次检查到现在的制动器摩擦片的磨损，来估计制动器摩擦片在下一次检查时的情况。 ②在下一次计划检查时，如果估计制动器摩擦片的厚度将会小于可接受的磨损值时，建议车主更换制动器摩擦片	
二、制动器摩擦片更换				
1	拆卸摩擦片	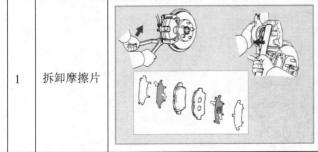	①拆卸制动卡钳。 提示： 不要将软管从制动卡钳上断开。 ②拆卸两个带消音垫片的制动器摩擦片	

续表

序号	作业项目	图示	作业内容	作业标准
2	安装新的摩擦片	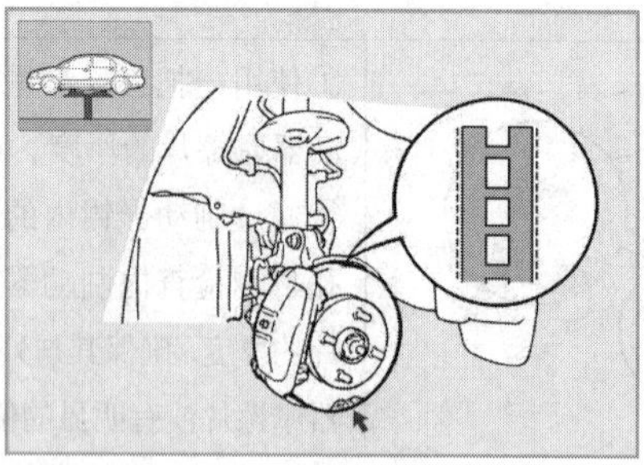	更换磨损的制动器摩擦片时，消音垫片和磨损指示板必须连同制动器摩擦片一起更换。 ①在消音垫片上涂盘式制动器润滑脂并在制动器摩擦片上安装消音垫片。 ②安装两个带消音垫片的制动器摩擦片。 ③确保制动器摩擦片或者制动盘的摩擦表面没有机油或者润滑脂	
3	提示	如果推入活塞困难，在推入活塞的同时松开放气塞以便排放一些制动液	①为了防止制动液从制动储液罐中溢出，加注少量的制动液。 ②使用一个锤柄或者一个类似的工具，将活塞推入，安装制动卡钳。 ③踩下制动踏板数次，并且检查制动液液位是否处于"满"刻度上	
4	盘式转子磨损和损坏		检查制动盘上是否有刻痕、不均匀或者异常磨损以及裂纹和其他损坏	无裂纹、无损坏

三、盘式转子厚度和跳动检查

	提示	如果盘式转子出现任何分段、不均匀或者异常磨损、裂纹或者其他损坏，拆卸制动卡钳检查下述内容		
1	测量盘式转子的厚度	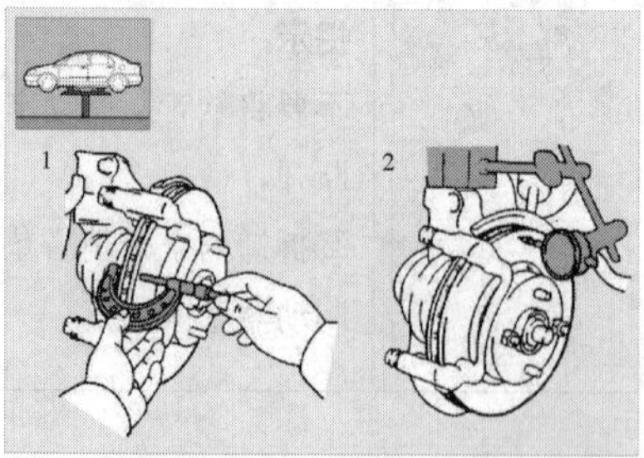	使用一个测微计(千分卡)测量制动盘厚度	

续表

序号	作业项目	图示	作业内容	作业标准
2	制动盘跳动		使用百分表测量制动盘跳动。 ①使用轮毂螺母临时固定制动盘。 ②测量制动盘跳动以前，检查前轮毂轴承的游隙是否在规定的范围以内	
	提示	如果有必要拆卸制动盘时，请在轮毂总成和制动盘上贴上匹配标记		
3	制动液渗漏	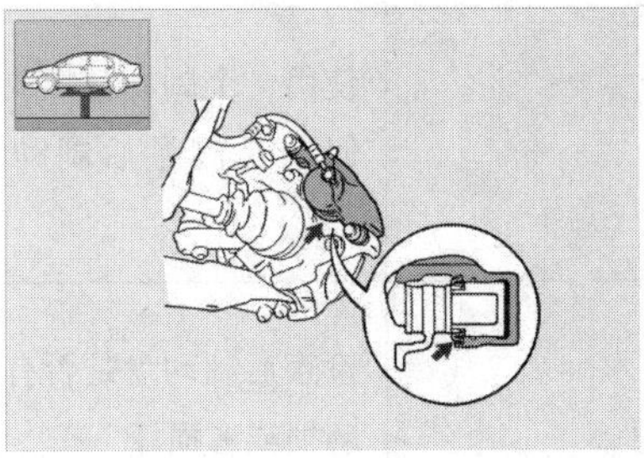	检查制动卡钳中是否有液体渗漏。 提示： 如果制动液溅出或者粘在油漆上，立即用水漂洗。否则，将损坏油漆表面	

四、制动盘内有制动鼓型的驻车制动系统

序号	作业项目	图示	作业内容	作业标准
1	拆卸后盘式制动卡钳和后制动盘	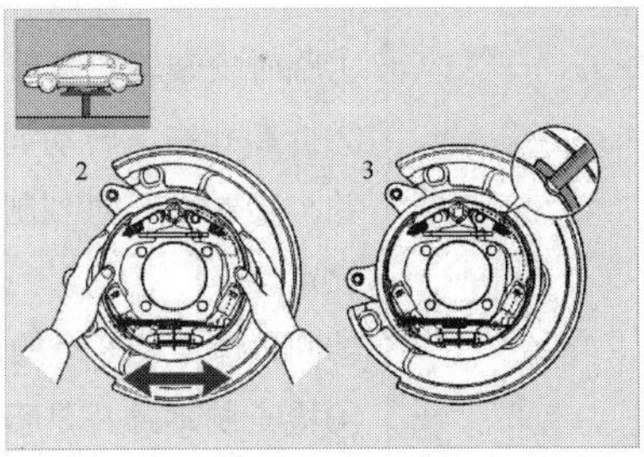	拆卸后盘式制动卡钳和后制动盘以便检查驻车制动器	
2	制动蹄片滑动区域的磨损	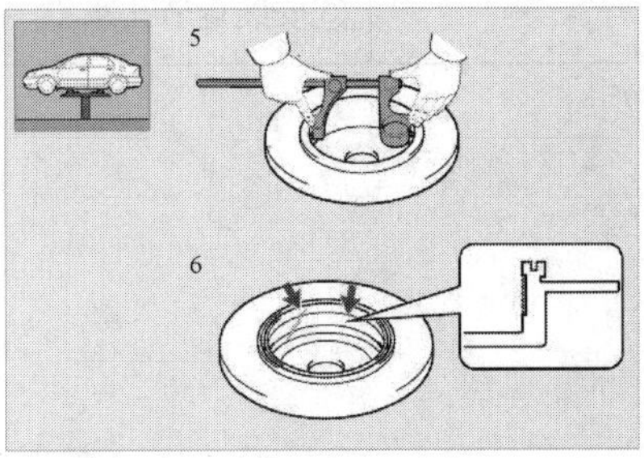	①手动移动制动蹄片并检查制动蹄片移动是否顺利。 ②检查制动蹄片和背板的接触面是否磨损。 ③检查制动蹄片和背板的接触面是否生锈	

续表

序号	作业项目	图示	作业内容	作业标准
3	制动衬片的厚度	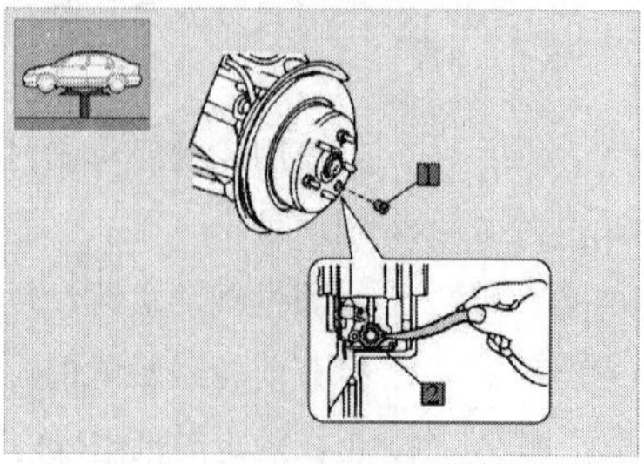 	使用一把直尺测量制动衬片的厚度	
4	制动衬片的损坏		检查制动衬片是否有任何碎屑、层离或者其他损坏	
5	后制动盘内径		使用一个制动鼓规或者类似器具测量后制动盘的内径	
6	磨损和损坏		检查后制动盘是否有任何磨损或者损坏	
7	安装后制动盘和卡钳		安装后制动盘和后制动盘制动卡钳。	
8	驻车制动蹄片间隙调整		①临时安装轮毂螺母。 ②拆卸孔塞，转动调节器并扩展制动蹄直到制动盘锁定。 ③回退调节器 8 个槽口。 ④检查制动蹄片是否拖滞在制动器上。 ⑤安装调节孔塞	符合标准要求

任务 3 工单　鼓式制动器的检查

一、实训准备

项目		车型			
		颐达	威驰	奇瑞	福克斯
摩擦片	标准厚度(新)	4.0 mm			
	磨损极限厚度	1.5 mm			
制动盘	标准厚度(新)	203 mm			
	磨损极限厚度	204.5 mm			

二、检查方法和流程

序号	作业项目	图示	作业内容	作业标准
一、鼓式制动器的检查				
1	制动鼓拆卸		拆卸制动鼓以便检查鼓式制动器。 **提示**：制动鼓拆下后，不要踩制动踏板	
2	磨损	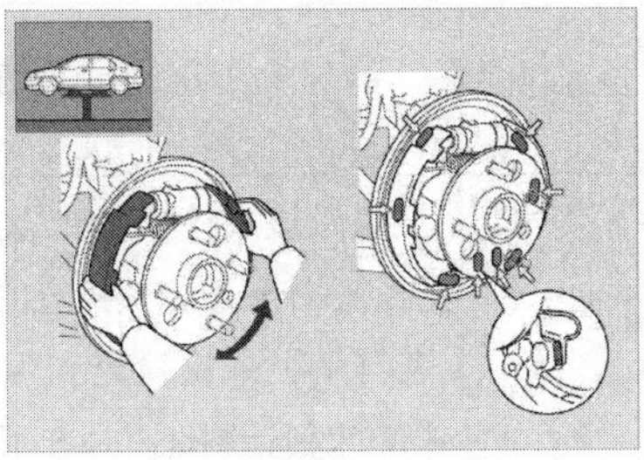	检查制动蹄片在其上面滑动区域的磨损。 ①手动前后移动制动蹄片并检查制动蹄片移动是否顺利。 ②检查制动蹄片与背板和固定件之间的接触面是否磨损。 ③检查制动蹄片、背板和固定件是否生锈	
3	润滑		检查期间，在背板和制动蹄片之间的接触面上涂高温润滑油脂	

续表

序号	作业项目	图 示	作业内容	作业标准
4	维修提示	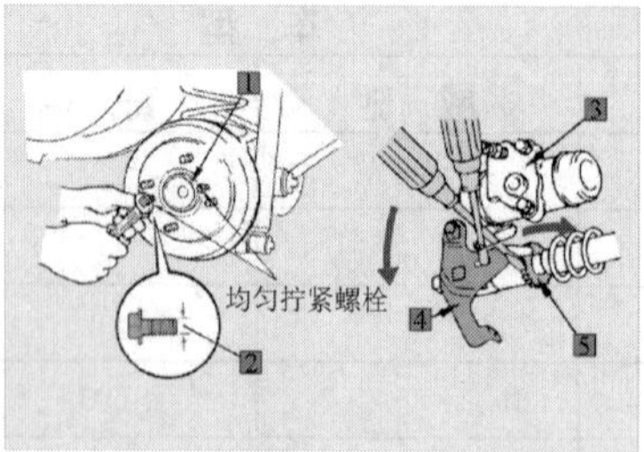 均匀拧紧螺栓 ①法兰。 ②正常直径。 ③制动分泵。 ④调节杆。 ⑤调整螺栓	如果制动鼓配合很紧。 ①如果由于生锈制动鼓被卡在后桥法兰中，将8mm直径的螺栓插入两个检查孔中。 ②均匀地上紧螺栓将制动鼓顶起，一次上紧一点。为了防止制动鼓损坏，不要施加过大的力。相反，在法兰上涂一些润滑剂。 ③一旦制动鼓稍微顶起，松开螺栓并将制动鼓推入。重复该过程直到制动鼓能够被拆卸为止。 ④如果制动蹄片和制动鼓之间的间隙太小，或者如果制动鼓已经有分段或者条纹磨损，为了松开调节杆，需要在背板后面的检修孔内插入一把螺丝刀。同时，使用另外一把螺丝刀转动调节器的调整螺栓，以便收缩制动蹄片	
5	制动衬片的厚度	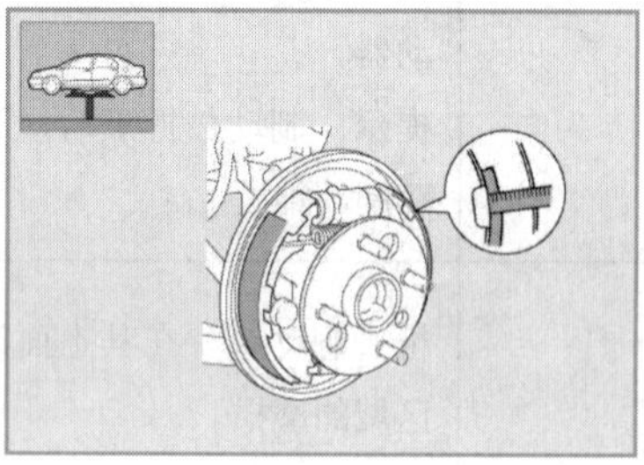	①使用一把直尺测量制动衬片的厚度。 ②如果厚度低于磨损极限，则更换制动蹄片	
6	提示	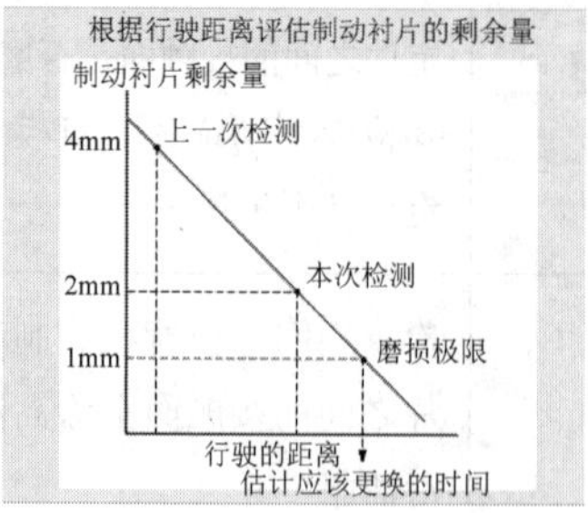 根据行驶距离评估制动衬片的剩余量	①利用该次检查和上次检查之间的行驶距离，估计到下一次检查的行驶距离。通过检查自从上一次检查到现在的制动衬片的磨损，来估计制动衬片在下一次检查时的情况。在下一次计划检查时，如果估计衬片的厚度将会小于可接受的磨损值时，建议车主更换衬片。 ②根据行驶距离估计制动衬片的剩余磨损量。 ③更换制动蹄片时，所有的制动蹄片都必须同时更换	

续表

序号	作业项目	图示	作业内容	作业标准
二、鼓式制动蹄片更换				
1	拆卸制动蹄片	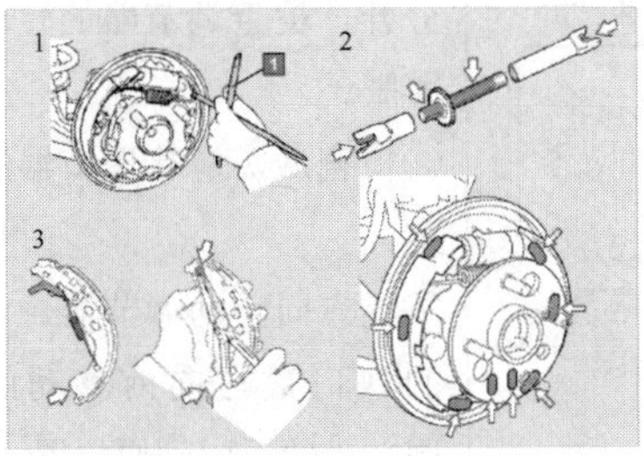	①拆卸回位弹簧、制动蹄片压紧弹簧,然后拆卸制动蹄片。 ②分离调节器。 ③从制动蹄片上分离调节杆扭矩弹簧。 ④自动调节杆和驻车制动蹄拉杆。 提示:切勿损坏制动分泵胶套(活塞皮碗)	
2	安装新的制动蹄片		新的制动蹄片的安装与拆卸相反。 提示:使用一个新的C形圈重新安装驻车制动蹄拉杆	
3	制动衬片的损坏		检查制动衬片是否有裂纹、蜕皮和损坏	
4	制动液渗漏	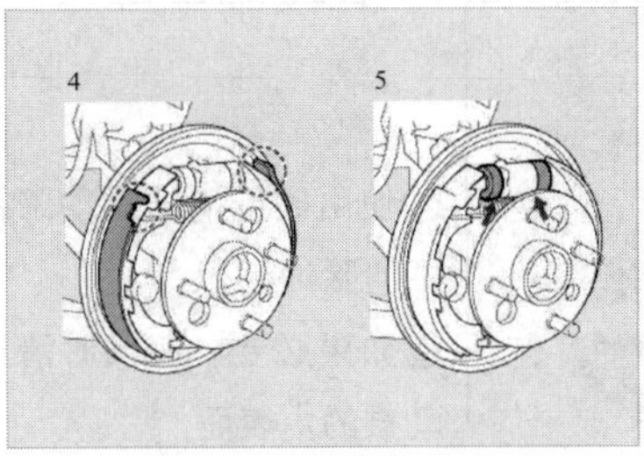	检查车轮制动分泵缸中是否有液体渗漏	
5	提示		如果制动液溅出或者粘在油漆上,立即用水漂洗。否则,制动液将损坏油漆表面。 参考: 制动蹄片间隙的自动调节器操作有两种类型。 ①通过运用制动踏板调整间隙。 ②通过操作驻车制动杆调整间隙。 如果是第②种类型,检查自动调节器操作	

续表

序号	作业项目	图示	作业内容	作业标准
6	检查自动调节器操作	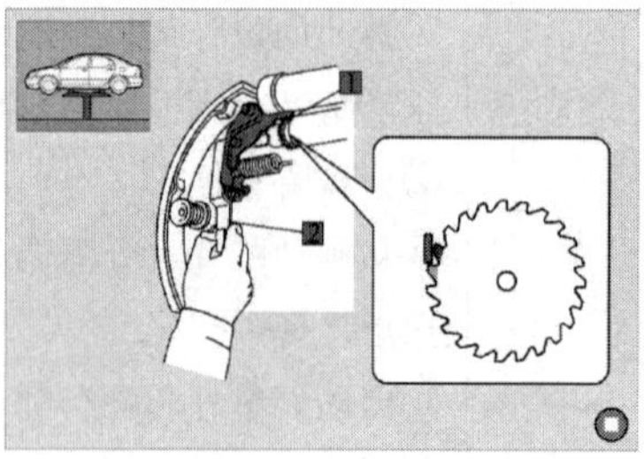 1. 自动调节器； 2. 驻车制动蹄拉杆	①通过用手向前移动驻车制动蹄拉杆将驻车制动蹄拉杆分开，检查调节器的转动和膨胀。 ②检查后，解除调节器的锁定。 ③反方向转动调节器，调整的缺口数与向前移动的相同，以便返回到原位置	
7	制动鼓内径	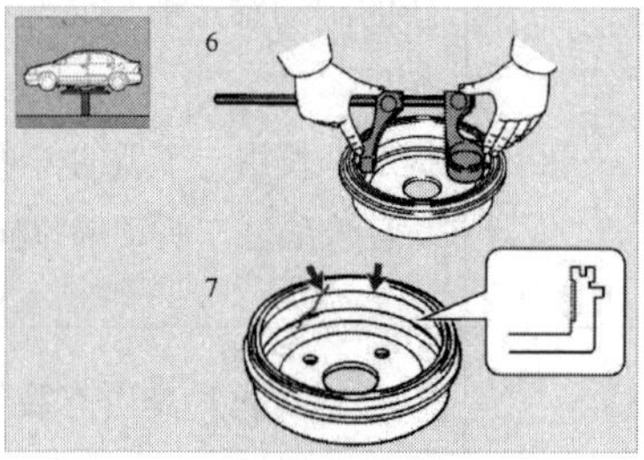	使用一个制动鼓测量规或者类似器具测量制动鼓内径	
8	磨损和损坏		检查制动鼓是否有任何磨损和损坏	
9	清洁	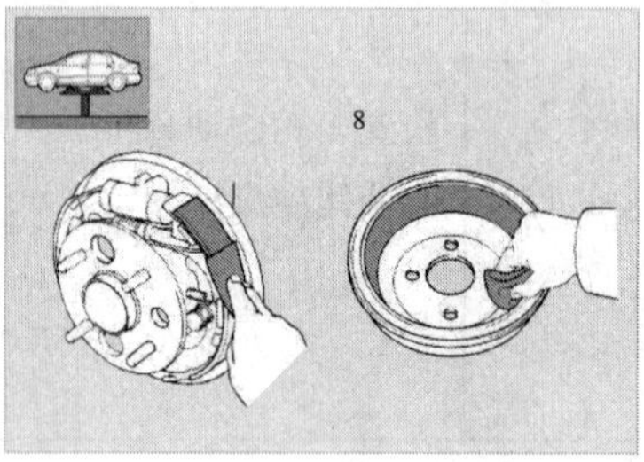	①使用砂纸清洁制动蹄衬片并清除油污。 ②如果必要，应同时清洁制动鼓的内表面	
10	安装制动蹄片		调整制动蹄片间隙的方法，因制动蹄片间隙调节器的种类不同而有所变化	

续表

序号	作业项目	图示	作业内容	作业标准
11	安装制动鼓	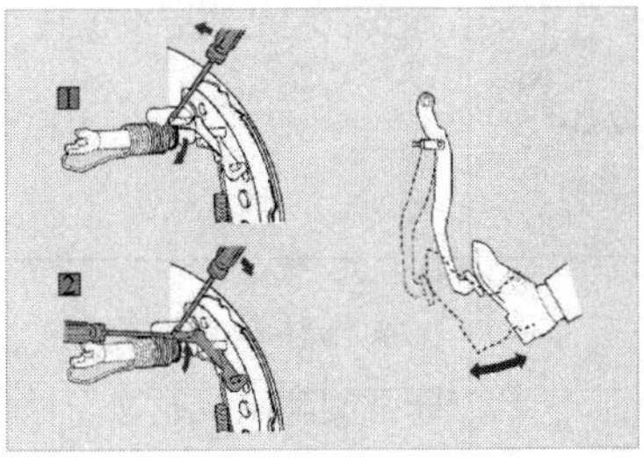 1. 膨胀 2. 收缩	运用制动踏板自动调整类型。 ①安装制动鼓。 ②临时安装轮毂螺帽。 ③拆卸孔塞。 ④使用一把螺丝刀,转动调节器并扩展制动蹄片直到制动鼓锁定。 ⑤通过另外一把平头螺丝刀推动自动调节杆并且返回调节器 8 个缺口。 ⑥安装孔塞。 提示: 踏压制动踏板,如果后制动器中没有"咔嗒"声,制动蹄片间隙会自动调整	
12	手动调整类型	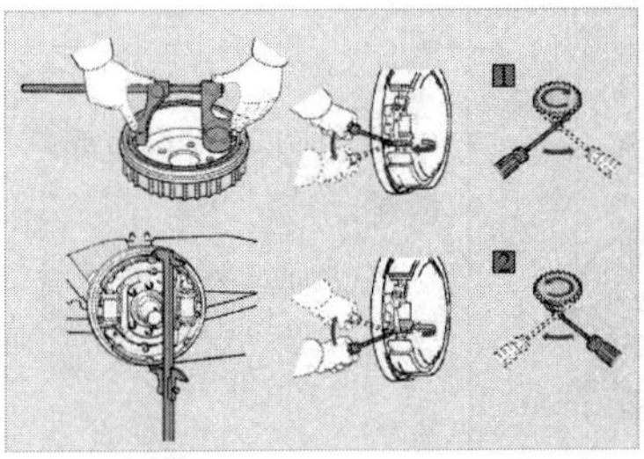 1. 膨胀;2. 收缩	①测量制动鼓内径。 ②转动调节器将制动蹄片外径调整到大约比制动鼓内径小 1mm。 ③安装制动鼓。 ④拆卸孔塞。 ⑤使用一把螺丝刀,转动调节螺帽并扩展制动蹄片直到制动鼓锁定。 ⑥将调整螺母转回到规定的缺口数。规定的缺口数量请参照维修手册。 ⑦安装孔塞	

续表

序号	作业项目	图示	作业内容	作业标准
三、制动拖滞检查				
1	检查流程	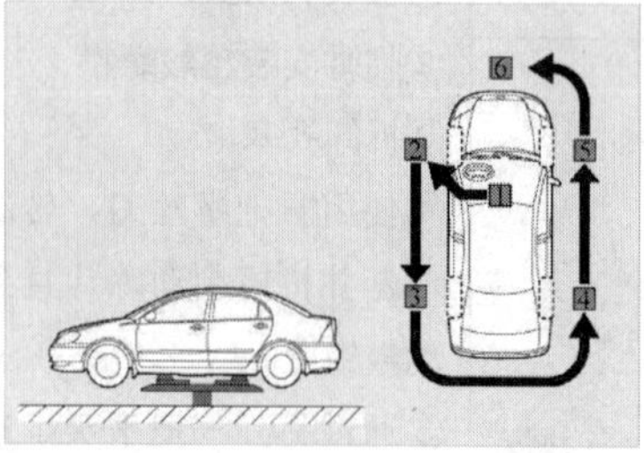	①～⑤制动拖滞。 ⑥安装制动液更换工具	
2	拖滞检查	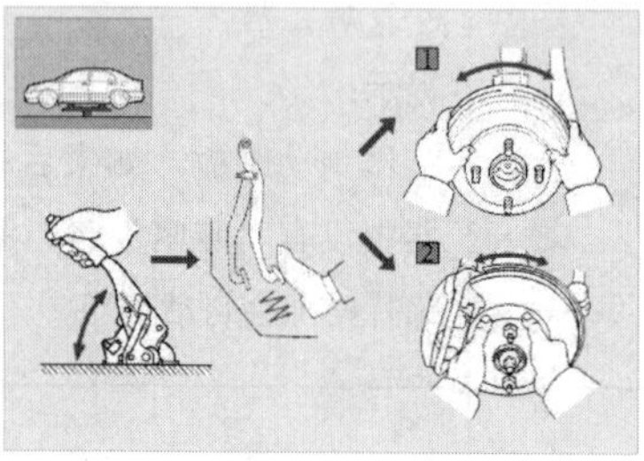	①操作驻车制动杆几次并且踩下制动踏板几次，以便允许制动蹄片下陷。 ②手动转动制动盘或者制动鼓，检查是否有任何拖滞现象。 提示： 使用驻车制动杆或者制动踏板直到后制动器自动调节器的"咔嗒"声音消失	
3	安装制动液更换工具	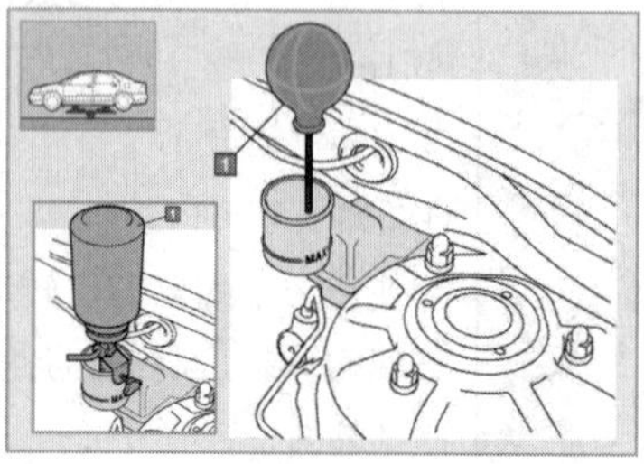	①从制动总泵的储液罐中排放制动液。 ②安装制动液更换工具	

实训项目六　汽车维护与保养任务工单
(在顶起位置 6 的作业内容)

作业内容如下。
- 换制动液。
- 车轮的安装。

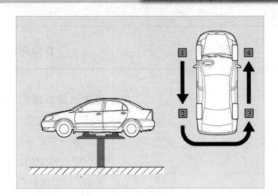

任务1工单　制动液更换

一、实训准备

项　目	车　型			
	颐　达	威　驰	奇　瑞	福克斯
放气阀拧紧力矩	7.8 N·m			
制动液规格	DOT 3			
排气顺序	右后→左前 左后→右前			
轮胎螺栓扭紧力矩				

二、检查方法和流程

序号	作业项目	图　示	作业内容	作业标准
1	制动液的更换		使用制动液更换工具，按照下述顺序更换制动液：左前→左后→右后→右前。 ①乙烯管插到放气阀上。 ②踩下制动踏板，松开放气阀，然后慢慢排放制动液。 ③清洗储液罐内部，并加注新的制动液。 ④松开放气阀，慢慢将制动踏板踩到底，然后松开。每隔2s或3s重复操作一次，直到新的制动液流出，然后踩住踏板的同时关闭放气阀。为每个车轮重复相同的操作	

续表

序号	作业项目	图示	作业内容	作业标准
2	制动系统放气		使主泵储液罐内的油液至少保持一半的情况下,按照右后→左前→左后→右前的顺序,执行空气排空的过程。 ①将乙烯管插到右后放气阀上。 ②将制动踏板踩到底4~5次。 ③踩住制动踏板,松开放气阀排出制动管路中的空气,然后立即拧紧。 ④重复步骤②、③,直到没有空气再排出。 ⑤将放气阀拧紧到规定的扭矩。 ⑥按照上面①到⑤的步骤,排空其他制动器	
3	提示	①放气时,请注意总泵中的液位。 ②操作前,断开ABS执行器和电控单元(控制单元)的电气接头或负极的蓄电池电缆线。 ③因为某些类型的,有些带有液压制动助力器或者ABS的制动器,可能要求特殊的操作。要求详细阅读该车型《维修手册》。		
4	车轮的安装		临时上紧车轮。 提示: ①手将螺栓拧入几扣,确保拧紧顺利。 ②用动风扳手稍微收紧	

任务2工单　发动机油的加注及综合检查方法和流程

序号	作业项目	图示	作业内容	作业标准
一、发动机油的加注				
1	作业内容	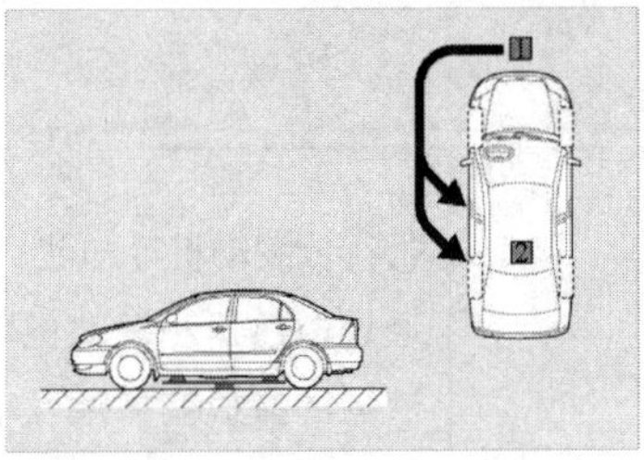	①启动发动机前。 ● 停车制动器和车轮挡块。 ● 机油(填充)。 ● 发动机冷却液。 ● 散热器盖。 ● 传动皮带。 ● 火花塞。 ● 蓄电池。 ● 制动液。 ● 制动管路。 ● 离合器液。 ● 空气滤清器。 ● 活性炭罐。 ● 前减震器的上支架。 ● 喷洗液。 ②启动发动机。 ③发动机暖机过程。 ● 轮毂螺母的再紧固。 ● PCV 系统。 ● 发动机冷却液。 ④发动机暖机后(和运行)。 ● 怠速混合气。 ● 自动传动桥液。 ● 空调。 ● 动力转向液。 ⑤发动机停止。 ● 机油。 ● 气门间隙	

续表

序号	作业项目	图示	作业内容	作业标准
2	驻车制动器和车轮挡块	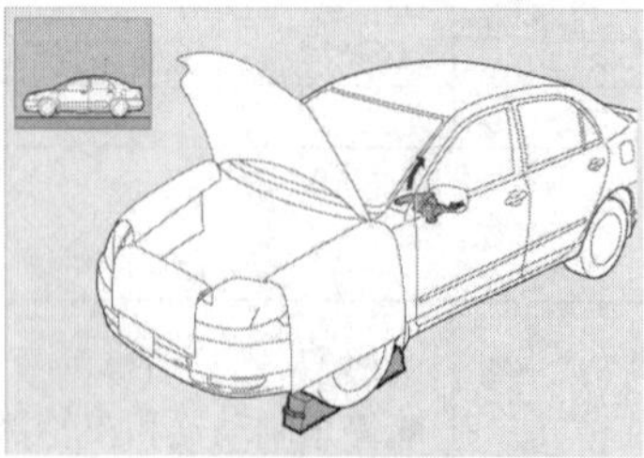	合上驻车制动器，用车轮挡块挡住车轮	
3	加注发动机机油	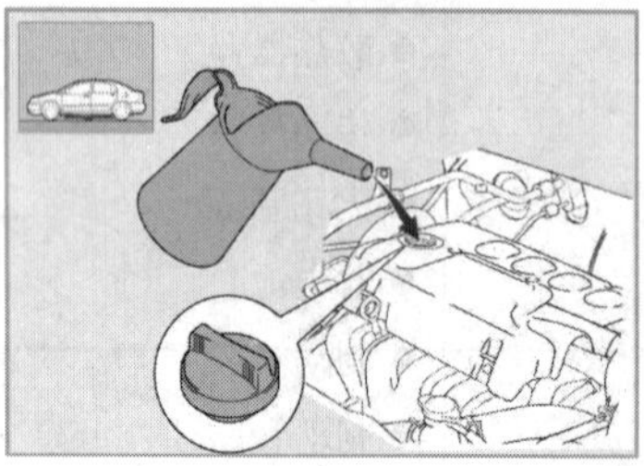	通过注油孔注入规定数量的机油	

二、冷却液更换

序号	作业项目	图示	作业内容	作业标准
1	冷却液更换		①排放发动机冷却液。 通过散热器和发动机以及储液罐的排放塞排放发动机冷却液。 提示： 不要在汽车刚运行后立即进行该工作，因为冷却液将会很热(散热器盖将会热得不能接触)。 ②加注发动机冷却液。 将发动机冷却液加入散热器和储液罐中	

续表

序号	作业项目	图示	作业内容	作业标准
2	冷却液液位		①发动机预热后，让发动机冷却下来。然后，拆卸散热器盖并检查冷却液液位是否合适。正常检查冷却液液位时没有必要拆卸散热器盖。 注意： 如果想在发动机仍然发热时拆卸散热器盖，在盖上放一块布并且松开45°以便释放压力。然后，拆卸散热器盖。不要立即拆卸散热器盖，否则冷却液将会溅出。 ②检查储液罐中的冷却液是否处于规定的范围内。 提示： 散热器冷却时检查冷却液液位。因为如果散热器发热，冷却液将会是高液位	

三、散热器盖检查

序号	作业项目	图示	作业内容	作业标准
1	功能	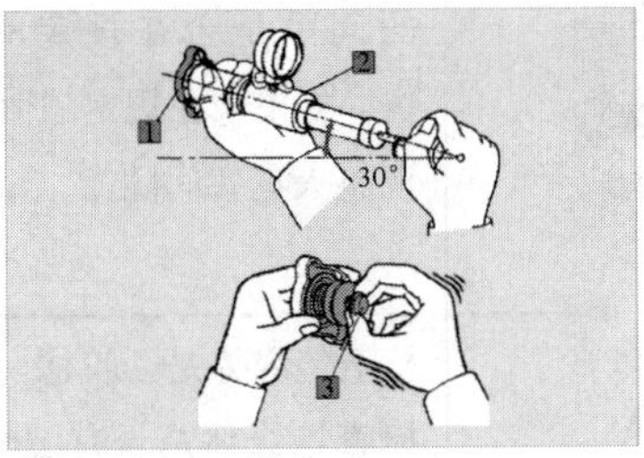	①使用一个散热器盖测试仪测量阀门开启压力，并检查其是否在规定的范围以内。 ②检查真空阀能够平稳操作	
2	损坏	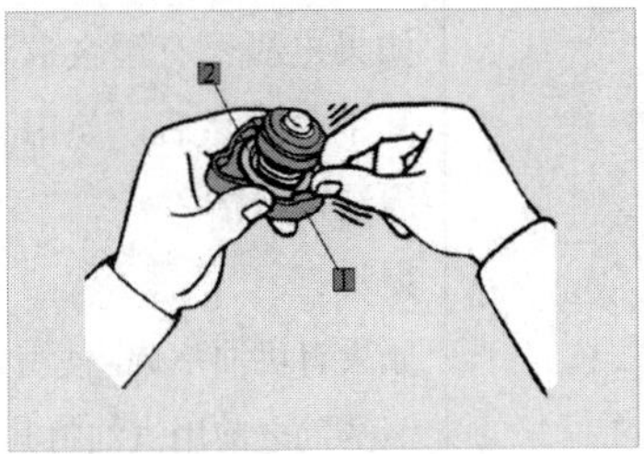	检查橡胶密封垫是否有裂纹或者破损。 ①散热器盖。 ②橡胶密封垫	

续表

序号	作业项目	图示	作业内容	作业标准
四、传动皮带				
1	松紧度	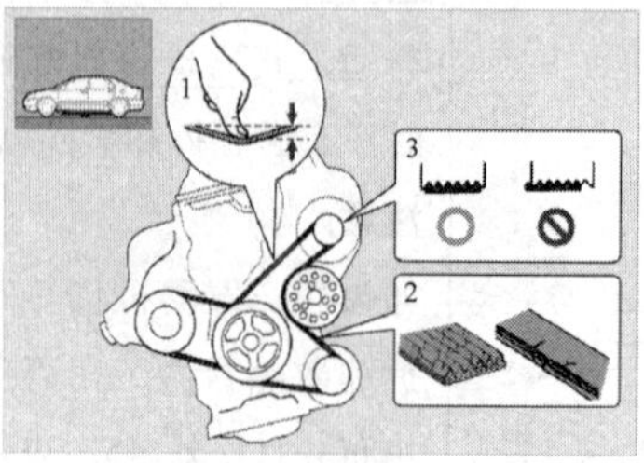	通过用手指按压传动皮带检查松紧程度。 提示： ①通过在维修手册中规定的区域施加一个 98 N(10 千克力)的力检查松紧程度。 ②检查皮带张力的另外一个方法是使用一个皮带张力计	
2	安装情况		检查皮带以确保其已正确地安装在皮带轮槽内	
五、火花塞				
1	检查火花塞		电极磨损。 检查火花塞电极边缘未被完全磨掉或者变圆	
2	火花塞间隙	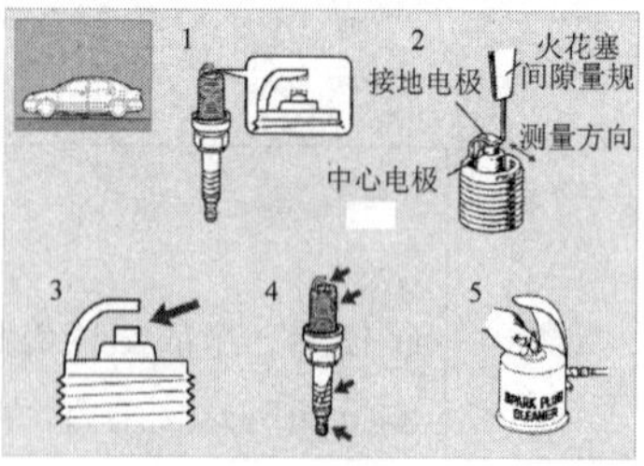	使用一个火花塞间隙规，检查中央电极和接地电极之间的间隙是否在规定的值以内。如果未在规定的值以内，调整火花塞间隙	
3	损坏		检查绝缘体是否咬住。 检查绝缘体是否有裂纹、端子腐蚀和被损坏的螺纹	
4	清洁		如果电极上有湿炭痕迹，使其干燥。然后，使用火花塞清洁剂清洁。 提示： 如果有机油痕迹，使用火花塞清洁剂之前用汽油将其清除	

续表

序号	作业项目	图示	作业内容	作业标准
5	火花塞间隙调整	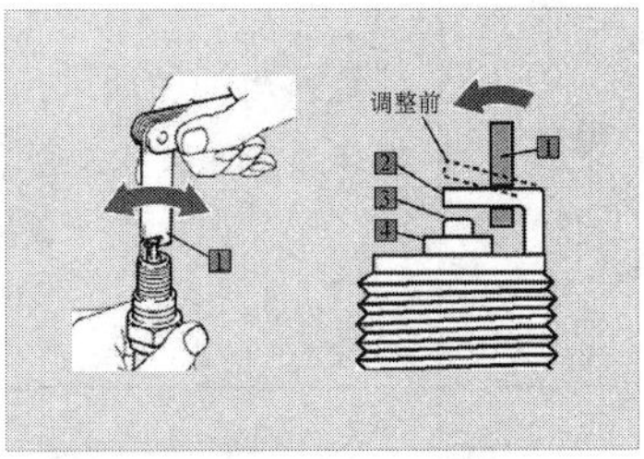	使用火花塞间隙规,将火花塞的接地电极放入火花塞间隙规的缺口部分,然后弯曲接地电极以便调整间隙。 注意: ①弯曲接地极时,不要让火花塞间隙规和绝缘体接触,确保绝缘体不会破裂。 ②只要它不是全新的就没有必要调整铱电极型的火花塞或者铂电极型的火花塞	
6	更换火花塞	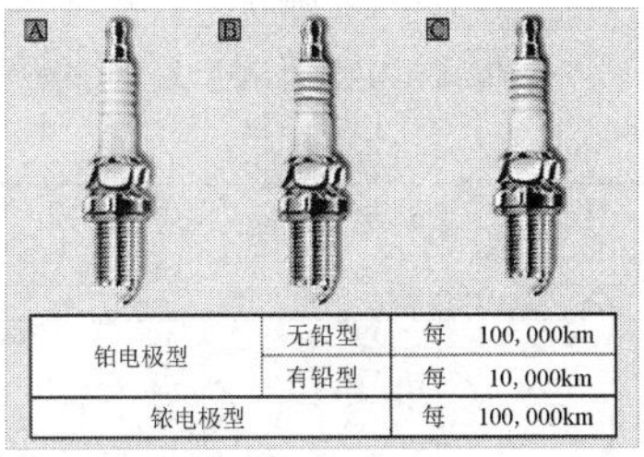 铂电极型 无铅型 每 100,000km 有铅型 每 10,000km 铱电极型 每 100,000km	更换所有的火花塞。 ①注意火花塞孔打开期间不要让外物进入燃烧室。 ②安装火花塞时,首先用手拧上,然后再上紧到规定的扭矩	

六、蓄电池

序号	作业项目	图示	作业内容	作业标准
1	液位检查	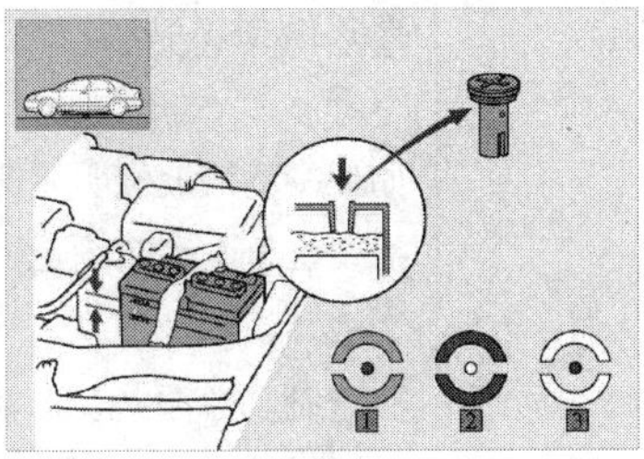	电解液液位。 检查蓄电池各个单元的液位是否处于上限和下限之间。 提示: 干式蓄电池不能检查液位,可以通过蓄电池指示器查看液位和蓄电池状况。 ①蓝色……正常。 ②红色……电解液液位不足。 ③白色……需要充电	
2	损坏		检查蓄电池盖是否有裂纹或者渗漏	
3	腐蚀		检查蓄电池端子是否腐蚀	
4	松动		检查蓄电池端子导线是否松动	

续表

序号	作业项目	图示	作业内容	作业标准
5	通风孔塞	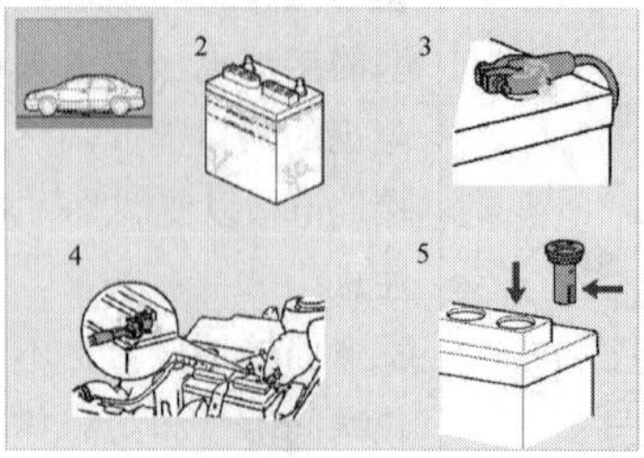	检查蓄电池的通风孔塞是否损坏或者通风孔是否阻塞	
6	电池状态检查		①发动机停机,检查电池电压。 ②保持测量线与电池连接,启动发动机,记录启动时电池电压。 ③发动机运转时,检查电池二端电压	

七、制动管路检查

| | 液位和泄漏 | 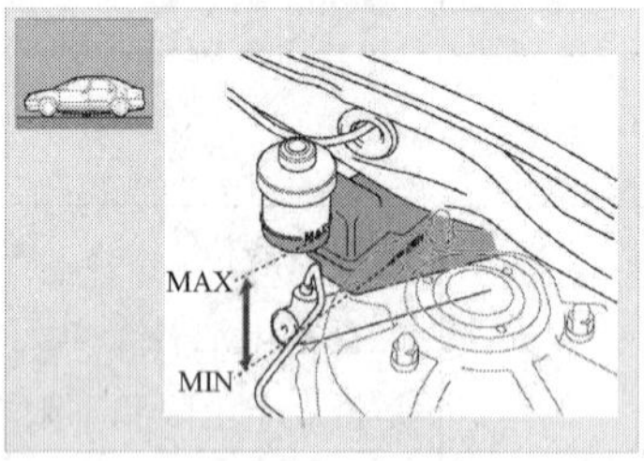 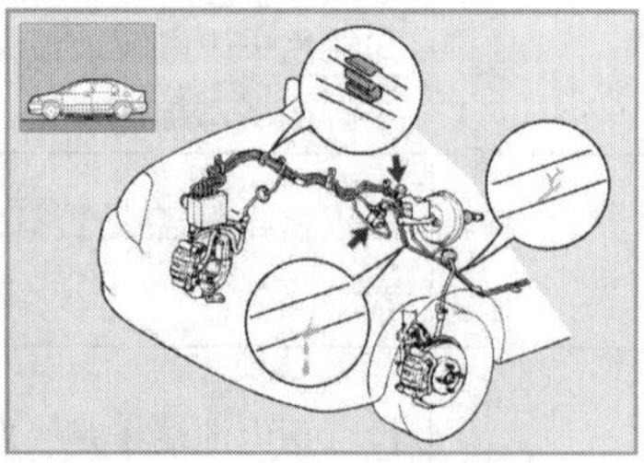 | ①液位。
检查制动总泵的储液罐中的液位是否在最高线和最低线之间。
提示:
如果制动衬片或者制动器摩擦片磨损,制动液液位就会下降。
如果制动液液位明显偏低,则需要检查制动系统是否渗漏。
②液体渗漏。
检查制动总泵是否有渗漏。
③损坏。
检查制动软管和管道是否有裂纹和老化。
④安装。
检查制动软管和管道的安装是否正确。需要在各软管和管道上安装管箍。软管和管道不得干扰其他部件 | |

项目十 汽车维护与保养实训任务工单

续表

序号	作业项目	图示	作业内容	作业标准
八、空气滤清器检查与更换				
1	清洁		空气滤清器滤芯的检查。 ①清洁。 检查前使用压缩空气清除污物。首先，从空气滤清器滤芯的发动机侧吹入压缩空气。同时清除空气滤清器盖内污物。 ②灰尘和积聚微粒。 检查空气滤清器滤芯中是否有灰尘、积聚微粒或者破裂。 ③安装。 检查空气滤清器滤芯上的橡胶密封良好并且确保其没有裂纹或者其他损坏	
2	更换	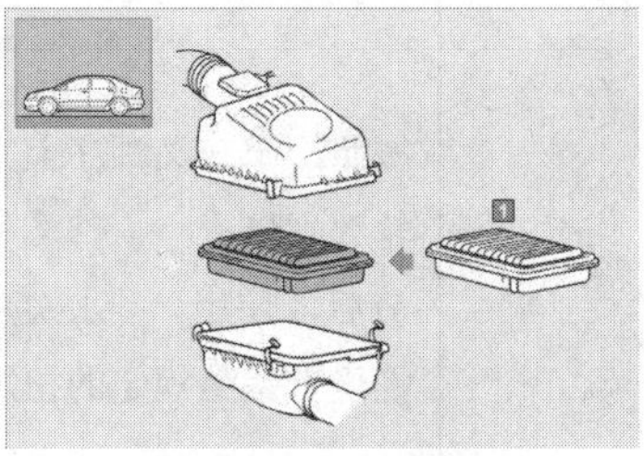	更换空气滤清器滤芯。 **提示：** 还有下述类型的空气滤清器：可洗型、油浴型和旋风型新品空气滤清器滤芯	
九、炭罐的检查				
	检查	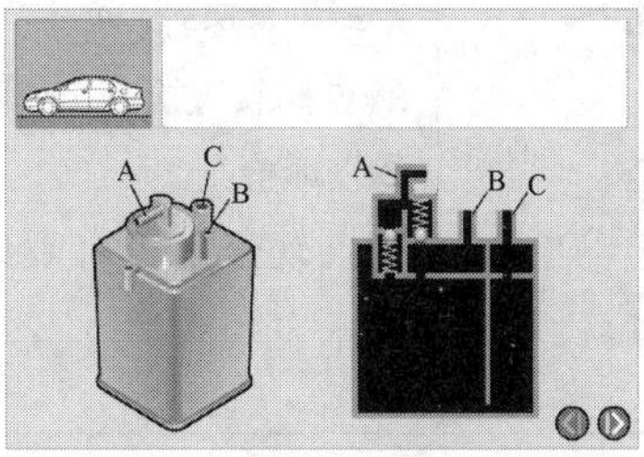	①损坏。 检查炭罐是否损坏。 ②检查阀门工作情况。 检查插图中显示的炭罐的单向阀的工作情况	

续表

序号	作业项目	图示	作业内容	作业标准
十、各部位检查与调整				
1	前减震器上支承检查	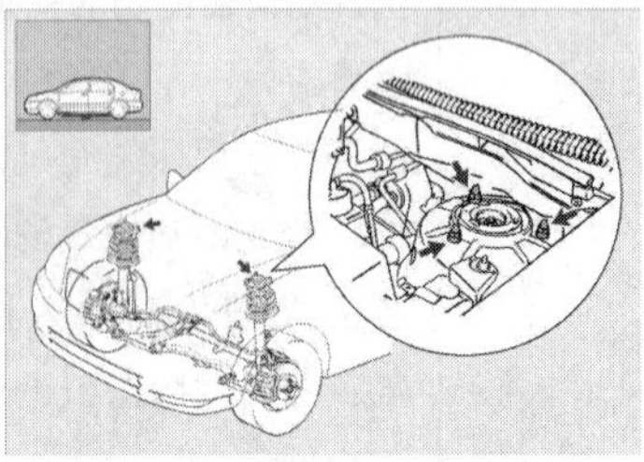	松动检查。检查前减震器的上支承是否松动	
2	喷洗器液	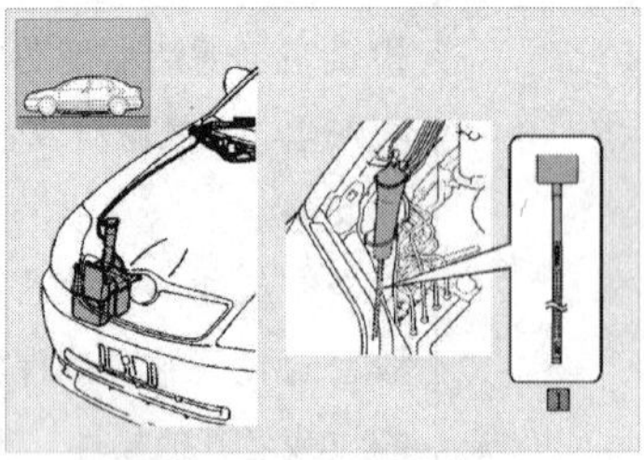	液位检查。使用液位尺检查喷洗器罐中的喷洗液是否充分注满	
3	轮毂螺母重新上紧		按照一个交叉顺序上紧4个轮毂螺母。最后，使用一个扭矩扳手将螺母上紧至规定的扭矩	
4	PCV系统	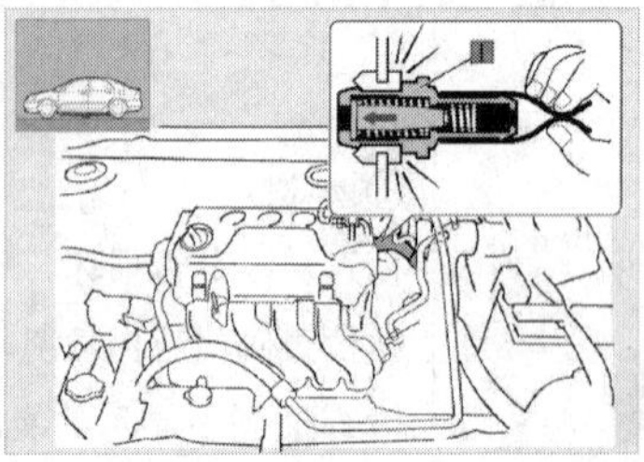	①PCV阀安装。发动机怠速时，通过手指夹紧PVC阀软管检查工作噪声。②损坏检查。检查软管是否有裂纹或者损坏	

续表

序号	作业项目	图示	作业内容	作业标准
5	发动机冷却液	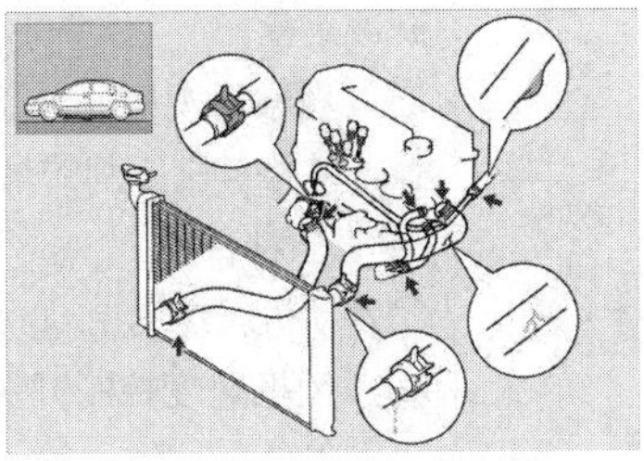	①冷却液渗漏。检查是冷却液是否从散热器、橡胶软管、散热器盖和软管夹周围渗漏。②软管损坏。检查属于冷却系统的橡胶软管是否有裂纹、隆起或者硬化。③松动。检查软管连接和管箍的安装是否松动	
6	怠速混合气调整	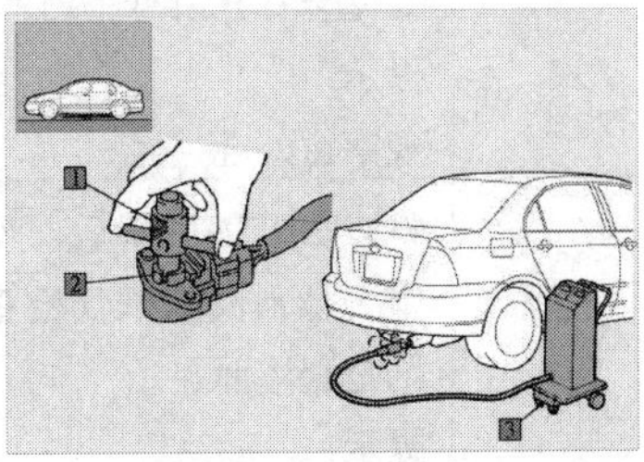	如果汽车配备有一个可变电阻，使用专用维修工具和一氧化碳/碳氢化合物测试仪，通过转动怠速混合气调整螺钉来调整怠速混合气	
7	自动传动桥液位检查	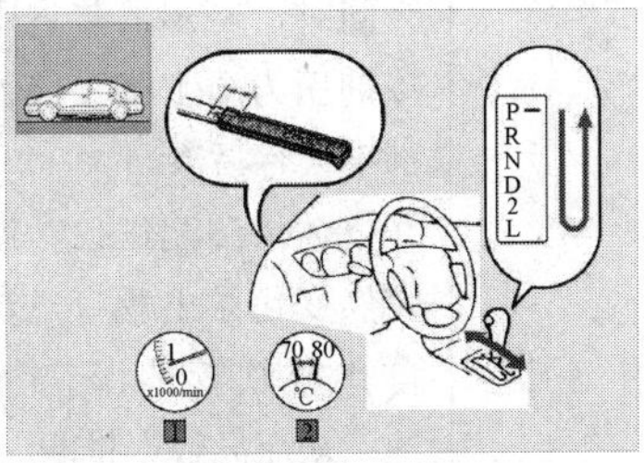	液位检查。发动机怠速时，按照从 P 到 L 的顺序转换换挡杆，然后再从 L 到 P 拉回。然后检查液位尺(油尺)度数是否在"热"范围内。提示：液位应当在正常运行的条件下检查(液温 75℃±5℃(167F±41F)。虽然作为一个参考点给出了冷范围标记，正确的检查还是在热范围内进行	

续表

序号	作业项目	图示	作业内容	作业标准
8	空调性能检查			
8.1	制冷剂量	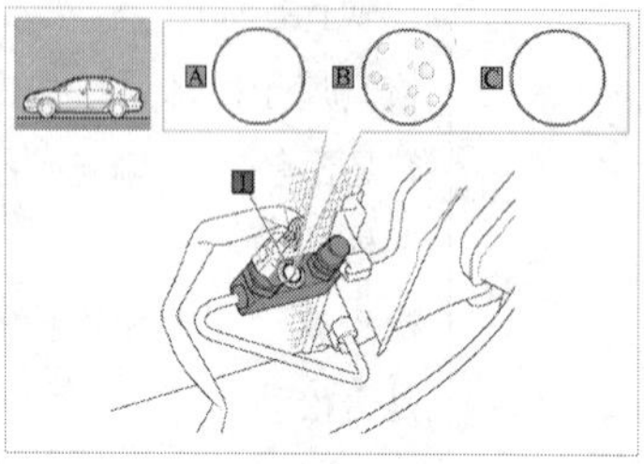	制冷剂量。 通过观察窗观察制冷剂的流量，并检查制冷剂的量。 [检查条件] ①发动机转速为 1500r/min。 ②鼓风机速度控制开关处于"高"位。 ③A/C 开关 ON。 ④温度控制设为"最凉"。 ⑤完全打开所有车门。 提示： 观察窗外观	
8.2	制冷剂渗漏	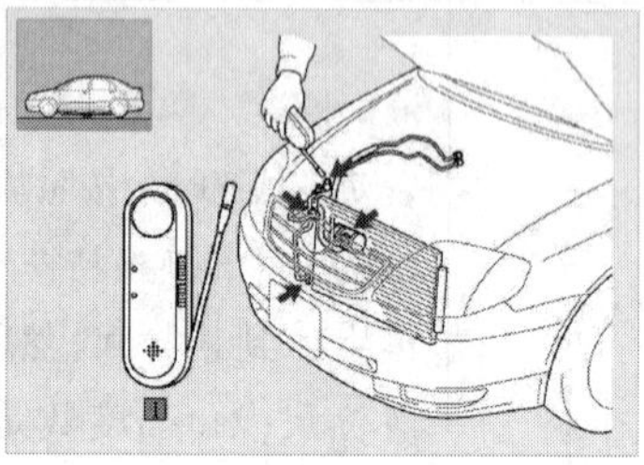	将点火开关关闭后，使用一个气体泄漏测试仪检查制冷剂是否渗漏。 提示： 当发动机运行进行渗漏检查时： ①渗漏的制冷剂会通过来自一个风扇或者鼓风机的空气稀释，从而不可能进行渗漏检查。 ②同时，冷却器装置中在制冷剂压力会下降，使得制冷剂不太容易渗漏。 ③气体渗漏测试仪对湿度的突然变化做出反应，这是来自排放软管的湿空气造成的，从而导致误推断	
9	气门间隙检查与调整	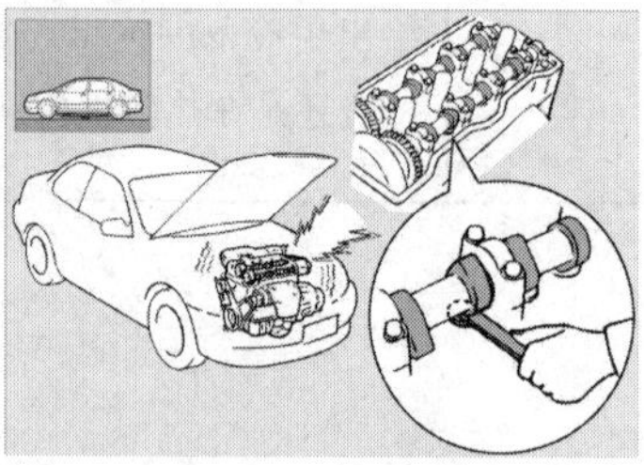	气门间隙。 在一个冷的发动机上，使用厚度规检查和调整气门间隙。如果发动机平稳转动没有异常噪声，该检查可以省略。 提示： 因为凸轮敲击气门造成气门间隙过大从而产生噪声	

项目十　汽车维护与保养实训任务工单

续表

序号	作业项目	图示	作业内容	作业标准
9	气门间隙检查与调整	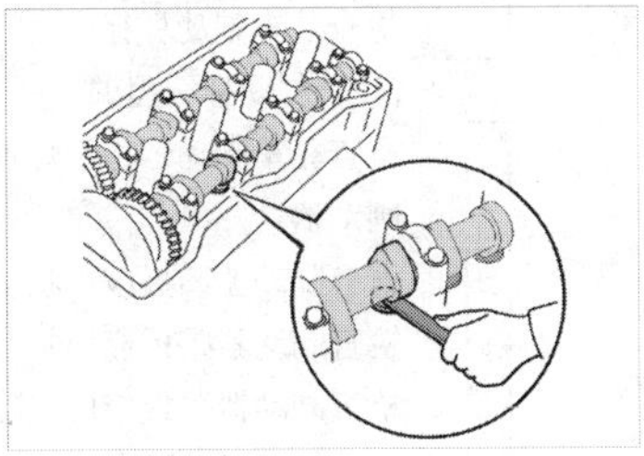	气门间隙检查。 提示： 发动机停止的情况下，在一个冷却的发动机上进行气门间隙检查。 ①拆卸气门室盖。 ②将一号汽缸位于压缩行程的上止点(TDC)。 ③使用厚度计检查已经完全关闭的气门间隙。 ④转动曲轴一周，然后测量其他气门的间隙。 ⑤重新安装气门室盖	
10	燃油滤清器	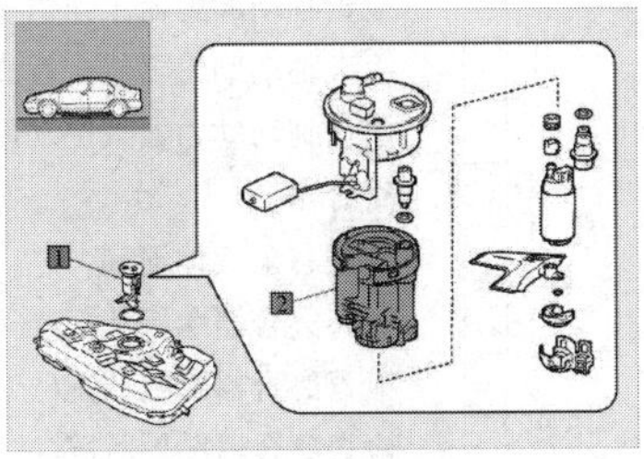	更换燃油滤清器。 提示： 为了防止燃油渗漏，需要断开燃油泵的电气连接器，运行发动机，并且在更换燃油滤清器以前放空燃油管线中的燃油	
11	复查维修项目	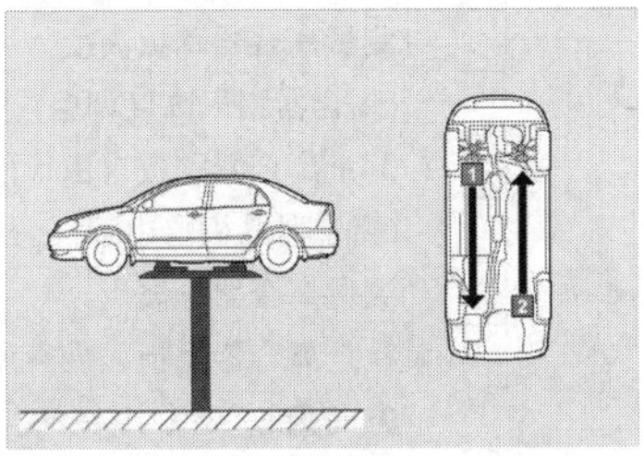	在顶起位置8的检查。 复查你的工作，确认操作比如部件检查、部件更换和机油渗漏。 ①发动机机油。 ②制动液等	
12	整理，试车	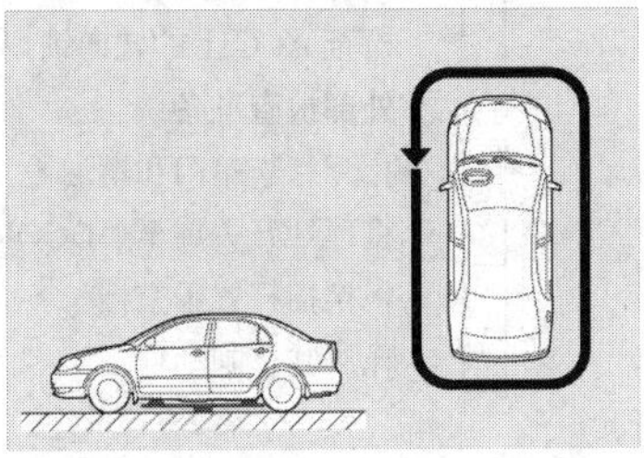	在顶起位置9的检查。 ①拆卸翼子板布和前罩。 ②调整收音机、时钟和座椅位置。 ③清洁。 ④道路测试后，拆卸座椅护套、地毯和方向盘护套	

附表：定期保养检查调整记录表

班级：　　　　　　　　学号：　　　　　　　　姓名：　　　　　　　　成绩

[顶起位置 1(1/2)]
预检工作

	驾驶员座椅		驻车制动器
☐	安装座椅套	☐	检查驻车制动杆行程
☐	安装地板垫		(驻车制动杆行程调整)
☐	安装方向盘套	☐	检查驻车制动器指示灯点亮
☐	拉起发动机盖释放杆		**制动器**
	车辆前部	☐	检查制动器踏板应用状况(响应性)
☐	打开发动机盖	☐	检查制动器踏板应用状况(完全踩下)
☐	安装翼子板布	☐	检查制动器踏板应用状况(异常噪声)
☐	安装前盖	☐	检查制动器踏板应用状况(过度松动)
☐	安装车轮挡块	☐	测量制动踏板高度
	发动机机舱		(制动踏板高度调整)
☐	检查发动机冷却液液位	☐	测量制动器踏板自由行程
☐	检查发动机机油	☐	测量制动器踏板行程余量
☐	检查制动液液位	☐	检查制动助力器工作情况
☐	检查喷洗器液面	☐	检查制动助力器气密性
☐	拆卸机油加注口盖	☐	检查制动助力器真空功能

驾驶员座椅

		离合器
		检查总泵液体泄漏

LH	RH	车灯		
☐	☐	检查示宽灯点亮	☐	检查离合器踏板状况(踏板回弹无力)
☐	☐	检查牌照灯点亮	☐	检查离合器踏板状况(异常噪声)
☐	☐	检查尾灯点亮	☐	检查离合器踏板状况(过度松动)
☐	☐	检查大灯(Lo)点亮	☐	检查离合器踏板状况(踏板沉重感觉)
☐	☐	检查大灯(Hi)和指示灯点亮	☐	测量离合器踏板高度
☐	☐	检查大灯闪光器和指示灯点亮		(离合器踏板高度调整)
☐	☐	检查转向信号灯和指示灯点亮	☐	测量离合器踏板自由行程
☐	☐	检查危险警告灯和指示灯点亮		(离合器踏板自由行程调整)
☐	☐	检查停车灯点亮(尾灯一起点亮)	☐	测量离合器分离点
☐	☐	检查倒车灯点亮	☐	检查离合器磨损、噪声和沉重度
☐	☐	检查变光器开关自动返回功能		**方向盘**
	☐	检查仪表板灯点亮	☐	测量自由行程
	☐	检查顶灯点亮	☐	检查松弛和摆动
	☐	检查组合仪表警告灯：点亮和熄灭	☐	检查 ACC 上的转向锁

				外部检查准备
			☐	打开行李箱门和燃油盖

LH	RH	挡风玻璃喷洗器		
☐	☐	检查喷射力	☐	将顶灯开关旋至"DOOR"
☐	☐	检查喷射位置	☐	将换挡杆置于空挡
☐	☐	(检查连到挡风玻璃喷洗器上的刮水器的工作情况)	☐	释放驻车制动杆
☐	☐	(挡风玻璃喷射位置调整)		**驾驶员车门**

LH	RH	挡风玻璃刮水器		门控灯开关
☐	☐	检查工作情况(Lo)	☐	检查工作情况(顶灯和指示器灯工作情况)

项目十 汽车维护与保养实训任务工单

□ 检查工作情况(Hi)
□ (检查工作情况(间歇功能))
□ (检查工作情况(雾功能))
□ 检查停止位置
□ 检查刮拭状况

LH RH 喇叭
□ 检查工作情况

车身螺母和螺栓
□ 检查座椅安全带的螺栓和螺母是否松动
□ 检查座椅的螺栓和螺母是否松动
□ 检查车门的螺栓和螺母是否松动

[顶起位置 1(2/2)]
驾驶员侧后车门
门控灯开关
□ 检查工作情况(顶灯和指示灯工作情况)

螺母和螺栓
□ 检查座椅安全带的螺栓和螺母是否松动 (包括中间座椅)
□ 检查座椅的螺栓和螺母是否松动(包括中间座椅)
□ 检查车门的螺栓和螺母是否松动

油箱盖
油箱盖
□ 检查是否变形和损坏
□ 检查连接状况
□ 检查扭矩限制器工作情况

后部
LH RH 悬架
□ □ 检查减震器的减震力
□ □ 检查车辆倾斜度

LH RH 车灯
□ □ 检查安装状况
□ □ 检查是否损坏和有污垢

备用轮胎
□ 检查是否有裂纹和损坏
□ 检查是否嵌入金属颗粒或其他异物
□ 测量胎面沟槽深度
□ 检查是否有异常磨损
□ 检查气压
□ 检查是否漏气
□ 检查轮圈和轮盘是否损坏

螺母和螺栓
□ 检查行李箱门的螺栓和螺母是否松动

乘客侧后车门
门控灯开关
□ 检查工作情况(顶灯和指示灯工作情况)

前部
LH RH 悬架
□ □ 检查减震器的阻尼力
□ □ 检查车辆倾斜度

LH RH 灯
□ □ 检查安装状况
□ □ 检查是否损坏和有污垢

螺母和螺栓
□ 检查发动机盖的螺栓和螺母是否松动

[顶起位置 2]
球节
LH RH 球节
□ □ 检查垂直游隙
□ □ 检查防尘罩是否损坏

螺母和螺栓
- □ 检查座椅安全带的螺栓和螺母是否松动
- □ 检查座椅的螺栓和螺母是否松动
- □ 检查车门的螺栓和螺母是否松动

乘客车门

门控灯开关
- □ 检查工作情况(顶灯和指示灯工作情况)

螺母和螺栓
- □ 检查座椅安全带的螺栓和螺母是否松动(包括中间座椅)
- □ 检查座椅的螺栓和螺母是否松动(包括中间座椅)
- □ 检查车门的螺栓和螺母是否松动

[顶起位置 3(1/2)]
底架

发动机机油(排放)
- □ 检查是否漏油(发动机各部位的配合表面)
- □ 检查是否漏油(油封)
- □ 检查是否漏油(排放塞)
- □ 排放发动机机油

手动传动桥油
- □ 检查是否漏油(壳配合面)
- □ 检查是否漏油(轴和拉索伸出的区域)
- □ 检查是否漏油(油封)
- □ 检查是否漏油(排放塞和加注口塞)
- □ 检查油位
- □ (手动传动桥油更换)

自动传动桥液
- □ 检查是否漏油(壳配合面)
- □ 检查是否漏油(轴和拉索伸出的区域)
- □ 检查是否漏油(油封)
- □ 检查是否漏油(排放塞和加注口塞)
- □ 检查是否漏油(管件和软管连接)
- □ 检查机油冷却器软管是否损坏
- □ (自动传动桥油更换)

LH RH 驱动轴护套
- □ 检查是否有裂纹和其他损坏(外侧)
- □ 检查是否有裂纹和其他损坏(内侧)
- □ 检查润滑脂是否渗漏(外侧)
- □ 检查润滑脂是否渗漏(内侧)

LH RH 转向连接机构
- □ 检查是否松动和摇摆
- □ 检查有无弯曲和损坏
- □ 检查防尘套是否开裂和撕破

手动转向机
- □ 检查有无油和脂的渗漏

动力转向液(齿条和小齿轮型)

螺母和螺栓(车辆底部)
有关螺母和螺栓位置的详细说明,请见下页。
- □ 1 中间梁 x 车身
- □ 2 下臂 x 横梁
- □ 3 球节 x 下臂
- □ 4 横梁 x 车身
- □ 5 下臂 x 横梁
- □ 6 中间梁 x 横梁
- □ 7 盘式制动器扭矩板 x 转向节
- □ 8 球节 x 转向节
- □ 9 减震器 x 转向节
- □ 10 稳定杆连接杆 x 减震器
- □ 11 稳定杆 x 稳定杆连接杆
- □ 12 转向机壳 x 横梁
- □ 13 稳定杆 x 车身
- □ 14 横拉杆端头锁止螺母
- □ 15 横拉杆端头 x 转向节
- □ 16 拖臂和桥梁 x 车身
- □ 17 拖臂和桥梁 x 后桥轮毂
- □ 18 制动分泵 x 背板
- □ 19 稳定杆 x 拖臂和桥梁
- □ 20 减震器 x 拖臂和桥梁
- □ 21 减震器 x 车身
- □ 22 排气管
- □ 23 燃油箱

(双连杆滑柱型悬架)
- □ 支撑杆 x 车身
- □ 支撑杆 x 车桥托架
- □ 稳定杆 x 稳定杆连接杆 x 减震器
- □ 稳定杆 x 车身
- □ 梁 x 车身
- □ 一号悬架臂 x 梁

	检查是否泄漏(齿轮箱)		二号 悬架臂 x 梁
	检查是否泄漏(PS 叶轮泵)		二号 悬架臂 x 车桥托架
	检查是否泄漏(液体管路和接头处)		一号 悬架臂 x 车桥托架
	检查动力转向软管的裂纹或其他损坏		(带钢板弹簧的后悬架)

制动管路
	检查是否泄漏		吊架销螺母
	检查制动管路上的压痕或其他损坏		"U"形螺栓用螺母
	检查制动管路软管扭曲、裂纹和凸起		挂钩螺母
	检查制动器管道和软管的安装状况		铆钉

(双叉悬架)

燃油管路
| | 检查燃油泄漏 | | 上臂 x 车身 |
| | 检查燃油管路损坏 | | 转向节 x 上臂 |

排气管和安装件
			稳定杆 x 稳定杆连接杆
	检查排气管损坏		下臂 x 横梁
	检查消声器损坏	(FR 车辆：传动轴)
			中心轴承支架安装螺栓
	检查排气安装件的 O 形圈是否损坏或脱落		法兰叉旋紧螺母
	检查密封垫片损坏	(FR 车辆：后部驱动轴)
	检查排气泄漏		驱动轴旋紧螺栓

(车架型车辆)
| | | | 车身安装螺母和螺栓 |

[顶起位置 3(2/2)]
底架

LH　RH **悬架**　　　　　　　　　　　　　　　LH　RH
		检查是否损坏(转向节)(Fr)			检查悬架接头连接杆摆动(Fr)
		检查是否损坏(转向节)(Rr)			检查悬架接头连接杆摆动(Rr)
		检查是否损坏(减震器)(Fr)			(钢板弹簧松动)
		检查是否损坏(减震器)(Rr)	Fr　Rr
		检查是否损坏(减震器螺旋弹簧)(Fr)			检查有无损坏(稳定杆)
		检查是否损坏(减震器螺旋弹簧)(Rr)			检查有无损坏(拖臂和桥梁)
		检查是否损坏(下臂)	**发动机油滤清器**
		(钢板弹簧和扭矩杆弹簧损坏)		更换发动机油滤清器
		检查减震器损坏(Fr)	**发动机油排放塞**
		检查减震器损坏(Rr)		安装排放塞
		检查减震器的机油泄漏(Fr)		
		检查减震器的机油泄漏(Rr)		

螺母和螺栓的位置(车辆底部)

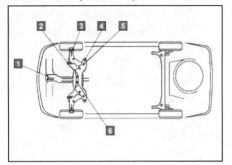
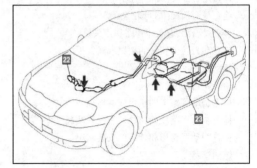
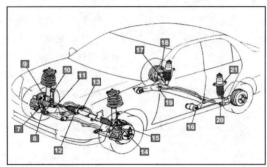

[顶起位置 4]
底架

LH		RH		车轮轴承
Fr	Rr	Fr	Rr	
□	□	□	□	检查有无摆动
□	□	□	□	检查转动状况和噪声
□	□	□	□	拆卸车轮
				轮胎
□	□	□	□	检查是否有裂纹和损坏
□	□	□	□	检查是否嵌入金属碎片和异物
□	□	□	□	测量胎面沟槽深度
□	□	□	□	检查轮胎异常磨损
□	□	□	□	测量轮胎气压
□	□	□	□	检查轮胎漏气
□	□	□	□	检查轮圈和轮盘损坏
				盘式制动器
□	□	□	□	测量制动器摩擦片厚度(外侧)
□	□	□	□	目视检查制动器摩擦片厚度(内侧)
□	□	□	□	检查制动器摩擦片的不均匀磨损
□	□	□	□	(更换制动器摩擦片)
□	□	□	□	检查盘式转子盘磨损和损坏
□	□	□	□	(盘式转子盘厚度和跳动量检查)
□	□	□	□	检查从制动卡钳的制动液泄漏

(在装有鼓-盘型驻车制动器系统的车辆上)

[顶起位置 5]

驾驶员座椅

□ 检查制动踏板和杆
(拖滞检查准备工作)

LH		RH		
Fr	Rr	Fr	Rr	每个轮胎位置
□	□	□	□	检查制动器拖滞

发动机室

□ 制动液更换器安装

[顶起位置 6]

LH		RH		
Fr	Rr	Fr	Rr	每个轮胎位置
□	□	□	□	制动液更换
□	□	□	□	车轮临时安装

项目十 汽车维护与保养实训任务工单

□	□	□	检查制动蹄滑动状况
□	□	□	检查制动蹄和背板的接触面磨损
□	□	□	检查制动蹄和背板锈蚀
□	□	□	检查制动器衬片厚度
□	□	□	检查制动器衬片损坏
□	□	□	测量后部制动盘的内径
□	□	□	检查后部制动盘磨损和损坏
□	□	□	驻车制动蹄间隙调整

鼓式制动器

□	□	□	检查制动蹄滑动状况
□	□	□	检查制动蹄和背板与固定件之间接触表面的磨损
□	□	□	检查制动蹄和背板与固定件的锈蚀
□	□	□	测量制动器衬片厚度
□	□	□	(制动蹄更换)
□	□	□	检查制动器衬片损坏
□	□	□	检查从轮缸的制动液泄漏
□	□	□	测量制动鼓内径
□	□	□	检查制动鼓的磨损和损坏
□	□	□	清洁制动鼓
□	□	□	(清洁制动鼓)
□	□	□	制动蹄间隙调整
□	□	□	(检查自动调节器的工作情况)

[顶起位置 7]

发动机启动前

驻车制动器和车轮挡块
□ 使用驻车制动器并放置车轮挡块

发动机油
□ 加注发动机油

发动机冷却液
□ 排放发动机冷却液
□ 加注发动机冷却液

散热器盖
□ 测量阀门开启压力
□ 检查真空阀工作情况
□ 检查橡胶密封件裂纹和其他损坏

传动皮带
□ 检查是否变形
□ 检查是否损坏(磨损、裂纹、脱层或其他损坏)
□ 检查安装状况

火花塞
□ 更换
□ (检查)
□ (火花塞间隙调整)

蓄电池
□ 检查电解液液位
□ 检查蓄电池盒损坏

起

LHRH轮毂螺母的再紧固
□ □ 旋紧车轮(Fr)
□ □ 旋紧车轮(Rr)

PCV 系统
□ 检查PCV阀的工作情况
□ 检查软管裂纹和损坏

发动机冷却液
□ 检查是否从散热器泄漏
□ 检查橡胶软管是否泄漏
□ 检查软管夹周围是否泄漏
□ 检查散热器盖是否泄漏
□ 检查橡胶软管裂纹、凸起和硬化
□ 检查橡胶软管连接松动
□ 检查夹箍安装松动

发动机暖机后(并运转)

怠速混合气
□ 调整
□ (快怠速(柴油发动机))
□ (怠速(柴油发动机))
□ (柴油烟雾(柴油发动机))

自动传动桥液

- □ 检查蓄电池端子腐蚀
- □ 检查蓄电池端子导线松动
- □ 检查通风孔塞损坏
- □ 检查通风孔堵塞
- □ (测量比重)

制动液
- □ 检查总泵内液面(储液罐)
- □ 检查总泵液体泄漏

制动管路
- □ 检查液体是否泄漏
- □ 检查制动器管和软管是否有裂纹和损坏
- □ 检查制动器软管和管的安装状况

离合器液
- □ 检查总泵(贮液罐)内液位
- □ 检查离合器各个零件的液体泄漏

空气滤清器芯
- □ 更换
- □ (检查)

活性炭罐
- □ 检查是否损坏
- □ 检查止回阀的工作情况

前减震器的上支承
- □ 检查前减震器上支承的松动

喷洗液
- □ 检查液位

空调
- □ 检查空调制冷剂量

动力转向液
- □ 测量液位
- □ 检查是否有液体泄漏

发动机停机后

动力转向液
- □ 测量液为(检查与发动机转动时的差别)

发动机油
- □ 检查发动机油位

气门间隙
- □ 调整气门间隙
- □ (气门间隙检查)

空调
- □ 检查空调制冷剂泄漏

发动机冷却液
- □ 检查冷却液液位(散热器)
- □ 检查冷却液液位(储液罐)

燃油滤清器
- □ 更换

[顶起位置 8]
- □ 最终检查
    - 发动机机油泄漏
    - 制动器液泄漏
    - 更换零件等的安装状况

[顶起位置 9]
- □ 恢复/清洁
    - 拆卸翼子板布和前盖
    - 清洁车身、车身内部、烟灰缸等
    - 调整收音机、时钟、座椅位置等

[道路测试]
- □ 制动器系统
- □ 驻车制动器系统
- □ 离合器系统
- □ 转向系统
- □ 自动传动桥系统
- □ 振动和不正常噪声
- □ 拆卸方向盘套、地板垫和座椅套

参 考 文 献

[1] 韩东. 汽车维护保养实训[M]. 北京：高等教育出版社，2007.
[2] 夏红民. 汽车维护一书通[M]. 广州：广东科技出版社，2006.
[3] 夏长明. 现代汽车维护与保养[M]. 北京：机械工业出版社，2008.
[4] 金喜庆. 汽车维护与保养[M]. 武汉：华中科技大学出版社，2008.
[5] 杨智勇. 汽车拆装与维护[M]. 北京：中国人民大学出版社，2009.
[6] 谭本忠，等. 汽车维护与保养图解教程[M]. 北京：机械工业出版社，2008.
[7] 谭本忠，等. 汽车维护教程[M]. 北京：机械工业出版社，2008.
[8] 汤定国. 汽车发动机构造与维修[M]. 北京：人民交通出版社，2005.
[9] 高德荣. 汽车维护与美容[M]. 北京：机械工业出版社，2008.
[10] 蔡兴旺，付晓光. 汽车构造与原理实训[M]. 2版. 北京：机械工业出版社，2008.